JN325052

迦才『浄土論』と中国浄土教

凡夫化土往生説の思想形成

工藤量導

法藏館

迦才『浄土論』と中国浄土教——凡夫化土往生説の思想形成——＊目次

凡　例

1、本文の表記は、当用漢字、現代仮名遣いで統一した。ただし、固有名詞・引用文等の特殊な場合は、この限りではない。

2、漢文文献の引用にあたっては、必要な場合のみ原文のまま掲出したが、原則として書き下し文とし、註に原文を収録した。その際、書き下しの引用文は当用漢字を用いて表記し、註の原文は正字体とした。なお、割注は〔　〕にて示した。

3、本文の暦年は、原則として和漢暦で表記し、西暦を（　）にて示した。

〔例〕貞観二二年（六四八）

4、書名・経典名等には『　』を付し、学術雑誌所収論文等は「　」を付した。

5、巻数・頁数・年号等の数字は、単位語なしの漢数字を用いた。ただし、法数として慣用化されたものは通常の表記を用いる。

〔例〕巻四七　一三七頁　二〇一〇年　十六観　四十八願

6、省略記号については、本文・註記ともに左記のように表記し、左記以外のものについては慣例に従う。

『正蔵』　大正新脩大蔵経
『卍続蔵』　新纂卍続蔵経
『浄全』　浄土宗全書（昭和四五年刊行以降の新版）
『続浄』　浄土宗全書続篇（昭和四九年刊行以降の新版）
『日仏全』　大日本仏教全書（旧版・名著普及会）
『印仏研究』　印度学仏教学研究

7、典拠の表示は、4の書名表記と5の数字表記、ならびに6の略号表記にもとづいて、左記のように表示した。

『正蔵』四七、一〇三頁中（大正新脩大蔵経、第四七巻、一〇三頁、中段を意味する）

8、主な典籍は具名を出さず、以下のように略称を用いた。

『観経』　観無量寿経
『鼓音声経』　阿弥陀鼓音声王陀羅尼経
『観音授記経』　観世音菩薩授記経
『起信論』　大乗起信論【真諦訳】
『摂大乗論釈』　摂大乗論・世親釈【真諦訳】
曇鸞『往生論註』　無量寿経優婆提舎願生偈註
慧遠『観経義疏』　観無量寿経義疏
吉蔵『観経義疏』　観無量寿経義疏
智儼『捜玄記』　大方広仏華厳経捜玄分斉通智方軌
智儼『孔目章』　華厳経内章門等離孔目章
善導『観経疏』　観無量寿経疏
不明『纉述』　無量寿観経纉述
懐感『群疑論』　釈浄土群疑論

迦才『浄土論』と中国浄土教

——凡夫化土往生説の思想形成——

序論

一、研究目的

本書は「迦才『浄土論』と中国浄土教—凡夫化土往生説の思想形成—」と題し、唐代初期の長安で活躍したとされる迦才という学僧の著書『浄土論』における浄土教思想とその成立背景の解明を目的とする。

隋唐の時代は、北周の廃仏を乗り越えて諸宗・諸学派が勃興し、政治・経済・文化、さらには仏教研究も盛況に華やいだ時期であった。浄土教もまた、東晋代の廬山慧遠（三三四—四一六）や北魏の曇鸞（四七六—五四二頃）に続いて、道綽（五六二—六四五）や善導（六一三—六八一）が登場し、その思想や実践も一気に隆盛を極めた。

迦才は生没年のみならず事蹟等がほとんど不明の人物であり、唯一の著作である『浄土論』三巻によって、唐初長安の弘法寺に居住していたことのみ知られる。『浄土論』の成立は、貞観二二年（六四八）以降それほど時代を下らない時期とされるため、迦才が活躍したのは道綽と善導の間頃とみられる。ただし、迦才は事蹟が不明な点も災いしてか、中国・日本において作成された浄土教の系譜や諸伝記に名を連ねることは一切なかった。

たとえば中国浄土教の系譜では、宋代以後に作成されたものであるが、宗暁『楽邦文類』に「慧遠—善導—法照—少康—省常—宗賾」、志磐『仏祖統紀』に「慧遠—善導—承遠—法照—少康—延寿—省常」とあり、隋唐代の浄土教の行者としてはとくに善導と法照が注目された。また法照『五会法事讃』では慧遠、曇鸞、道綽、善導、慈愍らを浄土教の先徳に挙げるが、そこにも迦才の名はなく、唐代中期の時点でその存在はほぼ消失していた。一方、日本浄土教の系譜においても、法然の中国浄土五祖（曇鸞—道綽—善導—懐感—少康）と中国浄土教の三流（慧遠流・慈愍流・道綽善導流）、あるいは親鸞の七高僧（龍樹—天親—曇鸞—道綽—善導—源信—源空）があり、後続の浄土教者も基本的にこの系譜に準じた。

このような経緯から、隋唐初期の浄土教は道綽・善導に代表されるという認識が確定されたと思われる。しかしながら、彼らの浄土教は必ずしも当時において主流であったわけではない。たとえば、道綽が『安楽集』に「古旧相伝（中略）此為大失」といい、善導が『観経疏』に「古今楷定」というように、その思想は当時の通説に激しく反駁する内容であった。ゆえに同時代の一般的な浄土教理解と照らしあわせてみれば、道綽・善導の浄土教は相当に特異な立場であったといえる。法然が道綽善導流として選び出し、格別な評価を与えたことは、その学説が極めて独自性の濃い解釈であったことの裏返しでもあろう。

ひるがえって、迦才の『浄土論』は、道綽や善導と比べて折衷的な教説の多いことが特色の一つである。それはおそらく他の宗派・学派における議論や批判を強く意識しながらも、反駁というよりはむしろ懐柔的な性格をもって論述されたという事情に起因する。そのような迦才の思想をつぶさにひも解いてゆけば、道綽や善導が批判した隋唐代の一般的な浄土教の姿がより鮮明にあらわれるとともに、当時の浄土教が抱えていたさまざまな課題もあらたにみえてくるはずである。

そこで、本書では迦才の浄土教思想とその成立背景の解明を通じて、道綽・善導の系統とは異なる唐初期の浄土教思想の一端を明らかにしてゆきたい。

二、研究の回顧と問題の所在

(1)『浄土論』の問答の概要

研究の回顧に先立って、迦才『浄土論』三巻の章目と各問答の主要な内容を示しておきたい(表1)。本書は、九章立ての問答形式(序文を含め計四五問答)で構成されている(以下、[○章―□問答]を[○―□]とする)。

序文では、先徳の浄土教者として廬山慧遠と道綽に言及したうえで著述の意図を述べ、さらに本書の導入として、滞俗公子と浄土先生なる架空の人物を登場させて問答が開始される。

第一章は仏身仏土論に関する内容であり、四土説、通報化土説、四因縁不退説、種子欲・上心欲、封疆説など特色のある学説を背景として、凡夫が三界摂の化身浄土に往生することを主張する。第二章は衆生論に関する内容であり、逆謗除取説、四不退説(処不退説を含む)、さらに浄影寺慧遠を批判して独自の九品説を展開し、浄土法門の趣意を明らかにしている。第三章は実践論に関する内容であり、六経三論によって往生のための実践行を紹介し、上根者に対する六種の行と、中下根者に対する五種の行を挙げている。ここまでが上巻の内容である。

第四章は別時意説などに関する内容であり、五問答にわたって会通説を展開し、さらに『往生論』による二乗種不生説、『観経』や『弥勒所問経』の十念説をめぐる問題点を論じている。第五章は経典論に関する内容であり、浄土教の実践行に関連する十二種の経典と七種の論書を列挙して浄土法門の文証を提示する。迦才における一種の教判論ともいえる。ここまでが中巻の内容である。

第六章は往生人伝であり、并州地方を中心とする僧俗男女の計二〇人の往生者を挙げている。僧伝のなかには、

表1　『浄土論』の各問答の主な内容

【上巻】

◆序文
〔0―A〕著述の意図、自作の偈頌
〔0―B〕浄土先生、理事の二門

◆第一章、定土体性
〔1―1〕四土説、五眼説
〔1―2〕西方浄土の所属（通三土）
〔1―3〕念仏往生の土（化土）
〔1―4〕封疆説、通報化の文証
〔1―5〕三界摂不摂説
〔1―6〕三界摂不摂説の文証
〔1―7〕無色界について
〔1―8〕種子欲と上心欲の二欲
〔1―9〕西方欲界の所以
〔1―10〕四因縁不退説

◆第二章、定往生人
〔2―1〕往生者の階位
〔2―2〕逆謗除取説
〔2―3〕四不退説（念・行・位・処）
〔2―4〕処不退説の所以
〔2―5〕処不退説の文証
〔2―6〕九品階位説（慧遠批判）
〔2―7〕浄土法門の趣意、留惑菩薩説

◆第三章、定往生因
〔3―1〕往生の因業（六経三論）
〔3―2〕六種の上根行
〔3―3〕五種の中下根行

【中巻】

◆第四章、出道理
〔4―1〕別時意会通説①（了義不了義説）
〔4―2〕会通説②（行願兼修説）
〔4―3〕会通説③（韋提希凡夫説）
〔4―4〕会通説④（別時不別時説）
〔4―5〕会通説⑤（唯願別時意説）
〔4―6〕女人・根欠・二乗種不生説
〔4―7〕阿羅漢往生説
〔4―8〕『観経』臨終十念の因業
〔4―9〕『弥勒所問経』の十念説

◆第五章、引聖教為証
〔5―1〕十二経七論の引証

【下巻】

◆第六章、引現得往生人相貌
〔6―1〕往生人伝（計二〇人）

◆第七章、将西方兜率相対校量優劣
〔7―1〕弥陀弥勒優劣説

◆第八章、明教興時節
〔8―1〕末法説

◆第九章、教人欣厭勧進其心
〔9―1〕厭欣二門説
〔9―2〕易往而無人説
〔9―3〕七日・百万遍念仏説
〔9―4〕臨終十念功徳説
〔9―5〕凡夫往生の所以
〔9―6〕無相無生と相生観
〔9―7〕二諦と理事
〔9―8〕念仏横截の文証
〔9―9〕念仏不入三悪道の文証
〔9―10〕念仏滅罪説の文証
〔9―11〕法蔵の大願の意図
自作の偈頌

曇鸞と道綽の伝記が含まれている。第七章は弥陀と弥勒の浄土の優劣に関する内容であり、「化主」「処居」「所化衆生」の三点から、西方浄土の勝れている点を計一七種挙げている。第八章は末法説に関する内容であり、五五百年説、四種度生法、難易二道説などを示しながら、末法世の凡夫が西方浄土へ往生すべきことを説いている。第九章は西方往生の勧進として、厭欣二門説と易往而無人説によって西方浄土を欣求すべきことを説き、さらに七日念仏、百万遍念仏、その他の諸教説の経証が提示されている。ここまでが下巻の内容である。

以上のように『浄土論』は、何処に（第一章）、誰が（第二章）、何をもって（第三章）、西方往生するのかをまずもって示しており、上巻の三章が迦才の浄土教思想の骨格部分である。以降の章目は、理証（第四章）、教証（第五章）、実証（第六章）によって浄土法門の正当性を主張することにつとめ、さらに西方往生の優劣（第七章）、教興意（第八章）、勧進（第九章）の各論をもって本書を結んでいる。

（2）近世までの迦才研究

中国浄土教における『浄土論』は、唐代の文献である懐感『群疑論』や（伝）基『西方要決』、少康・文諗編『往生西方浄土瑞応刪伝』（以下、『瑞応刪伝』）に読まれた形跡が認められるが[1]、その後はほとんど姿を現すことはなく、教学的な影響力はほとんど残存しなかった。

日本浄土教における『浄土論』は、法然以前の南都や叡山における浄土教に関する議論のなかでは重要な文献であった。たとえば、源信『往生要集』において、浄土教典籍としては懐感『群疑論』、（伝）基『西方要決』に次ぐ引用回数を確認できることや比較的多くの写本が残されている事実がその重要性を物語っている[2]。おそらく、全編を問答体で綴るという体裁や往生人伝および十二経七論の存在が、浄土教について興味を持ちはじめた南都や叡山の学僧の需要と適応したのであろう。同じく問答体による『群疑論』や『浄土十疑論』とともに日本浄土教の黎明期を支える重要な文献となり、その思想は中国浄土教の基礎的な学説として受容されていった。

ところが、法然が登場して以後の日本浄土教においては一転して中国浄土五祖とよばれる道綽・善導の系統が中心となり、その法系から外れる諸師の浄土教思想はあまり取りざたされなくなっていった。迦才の『浄土論』も例に漏れず、その状況は近代研究まで引き続くことになる。このように、迦才『浄土論』は中国浄土教においてはその思想がほとんどかえりみられず、また日本浄土教においても法然以後は注目の度合いが極端に少なくなっている。本格的に迦才の教学研究が進められるのは近代以降のことである。

(3) 近代以降の迦才研究

迦才『浄土論』の研究における最初の成果は、宝暦二年(一七五二)に金戒光明寺四一世知俊が著した注釈書『浄土論余暉鈔』五巻であろう。[3] 江戸時代までの『浄土論』の末書としてはこの一書が存在するだけであって、以降は近代研究を待たねばならない(なお、以下に挙げる先行研究は著者名と書名・論文名および発表年のみを掲載する。書誌情報については巻末の参考文献を参考されたい)。

近代においては、佐々木功成氏の「迦才の浄土論に就いて」[一九二七]、佐々木月樵氏の『印度支那日本浄土教史』[一九二八]、望月信亨氏の『中国浄土教理史』[一九四二]などに『浄土論』が取りあげられ、迦才の浄土教思想の概要が提示された。続いて、森川昭憲氏が「我が国に於ける迦才『浄土論』の流伝」[一九五三]を発表し、それまで混然としていた『浄土論』のテキストを整理し、日本における流伝とともに、南都の浄土教者である智光、珍海、永観などへの影響についても論じた。

（4）名畑応順『迦才浄土論の研究』

以降は暫時、迦才の浄土教思想の特色である別時意説や九品説等に関する論稿が発表されてゆくことになるが、名畑応順氏の『迦才浄土論の研究』［一九五五］にいたって迦才研究は大きく進展した。

本研究書は本文篇と論攷篇の二篇からなっている。本文篇は、慶安四年（一六五一）の版本を底本として、諸本との校合が行われている。論攷篇の目次は、第一章「迦才とその教系」、第二章「浄土論書誌」、第三章「浄土論と安樂集」、第四章「一部の概觀」、第五章「援引の經論」、第六章「西方淨土論」、第七章「往生の機類」、第八章「本爲凡夫の標題」、第九章「往生の業因」、第一〇章「別時意の會通」、第一一章「往生人の相貌」、第一二章「支那に於ける傳承」、第一三章「朝鮮に於ける傳承」、第一四章「日本諸師の傳述」、第一五章「親鸞聖人と淨土論」という全一五章の構成となっている。

一覧してわかるとおり、名畑氏は書誌的整理、出典考証、教義思想の解明、後世への思想影響（中国・朝鮮・日本）、往生人伝の整理等について網羅的な研究を行った。とくに書誌面において、慶安四年版本を底本として、叡山文庫蔵天海蔵本や金陵刻経処本、高麗版蔵経、さらには『安養抄』等の引文と諸本対校して、当時行いうる範囲で校訂をほどこし、良質なテキストを世に送り出したことは意義深い。また、迦才の思想の解明のみに終始するだけでなく、迦才以前の浄土教者である曇鸞・道綽・浄影寺慧遠等の教説を挙げ、さらに後代の善導・懐感等の教説とあわせて、隋唐代の浄土教の思想展開上における『浄土論』の位置づけについて論及している。名畑氏の『迦才浄土論の研究』は迦才研究におけるはじめての総合的研究であり、必読の研究書といえよう。

（5）名畑応順氏以降の迦才研究

名畑応順氏の研究以降、続々と研究論文が発表されてゆくことになる。それらの研究内容を整理するとおよそ次のように類別することができる。

①書誌に関するもの

②迦才およびその周辺に関するもの

③往生人伝に関するもの

④教義思想に関するもの（ⅰ仏身仏土論、ⅱ衆生論、ⅲ生因論、ⅳ別時意会通説、ⅴ総論ならびに評価、ⅵその他）

まず①の書誌に関しては、坂上雅翁氏が「七寺所蔵、迦才『浄土論』について」［一九九三］、同「七寺所蔵　迦才『浄土論』について」［一九九四］、同「七寺所蔵・迦才『浄土論』について」［二〇〇〇］を発表して、七寺所蔵の写本が発見されたことを報告し、『浄土論』の書誌的研究に一石を投じた。続いて曽和義宏氏が「常楽寺所蔵迦才『浄土論』について―上巻の翻刻と解説―」［二〇〇二］、同「翻刻・常楽寺所蔵迦才『浄土論』巻中」［二〇〇三］、同「翻刻・常楽寺所蔵迦才『浄土論』巻下」［二〇〇五］、同「常楽寺所蔵、迦才『浄土論』について―上巻における削除の意図について―」［二〇〇三］において、名畑応順氏も未見であった常楽寺所蔵の写本を翻刻し、さらに最近発見された大念佛寺蔵の版本についての概要を「大念佛寺蔵、迦才『浄土論』について」［二〇〇七］に報告している。また、書誌を中心として従来の迦才研究の成果が、坂上雅翁他「迦才『浄土論』の書誌学的研究」［二〇〇六］にまとめられた。七寺所蔵写本の翻刻も待望されており、今もって『浄土論』の書誌的研究は進行中といえる。

②の迦才およびその周辺に関して、特筆すべき研究に成瀬隆純氏の論稿がある。成瀬氏は「弘法寺　釈迦才考」

〔一九八五〕を発表し、事蹟不明の迦才の正体は道綽の門下でもあった「道撫」なる僧であるとの仮説を主張した。成瀬氏は続いて「迦才『浄土論』成立考」〔一九九四〕を発表し、その仮説の確信を深めるとともに「道撫」（＝迦才）が玄中寺の浄土教を長安に紹介する際に、『安楽集』への疑難に対する解答書として『浄土論』を著したことを推定している。また、同「蒲州栖巌寺の浄土教」〔一九九二〕では、蒲州栖巌寺に住した曇延の弟子たち（智通、真慧、道傑、神素）が一風変わった阿弥陀仏信仰を有していたことを明らかにし、静琳の交友からみて、栖巌寺系の浄土教者が弘法寺の周辺にいたのではないかと推測している。(4) これらの説はまだ確定的ではないが非常に興味深い指摘であり、より一層の追究が望まれる。

③の往生人伝については、『浄土論』に曇鸞と道綽の往生伝を所収していることが古来注目されてきた。両伝とともに道宣『続高僧伝』とは別系統の記事とみられ、曇鸞・道綽の伝記を研究する際には欠かすことのできない重要な資料である。往生人伝全体の研究としては、小笠原宣秀『中国浄土教家の研究』〔一九五一〕、名畑応順『迦才浄土論の研究』〔一九五五〕、柴田泰山「迦才『浄土論』所説の往生人伝について」〔一九九九→二〇〇六〕などがある。小笠原氏は中国で成立した諸往生人伝の起源を探るなかにおいて、その原初的な形態として『浄土論』所収の往生人伝を取りあげ、『瑞応刪伝』等が成立していく経緯を明らかにした。名畑氏は往生人個々の年代・地域・出典などを詳細に整理したうえで、教義思想との連繋など種々の問題点を論じている。柴田氏は隋唐代における諸応験記類の成立動向を考慮して、『浄土論』所収の往生人伝自体の成立背景および中国仏教史上における位置づけを明らかにし、そのうえで迦才が往生人伝を編集した意図ならびに記事の収集手段などについても検討している。

④の教義思想に関するものについては多くの論稿が寄せられている。そのまま列挙すると煩瑣となるので、各テーマに振り分けたうえでその概況をみてゆきたい。

i、仏身仏土論

仏身仏土論ならびに弥陀身土論は、迦才の浄土教思想のなかでもとくに独自性があらわれた論説であり、四土説や通報化説、ならびに凡夫往生の土を化身浄土とする点が最たる特徴である。

望月信亨氏は『中国浄土教理史』〔一九四二〕のなかで、迦才の化土説について重要な指摘を数多く提示している。(5) いくつか列挙すれば、四土説が道基・法常・智儼などと同一である点、通報化説および三界摂不摂説における矛盾点の指摘、別時意説と弥陀身土論とが相互関連する点、隋唐代諸師の化土説に異説があったとする点などが挙げられる。また、稲岡了順氏は「道綽・迦才・善導の往生思想—特に仏身仏土説を中心に—」〔一九八〇〕を発表し、道綽・迦才・善導の往生思想について仏身仏土論を中心として比較検討している。とくに迦才に関しては不退説に着目し、道綽・智儼とあわせて隋唐代における往生思想の一流として注意している。近年では、松尾得晃氏が「迦才『浄土論』の仏身仏土論の背景」〔二〇〇七〕、同「迦才『浄土論』における西方兜率優劣論について」〔二〇〇八〕、同「迦才『浄土論』における弥陀化土説の意義」〔二〇〇九〕を発表し、仏身仏土論、化土説、西方兜率優劣論とそれぞれの議論の思想背景について論じている。

ii、衆生論

浄土教の主体者をめぐる衆生論における主要な課題としては、末法凡夫観・九品階位説・本為凡夫兼為聖人説・逆謗除取説・二乗種不生説などが挙げられる。

この分野における研究としては、矢田了章氏が「迦才『浄土論』における人間の問題」〔一九七三〕を発表し、末法観・九品階位説・本為凡夫兼為聖人説・懺悔念仏などを取りあげて、迦才の人間観の特徴を明らかにした。稲岡了順氏は「迦才の本為凡夫兼為聖人説について」［一九七七］を発表し、迦才の本為凡夫兼為聖人説は「善導等の浄土教とは発想の原点において基本的に対立する」という鋭い考察を行っている。宇野禎敏氏は「迦才の三乗観」［一九八二］、同「迦才『浄土論』における懺悔」［一九八四］、同「迦才『浄土論』における誹謗大乗について」［一九八四］などの一連の論稿において、三乗観・九品階位説・逆謗除取説・二乗種不生説・懺悔などを取りあげて整理考察している。近年では、松尾得晃氏が「迦才『浄土論』における「本為凡夫兼為聖人」について」［二〇〇六］を発表している。

iii、生因論

迦才の生因論、すなわち往生の業因については、多数の大乗経論より阿弥陀仏信仰に関連する実践行を摘出し、それらを整備して体系づけたことが大きな特徴とされている。

この分野における研究としては、山田行雄氏が「『迦才浄土論』と曇鸞教学—特に行論を中心として—」［一九六四］、同「迦才教学における行論の一考察」［一九六五］を発表し、迦才の実践行の形成において曇鸞教学がどのように関与しているのか考察している。江隈薫氏は「迦才浄土教における観法」［一九八三］のなかで、これまであまり注目されていなかった迦才における観察行について論究した。藤堂恭俊氏は「曇鸞大師の五念門釈攷（上）」［一九九二］において、曇鸞の五念門説から善導の五種正行説への思想展開を考察するなかで、迦才の五念門を基盤とした生因論に着目している。

近年では、柴田泰山氏が「隋・唐初期浄土教における生因論」［一九九八→二〇〇六］を発表し、隋唐初期浄土教における生因論を整理し、その一連の思想展開上に迦才の提示した生因論の意義を位置づけ、さらに「迦才『浄土論』所説の生因論」〔一九九八→二〇〇六〕では迦才の生因論について、本願力の関与しない「自業往生」的な性格と指摘し、その背景として迦才独自の仏身仏土論の存在に注意している。曽和義宏氏は「迦才『浄土論』における念仏」〔一九九九〕を発表し、迦才の念仏について、阿弥陀仏の本願力を背景に持たず、「衆生の心を阿弥陀仏と極楽に繋け続ける為の方法でしかない」と指摘している。中平了悟氏は「迦才『浄土論』における念仏往生思想について」〔二〇一〇〕、同「迦才『浄土論』の「十念」について」〔二〇一〇〕において、迦才の念仏と正念現前との関係について論じている。

iv、別時意会通説

別時意説とは、隋唐代の中国仏教界において勃発した念仏の即時往生に対する論難であり、道綽『安楽集』以来、浄土教諸師が各々に対応してきた重要な問題である。この問題に対して、迦才『浄土論』では「行願兼修」による別時意会通説を提唱している。

この分野における研究としては、望月信亨氏が『浄土教之研究』〔一九一四〕および『中国浄土教理史』〔一九四二〕のなかで、隋唐代における別時意説とその対応についてひろく論究している[6]。とくに往生別時意説と仏身仏土論との関係の指摘は、隋唐代の浄土教思想を俯瞰したうえでの貴重な提言である。江隈薫氏は「迦才における別時意説の会通」〔一九七六〕を発表し、迦才の別時意会通説の構成を再検討し、往生人伝の記事もあわせて考察している。近年では、柴田泰山氏が「善導『観経疏』における別時意会通説」〔二〇〇二→二〇〇六〕のなかで、隋代から唐代初期における別時意説の論点を詳細に整理し直したうえで、迦才の会通説がどのような論点に対応したのか論及している。

Ｖ、総論ならびに評価

迦才の浄土教思想の全体像については多くの論稿にふれられている。これらは中国浄土教の思想展開上において迦才の思想をどのように位置づけるかがその主眼となる。時代的に道綽と善導の間に位置する迦才は、彼らの教学思想をどのように受容し、尚かつ、どのような影響を与えていったのかということが問題とされてきた。

迦才における道綽教学の受容については、山本仏骨氏が『道綽教学の研究』［一九五九］のなかで、聖浄二門判を用いないこと、西方浄土を化土とすること、道綽よりも廬山慧遠を崇敬したこと、曇鸞の『往生論註』の教義（三界摂不摂説、逆謗除取説、二乗種不生説、念仏論など）の軽視を指摘したうえで、迦才の浄土教思想は「單に文義や章品の問題で無くて、實は教義思想の更改」がなされたものであり、「道綽の影響を受けたと見られつつ、却つて道綽に遠ざかつて居る」、あるいは「迦才が『安樂集』を評論して、後の讀む者躊躇して決せずと云つて居る事は、彼だけの主観であつて、『安樂集』の眞價を見出だす事が出來なかつた」との見解を提示している。(7)藤堂恭俊氏は「震旦諸師の浄土教に関する著作　解題」［一九七三―一九七五］において、迦才の本為凡夫兼為聖人説や別時意説、五念門にもとづく実践行体系をある程度評価しながらも、凡夫の化土往生説や弥陀弥勒優劣説については「本願の特殊性を見失つている」と断じ、「迦才は道綽の素意を顕彰する意図をもちながら、結果的に道綽の浄土教の進展する方向とは違つた方向をたどらざるを得なかつた」と結論づけている。

迦才の浄土教思想の後世への影響については、名畑応順氏が中国・朝鮮・日本における伝承と後世への影響をまとめている。(8)善導教学への影響面に関しては、その後も九品階位説・本為凡夫兼為聖人説・実践行の整備など多くの指摘がなされてきた。(9)また、曽和義宏氏が「迦才『浄土論』における教判」［一九九九］を発表し、迦才の道綽教学の受容について諸先学の意見を概観して「迦才の評価、中国浄土思想史上における位置付けについては揺れがある」と評している。曽和氏自身は、両者の教判・仏土解釈・実践論等を比較検討し、迦才は阿弥陀仏の本願の意義を見落としているため、道綽の浄土教を顕彰したとみることはできないと結論づけている。佐藤健氏は「『安楽集』と迦才の『浄土論』の比較研究―特に両書に見られる仏身、仏土観を中心として―」〔二〇〇二〕のなかで両典籍における仏身仏土観を比較検討している。柴田泰山氏は「善導『観経疏』の思想的背景」〔二〇〇四〕において、迦才が諸大乗経典によって心意識説を根拠とした実践論を展開するのに対して、善導が『無量寿経』『観経』『阿弥陀経』によって阿弥陀仏の本願を教学の根拠としたことを両者の決定的な差異であると指摘している。

中国での研究書としては陳揚炯『中国浄土教通史』〔二〇〇〇→二〇〇六・邦訳〕があり、「迦才の『浄土論』」との一節を設けているが内容は概説的なものである。また「集大成の善導」という章目名が設けられていることからもわかるように、中国における浄土教研究も、善導教学に帰結してゆく日本の祖師研究の成果が投影されている。

vi、その他

その他にも、迦才の教学思想における論稿がいくつか寄せられている。小林尚英氏は「中国浄土教祖師の菩提心について―特に道綽・迦才を中心として―」〔一九九二〕を発表し、道綽・迦才の菩提心を考察している。金子寛哉氏は「迦才の『浄土論』と『群疑論』について」〔一九九九〕のなかで、『浄土論』と『群疑論』の共有問題として、十方・西方両往生信仰について論究し、また同「『群疑論』に於ける前徳の『浄土之論』について」〔二〇〇四〕では『群疑論』巻四の西方兜率相対説にある「浄土之論」が迦才『浄土論』を指すのではないかと指摘している。柴田泰山氏は「『選択集』第一章段説示の「所依の経論」について」〔二〇〇二〕において、『浄土論』における十二経七論の意義を論究している。

(6) 問題の所在

以上、簡潔ではあるが迦才研究の動向を振り返ってきた。近年は七寺蔵本や大念佛寺蔵本の発見など、書誌学面での進展がもっとも目立った成果であった。ただ全般的にみると、やはり思想面に関する研究が多い。これは迦才の事蹟に関する情報が乏しく、歴史的な研究を進展させるのが困難であったこともその要因であろう。

迦才の思想研究は現在にいたるまで断続的に続けられているものの、依然としてもっとも大きな成果は名畑応順氏の研究である。今なお必読の研究書であることは間違いないが、出版からすでに半世紀を経ており、その思想研究の方法については問題点が少なくない。たとえば、

本願に本意とされる凡夫の往生すべき淨土は如何なる世界であるかといへば、意外にも迦才に於ては最も價値の低い境域であるといふことになつてゐる。ここに彼の淨土教義が徹底を缺いた憾みがあるのを如何ともすることができない。上來繰返し述べた如く、迦才は凡夫が念佛して願生しても、化土に往生して、法報の土を見ることができないといひ、その往生の土は三界の攝であると說いた。このことは本願の正意が凡夫のためであることを強調し、「據四十八願、淨土雖妙、本擬成就凡夫」とさへ主張する迦才の說としては甚だ理解し難い所であり、論旨に破綻を來たしてゐるやうにも考へられる。併しそれは曾て攝論教學の流れを汲んだ彼として、通論家の諸師が凡夫の入報を認めず、別時意の說を唱へる間に處して、何としても閉ざされてゐる凡夫救濟の門戶を開かんとして苦鬪した結果、已むを得ざるに出でた一種の妥協說であり、折衷論でもあつたのであらう。(10)

と述べて、迦才による凡夫の化土往生說について「彼の淨土教義が徹底を缺いた憾みがある」、あるいは「論旨に破綻を來たしてゐる」と指摘したうえで、時代狀況下において余儀なくされた「一種の妥協說であり、折衷論でもあつた」と結論し、全般として迦才の思想に消極的な評価を下している。(11)

このような傾向は、道綽や善導の思想と比較したときにより顕著である。前述した迦才の総論と評価に関する先行研究を一瞥すれば明らかなように、迦才の思想は道綽から善導への正統的な系譜に対する傍流として位置づけられ、道綽教学から「後退」した、あるいは善導教学と比して「不徹底」であるとの見方が主だったものであり、時にその思想の独自性に着目されながらも、結局は善導の思想へと帰着するための「過渡的な役割を果たした」などと評されてきた(12)。概して先行研究のほとんどがこのような理解に準じたものといってよい。

従来における迦才の思想研究は、道綽や善導の浄土教を解明する際の「手段」として援用されるばかりで、それ自体を評価することが「目的」とされることはほとんどなかったのである。さらに問題となるのは道綽・善導との比較、すなわち凡入報土説や本願念仏説など、日本浄土教の淵源となる思想を基準において両者を相対化した場合、迦才の独自性が不明となってしまうことにある。たとえば、宗派の系譜に連なる道綽・善導に対して、それ以外を一律に聖道諸師（慧遠、吉蔵、迦才、智儼など）といったカテゴリーに分類して思想の比較を行う場合、一括りにされた慧遠等の浄土教と迦才の浄土教との間における差異は矮小化され、その思想的意義が等閑視されてしまう結果となる。

近年の中国浄土教研究では、このような宗派学的な視座にもとづく思想研究の方法に対して問題提起があった(13)。すなわち、祖師研究を行う際に、宗派学的な視座に縛られていることが各々の研究状況における停滞の一因であり、宗学研究以外の諸分野の研究との連携を取りながら、日本浄土教における祖師像とは別に、中国仏教史上における人物像を描き出すことの必要性を提示するものである。

迦才はいわゆる日本浄土教における祖師という立場ではないが根底となる問題点は同一である。本書においても、日本浄土教の価値観を一旦切り離し、中国浄土教史上における迦才の実像をあらためて検討したい。幸いにも迦才

『浄土論』は、道綽や善導の典籍以上に同時代の諸学派の文献との間に積極的な関わりを見出すことができ、かつ旧訳と新訳の狭間という特異な資料性を有している。すなわち、『浄土論』は唐代初期の、とくに長安における仏教界と不可分の関係において成立しており、現在研究の進捗が著しい中国仏教研究の成果を加味することにより、中国浄土教史上における迦才の浄土教思想の位置をとらえなおすことが可能になると考えられる。

三、研究のねらいと方法

本書における研究のねらいを端的にいえば、迦才の浄土教思想を従来のような道綽・善導との比較による評価軸から解放し、どこまでが同時代の思潮傾向に同調したもので、どこからが迦才独自の思想であるのかを明確にすることにある。それはいかなる方法で抽出することが可能であろうか。

浄土教の思想研究における中心的な課題の一つは、劣機の凡夫が阿弥陀仏信仰のなかでいかにして救済されるか、すなわち凡夫往生が成立する思想構造を論理的に示すことである。ただし、従来の隋唐代の浄土教思想史における評価軸は、本願称名念仏を根拠とする凡夫の報土往生説のロジックに偏重しすぎていたきらいがある。前述したとおり、迦才の思想研究は道綽や善導の研究の傍らで行われ、凡夫の化土往生説や本願論などの諸教説について概して低調な評価が与えられてきた。しかしながら、そのような評価でより分けられてきた思想のなかに、実はこれまで見逃されてきた迦才の浄土教思想の特質が潜んでいるのではないだろうか。

筆者は、凡夫の化土往生説こそが迦才の思想全体を貫く基本的なコンセプトになっていると考える。その理由は、『浄土論』の目次構成が、第一章において凡夫の化土往生という基本的な立場を表明した後に、その他の諸教説が展開されているからである。さらに迦才を専一な阿弥陀仏信仰者と認めるならば、その立場は信仰・教理の両面において凡夫の化土往生という思想に帰結していると考えるべきであろう（以下「凡夫化土往生説」と呼称する）。

従来の迦才研究は、凡夫が化土往生するという結論部分だけを取り出して、それ以上の論究が行われることはなかった。迦才の思想を主体的に研究する立場であるならば、むしろ、なにゆえに迦才がこのような結論としたのかを問うべきであろう。すなわち、迦才が自身の教学思想の基盤となった当時の仏教思想の言説を、彼なりの問題意識のなかで受け止めて成立したのが「凡夫化土往生説」であり、そのような結論にいたった思想的な背景や意図を探ることが、迦才の浄土教思想を正当に評価し、位置づけることになると考える。

そこで本研究は従来とは逆の視点から思想的なアプローチを行う。すなわち「凡夫化土往生説」を結論ではなく、むしろ起点に設定し、往生思想の内実を構成している衆生論（誰が）・実践論（何をもって）・仏土論（何処へ）・経典論（何に依って）・即時別時論（いつ）という諸教説の総合的な形成過程をめぐり、同時代の文献との丹念な対照研究を通じて迦才の浄土教思想の再構築化を図るという方法論を用いた。

対照する文献の選定にあたっては、通説の批判者であった道綽や善導の思想ではなく、むしろ浄土教を主たる信条としない学僧たちの資料を当時の標準的理解ととらえて、迦才との差異を明確にした。具体的には、迦才における『起信論』と真諦訳『摂大乗論釈』の受容の仕方を調査するとともに、当時それらの教理研究の中心的な役割を担っていた地論・摂論・華厳系の学僧に関連する文献として、隋代の浄影寺慧遠や吉蔵の典籍、敦煌本の『摂大乗論』諸註疏、智儼『捜玄記』『孔目章』、道世『法苑珠林』などとの思想交渉を重点的に探る。この作業を通じて、当時の長安でもっとも流行した起信論・摂論研究の素養を持つ迦才の思想的特徴を明示するとともに、道綽や善導による凡夫の報土往生説（いわゆる凡入報土説）、あるいは前時代の慧遠や吉蔵などの諸師による応身応土説のいずれとも異なる思想的文脈から、迦才独自の凡夫化土往生説が生じた経緯を示してゆく。

右に示した視点にもとづき、迦才の浄土教思想の考察を進めてゆくが、もう一点注意すべきことがある。冒頭で、道綽・善導との比較による評価軸から解放すべきことを述べたが、迦才の思想研究を行う際に彼らの存在をまったく無視できるわけではない。それに関する本研究の基本的な立場を述べておきたい。

道綽・迦才・善導の三者はともすれば同時代の浄土教者として一括りにされることもあるが、実際のところはある程度、活躍時期に隔たりがある。まず善導（六一三―六八一）についてはその生存年代からみて、著作活動がはじまったのは迦才『浄土論』の成立以後と思われる。すなわち、迦才から善導への思想影響はありえたとしても、その逆の可能性はないとみて差しつかえないだろう(14)。本研究は迦才の思想形成を主題とするものであるから、善導の思想にむやみに立ち入ることは避けたい。そもそも、善導の浄土教思想は同時代において極めて特異な内容であり、これを当時の標準的な理解とした場合、迦才の浄土教思想の独自性はみえてこないのである。次に道綽（五六二―六四五）については、善導の場合と異なり、迦才との関係を無視するわけにはいかない。迦才が道綽を強く意識していたのは確かであり、道綽の報土往生説に対して、迦才が化土往生説を主張したという図式も疑いようのない事実である。ただし、従来の研究では迦才を道綽教学の祖述者とみるなど、道綽との師弟関係を無批判に強調しすぎていたように感じられる。本研究では迦才と道綽の関係を歴史・思想の両面から検討し、迦才における道綽教学の受容の仕方について再考する。

以上のようなねらいと方法にもとづいて迦才の浄土教思想の解明を進めてゆく。なお、本書では慶安四年版を底本とする浄土宗全書本をテキストとして用い、書誌研究の成果は適宜に応用してゆくことにしたい(15)。

四、本書の概要

本書は、以下の五章によって構成されている。

第一章「『浄土論』の成立背景」では、弘法寺と道綽との関係を手がかりとして、『浄土論』がいかなる背景において成立したのか検討する。第一節では弘法寺の周辺に関連する人物を整理し、どのような環境下で迦才が『浄土論』を著述したのかを明らかにする。第二節では道綽と迦才の師事関係について、『続高僧伝』ならびに真福寺本・戒珠『浄土往生伝』に着目して、迦才が道綽と面授していない可能性を提示する。第三節では『安楽集』と『浄土論』の引用経論と共有問題について検討し、迦才が道綽のどのような点を受容し、かつ批判していたのか明らかにする。

第二章「迦才における凡夫と聖人」では、道綽の末法説を受容した迦才の凡夫観について、本為凡夫兼為聖人説の形成と展開に着目しながら考察する。第一節ではこれまで注目されなかった厭欣二門説と易往而無人説を取りあげ、迦才の末法凡夫観の基本的な立場について検討する。第二節では本為凡夫兼為聖人説と本願論の関係を検討し、四十八願の分類という視座から独特の凡夫論が形成されていたことを明らかにする。第三節では浄影寺慧遠の九品階位説に対する迦才の批判意図を読み解き、両者における『観経』に対する理解の相違、ならびに往生と不退をめぐる両者の論説の相違点を明らかにする。

第三章「実践行に対する批判とその克服」では、末法世の凡夫が修する実践行の易行性に対する批判とその対応がいかにしてなされたのか考察する。第一節では別時意説とよばれる浄土教への難説を取りあげ、複雑に構成された批判の論点を明確にしたうえで、迦才の会通の方法とその課題について明らかにする。第二節では別時意説を念頭に置きつつ、諸種の実践行を体系化した理由について、『往生論』の五念門説の受容の仕方をめぐって、その思想的な意義を明らかにする。

第四章「西方化土説の思想構造」では、西方浄土を化土と位置づける仏土説の構造とその思想的背景を検討する。第一節では摂論学派の四土説の特徴と成立背景を手がかりとして、唐代初期における迦才の仏身仏土論の思想的位置を明らかにする。第二節では西方浄土を化土と規定する説について、前時代の諸師ならびに道綽の化土説との比較を通じて、迦才が暫変とする化土説を批判して長時化土説の立場をとっていたことを明らかにする。第三節では迦才独自の西方浄土観として通報化土説を取りあげ、『起信論』や『摂大乗論釈』の心識説にもとづく浄土観を背景として、往生と見土の問題を提起していたことを明らかにする。

第五章「西方浄土に関する諸問題」では、これまで注目されなかった西方浄土に関する議論を取りあげ、いわゆる凡入報土説が抱えていた課題と化土往生説の思想的意義について検討する。第一節では分段・変易の二種生死説が三界摂不摂説と深く関与する議論であったことを確認したうえで、西方報土説の問題点を指摘する。第二節では西方浄土の封疆説について、吉蔵『勝鬘宝窟』の教説をたよりにその思想背景を明らかにし、迦才がなぜ西方浄土に封疆なる分限があるとしたのかを明らかにする。第三節では種子欲・上心欲の二欲について、真諦訳論書ならびに摂論学派の文献における解釈をふまえて、なぜ西方化土に種子欲という煩悩が存在するのかを明らかにする。第四節では迦才の特徴的な教説として処不退説を取りあげ、低位な化土においてなにゆえに不退が成立しうるのかという問題点とその対応について明らかにする。

以上、各章を論究する際には、『浄土論』の思想内容を論述するだけでなく、同時代の諸文献との関連性について可能な限りの調査をほどこし、隋唐初期の浄土教思想の展開上における迦才の学説の位置とその独自性を示してゆきたい。

註

（1）『瑞応刪伝』の序文には「沙門文諗釋子少康。於往生論中高僧傳内、標揚眞實。序録希奇、證丹誠感化之縁、顯佛力難思之用。（『正蔵』五一、一〇四頁上）」とあり、名畑応順氏は文中の「往生論」「高僧傳」は迦才『浄土論』の往生人伝を指すのではないかと指摘している（『国訳一切経』史伝部一三・解題、一九六七年）。ちなみに『浄土論』の往生人伝に収録される二〇人の伝記のうち、実に一八人が『瑞応刪伝』に収録されている。また、懐感『群疑論』において九品説・逆謗除取説・通報化二土説・弥陀弥勒相対論・二乗種不生説に紹介される諸師の説のなかには、迦才『浄土論』の説示と認められるものが多く存している。詳細は、金子寛哉『『釈浄土群疑論』の研究』（大正大学出版会、二〇〇六年）を参照。

なお、成瀬隆純氏は「従来『浄土論』は唐末五代の頃までには中国大陸では失われ、かえってわが日本で奈良朝以来書写されて、平安鎌倉期の浄土教家に利用され、わが国浄土教発展に貢献してきたものと考えられていた」ことに対して、非濁『三宝感応要略録』中巻の第二〇・十念往生感応（『正蔵』五一、八三二頁中）に「出淨土論」と記されたうえで引用されていることから、「このことは本書が成立後およそ四百年間中国大陸に存続した証拠を示す」と述べている（成瀬隆純「迦才『浄土論』成立考」『印仏研究』四二―二、一九九四年）。確かに中国での『浄土論』の存在を確認できる貴重な資料であるが、日中間の交渉によって『浄土論』が逆輸入してもたらされた可能性もあり、直ちに四〇〇年間存在し続けたとまでは断言できないように思う。

（2）『往生要集』における迦才『浄土論』の引用回数については、諸先学の研究においてばらつきのあることが和田典善氏の研究によって明らかにされている（和田典善「『往生要集』における迦才『浄土論』」『仏教論叢』四五、二〇〇六年）。すなわち、八木昊惠氏の調査によると、『往生要集』における『浄土論』の引用文の数は一二回であるが、参考例まであわせると計一一五例にも及び、懐感『群疑論』の引用文は三三回、参考例をあわせると一四八回とされる（八木昊恵『恵心教学の基礎的研究』永田文昌堂、一九六二年）。森川昭賢氏によれば、『浄土論』の引用回数は一七回、『群疑論』は三三回とされる（森川昭憲「我が国に於ける迦才『浄土論』の流伝」『仏教史学』三—二、一九五二年）。和田典善氏は『浄土論』の引用を一二箇所とするが、そのうち二箇所は論名のみの引用で、三箇所は論名を出さない引文があることを指摘している。

（3）知俊『浄土論余暉鈔』（『続浄』七、五九〜二一四頁）。

（4）成瀬隆純氏は、静琳が若き日に栖巌寺を訪ねていたことから、弘法寺には蒲州出身の学僧の往来があったのではないかと推測し、さらに「迦才の周辺には栖巌寺系浄土教者の影響を当然考慮しておくべきである。一方、迦才自身は道綽の感化を濃厚に受けており、かれを中心として、観想中心の栖巌寺系浄土教と、称名念仏中心の玄中寺系浄土教が激しく対立する中で『浄土論』が撰述されたといっても過言ではあるまい」と述べている（成瀬隆純「蒲州栖巌寺の浄土教」三崎良周編『日本・中国 仏教思想とその展開』山喜房仏書林、一九九二年）。

（5）望月信亨『中国浄土教理史』［原題『支那浄土教理史』］（法藏館、一九四二年、一五〇〜一七一頁）を参照。

（6）望月信亨『浄土教之研究』（仏書研究会、一九一四年、三三三〜三四一頁）、同『中国浄土教理史』一五〇〜一六三頁を参照。

（7）山本仏骨『道綽教学の研究』（永田文昌堂、一九五九年、一四二〜一四六頁）を参照。

（8）名畑応順『迦才浄土論の研究』（法藏館、一九五五年、一六五〜二一〇頁）を参照。

（9）望月信亨『中国浄土教理史』一七八〜一七九頁、名畑応順『迦才浄土論の研究』一六五〜一七一頁、稲岡了順「道綽・迦才・善導の往生思想—特に仏身仏土説を中心に—」（『仏教文化研究』二六、一九八〇年）、柴田泰山『善導教学の研究』（山喜房仏書林、二〇〇六年、二〇五〜二〇八頁）などを参照。

（10）名畑応順『迦才浄土論の研究』一〇一頁を参照。

（11）名畑応順氏は他にも「かりそめにも浄土といはれる以上、そこは殊勝微妙の境界であり、衆生が盡く欽仰すべき領域であつてこそ、人を勸めて往生せしめられる所詮もあるのに、それが三界の攝と判定されることには、何としても納得されないものがある。さうなると論議を縦横に重ねる迦才も、それは經の所判であつて、人の關する所ではないといつて、教證の一邊に歸するより外に道がなくなつてゐる。而して浄土が三界の攝なればこそ、三界の惑を斷じない衆生も往生することができるのであつて、若し三界を超出した淨土ならば、凡夫や學人はその分にないことになるから、煩惱を具足した三界中の衆生を三界外の報土に生ぜしめることは出來ないといひ、淨土が三界の中にある故に往生はし易いのであり、そこに上心の欲がないから、畢竟じて不退であると決するに至つた。あくまで淨土の價値を引下げることによつて、辛じて煩惱具足の凡夫と淨土との連續を考へようとするのである」など、宗派学的な視座にもとづいて厳しい評価を下している（名畑応順『迦才浄土論の研究』六六～六七頁）。

(12) 名畑応順氏は「支那に於ける傳承」との一節を設け、迦才と善導の教説を比較している。すなわち、本為凡夫説について「迦才の説は更に深く徹底されるやうになつた譯である」といい、九品説について「觀經に對する領解が舊來の諸師から善導へと展開する間に介在した一段階を迦才の上に見るべきであらう」といい、仏土説について「凡夫の前に塞がれた門戸を開いたといふ功績だけは認められなければならない」といい、韋提希説について「迦才はやはり諸師から善導へ、乃至は道綽から善導への過渡的な役割を果たしてゐる」といい、別時意説について「善導が南無歸命の傍義として、發願廻向の義を說き、阿彌陀佛是其行と顯はしたのは、淨土教理史上から眺めても、最も著しい發展といはなければならない」といい、逆謗除取説について「佛の聖意を更に深く推求することに欠けた憾みがある」という（名畑応順『迦才浄土論の研究』一六五～一七一頁）。いずれも道綽および諸師から善導へと展開する思想史の過渡的な位置に、迦才の思想がすえられている。

(13) 柴田泰山氏は、戦後から今日までの諸先学の研究業績を概観したうえで「中国仏教研究の視点が戦前の単なる日本の各宗派単位における個別の研究から、中国仏教そのものの土壌における研究へと展開され、今日ではインド仏教、あるいは日本仏教とは異なった学問領域が開かれている」と総括し、中国仏教自体を固有の意義を有する宗教として扱う方法論が一般化してきたことを指摘している（柴田泰山『善導教学の研究』七頁）。金子寛哉氏は、中国浄土教の研究方法として「中国の思想史もしくは宗教史の中で中国浄土教を考える行き方」と「日本の浄土教もしくは浄土宗の立場から、その源流として中国浄土教を考えていく行き方」という二つの側面があることを挙げ、さらに「これら両面は完全に独立しては成立しないのであって、何らかの意味で相互に関わりを持ちながら研究が進められてきたのである。ただそれがどちらを中心に考えているかという、力点の置き方の違いと見た方が妥当かもしれない」と述べ、自身は後者の立場に力点を置いて、懐感の浄土教思想を論じている（金子寛哉『『釈浄土群疑論』の研究』四頁）。木村宣彰氏は「中国仏教の研究は必ずしも盛んであるとはいえない。その原因は、社会のあり方にかかわる問題から、個々の研究者の心情に至るまで種々考えられるが、そのような今日的な課題だけでなく、歴史的に見ても、中国仏教は日本仏教にとって極めて緊密な関係にあるだけに、現実の宗派的立場から離れられないという弊害と、中国仏教の究明にはどうしても中国伝統の固有文化を併せ考えなくてはならないという困難が伴うからである」と述べ、中国固有の文化事象も含めた総合的な視座を仏教研究に取り込むことの必要性を訴えている（木村宣彰『中国仏教思想研究』法藏館、二〇〇九年、三頁）。

(14)　柴田泰山氏は、善導の五部九巻の成立前後について、先行研究の諸意見をふまえたうえで、最初期の著作として『観念法門』（「五種増上縁義」を除く）を挙げている（柴田泰山『善導教学の研究』六一～六九頁）。また、成瀬隆純氏は、『観念法門』と迦才『浄土論』に示される念仏行者の実践法が酷似していることを指摘している（成瀬隆純「善導『観念法門』の位置づけ」『印仏研究』四八―一、一九九九年）。成瀬氏の指摘部分は、確かに両典籍の同時代性を匂わす内容であるが、ひとまず善導から迦才への影響を証明するものではないと考える。

(15)　迦才『浄土論』には写本・版本・活字本が存在する。詳細は先行研究にゆずり、ここでは書誌に関する概略のみ記しておく。

i、三巻本と一巻本

・『浄土論』は三巻本とされるが、それとは別に一巻の抄本・略本が存在したことが、山王院蔵の目録や『東域伝灯目録』『浄土依憑経論章疏目録』の諸目録に確認できる。ただし、この抄本・略本は目録に出るのみで、現存しないので詳細は不明。

ii、写本

①龍谷大学蔵天平写経本…奈良朝期

・日本に現存する最古の写本。

・中巻の一部のみ。

・一行二一字詰内外で九四行。

②常楽寺蔵本…元永二年（一一一九）

・上中下巻あり。一葉七行、二二字詰で二二紙のみの抄出本。
・他の三巻本に比して、著しく省略、削除されている。
・龍谷大学蔵天平写経本とほぼ同一系統とみられる。
③七寺蔵本／七寺蔵折本…承安五年（一一七五）～治承四年（一一八〇）
・「七寺古逸経典研究会」によって、真言宗智山派の古刹七寺より発見された。
・上中下三巻がそろい、かつ一筆で書写された写本としては最古のもの。
・折本の体裁をとった副本（中巻のみ）が別にある。
④叡山文庫蔵天海蔵本…室町時代
・上巻のみ。
・巻子本を折本の体裁に改装したもの。
・誤字脱字が少なく、実用的な価値が認められる。
⑤大念仏寺蔵本…康和元年（一〇九九）から天承二年（一一三二）の間
・中巻のみ。
・良忍の自筆署名がある。

iii、版本

①慶安二年版（一六四九）
・内容が粗雑で非難を受けたため、二年後にその版木を流用して慶安四年版を出す。
・現在の流伝は極めて少ない。
②慶安四年版（一六五一）
・現在の活字本のほとんどがこれを底本とする。
・文字や訓点の誤りについてはまだ相当多くみられる。

iv、活字本

①金陵刻経処本

・一九世紀の末に楊文会によって日本より中国へ逆輸入されて出版された。
・底本は慶安四年版かあるいはその系統の本。
・本国の漢文によく通じた者によって改作訂正を加えたもの。
②浄土宗全書本
・底本は慶安四年版。その丁数を傍記している。
・俗体や異体の文字を正体にあらためるが、校異はしていない。
③卍続蔵経本
・底本は慶安四年版。
・金陵刻経処本を参照して形式を整えている。
④大正蔵経本
・底本は慶安四年版。
・金陵刻経処本と校異している。ただし、校異は厳密ではなく、かなり遺漏がある。
⑤名畑応順氏校訂本
・底本は慶安四年版。
・叡山文庫蔵天海蔵本、金陵刻経処本、経論の本文や『安養抄』『往生要集』『決定往生集』等の引文などと校異。

写本に関しては上中下巻がそろった七寺蔵本は未翻刻であり、底本とするべき良質のものがない。名畑応順氏の校定本はすぐれた成果であるが、発行部数が限定三〇〇部と僅少であり、入手に難がある。また、大正蔵経本や卍続蔵経本は金陵刻経処本と校異をほどこしている点（目次の脱落など）に問題が残される。浄土宗全書本は慶安四年版の版本を比較的忠実に再現したとされるので、本書では便宜のよさも含めてこれを基本テキストとした。

第一章　『浄土論』の成立背景

第一節　迦才と弘法寺

第一項　問題の所在

周知のとおり、迦才は各種僧伝などにその名はみえず、事蹟についてはまったく不明である。しかしながら、著書である『浄土論』より、迦才の人物像や学系に関するいくつかの手がかりを得ることができる。列挙すると次のとおりである。

（1）「帝京弘法寺　釈迦才撰」の署名……長安の弘法寺の関係者
（2）序文の廬山慧遠への批判……浄土教の先徳としての扱い
（3）序文の『安楽集』への批判……道綽との関係と『安楽集』の評価
（4）第二章の浄影寺慧遠への批判……地論宗南道派との関係
（5）第六章の往生人伝の記事……并州地方の浄土行実践者との関係
（6）『摂大乗論』『起信論』の重視……摂論学派との関係

本節では以上の点を勘案しつつ、迦才が弘法寺という環境のなか、いかなる立場において『浄土論』を撰述したのか、その成立背景について論及してゆくことにしたい。

『浄土論』の巻頭に「帝京弘法寺　釈迦才撰」とあることから、迦才は長安の弘法寺という一寺院に住していたであろうことを知りうる。弘法寺は武徳三年（六二〇）に正平公李安遠によって長安城の長寿坊に建立され、神龍元年（七〇五）に大法寺と改名された(1)。弘法寺に住歴のある人物としては、これまで静琳（五五四—六四〇）が注目されてきた。静琳はその経歴をみる限り、迦才とほぼ同時期に弘法寺に住していた可能性が高い。従来の研究においては、静琳の交友関係から、迦才の教学背景あるいはその学系を探ろうという試みがなされてきた(2)。

迦才の学系を三論宗とする説は、静琳の学系から推測したものであり、『続高僧伝』に「惟だ『中論』を敷きて宗と為す(3)」と伝える記事から、静琳は三論宗に属すると判断されたと考えられる。しかし、後述するように静琳は三論宗よりもむしろ摂論学派に近い人物である。

一方、摂論学派とする説は、歴史的な面としては静琳が摂論学派の学僧（曇遷、法常）と深い交友があったこと、教義的な面としては迦才自身の教学に『摂大乗論』の影響が濃いこと、法常の四土説と思想的に近似すること、別時意説が詳論される点などを根拠とするものである(4)。近代以後の研究者は摂論学派とする意見でほぼ落着している。筆者も先行研究と同様に、迦才の修学背景として摂論学を学んだと想定するのが妥当と考えている。

しかしながら、これまでの研究では摂論学派を浄土教の敵対者としか扱っておらず、肝心の摂論学派側の立場についてはあまり言及されることがなかった。近年、地論および摂論学派に関する歴史・思想両面の研究が進展をみせているため、それをふまえて摂論学派の位置づけ、および迦才との関係について再考する必要があろう。また、『浄土論』には別時意説も含めて、彼らの教学を意識したとみられる論述が散見されるため、これらの情報を抽出することで、迦才が想定する対論者がいかなる教学的立場を有していたのか推定できるのではないかと思われる。

いずれにせよ、弘法寺への居住は、迦才における史実的な側面でもっとも有用な情報であり、迦才の修学背景や『浄土論』撰述の背景として欠かすことのできない立脚点である。(5) この点について、従来あまり注目されてこなかった弘法寺に関する資料があるのでふれておきたい。

①「維摩經義疏巻第一　長安弘法寺沙門吉藏撰」 …『維摩経義疏』巻第一(6)

②「毘尼討要序　長安弘法寺　釋玄惲纂」 …『毘尼討要』巻第一(7)

「同鈔數義一巻　分六巻長安弘法寺沙門釋玄暉纂云云」 …『東域伝灯目録』(8)

まず、①は隋代の碩学として有名な三論宗の吉蔵（五四九―六二三）であり、②の玄惲は『法苑珠林』などの著作がある道世（―六六八―）のことである。各典籍の署名をみる限り、両者とも弘法寺に居住していたと思われるが、各々の伝記資料には弘法寺に関する記載がみられない。このように従来、注目されていなかった人物が弘法寺に住していた可能性を指摘できる。

そこで本節では、弘法寺にどのような人物が関わっていたのかを整理し、迦才が住寺していた頃の弘法寺周辺の状況を明らかにする。そのうえで迦才の学系および『浄土論』の対論者についても検討を加えてゆきたい。

第二項　吉蔵と弘法寺

(1) 吉蔵の住寺について

吉蔵は隋代の代表的学僧であり、三論宗の祖とされる。父に伴われて真諦三蔵にまみえて吉蔵の名を与えられ、法朗について出家した。会稽の嘉祥寺に住したので嘉祥大師と称され、その後、蒲州の慧日道場に召され、続いて長安に移り、日厳寺、実際寺、定水寺、延興寺などの諸寺に住した。その学問は広きにわたり、法華・般若・華厳・維摩などの教理をくまなくこなした。

さて、前項に挙げた吉蔵『維摩経義疏』の著述年時および弘法寺の在住に関して、平井俊栄氏による次のような指摘がある。

『義疏』には「長安弘法寺沙門吉蔵撰」という署名がある。『続高僧伝』の吉蔵伝には弘法寺に住したことには何も関説されていないが、この寺が当時長安にあったことは事実であり、道宣は吉蔵が武徳初年（六一八）十大徳の一人に撰ばれてから実際寺と定水寺に、さらに延興寺に住したことを伝えているので、あるいはそれ以前、弘法寺に住したことがあったのであろう。とすれば、『義疏』の成立は、三論の註疏とならんで大業年中（六〇五―六一六）ということになろうか。[9]

これによると『維摩経義疏』は吉蔵の最晩年の著作と認められるようである。ただし、前述したように、弘法寺は武徳三年（六二〇）の建立であるから、弘法寺への在住期間および『維摩経義疏』の成立は、武徳三年（六二〇）から武徳六年（六二三）の間に訂正されなければならない。また吉蔵が最後に住したとされる延興寺は、弘法寺と同じ長寿坊の隣に位置している。ところで、静琳の伝記には、

武徳三年、正平公李安遠、弘法を奏造す。素より崇信を奉じ、別して之れをして召せしむ。琳、意を立て、縁を離れて慮を摂め道を資く。隋末に壅閉し、唐運を開弘するに会し、白帰依して、光隆是に慶す。乃ち繁を削りて簡に就き、惟だ『中論』を敷きて宗と為す。余は則ち『維摩』『起信』、権機屢しば展ぶ。[10]

弘法寺に移り住んでからは、とくに『中論』の講究に力を注ぎ、残りを『維摩経』『起信論』にあてたという。そ

れまでの経歴のなかで「華厳」「楞伽」「十地」「唯識」「摂論」を修めてきた静琳が、突如として「中論」「維摩」「起信論」を志したことは、吉蔵が隣寺の延興寺に居していたことと無関係ではあるまい。おそらく、吉蔵が隣寺に移ってきたことに触発されて中論等の教理研究に興味を示すようになったのではないかと想像される。『続高僧伝』の吉蔵伝をみてみると、

武徳の初、僧過繁結す。十大徳を置きて、法務を綱維す。宛も初議に従うこと、其の一に居る。実際・定水、道宗を欽仰し、両寺連りに請い、延いて住止せしむ。遂に通じて双願を受け、両ながら以て之れに居る。斉王元吉、久しく風猷を揖し、親しく師範を承け、又た屈して延興に住せしめ、異供交献ず。蔵、物に任せて赴き、滞行せず。[11]

とあり、武徳のはじめ（六一八）に吉蔵が十大徳に選ばれ[12]、実際寺と定水寺に請願を受けたため二寺ともに止住し、その後、斉王元吉の願いを受けて延興寺に住したという。実際寺と定水寺は同じ天平坊に位置して隣り合っているので、同時に止住していたのであろう。さらに「蔵、物に任せて赴き、滞行せず」とあることから、晩年もさまざまな招聘に応じるなど活発な活動を行っていたようである。このような晩年の経歴からみても、吉蔵と弘法寺のつながりは充分に考えうる。位置関係からいえば、延興寺と弘法寺は隣接しており、同時に止住することも可能だったのではないかと思われる。

ちなみに、延興寺は開皇四年（五八四）に、文帝が涅槃宗および地論宗の学匠として名高い曇延のために勅命をもって建立した寺院である。『続高僧伝』によれば、その後、曇延の弟子である玄琬（五六二―六三六）が、徳業寺において皇后のために「現在蔵経」を写経し、さらに命を受けて延興寺に経蔵を造営したという。[13]『法苑珠林』巻六五にも一切経を造ったという記事がみえるため[14]、延興寺に一切経をおさめた経蔵が整備されていたことが知られ

る。『浄土論』は多数の大乗経論を博引傍正することが特色とされるから、迦才が著述の際に隣寺である延興寺の一切経を利用したことも想像されよう。

（2）吉蔵の著作と『浄土論』との接点

吉蔵の著作と迦才『浄土論』の接点について検討したい。まず、吉蔵の浄土教関係の著作である『観経義疏』と共有する問題点を整理する。(15)『観経義疏』は冒頭から第一序・第二簡名・第三弁宗体・第四論因果・第五明浄土・第六論縁起によって本経の意義を明かし、その後に随文解釈を述べている。

表2に示されるとおり、『浄土論』が吉蔵『観経義疏』と共有する問題点は、慧遠『観経義疏』以上に多く、とくに西方浄土の議論に関して強い影響がみられる。西方浄土を化土（応土）とする説だけでなく、『維摩経』の心浄土浄説にもとづき万別の浄土があるとする説は、迦才が「往生見土亦万別」と主張するのと深い関わりがあると考えられる。仏土に関する内容は他にも二種生死説や三界摂不摂説があり、これらは論点ばかりでなくその意見までもが一致している。また、実践行として通・別の二段を構えること、弥陀弥勒説や九品説に関する着眼点も近似している。一方、迦才にあるが吉蔵にみられない重要な学説としては、末法思想、本願論、別時意説などがある。これらの学説の有無は両者の浄土教に関する基本的な立場の相違、あるいは時代的な隔たりに起因するものであろう。(16)

次に『観経義疏』以外の著作との接点がありうるのか検討してゆきたい。『浄土論』冒頭の序文には次のような記述がある。

滞俗公子有りて浄土先生に問て曰く、「蓋し聞く。仏教は沖虚にして語言路断なり。法門は幽簡にして心行処

表2『観経義疏』と『浄土論』に共有される議論

	吉蔵『観経義疏』		迦才『浄土論』
第四論因果	・通門（三福、十六観）、別門（菩提心）	[三―二]	・通因（菩提心、三福）、別因（能所求）
	・易往而無人	[九―二]	・易往而無人
第五明浄土	・報土応土説	[一―二～四]	・西方化土説、通報化説
	・分段変易の二種生死説	[一―四]	・分段変易の二種生死説
	・三界摂不摂説	[一―四]	・三界摂不摂説
第六論縁起	・弥陀弥勒相対説	[七―一]	・弥陀弥勒優劣説
	・了義不了義説	[四―一]	・了義不了義説
	・西方浄土―多仏多土	[一―三]	・往生見土万別説
	・西方浄土―有量寿無量寿	[一―一〇]	・四因縁不退説（長命）
	・念仏説（念仏法身・念仏生身）	[三―二]	・心念（念仏智身・念仏色身）
随文解釈	・韋提希説	[四―三]	・韋提希説
	・西方浄土―最下品	[一―一〇]	・西方浄土―中品浄土
	・西方浄土―三種善生一種土	[一―三]	・往生見土万別説
	・十六観（前六観…依報、後十観…正報）	[三―二]	・十六観（前七観…依報、後九観…正報）
	・西方浄土―一質一処	[一―二]	・見法報化三種浄土
	・百万品心故有百万品浄土	[一―三]	・往生見土万別説
	・九品説（因果説、無生法忍説、極楽時間説）	[一―三]	・九品説（因果説、無生法忍説、極楽時間説）

滅なり。此れ則ち、言語は妄情より出で、心行は倒想に非ずということ無し。今乃ち西境に寄せて、専ら弥陀を讃ぜんと欲す。路断の語は非なるべし。処滅の言は是なること罕なり。但だ情は近くに滞り、未だ大方に達せず(17)。

ここは滞俗公子と浄土先生なる架空の人物が登場する場面であり、この後に本題の問答がはじまる。まず、滞俗公子がこれまでに学んできた仏教の法門について語り、そのうえで西方弥陀について教えて欲しいと浄土先生に請うている(18)。序文の内容はそれ以後の明解な記述でなされる問答体と少し筆致が異なり、やや難解な文章表現を含んでいる。

吉蔵の著作にはこの点について示唆に富む記述がみられ、迦才も少なからず影響を受けているようにみえる。ここでは『中観論疏』と『勝鬘宝窟』を取りあげたい。

○吉蔵『中観論疏』

①「若し世俗の言説を雑るれば、則ち所論無し」とは、此れ第三句なり。（中略）若し心に所受無ければ、則ち心行処滅せり。若し口に所言無ければ、則ち語言道断せり。則ち賓主杜黙す。何の論ずる所かあらんや(19)。

②汝は口に無と璧う、我れは眼に有と見る。寧ろ我が眼見を信じて実と為す。豈に口の虚言を用いんや。下半は呵責なり。理として生滅無し、生滅は自らの妄情より出でたりと明かす。（中略）此の論に明かすに実には一切の物無し、但だ是れ想をもって有と謂えるのみ(20)。

○吉蔵『勝鬘宝窟』

③此れを名づけて「不思議摂受正法を説く」と為す。（中略）理と相応するを「摂受」と名づく。摂受の徳、妙に心言を出だすを「不思議」と名づく。即ち是れ心行処滅、言語道断なり(21)。

④常倒の中に就いて三有り。一には無常とは是れ倒の所迷の法なり。二に常と言うは是れ倒の建立する所。三に想と言うは是れ倒想なり。体は是れ真見、通じて名づけて想と説く。又た、無を有と為すが故に名づけて想と為す。(22)

右に挙げた①~④の波線部より、『浄土論』序文の傍線部の一節にある「語言路断(=言語道断)」「心行処滅」「出自妄情」「倒想」の語句を見出すことができる。

まず「言語道断」「心行処滅」は『大智度論』等に頻出する名文句であり、(23)真理は深遠であって言葉で言い表すことも心で思いはかることもできないとの意味である。この文句は吉蔵の著作中に頻出するが、(24)①では維摩居士の一默にこれをあて、③では諸法実相の理を証悟・相応するという「不思議摂受正法」の語句に相当させている。次に「出自妄情」については、②に言説は多く虚言に過ぎず、真理として生滅はないはずなのに自らの妄情より生滅が生じているという。また「倒想」については、④に無であるはずのものを有とみなすことが倒想であるといい、②の後半部にも同内容が説かれている。

以上、『浄土論』の序文の一節と吉蔵の著書との対応箇所を確認した。もちろん、他の論書からの影響も否定できないが、少なくとも「言語道断」「心行処滅」「出自妄情」「倒想」といった語句が同一論書中にあらわれるのは、管見の限り吉蔵の著作をおいて他にない。(25)使用語句の共通点からみて、吉蔵の著書を披閲した可能性ならびにその思想的影響は充分に考えられよう。

従来の研究において、吉蔵と迦才に関する接点は歴史面・思想面ともに指摘されたことがなかった。両者の接点に着目するにいたった直接の契機は、弘法寺への居住を示す資料の存在(『維摩経義疏』)であったが、それ以外にも吉蔵の著作から影響を受けたと思われる点がみられた。両者の教義的な接点は後章にあらためて論及するが、迦才が『観経義疏』と『勝鬘宝窟』の思想的影響を受けていることはほぼ間違いないだろう。

吉蔵は三論宗の祖と位置づけられ、『中論』『大智度論』などの中観系の論書や『法華経』に関する註疏を数多く残したことはよく知られている。しかしながら、迦才における『中論』や『法華経』等の教学的な影響はわずかなものにとどまり、吉蔵との法系上のつながりも不明である。吉蔵と迦才の直接的な交渉があったかどうかはわからないが、弘法寺という環境が基点となり、吉蔵の思想が伝えられた可能性も考えうるであろう。

第三項　道世と弘法寺

(1) 道世の住寺について

道世は、字を玄惲といい、一二歳のときに出家し、大業一一年(六一五)に弘福寺の智首より具足戒を受けた。道世は律宗の学僧であり、道宣とともにその弘宣につとめた。顕慶年間中に太宗に召されて入内し、玄奘三蔵の訳場にも席を連ねた。著書としては、仏教辞典的な性格を持つ『法苑珠林』一〇〇巻とその抄出版ともいうべき『諸経要集』二〇巻が有名である(26)。

さて、本項で注目するのは『毘尼討要』という律関係の文献である。道世に関する研究は、『法苑珠林』と『諸経要集』の成立をめぐる内容が中心であり、この文献は従来さほど注目されてこなかった。『毘尼討要』には「毘尼討要序　長安弘法寺　釋玄惲纂」の署名があり、道世が弘法寺に住していたときに著述されたことがわかる。

道世は、後に入寺する西明寺の学僧として認知されるのが一般的であるが、道世の伝歴を伝える『法苑珠林』序、『諸経要集』序、『宋高僧伝』などの資料には青龍寺で出家して後、西明寺に入寺するまでの三〇年間の経歴は明ら

かではなく、当然、弘法寺の入寺についてもまったくふれられていない。『諸経要集』序には、

故に顕慶の年中に於て、一切経を読み、情に随いて要を逐う。人、行に堪えらば、善悪の業報、録して一千を出し、述して三十を篇じ、勒して両帙を成ず。(27)

とあり、顕慶年間中（六五六―六六一）に一切経を読破し、それを契機として仏教類聚書の編纂を思い立ったという。また、『開元釈経録』には「沙門釈玄惲（中略）西明の創居、召して大徳と為す」(28)と伝えるから、道世はおそらく西明寺が創建された顕慶三年（六五八）から住寺をはじめ、そこで一切経の講読をはじめたものと考えられる。

『法苑珠林』と『諸経要集』の成立前後については、先行研究によって、まず『法苑珠林』が成立し、後に略鈔されて『諸経要集』が作られたことが明らかになっている。(29)『法苑珠林』は乾封三年（六六八）に成立したとされるから、作成に要した期間がおよそ一〇年となる。一〇〇巻という大部の著作であることを考慮すると、妥当なところではなかろうか。以上のことを勘案すれば、弘法寺において『毘尼討要』が著されたのは、西明寺へ入寺する顕慶三年（六五八）以前ではなかったかと推測される。

また、西明寺と弘法寺のつながりを示唆する興味深い資料として、玄奘訳『阿毘達磨大毘婆沙論』巻一の末尾に、訳場列位に関する記事がある。

顕慶元年七月廿七日於長安大慈恩寺
翻經院三藏法師玄奘奉詔譯
弘法寺沙門嘉尚筆受　大慈恩寺沙門明珠證義　大慈恩寺沙門惠貴證義
大慈恩寺沙門法祥證義　西明寺沙門慧景證義　大慈恩寺沙門神泰證義
大慈恩寺沙門普賢證義　大慈恩寺沙門善樂證義　大慈恩寺沙門經玄綴文

大慈恩寺沙門静邁綴文　　西明寺沙門慧立綴文　　西明寺沙門玄則綴文
大慈恩寺沙門義褒正字　　大慈恩寺沙門玄應正字　　西明寺沙門神察執筆
大慈恩寺沙門辯通執筆　　同州魏伐寺沙門海藏筆受　　大慈恩寺沙門神墓筆受
西明寺沙門嘉尚筆受　　大慈恩寺沙門大乘光筆受(30)

注目すべきは、傍線部に示したように「弘法寺沙門嘉尚筆受」ならびに「西明寺沙門嘉尚筆受」とあり、嘉尚という人物が西明寺と弘法寺の異なる肩書きをもって、それぞれ列記されていることである。藤善真澄氏が指摘するように、この記事は書写にあたって何らかの混乱があったものとみられる(31)。

嘉尚は『宋高僧伝』巻四に伝記があり、生没年等は不明であるが、律と性相に秀でており、『瑜伽論』『仏地経論』『成唯識論』に通じていた。玄奘の門下であり、『大般若経』翻訳の際には証義・綴文の役に任ぜられ、訳経僧として活躍した人物であったという(32)。右の記事の嘉尚が同一人物であるとすれば、顕慶元年の翻訳が開始された時点（六五六年）で弘法寺にいた嘉尚が、完訳する頃（六五九年）には西明寺に移っていたという事情が考えられる。これは道世が西明寺以前に弘法寺にいたという経歴とちょうど重なるものであり、弘法寺から西明寺へという一連の流れがあったことが確認できる。すなわち、道世と嘉尚はほぼ同時期に創建したばかりの西明寺へ入寺したとみられる。

このように弘法寺には道世の他にも、嘉尚という訳経場に深く関わりのある学僧が居していた。静琳と親交のあった法常も、貞観七年（六三三）に訳出された波羅頗蜜多羅訳『大乗荘厳経論』の翻訳に関わったとされる。迦才は『浄土論』のなかで『大乗荘厳経論』に特有の「食身」という訳語を用いており、直接・間接いずれにせよ本論書の影響を受けていたことが知られる。したがって、弘法寺は比較的新しい訳経の成果を享受することのできる学問に適した環境にあったのではないかと推考される。

(2) 道世の著作と『浄土論』との接点

次に道世の著作と迦才『浄土論』との接点について指摘したい。まず、『毘尼討要』巻六の瞻病送終章における記述について確認する。ここでは臨終時の看病の方法として、浄土教に関する内容が紹介され、『往生論』の五念門説と『随願往生経』、さらに『弥勒発問経』の慈等の十念説が引用されている。注目すべきは『弥勒発問経』の引用である。すなわち、

『弥勒菩薩発問経』に云く、弥勒、仏に白して言さく、仏の所説の如きは阿弥陀仏の功徳利益なり。若し能く十念相続して念仏を断ぜざれば、即ち往生を得る。当に云何んが念仏の言なるや。凡愚の念に非ず、不善の念に非ず、結使を雑えざるの念なり。具さに是の如き念、即ち安養国に往生することを得る。何等を十と為す……。(33)

とあり、『無量寿経』や『観経』とは異なる独自の十念説が展開されている。この『弥勒発問経』については、迦才も『浄土論』第四章の第四問答において、

問て曰く、『弥勒所問経』に十念を説く中に云うが如きは、「凡夫の念に非ず、結使を雑えざる念なり」と。今、此土の衆生は、体は是れ凡夫にして、結使未だ断ぜず。云何が念仏して往生を得るや。(34)

と引用しており、「非凡夫念」「不雑結使念」といった記述が問題とされている。経典の名称が、道世の『弥勒発問経』と迦才の『弥勒所問経』で異なりをみせており、さらに道世の引用中では「非凡愚念」となっているものの、内容からみれば同一の経典であることがわかる。この「非凡夫念」との記述は、当時の浄土教者にとって大きな問

題となっていたようであり、迦才以後では懐感『群疑論』、(伝)基『西方要決』、さらに経典名は出さないものの、智儼『孔目章』にも取りあげられている。この問題は道綽『安楽集』にはみられず、おそらく長安における浄土教の議論のなかで浮上した割合に新しい問題ではなかったかと考えられる。

他に気になる点としては、『宝性論』の偈文の引用がある。この偈文は『法苑珠林』にも曇遷「十悪懺文」として引用されており、迦才も十二経七論のなかに同文を紹介しているので、おそらく浄土行を実践する際に積極的に活用されていた偈文と考えられる。ちなみに道綽も『宝性論』を引用するが、この偈文には注目していない。

次に、『法苑珠林』(六六八年成立)の内容を確認したい。『法苑珠林』巻一五「弥陀部」は、述意部、会名部、弁処部、能見部、業因部、引証部、感応録の七部から構成されており、浄土教に関するまとまった記述がみられる。『法苑珠林』の仏教辞典的な性格からみて、おそらく当時の長安における一般的な浄土教の理解を略説したものと考えられる。『浄土論』と比較してみると、内容はもちろんのこと、章段の構成についても通ずるところが少なくない。

表3は、『法苑珠林』弥陀部の章段に『浄土論』の問答箇所を対応させたものである。道世が論じているほぼすべての問題を、『浄土論』も取り扱っていることがわかる。とくに摂論系の四土説や多種の実践行を列挙すること、諸大乗経論の引証、感応録による実例の紹介などは、論述の方法までもが迦才と酷似している。ちなみに、道世は業因部において『弥勒発問経』を引用しているが、ここでの引文には「非凡愚念」「不雑結使念」の語句はみられない。また、弥陀部における記述ではないが、『法苑珠林』には『発覚浄心経』の引用がみられる。(35)『発覚浄心経』は『弥勒発問経』の同本異訳とされるが、道世と迦才はともに別の経典として認識して引用しているようである。両者の引用箇所はそれぞれ異なるものの、本経を引用すること自体が中国仏教において希少な用例である。

表3　『法苑珠林』と『浄土論』に共有される議論

	道世『法苑珠林』		迦才『浄土論』
述意部	・趣旨の略説	〔一―一〕	
会名部	・四土説	〔一―一〕	・四土説
弁処部	・報土化土説	〔一―三〕	・報土化土説
	・三界摂不説	〔一―五〕	・三界摂不説
能見部	・凡夫、二乗、菩薩の見	〔一―二〕	・凡夫、二乗、菩薩の見
業因部	・十説の実践行の列挙	〔三―一～三〕	・計一一種の実践行（五念門説）の列挙
	（五念門説、慈等の十念説）	〔四―九〕	・慈等の十念説
引証部	・四経論の引証	〔五―一〕	・十二経七論の引証
感応録	・一〇の霊験を紹介	〔六―一〕	・二〇の往生人を紹介

以上、道世と弘法寺についてみてきた。道世は西明寺に入寺する以前の顕慶三年（六五八）までに、弘法寺にて『毘尼討要』を著したとみられる。『毘尼討要』は律文献であるが、瞻病送終章には『往生論』の五念門説、『弥勒発問経』の慈等の十念説、『随願往生経』が引用され、少なからず浄土教への関心が見受けられる。また、『法苑珠林』の弥陀部は当時の浄土教に関する概略を叙述したものであり、章目の立て方や阿弥陀仏信仰に関する経論を整理しようとする方向性は迦才と軌を一にしている。道世の四土説は摂論学派の教説を承けたもので迦才の仏土説とも近似しており、『弥勒発問経』の慈等の十念説や『宝性論』の偈文、『発覚浄心経』などの引用が迦才と重複することも興味深い一致である。住寺の時期からみて、道世が『浄土論』をみた可能性も考えられよう。

第四項　弘法寺静琳と摂論学派

ここでは静琳と摂論学派との関わりについてみてゆく。先に摂論学派に関する近年の研究状況を確認しておこう。摂論学派は真諦三蔵が翻訳した『摂大乗論』ならびに世親の注釈が付された『摂大乗論釈』を中心に研究したグループであり(36)、一時期は唐初の長安においてもっとも隆盛をほこっていた。にもかかわらず、なぜか後世に残される資料は少なく、それゆえ摂論学派に関する研究はなかなか進展しなかった(37)。

摂論学派の歴史的な動向については、智顗や湛然の伝える記事内容から、地論宗北道派から摂論学派へと思想的な展開が起きたと理解されてきた(38)。ところが、近年の研究では事実はその逆で、現存する資料による限り、むしろ南道派からの移行者が大半であったことが明らかになっている。つまり、実質的な初期摂論研究の担い手は地論宗南道派の学僧たちであった可能性が高いのである(39)。ちなみに、地論宗や摂論宗の名称は日本仏教（とくに凝然）による伝承に由来しており、「宗」や「学派」の定義は先学の研究者の間でも盛んに議論された(40)。当時の宗派や学派は現代のような宗派・教団を意味するのではなく、一師や一経一論にこだわらずに多師多学の傾向をとって自由に学ぶのが一般的であったとされる。吉田道興氏の作成した地論・摂論研究者の一覧表によれば、地論や摂論を単独で研究した学僧はほとんどおらず、『十地経論』『摂大乗論』『華厳経』『涅槃経』『楞伽経』『勝鬘経』『維摩経』などがあわせて修学されていた(41)。

摂論学派に関する思想研究は、勝又俊教氏の研究を先鞭として(42)、主に阿摩羅識ならびに九識説という独特の教学思想に関する考察が進められ(43)、近年では吉村誠氏がこの分野に関して精力的な研究を行っている(44)。摂論学派の教学思想の特色として、袴谷憲昭氏は『楞伽経』や『起信論』を参照しながら、『涅槃経』の研究とも結びついてゆくという折衷的な解釈が行われていたことを指摘している(45)。吉村誠氏は摂論学派における九識説の成立過程を追うなかで、摂論学派の教学が次第に解釈学的な傾向に陥ってゆくことを指摘している(46)。大竹晋氏は、智儼を含めた初期華厳教学の人およびその前身を「地論系摂論宗」と呼称し、従来考えられていた以上に、智儼教学に摂論研究の色彩が強かったことを明らかにしている(47)。ちなみに智儼は静琳に師事して『摂大乗論』を学んでいる。

以上、近年の研究を通じて、摂論学派の母体が地論宗南道派であった可能性が高いこと、さらに教義的な特色として折衷的・解釈学的な傾向にあったことが明らかになっている。したがって、摂論学派との結びつきを考える際には地論宗の関係者も視野に入れてみておく必要がある。また、地論・摂論などの呼称や冠名だけにとらわれて教学傾向を判断するのは、その実像を見誤る可能性が少なくないという点もあわせて注意しておきたい(48)。

次に静琳の経歴を確認したい。『続高僧伝』の静琳伝によると、静琳は七歳で出家して後、各地を遊行して『十地経』『華厳経』『楞伽経』『摂大乗論』等を学び、自らも『十地経』『摂大乗論』を講じた。玄琬、法常、智首等の当時の長安仏教界を代表する学僧と交流があった。静琳は弘法寺の建立直後に入寺し、貞観一四年(六四〇)に同寺で卒したとあるため(49)、六二〇年から六四〇年の期間は弘法寺に居住していたと思われる。

興味深い点として、静琳が各地に遊学して多種多様な諸宗学を修める一方で、学解的な仏教に満足し切っていなかったことが挙げられる。伝記によると、蒲晋の地で道遜や道順に、自ら『十地経論』を講じていたが、そのうち講業に飽き足らなくなり、もっぱら禅門の修習をはじめたという。また、後に曇遷に就いて『摂大乗論』の講説を聴いたが、「一聞、旧の如く、慧、新たに聞かず(50)」と、はじめは摂論研究に惹かれなかった様子が伝えられている。

晩年は、律宗の弘法が欠けていることを痛感し、智首律師との交流を持ち、四分律を敷弘することに尽力したようである。弘法寺に入って後は、「化を四方に敷き、学侶客僧、来ること都殿の如く」[51]というから、相当数の学僧たちが往来していたことが想像される。このように静琳は広い交友関係を持っており、摂論学派の法常は臨終時に立ち会うほど親密な仲であった[52]。

次に静琳と地論・摂論学派のつながりについて考えてみたい。静琳は曇遷に『摂大乗論』を受け、法常は曇延および曇遷の弟子であったとされるが[53]、曇延と曇遷はいずれも地論宗南道派に近い関係者である。鎌田茂雄氏は長安で活躍した摂論学派を次の三つに分類している[54]。

i、曇延に師事し、後に曇遷に摂論を学んだ人　…慧海、道愻、玄琬、法常

ii、慧遠に師事し、後に曇遷に摂論を学んだ人　…浄業、浄弁、静蔵、弁相

iii、曇遷に直接、摂論を学んだ人　…道哲、道英、静琳、静凝、明馭

隋代の代表的な学匠であった曇延、慧遠、曇遷およびその弟子筋はいずれも地論宗南道派と深いつながりを有している。また、竹村牧男氏によれば『起信論』の講説者という視点から法系図を作成した場合、曇延・曇遷・慧遠の三者がその上流に位置するという[55]。さらに曇延や慧遠は『涅槃経』の研究者としても名高く、その法系は地論宗の系譜と極めて密接な関係にある[56]。すなわち、唐初における『摂大乗論』『起信論』『涅槃経』の研究者は多分に重なり合っており、複雑な人的ネットワークを構成していたと考えられる。その盛況ぶりは道宣が「当時の諸部、復た具さに揚ぐと雖も、涅槃・摂論を最も繁富と為す[57]」と伝えるほどであった。

静琳と交際があった法常や玄琬は、地論宗南道派から摂論学派へ移行した当時の名高い学僧であり、多くの門弟がいたという。よって、晩年に静琳のいる弘法寺へ往来した「学侶客僧」たちもそのような法系の流れをくむ学僧たちではなかったかと思われる。このように、少なくとも静琳が没する貞観一四年（六四〇）頃までは弘法寺の周

辺に「地論宗南道派―摂論学派」の関係者が多く存在したことが予想されるのである。

第五項　迦才の学系と『浄土論』に想定される対論者

(1) 迦才における摂論研究の素養

既述したとおり、迦才の学系は摂論学派に近いとされている。迦才の浄土教思想における『摂大乗論』の位置づけについては詳細な検討が必要となるため、後にあらためて論及することにしたい。ここでは、さしあたって迦才が摂論研究の素養を有していたことを、「十解」という菩薩の階位の用例から示しておきたい。

この「十解」という階位は、『菩薩瓔珞本業経』等に説かれる十信・十住・十行・十廻向・十地・等覚・妙覚という、いわゆる菩薩五十二位の階位のうちの「十住」と同意であり、十解の初心は「初発意」「初発心」ともよばれ、凡夫位(=外凡)から三賢十聖の菩薩道(=内凡)への入り口でもある。

注目したいのは、インド経論において、「十解」という訳語を用いる論書は、真諦三蔵によって翻訳された『摂大乗論釈』に限られるという点である。[58]『摂大乗論釈』を教義の中心にすえた摂論学派およびその周辺の学僧たちは十解の語句を多用した。たとえば、最晩年に摂論と接触した浄影寺慧遠の著作中では、十解の語句は一度の用例も認めることができないが、吉蔵の著作には頻出する。

ちなみに、吉蔵の初期の著作である『法華玄論』『法華論疏』には、十解と十住とが同一の階位である旨をわざわざ注記しているが、[59]以後の著作群にはそのような断り書きがみられなくなる。また、真諦訳『摂大乗論釈』には「聖人=十解」とする独特の解釈がみられるが、[60]吉蔵『法華論疏』はこの理解に対して次のような疑義があったことを記録している。

問う、『摂論』に云く、「十解菩薩、人無我を得るを名づけて聖人と為す」と。此の論に云く、地前は是れ凡夫なり。云何が会通するや。答う、『仁王』『瓔珞』に依る。及び此の論を以て地前は是れ伏忍に相似の聖なるのみ。未だ即ち是れ聖ならざるなり。(61)

ここで吉蔵が証言するように、『仁王般若経』や『菩薩瓔珞本業経』などの一般的な理解は「聖人＝初地」であり、『摂大乗論釈』の教説は特異であったことがわかる。(62)これと同様の疑念があったことは敦煌本の『摂大乗論疏』巻七にも記録されている。(63)

このように『摂大乗論』が採用する階位説は、当初はある程度の物議をかもしながらも、隋代後半から唐代にかけて徐々に汎用されるようになった状況が想像できる。十解の用例はその他にも、摂論学派の資料とされる敦煌本の『摂大乗論釈』諸註疏や、著者不明『纘述』、道誾『観経疏』、(伝)慧浄『阿弥陀経義述』、智儼『孔目章』、円測『仁王経疏』などの諸資料にも多数みられる。

一方、後に玄奘によって訳出された『摂大乗論釈論』、ならびにそれ以後に訳出された論書には十解の訳語は一切みられない。よって、直接・間接に真諦訳『摂大乗論釈』の教理研究との接点を有する典籍以外には、十解という階位が用いられなくなってゆく。たとえば、懐感『群疑論』では十解という語句がまったく使用されず、すべて十住に統一されている。(64)十解という訳語の浸透が当時における真諦訳『摂大乗論釈』の影響力、ひいては摂論研究の隆盛と波及さらには衰退をも物語っているといえよう。

したがって、この十解という語句の用例をもって、同時代性を見極めるための一つの尺度とすることが可能と思われる。迦才も著作中に十解の語句を多用し、尚かつ「聖人＝十解」の説を支持しており、とくに疑問も呈していない。おそらく、『摂大乗論釈』の教理研究がある程度、浸透した時代および環境において修学したのではないかと考えられる。

ここで注目したいのは、迦才が浄影寺慧遠『観経義疏』の九品説に批判を加えている場面である。『浄土論』第二章には、

『起信論』の三心は、既に十信の終りに在りて発す。当に知るべし。『観経』の上品上生は即ち十解の初心に在ること明けし。彼に至りて無生法忍を得ると言うは、此れは是れ、観を縁じて無生法忍を得るなり。若し遠法師の「四地の菩薩は是れ上品上生の人なり」と判ずるが如きは、寧ぞ彼に至りて時節を経ずして、即ち無生法忍を悟ることを得べけんや。四地より八地に至りては半阿僧祇を経るに由るが故に。(65)

とある。ここでは『観経』の上品上生者の階位を論ずるにあたって、第一に『起信論』の三心説を依用すること、第二に『摂大乗論』の十解位を用いること、第三に地論宗南道派である慧遠の九品説を前提としてそれを批判する、という三つの要素を読み取ることができる。

すなわち、迦才が想定していた対論者は、慧遠の教説を一般的な解釈として受容していた地論・摂論学系の学僧ではなかったかと考えられる。摂論学派の母体が地論宗南道派であったとすれば、迦才が慧遠の説を持ち出すことも納得でき、さらに『起信論』と『摂大乗論』の合釈を積極的に依用するという折衷的な手法についても同様の理由から説明できる。

(2)『浄土論』に想定される対論者

『浄土論』は計四五の問答から成り立っており、当然ながら、問いに立てられた疑問に対して迦才自身が浄土教

の立場から答えるという形式を持つ。

ここで注目されるのは、問いに論述された教義的内容の性質である。すなわち、問いのなかには、迦才が対論者の前提となる教義解釈を想定して記したと思われる箇所が存在する。これらを抽出して整理することによって、『浄土論』に想定された対論者の大まかな性格をつかむことができると考えられる。

以下は、筆者が右のような問題意識にのっとって抜粋した問いの内容を整理したものである。

①浄土は報土であり、凡夫の領域ではない…〔一―五〕〔一―九〕〔四―一〕
②三界摂（欲界内）の浄土を低く評価する…〔一―八〕〔一―九〕〔一―一〇〕
③浄影寺慧遠の解釈を前提とする…〔二―六〕〔四―三〕
④往生者の階位・行業のレベルが高い（十解以上）…〔二―六〕〔四―八〕
⑤別時意説による難説…〔四―一〕〔四―二〕〔四―三〕〔四―四〕〔四―五〕
⑥凡夫の機根を低く評価する…〔四―八〕〔九―五〕

これらの教義解釈には、摂論学派の学僧と推定されるものが少なくない。まず、⑤は明らかに真諦訳『摂大乗論釈』を前提にしたものであり、一般的に別時意説とは、摂論学派によってなされた浄土教への難説とされる。『浄土論』第四章では、五問答にわたって繰り返し質疑が行われている。

次に①のような理解については、『摂大乗論釈』の十八円浄説による報土（受用土）の解釈が基底にあると考えられる。彼らの浄土理解が報土説を前提としているからこそ、②のように三界内の欲界に属する低位な西方浄土を勧める所以を問い質す必要がでてくるのであろう。また、世親が著した『往生論』は、基本的に菩薩が五念門を修行して、三界を出過した西方浄土に往生する思想を説くものである。『摂大乗論釈』も世親による注釈書であるから、両者が関連づけられて理解されたであろうことは想像にかたくない。

次に③は、浄影寺慧遠『観経義疏』の九品説にもとづく議論であり、それによれば上輩三生はすべて初発意以上（＝十解以上）の菩薩となる。慧遠の解釈を前提とすることは、前述したとおり摂論学派の母体が地論宗南道派であったことに起因すると思われる。その解釈は、『往生論』が五念門の主体者を菩薩とみる立場とも適合する。十念説についても、問者は「凡夫の念に非ず、結使を雑えざる念なり」という『弥勒所問経』の慈等の十念説、すなわち菩薩行の実践者を前提とした問いを立てている。また、『浄土論』第二章に、

問て曰く、『無量寿経』に云うが如きは、「衆生生ずる者は、皆悉く正定の聚に住す」と。又た『阿弥陀経』に云く、「舎利弗、極楽国土には衆生生ずる者、皆な是れ阿毘跋致なり」と。此の二経に拠らば、十解已上は始めて往生を得。何が故ぞ乃至十悪五逆、並びに往生を得ると言うや。(66)

とあるのも象徴的な理解の仕方であろう。すなわち、問者は此土において不退位を獲得した者（＝十解以上）がはじめて往生を得られるとの意見を示しており、これは慧遠の九品説でいえば「上品下生」にあたり、『摂大乗論釈』でいえば「聖人」であり、『起信論』でいえば「信成就発心の菩薩」である。さらに⑥において、「低下の凡夫」が西方浄土という妙処に往生できるはずがないと難ずることも、凡夫位を脱した「聖人（＝菩薩）」を中心的に位置づける立場からみれば当然であろう。

以上のことから、迦才が想定する対論者の浄土教解釈は、基本的に真諦訳『摂大乗論釈』、世親『往生論』、慧遠『観経義疏』の教説に準ずる立場、すなわち地論・摂論研究を背景にした学僧の理解の仕方であったのではないかと推定する。彼らの理解の基本は、十解以上の聖人が五念門や法身念仏等の菩薩行によって、十八円浄説にもとづく報土に通入するというものであったのだろう。総じて高位の菩薩が高位の浄土へ往くという思想である。そのよ(67)

うな立場からみれば、凡夫を中心に位置づけた浄土教思想への疑問は当然である。迦才はそれに対して別時意会通説、九品説、本為凡夫兼為聖人説、処不退説などを論述し、多数の大乗経論を引証することによって、凡夫を中心とした浄土教の正当性を主張したと考えられる。

（3）智儼『孔目章』の明往生義

迦才と同時代において、摂論学の素養を持ちつつ浄土教思想を説く人物として華厳宗二祖の至相寺智儼（六〇二―六六八）が挙げられる。

智儼が師事した人物として法常、静琳、智正、霊弁などがおり、智正は吉蔵の門下である。(68) この四名はいずれも『摂大乗論』の講義や註疏を著しており、法常と静琳からは『摂大乗論』を学んだという。(69) 智儼の活躍年代からみて、弘法寺を訪ねて静琳の教えを仰いでいた可能性が高い。智儼自身が『無性釈摂論疏』を著すなど、彼の華厳教学の背景として摂論研究に負うところは少なくない。一方、法蔵が著した『華厳経伝記』は、智儼の命終時に西方往生の奇瑞があったことを記し、智儼が浄土教信仰に興味を持っていたことを伝えている。

著書である『孔目章』には浄土教に関説する内容として寿命品内明往生義があり、明往生意、明往生所信之境、明往生因縁、明往生験生法、明往生業行、明往生人位分斉、明往生業行迴転不同の計七門からなっている。『浄土論』の章目と対照してみると次のとおりである。

表4 『孔目章』と『浄土論』に共有される議論

	智儼『孔目章』	迦才『浄土論』	
明往生意	・往生の意＝不退 ・弥陀弥勒優劣説	[二―三～五] [七―一]	・処不退説 ・弥陀弥勒優劣説
明往生所信之境	・四土説	[一―一]	・四土説
明往生因縁	・六因、四縁、五因、五果		
明往生験生法	・十種の実践行の列挙 ・慈等の十念説	[三―一～三]	・計一一種の実践行の列挙 ・慈等の十念説
明往生業行	・正行、助業 ・一切往生行業	[三―二～三] [四―三]	・上根行、中下根行 ・因縁具足成弁
明往生人位分斉	・九品階位説 ・十解位の規定	[二―六] [二―三]	・九品階位説 ・十解位の規定
明往生業行廻転不同	・別時意会通説 ・五念門説の引用	[四―一～五] [五―一]	・別時意会通説 ・五念門説の引用

智儼『孔目章』は浄土教に関する多くの問題を迦才『浄土論』と共有している。十解の階位を常用する以外にも、四土説、五念門説、弥陀弥勒説、十種の実践行を列挙すること、『弥勒発問経』に説かれる慈等の十念説、別時意会通説、九品階位説などいくつもの接点を指摘できる。

智儼の浄土教の基本的な思想は、衆生が十種の実践行を行じて、まず西方浄土へ往生し、その後に蓮華蔵世界へと展開してゆくというものである。[70] 法蔵が著した『華厳経伝記』には「吾が此の幻軀は縁に従い無性なり。今、当に暫らく浄方に往き、後に蓮華蔵世界に遊ぶ。汝等も我れに随い、亦た此の志を同じくせよ」[71]と遺言したことが伝えられている。晩年の主著である『孔目章』には四土説のなかでも実報土を主体としつつ、通報化的な解釈がほどこされており、往生者の階位は自らの業力で不退を得た十解以上の菩薩を含んでいる[72]。また、明往生意において「西方は是れ異界なるが故に須らく断惑を伏すべし」[73]と述べていることから、おそらく智儼は三界不摂の報土への往生を想定していたであろうことがわかる。

智儼の著書は浄土教に関する比較的まとまった分量の記述があり、かつ地論・摂論の教学的な影響が色濃いとされる。『浄土論』に想定される対論者としては、智儼のような理解を挙げることができよう。もちろん、智儼自身が阿弥陀仏信仰に好意的であるため、その思想がそのまま摂論学派の典型的な見方であるとまでは断言できない部分もある。しかしながら、智儼の教説が、当時の摂論研究を背景とした浄土教理解を査定するうえで希少な内容を有しているのは確かであり、両者の思想の差異を検討することによって、迦才の浄土教思想の特質を明らかにできると考えられる。

第六項　ま　と　め

以上、弘法寺の関係者および摂論学派との関わりについてみてきた。迦才が何者であるかを特定できるような決定的な情報はないものの、おぼろげながらに迦才および弘法寺の周辺に関する外郭を素描することができたと思われる。

ここで、あらためて弘法寺に関わる人物関係を示すと図1のとおりである。

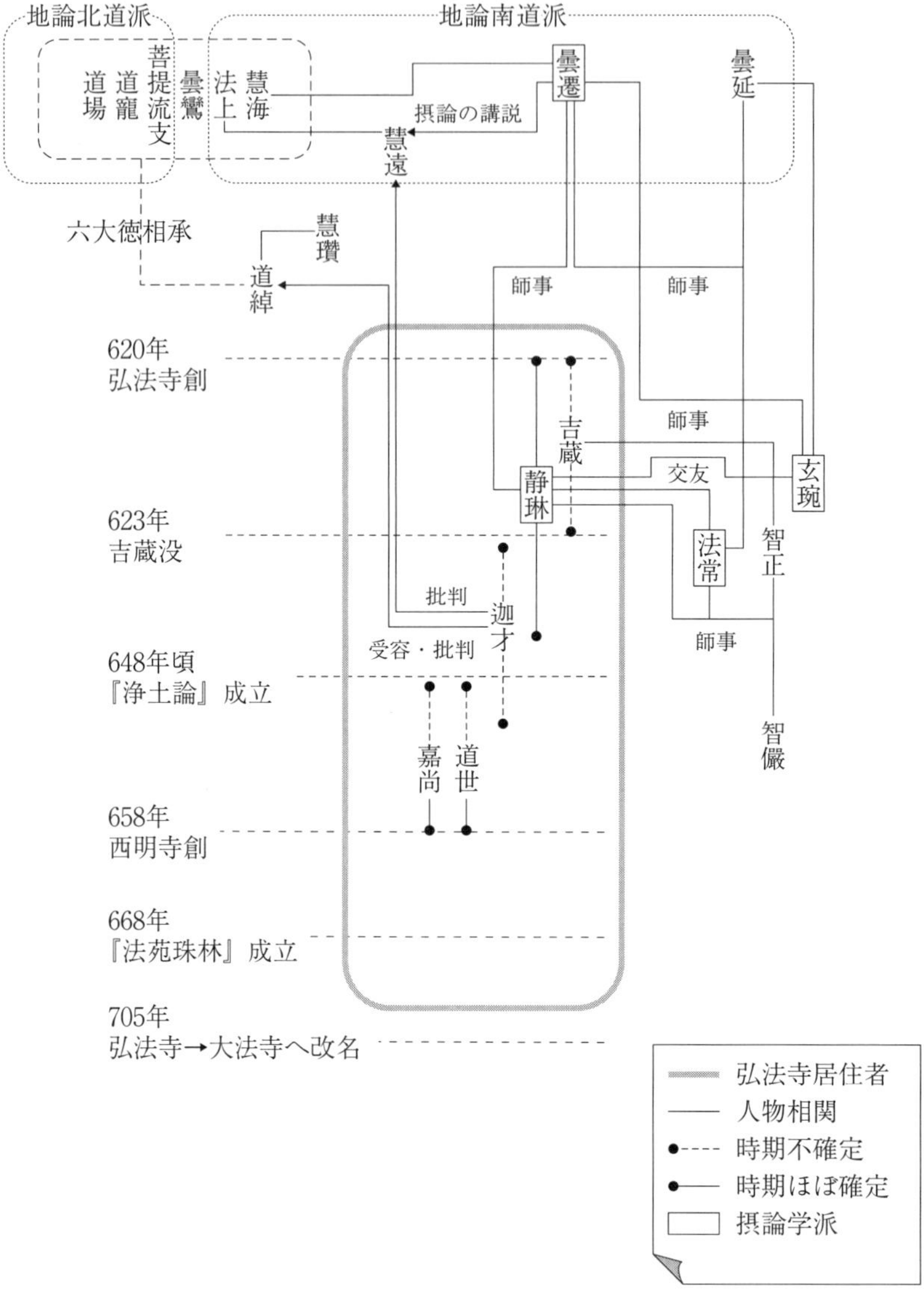

図1　弘法寺周辺の人物相関図

僧伝に伝えられる弘法寺の居住者は静琳だけであったが、吉蔵と道世も充分に住寺することが可能であった。吉蔵の事蹟を追ってみると、吉蔵は最晩年の六二〇年から六二三年の間に弘法寺に止住し、道世は六五八年以前に居住していたであろうことが判明する。『浄土論』は六四八年以後ほどなく成立したと考えられるから、吉蔵は迦才以前に、道世は迦才よりやや後に弘法寺に居住したとみられる。弘法寺および静琳を取りまく吉蔵、法常、玄琬、智儼、道世、嘉尚は六二〇年から六七〇年頃の長安において各々活躍したとみられ、いずれも講説や訳経など学業の面で活躍した人物であった。静琳がいた晩年は、学侶・客僧などの出入りが絶えなかったといい、さらに隣寺である延興寺には一切経を完備する経蔵があったというから、学業を志す者には便のある寺院であったのではないかと考えられる。すなわち、迦才が居住していた頃の弘法寺は、学問寺院としての性格が色濃かったのではないかと推定されるのである。

以上、述べてきたように、弘法寺を中心とした人的ネットワークのなかには地論・摂論系との接点を種々指摘することができる。摂論学派との関係は、静琳を中心として、法常、玄琬、智儼などの交友関係があった。一方、地論宗の関係としては、『浄土論』に実名が挙げられる慧遠と道綽はともに関連が深い。慧遠はいうまでもなく南道派の代表的学匠であり、道綽の『安楽集』にも六大徳相承として多くの地論宗関係者が浄土教の先徳として挙げられている。(74) そして、地論と摂論の研究者はそれぞれ重なり合っていた。このような環境が、『浄土論』の成立に少なからず影響を与えたことが予想され、迦才は弘法寺を取りまく地論・摂論系の学僧たちを読者に想定して『浄土論』を書き上げたとみられる。

ところで、迦才が『浄土論』を著したとみられる六五〇年前後は、ちょうど玄奘三蔵によって翻訳された経論が次々と世に送り出されようとするところであった。道世『法苑珠林』（六六八年成立）と智儼『孔目章』（六六〇年以降の成立）は、『浄土論』よりはやや後に成立したと思われるが、それでも六六八年を過ぎることはない。彼らの教学にはわずかながら玄奘による新訳経論の影響がみられるが、大部分は玄奘訳が登場する以前の修学によるものであろう。たとえば、四土説は真諦訳『摂大乗論釈』の訳語を使用しており、摂論系の教義が残存していることが確認できる。もちろん、玄奘訳によって教理的な枠組みまで転換を迫られた唯識説のような教説もあるが、浄土教思想の全般に関していえば、迦才から道世・智儼の頃まで多くの問題が共有され続けていたと考えられる。

したがって、迦才の浄土教思想の背景を考える場合には、前時代の慧遠、吉蔵、道綽だけでなく、道世や智儼の教説も充分注意しながら論究してゆかねばなるまい。むしろ、道世や智儼との差異こそが当時の長安仏教からみた迦才の浄土教思想の特質といえるのではないだろうか。

第二節　道綽と迦才

第一項　問題の所在

迦才の『浄土論』の序文には次のような記述がある。

近代に綽禅師有り。『安楽集』一巻を撰せり。広く衆経を引きて、略して道理を申ぶると雖も、其の文義参雑にして章品混淆せり。後の之れを読む者、亦た躊躇して未だ決せず。今乃ち群籍を捜検して、備さに道理を引きて、勒して九章と為す。文義区分し、品目殊位ならしむ。之れを覧る者、宛かも掌中の如くならしむるのみ。(75)

すなわち、迦才は道綽『安楽集』の不整備なることを嘆き、自ら『浄土論』を著すことにしたのだという。ここに「近代に綽禅師有り」とあることから、迦才が道綽とかなり近い年代に存命していたことが知られる。

右の引用文から知られるように、道綽あるいはその著『安楽集』との接触が迦才における浄土教帰依の一因となったことは間違いない。それでは、はたして両者に師弟関係はありえたのであろうか。本節ではこの点について少し検討してみたい。

従来の研究において、迦才と道綽との師弟関係や面授は自明のこととされる傾向にあった[76]。さらには迦才自身の出身が并州だったのではないかとの説もとなえられた。その典型的な解説として名畑応順氏の指摘を挙げておこう。

・本論第六章に列する往生人に特に并州の人が多いのを見ると、或は迦才の郷貫は并州、若しくはそれに近い地方ではなかつたかと考へられ、曇鸞、道綽との地理的關係も辿られるやうに思ふ[77]。

・迦才が平素最も尊信した道綽であり、これを祖述する本論であるとすれば、その傳記は最も正確であり、信憑すべきものとせねばならない。續傳の道綽傳は道綽の存生中に書かれてゐるだけに、記事は詳細であり、辭句も華麗であつて、その自行化他の德をよく寫してはゐるが、重大な事歷の年次が明らかでなく、その撰著の如きは「著淨土論兩卷、遠談龍樹天親、邇及僧鸞慧遠」といひ、曇鸞の撰述と交互に取違へるやうな過誤を犯してゐる[78]。

・本論は彼に比して稍簡略ではあるが、平明に叙べられて、而もよく要を得てをり、道綽が講説を捨てて淨土の行を修せられた年時（大業五年）觀經の敷演を始められた年代（貞観已來）等が記録され、道俗への示誨や臨終の奇瑞には特に意を用ゐて筆を運んでをり、安樂集兩卷の撰述も正しく傳へてゐる[79]。

名畑氏の指摘は、迦才研究の唯一の専著のなかでなされたものであるから、後続の研究にも少なからざる影響を与え、通説となっているきらいがある。[80]しかしながら、迦才の出身を幷州とする説は、往生人伝の出身者が幷州地方に多いことから推測したものに過ぎず、ただちに首肯できる意見ではない。

さて、このような説がとなえられた理由の一つには、名畑氏も指摘するように、『浄土論』に収録される曇鸞伝と道綽伝の記事が、道宣による『続高僧伝』以上に信憑性のある資料として扱われてきたという事情が挙げられる。従来の研究では、とくに曇鸞伝をめぐって、『浄土論』と『続高僧伝』のいずれに信頼を置くべきかという議論が盛んに行われてきた。[81]『続高僧伝』が第一級の史料的価値を有していることは疑いないが、曇鸞と道綽の伝記に限っていえば、道宣の記事は両者の著作をそっくり取り違えるという歴然とした誤りがある。従来の研究では、道宣がこのような初歩的なミスを犯すはずがないとの立場から、道宣自身が道綽と面授しておらず、伝聞の情報による記事ではないかとの見解が主流となった。一方、迦才の記事は、道綽との師事関係による直接の見聞にもとづいており、高僧伝と往生人伝という性格の違いはあるものの、部分的な情報は『続高僧伝』よりも正確な内容が伝えられていると認識されてきた。とくに曇鸞伝の卒時について、『敬造太子像銘』と『浄土論』の伝える時期が一致することがこの意見に拍車をかけた。

その後、藤善真澄氏が曇鸞の卒年について、先行研究の論説や従来扱われてきた資料を批判的に読み込み、『敬造太子像銘』が曇鸞とは無縁の資料であることを立証したうえで、むしろ『続高僧伝』の記事に信頼を置くべきであるとの見解を示した。すなわち、藤善氏は道宣の山西地方における足跡や交友関係を精査し、道宣が太原・介林一帯を周遊していることからみて、玄中寺への訪問はほぼ間違いなく、道綽と面授したうえで曇鸞に関する情報を入手したと推定したのである。[82]また、『浄土論』の曇鸞伝については、出自を幷州汶水とする点、卒時の記載が曖昧であることを資料的な問題点として指摘している。

以上の先行研究は、あくまで曇鸞伝に焦点をあてたものであるが、藤善氏が述べるように『続高僧伝』の記事が道綽との面授にもとづく内容だとすれば、当然、『浄土論』の道綽伝の位置づけについても再考する必要がでてくる。少なくとも、従来のような迦才の出身が并州であったとの推定は根拠が薄弱であり、かつ道綽への個人的な思慕の浅深が情報の正確性を保証しているとも限らない。そもそも、これらの説は迦才が道綽に師事した、あるいは生前の道綽と接していたという前提を無批判に受け入れたものである。

思うに、道綽と迦才の間に直接の面授や師弟関係があり、自由に意見を交わせる立場にあったならば、序文において真正面から師の著書に対する批判を展開することがありうるのか、という素朴な疑問がある。すなわち迦才は実名を出したうえで、「其の文義参雑にして章品混淆せり。後の之れを読む者、亦た躊躇して未だ決せず」と述べるが、これは師である道綽に対してあまりにも礼節を欠く態度ではないか。おそらく、迦才が修習した長安の高水準な学問仏教を尺度として、『安楽集』に対して客観的に学問的な評価を下したのであろうが、それにしても手厳しい表現と思われる。

迦才は著作中において、道綽だけでなく、廬山慧遠と浄影寺慧遠についても実名を挙げて批判を行っている。道綽が『安楽集』に「古旧、相い伝えて皆な云う、弥陀仏は是れ化身、土も亦た化土なり。此れを大なる失と為す」といい、善導が『観経疏』に「諸師」「如是解者」「通論之家（＝摂論学派）」「古今楷定」と表現するのを挙げるまでもなく、批判対象は匿名をもって記述するのが通例と思われる。

迦才が廬山慧遠と浄影寺慧遠を実名で批判しえたのは、ひとえに彼らが生存年代を異にする先徳であり、彼らの思想や事蹟について、典籍を通じて接触したからであろう。とすれば、道綽の場合も同様に、両者に面授の関係はなかった可能性もありうるのではないか。すなわち、迦才が并州を訪れた時点で、道綽がすでに入寂していたという想定である。そのようにみれば、迦才と道綽の面授はなく、書物としての『安楽集』が道綽の浄土教とのはじめての接触であった可能性も否定し切れないはずである。

管見の限りにおいて、道綽と迦才の面授を疑った先行研究はみられない。そこで、本節では第一に『浄土論』と『続高僧伝』に伝える道綽の伝歴を再検証すること、第二に『浄土論』の往生人伝における并州地方に関する記事に着目して迦才が道綽に師事していなかった可能性について論及してゆくことにしたい。

第二項　道綽の伝歴をめぐって

『続高僧伝』の記事は、道宣が貞観四年（六三〇）より、一〇年以上にわたって関中・山西・河北・河南、さらには長江以南まで遊方を続けるなかで収集・蓄積された情報をもとに製作された。現行の『続高僧伝』（『正蔵』五〇所収本）は複雑な経緯で成立したことが先行研究によって明らかにされているが[83]、いわゆる初稿本の成立は貞観一九年（六四五）と推定されており、成立は『浄土論』よりわずかに先行する。ただし、曇鸞伝と道綽伝の両伝におけ る没年や出自などの情報が食い違いをみせているため、迦才は『続高僧伝』を閲覧していないと思われる。いずれにせよ、両伝が伝える記事内容はそれぞれに特徴があり、尚かつ、いくつかの相違点も見出すことができる。それらをあらためて確認し、『浄土論』往生人伝の信憑性について再検証することにしたい。

(1) 面授していない可能性①

『続高僧伝』と『浄土論』における道綽伝の記事を比べてみると、『続高僧伝』の方が圧倒的な情報量を有しているため、自然と『浄土論』にみられない項目が多くなる。これは高僧伝と往生人伝という性格の違いからいって当然のことである。そこで『浄土論』に記される項目をベースにして、『続高僧伝』と比較してみると表5のようになる。

まず大きな相違点として道綽の出自が挙げられる。幷州という点では一致するが、『浄土論』では「晋陽の人」、『続高僧伝』では「汶水の人」とあり、食い違いをみせている。もし両者が同一の情報源、すなわち道綽自身から聴取した内容であれば、このような相違が起こることは考えにくい。つまり、それぞれの情報の入手ルートが異なっていた可能性が高いのである。

次に『涅槃経』ならびに『観経』の講説のはじまった年時については、名畑氏の指摘するとおり『浄土論』だけにみられる情報である。しかしながら、これが『浄土論』の資料的価値を決定づける内容とはいえない。『続高僧伝』だけが伝えるそれぞれの講義の回数、すなわち『涅槃経』は二四回、『観経』は二〇〇回という具体的な数字の記録もまた同程度の価値を有しているはずであろう。

著作について、『続高僧伝』は曇鸞と道綽の著作を取り違えるという問題はあるものの、もう一つ『行図』なる著書があったことを記している。『行図』は現存しないため、どのような内容であったのかまったく不明であるが、『続高僧伝』には「屢しば禎瑞を呈すること、具さに『行図』に叙ぶ」[84]とあることから、さまざまに現れた浄土教の霊瑞を記録した感応録のような内容であったと思われる。しかしながら、迦才は『行図』という著書に関する情報をまったく伝えていない。もし、門下として道綽のそばにいたならば、『行図』に関する何らかの情報を伝えてもよいはずであろう。ちなみに『浄土論』の曇鸞伝では、著書に関して正確な情報が伝えられている[85]。

次に『続高僧伝』には、感通僧としての道綽の姿が強調されており、たとえば一度自らの寿命が尽きかけたとき

表5　『続高僧伝』と『浄土論』にみられる道綽伝

主な内容	道宣『続高僧伝』	迦才『浄土論』
出自	・姓は衛、并州汶水の人なり。	・并州晋陽の人なり。
師事	・十四にして出家す。 ・晩に瓚禅師に事え、空理を修渉して、亟かに微績に沾う。	・高徳大鸞法師の三世已下の懸孫の弟子なり。
帰浄以前の教化	・大涅槃部、偏に弘伝する所にして、二十四遍を講ず。	・『涅槃経』一部を講ず。
帰浄	・昔の鸞師の浄土の諸業を承けて、便ち権実を甄簡し、経論を捜酌して、之を通衢に会し、布いて以て化を成す。	・毎常に鸞法師の知徳高遠なることを讃嘆し（中略）大業五年従り已来、即ち講説を捨てて浄土の行を修し、一向に専ら阿弥陀仏を念じて礼拝供養し、相続して間無し。
帰浄後の教化	・般舟・方等、歳序常に弘め、九品十観、時を分ちて務を紹ぐ。 ・恒に『無量寿観』を講じ、将に二百遍ならん。 ・常の自業に、諸の木欒子を穿ちて以て数法と為し、諸の四衆に遺して其れをして称念せしむ。	・貞観より已来、有縁を開悟せんが為に、時時『無量寿観経』一巻を敷演し、并土の晋陽・太原・汶水の三県の道俗を示誨し、七歳以上は並びに弥陀仏を念ずることを解す。 ・上精進の者は、小豆を用いて数と為して弥陀仏を念ずること、八十石、或いは九十石を得。（中略）諸の有縁を教えて、各の西方に向いて涕唾、便利せしめず。西方に背きて坐臥せしめず。
著作	・『浄土論』両巻を著す。 ・屢しば禎瑞を呈すること、具さに『行図』に叙ぶ。	・『安楽集』両巻を撰して世に行わるるを見る。
臨終	・なし	・去る貞観十九年、歳次乙巳、四月二十四日に悉く道俗と与に別れを取る。（以下、略）

に、曇鸞が七宝の船に乗って現れて現世にとどまるという瑞相があったことや、七〇歳になって道綽の歯があらたに生え変わったなどが記されており、他にも書き尽くすことができないほどの善相があったという。

また、石刻資料『鉄弥勒像頌碑文』には、太宗が太原に行幸したおりに、道綽のもとを訪れて皇后の病気平癒を祈念したと事蹟も伝えており、このエピソードの真偽はともかくとして、当時において道綽が感通僧として著名な人物とみられていたことが知られる。(86) このように道綽には生前からさまざまな霊瑞が現れていたようであるが、『浄土論』は臨終の奇瑞を伝えるばかりで、平時の瑞相はまったく伝えていない。

ここまでいくつかの項目を確認してきたが、記述される内容から両伝の信憑性を裁定することは至難であり、少なくとも迦才と道綽の面授の有無を決定づける要素はない。従来指摘される曇鸞と道綽の著作の取り違いについても、藤善氏は「誤記が他の者でなくなぜ曇鸞と道綽のセットであり『浄土論註』と『安楽集』の間に起ったのか、偶然の一語では片づけられない因縁がある。それは道宣が資料蒐集にあたって両者を同時に扱ったことに原因があり、起るべくして起ったミスである(87)」との見解を示している。また、柴田泰山氏は、曇鸞伝と道綽伝の後半部分の情報が混乱していることを指摘し、『続高僧伝』の貞観一九年初稿本そのものが記事の増補を繰り返した加上的構造になっており、そこには第三者からの情報伝達があったのではないかと推定している。(88)

いずれにせよ、根も葉もないような不正確な情報が混入されているわけではなく、取り違いに起因する単純なミスであることを考慮すれば、この一事をもって『続高僧伝』における道綽伝の信頼性が失われるほどのものではない。むしろ、道綽の出自に関する両伝の情報が食い違っていることの方がよほど問題であろう。

ちなみに曇鸞伝においても両伝の記す出自が異なっており、『続高僧伝』は雁門、『浄土論』は汶水としている。『続高僧伝』には曇鸞が一五歳以前に五台山を訪れ、その霊験を契機に出家したとされる事蹟が伝えられているため、『続高僧伝』が出自を雁門とすることも説得力がある。有名な玄中寺の碑文については『続高僧伝』にのみ伝えられているが、曇鸞と五台山に関する記述が碑文に刻記されていたのだとすれば、『続高僧伝』の記事の信憑性はより高まる。一方、迦才の曇鸞伝の記事がいかなる資料にもとづくのか、現時点ではまったく不明である。

つまるところ、迦才が道綽と親しい関係にあったという推定を取り除いてしまえば、『浄土論』の資料的価値を決定づける要素は皆無である。また、単純に両者を見比べれば、『続高僧伝』の方が記事の情報量や具体性に秀でているのは明らかであり、藤善氏のいうように、道宣が道綽と面会していた可能性が高い。あるいは『浄土論』の記事こそが道綽滅後に弟子筋から聴取した伝聞の情報であり、ゆえに出自などの情報が食い違っているとみることもできよう。現段階では、情報の入手ルートをある程度絞り込むことのできている『続高僧伝』の方に重きを置くのが妥当ではないかと考える。

(2) 面授していない可能性②

いま一つ、迦才が道綽と面授していない可能性を示唆する要素として『安楽集』の扱いがある。迦才は「『安楽集』一巻を撰せり」あるいは「『安楽集』両巻を撰して世に行わるるを見る」といい、はっきりと『安楽集』を著書として扱っている。迦才が批判するとおり、『安楽集』は一著作として整った体裁を有していると言いがたい部分がある。その理由として、『安楽集』は『観経』の講義録であり、さらには弟子によって編集されたのではないかとする意見がある。(89)『安楽集』を講義録と断定することは難しいが、晩年に行っていた『観経』の講義内容と乖離した内容でないことは確かであろう。

『浄土論』によると、道綽が『観経』の講義をはじめたのは貞観年間のはじめ(六二七)頃であり、僧衍が講義を聴いたのが貞観一〇年（六三六）頃とされるので、(90) 少なくともその頃までは『観経』の講義が続けられていた。そして、このような講義を行う傍らで『安楽集』が撰述されたとみられる。もちろん、迦才が道綽による講義の末席に連ねることは、年代からみても充分に考えうる。ただもし講義録の類であったならば、成立事情を知ったうえで、迦才が『安楽集』を一著作として扱い、堂々と批判を行っていることは若干奇異に感じられることだろう。

詳細は次節において論述するが、迦才と道綽における『観経』の取り扱いについてはその引用内容がほとんど一致せず、迦才の教義面に直接的な影響を与えた点はほとんど見受けられない。もし道綽による講義を拝聴していたならば、もっと具体的な影響がみられてもよいはずである。現段階では、迦才が道綽による『観経』の講説を熱心に受講したという形跡を『浄土論』のなかに見出すことはできない。

第三項　幷州地方の浄土行実践者と『浄土論』の往生人伝

これまで、迦才と道綽が面授していない可能性について指摘してきた。しかしながら、もし生前の道綽と出会っていないとすると、往生人伝における道綽およびその門下に関する記事、すなわち幷州地方を中心とした浄土行実践者との接点はどのように考えるべきであろうか。

『続高僧伝』には長安の阿弥陀仏信仰者として、善冑（浄影寺）、玄会（弘福寺）、静之（西明寺）、徳美（会昌寺）などが挙げられているが、いずれもさまざまな学問や諸実践のなかに、阿弥陀仏信仰を取り込んでいるに過ぎず、道綽や善導のように阿弥陀仏信仰に特化して、多くの民衆を積極的に勧化するような活発さを見出すことはできない。つまり、唐初の長安には、専修的な浄土行の実践者はほとんど存在しなかったのではないか思われる。

『続高僧伝』は一〇科から構成されているが(91)、長安周辺においては訳経篇、義解篇、明律篇に収録される高僧が全体の相当数を占めるのに対して、習禅篇に収録される高僧は割合からいってやや少なめである(92)。やはり、長安では学問を中心とした都会的な仏教が展開されていたとみられる。一方、幷州は、習禅篇のなかでも有名な慧瓚禅師がおり、実践的・信仰的な傾向が強い地方として認識されていた。道宣はそのような情報をつかんだうえで山西地方へ足を延ばしたと思われる。おそらく、迦才もまた噂に聞き及んでいた道綽を中心とする浄土行の実践者たちに興味を持ったのではないか(93)。学解的な仏教に飽き足らなくなった学僧が、実践を求めて幷州地方の修行者に目を向けるのは充分にありうることだろう(94)。

(1)『浄土論』にみる幷州地方の記事

往生人伝が収録される『浄土論』第六章「引現得往生人相貌」には、僧俗男女の計二〇名の往生人伝が収載されている。往生人伝に取りあげられた僧俗の年代や地域などを一覧すると表6のとおりである。

計二〇名の往生人のうち、比丘尼の三名が『比丘尼伝』、優婆塞の二名が『冥祥記』といった感応録を典拠としている。その他にも、六〇〇年前後に没した記事などは何らかの典拠があったものとみられ、これらの典拠を有している往生人の記事は、長安からはやや遠隔の地域となっている。先行研究によると、迦才が直接に見聞したと考えられるのは、比丘僧三名(①⑤⑥)、比丘尼僧一名(⑩)、優婆塞一名(⑭)、優婆夷三名(⑱⑲⑳)である(95)。直接見聞したと考えられる伝記のほとんどが道綽の関係者であり(②③⑥⑩⑱⑲⑳)、地域的にも幷州の付近に集中している。

問題は幷州付近の記事においても、やや古い伝記が存在することである(②③④⑰)。もちろん、これを迦才が

表6 『浄土論』に収載された往生人

	人名	年代	地域	出典
比丘僧	①方啓法師	存命…貞観九年（六三五）	藍田県悟真寺	
	②曇鸞法師	「魏末斉之猶在」	并州汶水	
	③灯法師	寂年…開皇一二年（五九二）	并州	
	④洪法師	寂年…仁寿四年（六〇四）	并州	
	⑤僧衍法師	寂年…貞観一六年（六四二）	并州汶水	
	⑥道綽法師	寂年…貞観一九年（六四五）	并州晋陽	
比丘尼僧	⑦尼法盛	寂年…元嘉一六年（四三九）	清河	『比丘尼伝』
	⑧尼法勝	なし	呉県	『比丘尼伝』
	⑨尼光静	なし	呉興	『比丘尼伝』
	⑩尼大明月	存命…貞観初	介州平遥	
優婆塞	⑪阿曇遠	寂年…元嘉一〇年（四三三）	廬江	『冥祥記』
	⑫魏世子	存命…元嘉初	梁郡	『冥祥記』
	⑬張元詳	寂年…開皇二〇年（六〇〇）	雍州万年県	
	⑭老翁	存命…貞観五年（六三一）	并州汾陽県	
	⑮不明	なし	なし	
優婆夷	⑯県尉温静文の婦人	なし	并州晋陽	
	⑰老翁・老婆	存命…大業年間（六〇五～）	并州汶水	
	⑱般龍村の老婆	存命…貞観年間	洛州永安県	
	⑲裴婆	存命…貞観年間	并州晋陽	
	⑳姚婆	寂年…貞観二二年（六四八）	雍州醴泉県	

長年にわたって幷州に居住したうえで定点観測的に記録したものと考えることもできるが、その場合には、道綽と迦才には長期間の交際があったことを想定せねばならないだろう。迦才が『比丘尼伝』や『冥祥記』などの資料を積極的に活用している点からみれば、やはり当時存在していた何らかの資料に拠ったと考えた方が無難ではないだろうか。

(2) 真福寺本・戒珠仮託『往生浄土伝』との類似性

先にもふれたように道綽には『行図』という感応録のような著作があったことが知られる。また、時代はやや下るが、宋代の学僧である非濁（―一〇六三）の『三宝感応要略録』三巻には、『幷州往生記』（あるいは『幷州記』）なる資料があったことが伝えられている。残念ながら、『幷州往生記』は現存しない書物であるが、『三宝感応要略録』には張元寿、道如、道俊の三伝が『幷州往生記』を出典として記述されている。

このうち道如は道綽門下であり、真福寺本・戒珠仮託『往生浄土伝』にもまったく同文が収録されている。(96) 周知のとおり、真福寺本『往生浄土伝』は、現存しない非濁『随願往生集』二〇巻を下敷きにして、日本において戒珠の名前に仮託して偽作された往生人伝である。(97) 塚本善隆氏は、真福寺本『往生浄土伝』の中国浄土教史料としての価値について、第一史料としては用いがたい部分があることを断りながらも、唐代幷州地方の浄土信仰の実情、すなわち道綽・善導の頃における浄土教信仰の勧化指導の実相を理解するのにすこぶる重要な資料であることを強調している。つまり、真福寺本『往生浄土伝』の記事のルーツを辿れば、唐から宋代にかけて著された中国撰述書まで行き着く可能性を存しているということである。(98)

真福寺本『往生浄土伝』には、道綽の門下として道如、道生、道誾、道譓、道昇、道暲、善豊の伝記が挙げられているが、先行する『往生人伝』や『高僧伝』に彼らの名前を見出すことができない。(99) 道如の記事が完全に一致する点からみて、真福寺本『往生浄土伝』に収録された道綽門下の記事は、あるいは『幷州往生記』が出典であったのかもしれない。真福寺本『往生浄土伝』は幷州地方に関連する記事がすこぶる多く、計一一六伝のうち約三分の一が幷州を活動地としたものである。(100) 試みに、道綽ならびに幷州（晋陽、太源、汶水）に関連する記事を抽出してみると次のとおりである。(101)

○道綽に関連する記事
・道綽への師事…五、六、一五、二二、二三、四二、四七、四八、五六、七四
・道綽との質疑…五、一五、七四
・小豆念仏…九八、一〇六
・百万遍念仏…五、七四
・幼少期より念仏…五、四八、六七、七八、一〇六
・『観経』関係…一五、二二、二三、四二、五六
・『涅槃経』関係…五
・孫弟子（道如、僧衍の弟子）…九五、九八、一〇二、一〇三

○幷州の寺院に関する記事
・浄土寺…九、安楽寺…一七、一〇〇、浄土堂…一八、義興寺…七四、開化寺…一〇四、玄中寺…六、二二、九九、一〇〇

○『浄土論』往生人伝の関連記事

・僧衍の関係者…九八、一〇二
・県尉温静文の婦人…一〇一

ここには、道綽に関連する記事や并州の寺院に関する記事が散見されるが、その記述内容は『浄土論』の往生人伝と類似する点が少なくない。とくに勧化について、小豆念仏や百万遍念仏・七日念仏、さらに七歳以上の幼少期からの念仏教化が記されていることが注目される。第一〇六伝の汶水沙弥尼における七歳以上と小豆念仏の記事は、『浄土論』の道綽伝と偶然といえないほどの一致をみせている。

『往生浄土伝』汶水沙弥尼伝	『浄土論』道綽伝
・凡そ晋陽、大原、汶水の三県は、七歳已上、念仏を解する者、多く小豆を用て数と為す。	・并土の晋陽・太原・汶水の三県の道俗を示誨し、七歳以上は並びに弥陀仏を念ずることを解す(102)。
・上精進なる者、或いは九十石、或いは八十石、或いは七十石、中なるは六十石、五十石四十石なり。下なるは三十石二十石、乃至五石三石なり。最下なるは一升已上なり。	・上精進の者は小豆を用いて数と為して弥陀仏を念ずること、八十石、或いは九十石を得。中精進の者は五十石を念ず。下精進の者は二十石を念ず(103)。

沙弥尼の記事はさらに「空道、小豆を以て、州県の乞丐貧乏に施す。願を発して、若し此の小豆を食さば、必ず同じく西方に生ぜむと」と続き、『浄土論』にはみられない小豆を食することによって往生を得るという奇瑞の記述が追加されている。

第七四伝の尼法智の記事には、道綽との問答があり、七日念仏と百万遍念仏、さらに便利と食事の時を除いて念仏に集中すべきことが説かれている。やはり、『浄土論』にも往生人伝以外の箇所ではあるがほぼ同内容の記述がみられる。

『往生浄土伝』尼法智伝	『浄土論』
・問く、七日の仏は幾許の仏ぞやと。曰く、七日の念、検して百万遍を得たり。大集、薬師、小阿弥陀経、皆な七日を勧む。	・綽禅師、小阿弥陀経の七日念仏に依りて百万遍を検得す。是の故に大集経、薬師経、小阿弥陀経、皆な七日念仏を勧む[104]。
・大小の便利及び食事を除き、余は間絶すること無かれと。	・大小の便利、及与び食時を除き、心を一つにして念を専らにし、悶えて即ち立ちて念ずべし[105]。

ここで七日念仏の典拠として、『大集経』『薬師経』『小阿弥陀経』の三経を挙げるのはまったく同一である。ちなみに『安楽集』には『薬師経』の引用はみられない。さらに『続高僧伝』は七日念仏、百万遍念仏、小豆念仏の詳細について記述していない。すなわち、これらの記事と『浄土論』との近似性は、看過しえない内容を含んでいるのである。

また、『浄土論』に収録される往生人の関係者が挙げられていることも注目される。すなわち、僧衍(5)の関係者が二伝あり、第九八伝の女孫氏は僧衍の姉であり、第一〇二伝の沙弥は僧衍に師事したという。他にも第一〇一伝の寡女は、県尉温静文の婦人(16)の従母（母方のおば）という。これらの記事は明らかに『浄土論』と不可離の内容を有しており、『浄土論』の往生人伝を前提とするか、あるいは同一の資料にもとづいたと考えるより他ない。

第六伝には、道闇が玄中寺を訪れて、種々の奇瑞を現しながら往生を遂げたことを記している。注目されるのは、道綽が入寂した後まもなく玄中寺を訪れ、ここで道綽門下と接触したことが記されている点である。道綽滅後の玄中寺にその門下が残っていたという記述は実に興味深い。また、道闇伝にみられる道綽の臨終時の瑞相、すなわち空中に三道の白光が現れるという記述は、『浄土論』の道綽伝にも同内容がみられる。

第四七伝の道如伝には「道綽法師の孫弟」との記述があるが、『三宝感応要略録』の道如伝もほぼ同内容であり、そこでは「道綽禅（法）師の懸孫の弟子」となっている。『浄土論』の道綽伝にも「高徳大鸞法師の三世已下の懸孫の弟子」との表現がある。どうやら、「懸孫」はあまり常用される語句ではないようで、管見の限り、僧伝や往生人伝の類のなかでは『三宝感応要略録』と『浄土論』にしか用例を認めることができない。

以上、縷々述べてきたとおり、真福寺本『往生浄土伝』や『三宝感応要略録』の并州関係記事と『浄土論』の往生人伝の関係は等閑視できないものがある。もちろん、右に指摘した内容は、『浄土論』の記事をもとに敷衍したと考えた方が穏当であるかもしれない。その敷衍された内容が追加されたのは、非濁『随願往生集』以前の諸往生伝資料（『并州往生記』など）の段階であるのか、『随願往生集』編纂時点であるのか、それとも日本においてなのか、現時点ではいずれも不明である。しかしながら、それも含めた多数の并州関係記事がすべて偽作とまでは考えがたく、やはり何らかの素材となった資料があったはずである。ちなみに少康・文諗『瑞応删伝』（八〇五年までに成立）にも典拠不明な并州地方の記事（一二付伝、三七付伝）が採録されている。[106]

并州地方における浄土教信仰の根底を支えた玄中寺は、その後、中唐の頃には律院としての性格が強くなってゆき、貞元一三年（七九七）には甘露義壇という戒壇が造営される。[107]また、『宋高僧伝』には并州地方の阿弥陀仏信仰者の姿はほとんどみえなくなり、[108]宋代以後の浄土教は江南地方を中心に展開されてゆく。おそらく、道綽・善導の頃をピークとして、その後の并州地方の浄土教信仰はやや低調になっていったのではないかと思われる。[109]

真福寺本『往生浄土伝』の常旻（第一八伝）、善豊（第五六伝）、行衍（第五八伝）には、それぞれ八世紀末から九世紀（元和、太和、開成）の年号がみられる。善豊は道綽門下というので何らかの錯誤があったのかもしれないが、おそらくこの頃が并州関係の伝記資料の下限ではないかと考えられる。したがって、真福寺本『往生浄土伝』、すなわち非濁『随願往生集』が参考にした并州地方の資料は、道綽が活躍した七世紀から九世紀頃までの道俗の事蹟を記録したものであろう。

并州関係の伝記資料の成立を、不完全な形であったとしても、迦才が往生人伝の情報を蒐集している時点まで遡ることができるのだとすれば、同一の情報源からそれぞれに伝播していった可能性も想定することができる。少なくとも、『并州往生記』や『行図』といった書物が成立するだけの気運が并州地方に存在したことは疑いない。よって、『浄土論』に収録される并州付近のやや年代的に古い記事（②③④⑰）についても、依拠すべき資料が蓄積されていた可能性が充分に考えられるのである。

第四項　ま　と　め

以上、道綽と迦才が面授していない可能性について論及してきた。

従来の研究は『浄土論』の道綽伝に信憑性を置くという立場から、道綽と迦才の師事関係を支持するものであった。近年の研究成果もふまえて再検討した結果、少なくとも『浄土論』の資料的価値を裏づける要素がなく、現時点では『続高僧伝』の記事を信頼すべきであると指摘した。さらに迦才は道綽の『観経』理解の影響をほとんど受けておらず、道綽による『観経』の講説を受講した形跡は見当たらない。また、真福寺本・戒珠『浄土往生伝』における并州地方の浄土教実践者の記事と『浄土論』の往生人伝は看過しがたい一致をみせており、道綽伝も含めて、迦才が往生人伝を記す際に依用することのできた伝記資料が并州地方に蓄積されていた可能性が指摘された。

結果として、道綽と迦才の面授の有無を決定づける証拠は見出すことはできなかった。しかしながら、両者の面授を前提とした場合に多数の問題点を惹起しうることはここまで述べてきたとおりである。そして、少なくとも道綽と迦才の面授を積極的に支持する論拠も見当たらない。したがって、両者に面授の関係はなく、道綽没後に玄中寺に残った弟子たちより『安楽集』を入手し、長安に持ち帰ったと推測することも可能であろう。道誾のように、道綽没後に玄中寺を訪ねて、道綽門下に出会ったという記事も残されている。さらに極論をいえば、并州地方におけるまとまった伝記資料が当時存在していたならば、迦才は并州に行かずして『浄土論』を書き上げることも不可能ではなかったのである。

最後にもう一つ、迦才と浄土教信仰の接点についてふれておこう。往生人伝のはじめに方啓法師の記事を紹介しているが、(110)そのなかで主題となっているのは別時意説である。即時往生を否定する別時意説は、摂論学派の学僧によってなされた阿弥陀仏信仰への難説であるが、迦才もまた摂論研究を教学背景に持つ。すなわち、この別時意説こそ、迦才が阿弥陀仏信仰と邂逅する遠因であったことも考えられるのである。迦才が長安に比較的近い終南山悟真寺の方啓法師を訪ねたのは、別時意説が何らかの形で関わっているはずであり、その難説に挫けずに浄土行に専念している実相を目撃したことや、さらにはそこで道綽の情報を入手したことも想像できる。少なくとも、摂論研究と浄土教の接点はゼロではなく、別時意説を内部に抱えた摂論研究は実のところ阿弥陀仏信仰との機縁を潜在していたといえよう[111]。

第三節　『安楽集』と『浄土論』

第一項　問題の所在

道綽『安楽集』と迦才『浄土論』は、浄土教関係の経論書を博引傍証することが特徴の一つである。繰り返しの引用となるが、今一度、『浄土論』の序文を確認しておきたい。

今者、惣じて群経を閲し、諸の異論を披きて、其の機要を撮りて、撰びて一部と為して『浄土論』と名づく。（中略）近代に綽禅師有り。『安楽集』一巻を撰せり。広く衆経を引きて、略して道理を申ぶると雖も、其の文義参雑にして章品混淆せり。後の之れを読む者、亦た躊躇して未だ決せず。今乃ち群籍を捜検して、備さに道理を引きて、勒して九章と為す。文義区分し、品目殊位ならしむ[112]。

文中に「略して道理を申ぶると雖も」とあることから、浄土教の群籍を博引傍正する道綽の姿勢は評価して、迦才自身も「惣じて群経を閲し、諸の異論を披きて、其の機要を撮」るという手法によって著述を試みている。一方、『安楽集』の内容については「文義参雑にして章品混淆せり。後の之れを読む者、亦た躊躇して未だ決せず」と批判している。これは博引傍正であるのは良いが経論書の正確な引用がほとんど見受けられず、論旨のはっきりしない引用や全体を通じて経文の改変や取意に終始する、という道綽の極端な著述の仕方について批判したものとみられる。

ここで、先行研究について少しふれておきたい。『浄土論』に引用される経論書については、名畑応順氏が『浄土論』の引用経論に関する一覧表の作成ならびに出典考証を行い、ひと通りの整理がなされた(113)。名畑氏による指摘を要略すれば次のとおりである。

・所引の経論はすべて旧訳のものであり、玄奘による新訳経論の引用はみられない。
・大乗経論の引用がほとんどである。小乗経論は『正法念経』『遺教経』『毘婆沙論』『成実論』などがある。
・希少な引用文献として『十二礼』『平等覚経』『弥陀仏偈』などがある。
・『無量寿経』(二一回)、『観経』(三一回)、『阿弥陀経』(一三回)の引用回数が断然多く、次いで『平等覚経』『鼓音声経』の浄土教関係の典籍が多い。
・『維摩経』(七回)、『大集経』(五回)、『涅槃経』(四回)の引用回数が多いが、『華厳経』(二回)や『法華経』(一回)は比較的少ない。
・論書としては『摂大乗論』(一八回)が圧倒的に多く、次いで『起信論』(六回)や『大智度論』(五回)が多い。
・第五章に連引された十二経七論はわずかな例外を除き、ほぼ原文通りの引用がなされている。他章に引用される場合には、原文の省略・要略・取意されることが多い。
・原文等が不明な論書として、『弥勒所問経』『正法念経』『大智度論』『十住毘婆沙論』がある。
・『大集月蔵経』『平等覚経』『正法念経』は、『安楽集』の取意文がそのまま襲用されている。
・『安楽集』に援引される経論には取意の文が多いが、『浄土論』は『安楽集』の取意文をそのまま襲用することが多い。迦才が『安楽集』を信憑していた証左である。

名畑氏の見解はおおむね首肯できる内容である。しかしながら、「本論には安樂集の取意の文をそのまま襲用する場合が多い」と指摘し、それをもって「これも迦才が如何に安樂集を信憑したかを示す一の證左であらう[114]」と結論づける点については同意できない。おそらく、『浄土論』第八章における『大集月蔵経』『平等覚経』『正法念経』の取意引用の影響、すなわち末法説の受容という観点から判断したと考えられるが、引用経論全体の比較を通じてそのようにいえるかどうか疑問である。

先行研究では道綽と迦才の師事関係が自明のものとされており、そのことが経論の援引の仕方も含めて、迦才の教学的な受容姿勢までも印象づけてしまったように思われる。前節に検討したとおり、迦才が道綽と面授していない可能性もあり、両者の親密性については従来想定されていたよりは距離を置く必要があろう。教学的な影響力も同様である。

いずれにせよ、迦才と道綽の引用経論の比較・整理を仔細に試みた先行研究はみられない。そこで本項では『安楽集』と『浄土論』に援引される経論疏の比較を通じて、道綽から迦才への影響について検討したい。その検討結果をもとに道綽と迦才の共有問題について考察を加え、末法説の受容の意義についても再考することにしたい。

第二項　引用経論の比較

道綽『安楽集』と迦才『浄土論』はそれぞれ一五〇回以上にわたって経典、論書、中国諸師の論疏を博引傍証している。なお、『安楽集』と『浄土論』における引用文献を整理すると表7のとおりである（なお、迦才と同時代の浄土教関係の文献として、著者不明『纘述』、道世『法苑珠林』弥陀部、智儼『孔目章』明往生義も合わせて示した）。

表7　『安楽集』と『浄土論』に引用された文献とその回数

経典の典籍名	訳者	道綽『安楽集』上巻	道綽『安楽集』下巻	迦才『浄土論』上巻	迦才『浄土論』中巻	迦才『浄土論』下巻	著者不明『纉述』	道世『法苑珠林』弥陀部	智儼『孔目章』明往生義
『無量寿経』	康僧鎧訳	12	12	15	2	4	6	4	
『涅槃経』	曇無讖訳	11	4	1	1	2	3	4	
『華厳経』（『十地経』）	仏駄跋陀羅訳	4	5	1		1	7	4	
『維摩経』	鳩摩羅什訳	7		6		1	1	7	
『観音授記経』	曇無竭訳	3	1	2			1		
『観仏三昧海経』	仏駄跋陀羅訳	3	1			1	3		
『法華経』	鳩摩羅什訳	4		1			5	1	
『観無量寿経』	畺良耶舎訳	1	3	21	5	5	多数	1	2
『鼓音声経』	失訳	2	1	4	1	1	1	1	
『大方等大集経』	曇無讖訳	2		2	1	2	3		
『大集月蔵経』	那連提耶舎訳	2				1			
『正法念経』	般若流支訳	2				2			
『大乗同性経』	闍那耶舎訳	1		2			1		
『大方等陀羅尼経』	法衆訳	1		1	1				
『随願往生経』（『灌頂経』内）	帛尸梨蜜多羅訳	1			1				

『平等覚経』	支婁迦讖訳	1		2	1	4			
『大法鼓経』	求那跋陀羅訳		2	1					
『阿弥陀経』	鳩摩羅什訳		1	7	2	4			
『大悲経』	那連提耶舎訳		1			1	1		
『般舟三昧経』	支婁迦讖訳		1		1				
『大荘厳論経』	鳩摩羅什訳	2							
『遺日摩尼宝経』	支婁迦讖訳	1							
『五苦章句経』	竺曇無蘭訳	1							
『坐禅三昧経』	鳩摩羅什訳	1							
『十住断結経』	竺仏念訳	1							
『諸法無行経』	鳩摩羅什訳	1							
『無字宝篋経』	菩提流支訳	1							
『無上依経』	真諦訳	1							
『目連所問経』	失訳	1							
『四分律』	仏陀耶舎訳	1							
『華首経』（『華手経』）	鳩摩羅什訳		1				1		
『菩薩瓔珞業経』	竺仏念訳		2				1		
『灌頂経』	帛尸梨蜜多羅訳		3						
『浄度三昧経』	失訳		2						
『大樹緊那羅王経』	鳩摩羅什訳		2						

経典の典籍名	訳者	道綽『安楽集』上巻	道綽『安楽集』下巻	迦才『浄土論』上巻	迦才『浄土論』中巻	迦才『浄土論』下巻	著者不明『纉述』	道世『法苑珠林』弥陀部	智儼『孔目章』明往生義
『海龍王経』	竺法護訳		1						
『月灯三昧経』	那連提耶舎訳		1						
『増一阿含経』	瞿曇僧伽提婆訳		1						
『文殊般若経』	曼陀羅仙訳		1						
『宝雲経』	曼陀羅仙訳		1						
『般若経』	鳩摩羅什訳		1						
『惟無三昧経』	失訳		1						
『十往生経』	失訳		1						
『須弥四域経』	失訳		1						
『善王皇帝尊経』	失訳		1						
『法句経』	失訳		1						
『菩薩地持経』	曇無讖訳			1		1	3		
『金剛般若経』	菩提留支訳					2	1		
『発覚浄心経』	闍那崛多訳				1				
『仏名経』	菩提留支訳			1					
『弥勒所問経』（『弥勒発問経』）	失訳				1		1	1	1
『木槵子経』	失訳			1					

『薬師経』（『灌頂経』内）	帛尸梨蜜多羅訳				1				
『大阿弥陀経』	支謙訳				1				
『弥勒上生経』	沮渠京声訳					1			
『遺教経』	鳩摩羅什訳					1			
『仏蔵経』	鳩摩羅什訳					1			
『度諸仏境界経』	失訳					1			
『地蔵菩薩経』（『占察経』）	菩提燈訳					1			
『称揚諸仏功徳経』	吉迦夜訳				1				
『大法炬陀羅尼経』	闍那崛多訳						1		
『大品般若経』	鳩摩羅什訳						3		
『深密解脱経』	菩提留支訳						1		
『仁王般若経』	鳩摩羅什訳						2		
『勝天王般若経』	月婆首那訳						1		
『普賢菩薩観経』	曇無蜜多訳						1		
『阿弥陀仏経』（三耶三仏）	支謙訳							1	
『大菩薩蔵経』	玄奘訳							1	
経典引用の総計		68	53	69	21	37	49	25	3

論書の典籍名	造者／訳者	道綽『安楽集』上巻	道綽『安楽集』下巻	迦才『浄土論』上巻	迦才『浄土論』中巻	迦才『浄土論』下巻	著者不明『纘述』	道世『法苑珠林』弥陀部	智儼『孔目章』明往生義
『大智度論』	龍樹造 鳩摩羅什訳	13	7	3	1	1	5		
『摂大乗論釈』（『摂大乗論』）	無著造・世親釈 真諦訳	3		10	6	2	4	5	1
『往生論』（『浄土論』）	世親造 菩提流支訳	1		4	3		2	4	1
『宝性論』	堅慧造 勒那摩提訳	1		1	1		1		
『大乗起信論』	馬鳴造 真諦訳		1	4	2				
『十住毘婆沙論』	龍樹造 鳩摩羅什訳		1	2	1			1	
『十地経論』	世親造 菩提流支訳		2						
『倶舎釈論』	世親造 真諦訳		2						
『十二礼』	龍樹造 禅那崛多訳			1	1				
『中論』	龍樹造 鳩摩羅什訳					2			

『弥陀仏偈』	失訳				1				
『成実論』	訶梨跋摩造 鳩摩羅什訳				1				
『阿毘曇毘婆沙論』	迦旃延子造 浮陀跋摩等訳			1					
『仏性論』	世親造 真諦訳						1		
『三具足論』	菩提留支訳						1		
『入大乗論』	堅意造 道泰等訳						1		
『法華経論』	世親造 菩提留支訳						1	1	
『大乗荘厳経論』	無著等造・世親釈 波羅頗蜜多羅訳							1	
論書引用の総計		18	13	26	17	5	16	12	2

論疏の典籍名	撰者	道綽『安楽集』上巻	道綽『安楽集』下巻	迦才『浄土論』上巻	迦才『浄土論』中巻	迦才『浄土論』下巻	著者不明『纉述』	道世『法苑珠林』弥陀部	智儼『孔目章』明往生義
『讃阿弥陀仏偈』	曇鸞	5	2						
『往生論註』	曇鸞	3							
『略論安楽浄土義』	曇鸞	1							

『浄土論』	弥天道安	1							
『経律異相』	宝唱等編		1						
『浄土論』	不明							1	
『大小乗禅門』	道世							1	
論疏引用の総計		10	3	0	0	0	0	2	0

まず、『安楽集』と『浄土論』のそれぞれに引かれる経論疏の引用回数について検討したい。その際、両者に重複するものと道綽と迦才それぞれが引用するものと分類した（括弧内の数字は「道綽の引用回数／迦才の引用回数」を示す）。

○両者に引用が重複する経論疏（経典…二〇種、論書…六種、論疏…なし）

・『無量寿経』（24／21）、『涅槃経』（15／4）、『華厳経』（9／2）、『維摩経』（7／7）、『観無量寿経』（4／31）、『観音授記経』（4／2）、『観仏三昧海経』（4／1）、『法華経』（4／1）、『鼓音声経』（3／6）、『大集経』（2／5）、『大集月蔵経』（2／1）、『正法念経』（2／2）、『大法鼓経』（2／1）、『阿弥陀経』（1／13）、『平等覚経』（1／7）、『大乗同性経』（1／2）、『大方等陀羅尼経』（1／2）、『随願往生経』（1／1）、『大悲経』（1／1）、『般舟三昧経』（1／1）

・『大智度論』（20／5）、『摂大乗論釈』（3／18）、『往生論』（1／7）、『宝性論』（1／2）、『起信論』（1／6）、『十住毘婆沙論』（1／3）

○道綽のみ引用する経論疏（経典…二六種、論書…二種、論疏…五種）

・『灌頂経』(3)、『菩薩瓔珞本業経』(2)、『浄度三昧経』(2)、『大樹緊那羅王経』(2)、『大荘厳論経』(2)、『遺日摩尼宝経』(1)、『五苦章句経』(1)、『坐禅三昧経』(1)、『十住断結経』(1)、『諸法無行経』(1)、『無字宝篋経』(1)、『無上依経』(1)、『目連所問経』(1)、『四分律』(1)、『華首経』(1)、『海龍王経』(1)、『月灯三昧経』(1)、『増一阿含経』(1)、『文殊般若経』(1)、『宝雲経』(1)、『般若経』(1)、『惟無三昧経』(1)、『十往生経』(1)、『須弥四域経』(1)、『善王皇帝尊経』(1)、『法句経』(1)

・『十地経論』(2)、『倶舎釈論』(2)

・曇鸞『讃阿弥陀仏偈』(7)、曇鸞『往生論註』(3)、曇鸞『略論安楽浄土義』(1)、道安『浄土論』(1)、宝唱等編『経律異相』(1)

○迦才のみ引用する経論疏（経典…一四種、論書…五種、論疏…一種）

・『菩薩地持経』(2)、『金剛般若経』(2)、『発覚浄心経』(1)、『仏名経』(1)、『弥勒所問経』(1)、『木槵子経』(1)、『薬師経』(1)、『大阿弥陀経』(1)、『弥勒上生経』(1)、『遺教経』(1)、『仏蔵経』(1)、『度諸仏境界経』(1)、『地蔵菩薩経』［『占察経』］(1)、『称揚諸仏功徳経』(1)

・『十二礼』(2)、『中論』(2)、『弥陀仏偈』(1)、『成実論』(1)、『阿毘曇毘婆沙論』(1)

・慧遠『観経義疏』(1)

それぞれに特有の引用典籍が多くみられ、想定したよりも重複する典籍が少ないように感じられる。経典については、道綽のみ引用する経典は念仏三昧の経証として用いられたものが多く、一方、迦才のみ引用する経典のなかには十二経七論（『発覚浄心経』『薬師経』『大阿弥陀経』）に選ばれて重要視されたものも含まれている。インド撰述の論書については、全体として迦才の方が引用回数は多めであり、内容的にも道綽との差異が際立っている。なお、中国撰述の論疏については、道綽は曇鸞の典籍を多く引用するが、迦才は批判の対象として慧遠『観経義疏』を引用するだけである。

ここで注意すべきは、表面上は経典と論書が重複するといっても、それぞれ引用した章品や内容が異なっている場合が多いことである。これでは両者を比較しようとしても問題の土俵自体がかみ合わない。

そこで、道綽と迦才に重複する計二六種の経論のうち、引用箇所や章品まで一致するものを順に並べると次のとおりである。

○引用箇所まで一致する経論疏

・『無量寿経』(6)、『観経』(3)、『阿弥陀経』(1)、『平等覚経』(1)、『観音授記経』(1)、『鼓音声経』(2)、『大乗同性経』(1)、『大集月蔵経』(1)、『正法念経』(1)、『般舟三昧経』(1)、『華厳経』(1)、『維摩経』(1)

・『摂大乗論釈』(1)、『起信論』(1)、『十住毘婆沙論』(1)

右に整理したとおり、両者の引用箇所が重複しているのは、経典が二〇箇所、論書が三箇所の合計二三箇所である。道綽と迦才の典籍にそれぞれ一五〇回以上の引用があることを考慮すれば、決して数が多いとはいえないだろう。

それでは道綽と迦才の引用が一致する経論書について、いくつか主要なものを取りあげてみてゆきたい。以下、まず経典、次に論書の順に論述してゆく。

(1) 経典引用の比較

a、『無量寿経』

本経の引用は道綽が二四回、迦才が二一回となっており、ともに多くの引用を確認することができる（表8参照）。ただし、その回数の割に、引用箇所まで重複するのはわずか六回だけである。その六回のうち二回は、四十八願中の第十一願と第十八願であり、それ以外では難以信此法、三輩段、無毛髪許造悪、横截五悪趣がある。

道綽はいずれも経文の改変を行っているが、それに対して迦才は原文をほぼ正確に引用している。無毛髪許造悪については、道綽と迦才の取意の仕方がやや近いが、『安楽集』の孫引きとまでは考えにくい。また、道綽による第十八願の改変は、後世の浄土教に重要な示唆を与えるものであったが、迦才は別段これに着目している様子はみられず、原文を忠実に引用している。両者の本願観については次章において詳説したい。道綽は『無量寿経』に限らず、特定の経論書の同一箇所を繰り返し引用することは少ない傾向にある。したがって、第十八願を三度にわたって改変引用していることは一際目立った特徴であり、その重要性をうかがい知ることができる。

一方、迦才は自身の教学的立場からみて強調すべき内容を含む経論書について、躊躇なく繰り返し引証するという態度がみられる。実際に迦才の『無量寿経』の引用状況をみてみると、正定聚に関連する引用が五回、三輩段が三回と比較的まとまった引用箇所を指摘することができる。正定聚は処不退説に、三輩段は生因論にそれぞれ強い結びつきを持つ教説であり、ここに道綽との『無量寿経』に対する着眼点の違いを指摘することができる。

また、両者に共通する要素としては四十八願への着目があり、互いに複数の願文を列挙している。ただし、重複するのは前述した第十八願と第十一願に限られる。迦才は道綽の各願文への着目という姿勢には影響を受けたが、あくまで自らの教学的立場から各願文を選定していることがわかる。

表8　道綽と迦才における『無量寿経』の引用箇所

『無量寿経』の引用箇所	道綽	迦才	『無量寿経』の引用箇所	道綽	迦才
難以信此法	1	1	第一　無三悪趣の願		1
三輩段（※菩提心）	1	3	第二　不更悪趣の願		1
無毛髪許造悪	1	2	第三　悉皆金色の願	1	
横截五悪趣	1	1	第四　無有好醜の願	1	
聞正法	1		第五　宿命智通の願	1	
楽聞如是教	1		第七　天耳智通の願	1	
不退菩薩得生	1		第八　他心智通の願	1	
無人天	1		第十　速得漏尽の願	1	
業道如秤	1		第十一　住正定聚の願	1	2
即得往生	1		第十五　眷属長寿の願		1
獲種種利益	1		第十六　無諸不善の願		1
法蔵説話	1		第十八　念仏往生の願	3	1
特留此経	1		第十九　来迎引接の願		1
極楽辺地		1	第二十　係念定生の願		1
四天王等		1	第二十二　必至補処の願	1	
浄居天		1	第三十四　聞名得忍の願		1
眼見色即菩提心		1	第三十五　女人往生の願		1
正定聚		2	第三十九　受楽無染の願		1
無邪定聚及不定聚名		1			
五悪段		1			
易往無人		1			

b、『観経』

曇鸞以後の浄土教思想は、慧遠『観経義疏』や吉蔵『観経義疏』、著者不明『纘述』などに代表されるように、『観経』の注釈的研究を中心として進められてきた。そのような傾向は唐初においても健在であり、迦才『浄土論』も三一回にわたって本経を引用している。

道綽『安楽集』の撰述についても古来、『観経』の玄義を著述したもの、あるいは講義録だったのではないかという説がある。『続高僧伝』に道綽が二〇〇回にわたって『観経』の講義を行ったことが記録されていることや、文中に「今此観経」や「此観経」という表現が散見されることがその根拠とされる。ところが、実際の引用文は思いの他少なく、わずか四回しか数えることができない。ただし、「此観経」と述べたうえで『観経』の意義を述べる場面や、あえて経典名を出さないが明らかに経典の文句を用いて論述された部分のあることが先行研究において指摘されているため、(115) ここではそれらも検討対象に加えて考察することにしたい（表9参照）。

道綽はさまざまな議論の文脈において『観経』を持ち出しているが、やはり下品生に関する内容が多い。九品全体を論じようという姿勢はなく、下品生以外では上品生に関する用例が一回みられるのみである。

迦才についてみてみると、『浄土論』第二章は九品説が主題となっており、上品三生と中品三生に関する引文はそこに集中している。下品生に関する引文はそれ以外の各章に散見することができ、道綽と同様に重要な教説として積極的に用いられていたことが看取できる。また、下品生に関する内容以外に重複する引用箇所は認められず、道綽の改変引用の影響を受けている様子はみられない。

道綽との際立った相違点としては、迦才が三福に関する引文を繰り返し引用することが挙げられる。一方、道綽『安楽集』には三福に関する興味はまったく認められず、両者の実践行に関する興味の方向性の違いがうかがえる。

表9　道綽と迦才における『観経』の引用箇所

『観経』の引用箇所		道綽	迦才	『観経』の引用箇所	道綽	迦才
九品	上品生	1	4	一経二会	1	
	中品生		4	観仏三昧	1	
	下品生	4	5	念仏始終両益	1	
韋提希		2	1	三福業		4
経典名称		1		堕地獄		1
世尊自説		1		浄土行		1

すなわち、道綽は「今此の観経は観仏三昧を以て宗と為す」というように、観仏三昧の実践行を中心として『観経』を読み込むのに対して、迦才は三福・十六観を実践行体系の一角に位置づけることを主眼としている。

c、『阿弥陀経』

本経は『安楽集』ではわずか一回だけの引用にとどまり、しかも「小巻無量寿経」の名称で引かれている。[116] 所引の回数からもわかるように、道綽は『無量寿経』『観経』と比較して本経に対する興味があまり大きくない。

それに対して、『浄土論』では一一回の引用がみられ、かつ教義的にも重要な内容を含んでいる。すなわち、七日念仏（3）、阿毘跋致（2）、名阿弥陀（1）、寿命無量（1）、倶会一処（1）、三発願（1）、浄土行（1）、広長舌相（1）がその内訳である。もっとも引用回数が多い内容は七日念仏に関するものであり、実践行を説く際に繰り返し引用している。三発願は別時意説に対する会通において重要な役割をはたしており、迦才の立場では「三発願＝別時意」「七日念仏＝不別時意」と解釈する。また、阿毘跋致に関する引用は、『無量寿経』の正定聚に関する引用とあわせて、処不退説にも関説する内容となっている。名阿弥陀については道綽と引用箇所が重複するが、文脈もまったく異なるなかでの引用であって、とくに影響を受けた様子はみられない。

d、『大集月蔵経』『正法念経』

『大集経』は多くの大小の経典が集積されたものであり、浄土教関係では五五百年説を説く月蔵分（『大集月蔵経』）と、『般舟三昧経』の同本異訳とされる賢護分（『賢護経』）が中心である。

まず五五百年説について、迦才の引用文は原文以上に道綽の引文と一致する。迦才は「兼修餘行」の語句を四回にわたってつけ加えているが(117)、それ以外は道綽の引文と全同である。迦才が道綽の取意引用をそのまま採用した希少な用例であり、他の原文に忠実な引用態度とは大きく異なりをみせている。

次に四種度生法であるが、道綽は「彼経」と示すのみで特定の経典を指示しておらず、迦才は『正法念経』に拠ったとする(118)。先行研究が指摘するように、『正法念経』には四種度生法に該当する内容はみられず、『大集経』の各品を合糅して取意引用したとされる。迦才の引文が道綽に比べて簡略になっている点を考慮すれば、『安楽集』を孫引きして略抄したと考えられる。

他に道綽の『正法念経』の引用は二箇所（有一世界、堕三途受苦）あるが、実は迦才はこの道綽の引文を二箇所とも『正法念経』の名称は出さずに引用している(119)。いずれも原典以上に道綽の取意文と一致するから、迦才が孫引きしていることはほぼ間違いない。

このように『大集月蔵経』と『正法念経』の引用は、『安楽集』の取意文を積極的に取り入れるなど、他の経典に比べると明らかに迦才の引用態度が異なっている。その理由として、この引文は教旨の展開上どうしても必要な、他の経文等では代替不可の内容を有していたことが考えられる。ただし、いずれも全文をそのまま孫引きするのではなく、経典名を出さなかったり、短文に略抄しなおしたり、文句を加えたりしている。このあたりに『安楽集』を「文義参雑」といぶかしみながらも、迦才自身が実際に本文を確認できていないことに対する微妙な心境を読み取ることができるのではないか。

e、その他

ここまで取りあげなかった経典の重複箇所についても少しふれておきたい。まず、『観音授記経』『鼓音声経』『大乗同性経』は同一の論旨における引用にもかかわらず、引文の仕方ばかりか、後に詳論するようにその解釈の仕方も立場をまったく異にする。(120) 次に『般舟三昧経』は、迦才は明らかに三巻本を引くが、道綽の引文は一巻本に近い。(121) 次に『維摩経』は足指按地の浄土に関する箇所を取意引用するがその文句は一致しない。(122) 次に『涅槃経』について、道綽は本経典の講説を行ったと伝えられるだけあって引用回数が多めであるが、迦才の引文はこれに重ならない。

一方、『平等覚経』の「浄土法門」に関する迦才の引文は、原文以上に『安楽集』に近い。(123) しかしながら、善導と懐感にもほとんど同様の引文があるため、(124) 当時の『平等覚経』の流布本がそのような文面であった可能性も考えられる。また、『華厳経』についても、極楽時間説と偈頌の引用が道綽と重複している。(125) 迦才は『華厳経』の偈頌を道綽の往生人伝の末尾に引用しており、明らかに『安楽集』の引文の影響を受けたとみられるが、引用する箇所が若干異なっている。(126)

（2）論書引用の比較

f、『摂大乗論釈』『大乗起信論』

これまで繰り返し述べてきたとおり、隋末から唐初における『摂大乗論釈』および『起信論』の影響力は無視できない。『浄土論』における引用回数は『摂大乗論釈』が一八回、『起信論』が六回と論書のなかでは相当な数となっている。『浄土論』における両論書の引用箇所を確認してみると表10のとおりである。

表10　迦才における『摂大乗論釈』と『起信論』の引用箇所

『浄土論』の章目	『摂大乗論釈』の引用箇所	回数	『起信論』の引用箇所	回数
序文			・止観説	1
第一章	・十八円浄説 ・仏身論関係 ・仏土論関係	3 4 1	・三大義	1
第二章	・変易生死説 ・留惑菩薩説	1 1	・信成就発心	1
第三章			・専念阿弥陀仏説	1
第四章	・経論二教説 ・別時意説 ・讃偈文	1 3 1	・因縁具足成弁説	1
第五章	・讃偈文	1	・専念阿弥陀仏説	1
第六章	・別時意説	1		
第九章	・化身新々出世説	1		

いずれの引用も、教学の根幹となる仏身仏土論、衆生論、生因論における重要な教説となっている。次章以降に迦才の教学を論究してゆくことになるが、そのなかでは右の引用箇所のほとんどが教学を構築するうえでの重要なポイントとなっている。すなわち、これら二典籍の存在なくして迦才の浄土教思想は成立しえなかったといっても過言ではないほど、強い影響力を持っているのである。

対して、道綽『安楽集』における二典籍の影響はさほど大きいとはいえない。すなわち、『摂大乗論』については別時意説が一回、『起信論』については専念阿弥陀仏説が一回引用されるにとどまっており、教学全体を左右するような影響力はなかったとみてよい。このような引用態度の違いは隋末の幷州と唐初の長安という時代環境の差異にも起因していると考えられる。

g、『大智度論』『十住毘婆沙論』

両典籍は、曇鸞の浄土教思想の形成にあたって大きな影響を与えた[127]。当然、その強い影響下にある道綽にとっても重要な論書であったことは言を俟たない。『十住毘婆沙論』については、難易二道説の引用が一回あるのみであるが、『大智度論』は道綽の引用回数は二〇回と論書のなかでは最多であり、『大智度論』の各品の説を縦横に依用している[128]。

一方、迦才における『大智度論』の引用については、宇野禎敏氏が計五回の引用のうち、四回は慧遠『観経義疏』からの孫引き、残り一回は『十住毘婆沙論』の誤りであり、迦才は『大智度論』を直接みていなかったと指摘している[129]。四回の引用の内訳は、阿羅漢が出過三界の妙浄土に生ずるという説が三回、二乗の廻心向大説が一回であり、いずれも道綽の計二〇回の引用箇所には重複しない内容である。また、迦才は『十住毘婆沙論』を三回引用するものの、いずれも讃偈文に関するものである。この讃偈文は、第五章の十二経七論に引用されるが、前半部の阿弥陀仏を讃ずる偈文は『十住毘婆沙論』易行品の偈文と一致するものの、後半部の観音・勢至を讃ずる偈文は『十住毘婆沙論』のなかには見当たらない(130)。

次に、迦才が『十住毘婆沙論』の難易二道説を、『大智度論』と取り違えた点について検討したい。表11の整理から、迦才の引用は『安楽集』からの孫引きであったことが指摘できる。もし『往生論註』を参考にしたならば、

表11　諸師における『十住毘婆沙論』難易二道説の引用箇所

『十住毘婆沙論』	迦才『浄土論』	曇鸞『往生論註』	道綽『安楽集』
若有易行道疾得至阿惟越致地者。是乃怯弱下劣之言。非是大人志幹之説。汝若必欲聞此方便今當説之。佛法有無量門。如世間道有難有易。陸道歩行則苦。水道乘船則樂。菩薩道亦如是(131)。	故智度論云。行者求阿毘跋致有二種道。一者難行道。二者易行道。如水陸兩路。此方修道則難。猶如陸路。生淨土修道則易。猶如水路也(132)。	謹案龍樹菩薩十住毘婆沙云。菩薩求阿毘跋致有二種道。一者難行道。二者易行道。難行道者。謂於五濁之世於無佛時求阿毘跋致爲難。（中略）譬如陸路歩行則苦。易行道者。謂但以信佛因縁願生淨土。乘佛願力便得往生彼清淨土。佛力住持即入大乘正定之聚。正定即是阿毘跋致。譬如水路乘船則樂(133)。	是故龍樹菩薩云。求阿毘跋致有二種道。一者難行道。二者易行道。言難行道者。謂在五濁之世於無佛時求阿毘跋致爲難。（中略）譬如陸路歩行則苦。故曰難行道。言易行道者。謂以信佛因縁願生淨土。起心立徳修諸行業。佛願力故即便往生。以佛力住持即入大乘正定聚。正定聚者即是阿毘跋致不退位也。譬如水路乘船則樂。故名易行道也(134)。

冒頭に論述される「謹案龍樹菩薩十住毘婆沙云」という語句を見落すとは思えない。おそらく『安楽集』の「龍樹菩薩云」という表現から、龍樹作の『大智度論』と取り違えたのであろう。その要因として迦才が『往生論註』を閲覧していない可能性も考えられよう。

h、『往生論』

世親が著したと伝えられる『往生論』は、曇鸞がその註釈を行って『往生論註』を撰し、道綽『安楽集』にも多大なる影響を与えた。唐初に活躍する迦才にしてみれば、『摂大乗論』の注釈を行った世親と同一人物であり、その影響力は浄土教関係の論書のなかでも随一であったと思われる。

道綽は『往生論』の引用について、「天親浄土論」「天親菩薩論」「浄土論」などと断りながらも、基本的には曇鸞の『往生論註』を混合して引証している。あるいは、道綽の手元にあったのは、単体としての『往生論』ではなく、曇鸞の註釈と合冊された状態で流布していたものであったという状況も考えられよう。

両者の引用箇所を比べてみると、『往生論』に対する教学的な興味が相違していることがわかる。すなわち、迦才が取りあげた五念門説、讃偈文、二乗種不生説について、道綽はまったく興味を示しておらず、もっぱら曇鸞『往生論註』の八番問答などの問題を再提起している。迦才が見た『往生論』が単体のものであったのかどうかは定かではないが、道綽における『往生論註』と混交した引文から影響を受けている様子はみられない。このことは、前述した『十住毘婆沙論』と『大智度論』の取り違いとあわせて、迦才が『往生論註』を閲覧していない可能性を示唆するものである。もちろん、『浄土論』の曇鸞伝では『往生論註』『讃阿弥陀仏偈』『略論安楽浄土義』の著作があったことを伝えており[135]、先行研究では曇鸞から迦才への影響を指摘するものもみられるが[136]、いずれも念仏行などの思想面での指摘である。しかしながら、『往生論註』の念仏思想については、『安楽集』における八番問答の引用を媒介にして、迦才に継承されたと考えることも可能であろう。

さらには、曇鸞と迦才に共有する問題である仏身仏土論（三界摂不説・声聞の有無）、衆生論（九品説・二乗種不生説・逆謗除取説）、生因論（五念門解釈）、本願論、有相無相論などの見解がほとんど一致しない。管見の限り、迦才の浄土教思想に対して『往生論註』が影響を与えた決定的な要素は見当たらない。ともかく、ここでは迦才が『往生論註』を参照しえなかった可能性を指摘するにとどめておきたい。

以上、道綽と迦才の引用経論について比較してきた。

まず経典については、『無量寿経』『観経』『阿弥陀経』などの浄土教経典から、『維摩経』『華厳経』『涅槃経』などの主要な典籍にいたるまで、迦才が道綽の引文に影響を受けた箇所はほとんど見受けられない。たとえ引用箇所が重複する場合でも、道綽の取意文は参考にされず、ほとんどが原文を忠実に引用しなおされている。ところが、『大集月蔵経』『正法念経』『十住毘婆沙論』（迦才は『大智度論』とする）だけは例外的に道綽の引文からの影響が濃厚である。これらの引用はすべて『浄土論』第八章の末法説の箇所に集中しており、『安楽集』第一大門を承けて論述された内容とみられる。

次に論書については、道綽は『大智度論』と『往生論』（むしろ『往生論註』）、迦才は『摂大乗論釈』『起信論』からの影響力がそれぞれ顕著である。道綽は『摂大乗論釈』の別時意説と『起信論』の専念阿弥陀仏説には着目しているものの、それぞれ一回のみの引用にとどまり、両論書への深い見識があったようにはみえない。一方、迦才は『大智度論』には精通していなかったらしく、さらに『往生論註』の影響もみられない。

全般的にみて、迦才は『浄土論』第八章を除けば、基本的に『安楽集』の引文を参考とすることなく、自らの教学的興味にもとづいた経論の引用を行っていることが明らかとなった。

第三項　共有問題の整理

道綽『安楽集』と迦才『浄土論』には浄土教に関する多くの問題点が共通している。また、著書としての構成にも多大な影響を受けていることはいうまでもない。この点について、すでに名畑応順氏が『安楽集』と『浄土論』の目次構成を対照した図を作成している。名畑氏はそれをもとに、両書における目次の構成順が著しく入れ替わっていること、(137) さらに『浄土論』の目次が理路整然としているのに対して『安楽集』の構成がやや錯綜していることなどを指摘している。(138)

ただし、名畑氏の作成した対照図は両書の章目同士を結びつけた簡略なものであって、各々の問題点がどの程度共有されているかやや不明瞭である。そこで、もう少し細目の比較ができるように、『浄土論』に取り扱われている項目をベースとして対照表（表12）を作成した。

表12　『浄土論』と『安楽集』における項目の比較

問番号	『浄土論』の内容	引用経論	問番号	『安楽集』の内容	引用経論
○―AB	・自作の偈頌 ・止観と理事の二門	『起信論』			

一—一	・仏身仏土論 ↓四土説、十八円浄説、三大義、五眼説	『維摩経』『涅槃経』『起信論』『摂大乗論』
一—二	・西方浄土の所属 ↓法報化の所見	『摂大乗論』
一—三	・念仏往生の土 ↓化生土（純大乗土・純小乗土・大小乗雑土）	『無量寿経』『観経』『鼓音声経』『摂大乗論』『往生論』『大智度論』
一—四	・通報化説 ↓封疆説、通報化の文証	『大乗同性経』『観音授記経』『鼓音声経』
一—五	・三界摂不摂説 ↓凡夫往生は三界摂	
一—六	・西方欲界の根拠 ↓四天王の存在	『無量寿経』
一—七	・無色界について	
一—八	・欲界内の西方化土の勧進 ↓上心欲・種子欲の有無 ↓唯有善心、無悪心無記心	『無量寿経』『大法鼓経』『摂大乗論』
一—九	・西方欲界の所以 ↓三界往生は易にして不退	
一—一〇	・浄土有三品優劣 ↓浄土穢土の優劣	『無量寿経』『維摩経』『大智度論』（『正法念

一—七	・身土の弁定を明す ↓三身三土説 ↓観音授記経の難の会通 ↓鼓音声経の難の会通 ↓隠顕成壊の難の会通	『大乗同性経』『観音授記経』『鼓音声経』『維摩経』『華厳経』『四分律』『宝性論』『浄土論』『論註』
一—八	・該通往生を明かす ↓有相・無相の得生 ↓浄土該通相土	『観仏三昧経』『論註』
一—九	・三界の摂不を明す	『大智度論』『讃阿弥陀仏偈』『略論』
二—二—八	・十方西方願生を挍量す ↓極楽浄土初門説、境次相接説	『随願往生経』『華厳経』『正法念経』
九—一	・苦楽善悪相対す ↓浄土娑婆の優劣、唯	『無量寿経』『論註』

問番号	『浄土論』の内容	引用経論	問番号	『安楽集』の内容	引用経論
	・四因縁不退説 ↓長命、善知識、無女人、唯善心 ・三界不摂説	経』）		善唯楽無苦無悪	
			九―二	・寿命の長短を明す ↓寿命長遠	『阿弥陀経』『涅槃経』『浄度三昧経』『善王皇帝経』『論註』『讃阿弥陀仏偈』
			一一―一	・善知識に託す ↓無毛髪許造悪	『無量寿経』『法句経』
二―一	・往生者の階位 ↓凡聖男女十悪五逆を問わず	『無量寿経』『観経』			
二―二	・逆謗除取説	『無量寿経』『観経』			
二―三	・四不退説 ↓念行位処の不退	『無量寿経』			
二―四	・処不退説の所以		五―二	・禅観を比校す	『大智度論』
二―五	・処不退説の文証 ↓五退縁	『無量寿経』『阿弥陀経』『毘婆沙論』			
二―六	・九品階位説（慧遠批判） ↓四種無生法忍説、三心説、極楽時間説	『観経』『阿弥陀経』『維摩経』『華厳経』『観音授記経』『摂大乗論』『起信論』『観経義疏』	一―八	・該通往生を明す ↓有相・無相の得生 ↓浄土該通相土	『無量寿経』『観仏三昧経』
二―七	・浄土法門の趣意 ↓本為凡夫兼為聖人説	『無量寿経』『観経』『維摩経』『地持論』『摂大	一―四	・宗旨の不同を明す ↓観仏三昧為宗	『観経』『維摩経』『涅槃経』『般若経』『大集経』

	↓惑留菩薩説	乗論』『大智度論』			『観仏三昧経』『華厳経』
			二—二—四	・穢土に生ぜんと願じて計するを破す	『大智度論』
三—一	・往生の因業 ↓六経三論	『無量寿経』『観経』『平等覚経』『鼓音声経』『阿弥陀経』『大集賢護経』『往生論』『起信論』『十住毘婆沙論』	四—二	・此彼の諸経の念仏の要文を明す ↓念仏三昧の経証	『観経』『華首経』『文殊般若経』『涅槃経』『観音授記経』『般舟三昧経』『大智度論』『華厳経』『海龍王経』『宝雲経』『大樹緊那羅王経』『月灯三昧経』
三—二	・六種の上根行（通別二因） ↓念仏、礼拝、讃歎、発願、観察、廻向	『無量寿経』『観経』『木槵子経』『十住毘婆沙論』『往生論』『宝性論』	二—一	・発菩提心門を明す	『無量寿経』『維摩経』『大智度論』『論註』
			一〇—二	・廻向の義を釈す	『無量寿経』『讃阿弥陀仏偈』
三—三	・五種の中下根行 ↓懺悔、発菩提心、専念阿弥陀仏名号、惣相観察、廻向	『無量寿経』『阿弥陀経』『平等覚経』『鼓音声経』『法華経』『方等陀羅尼経』『仏名経』	五—一	・修道の延促を明す ↓十種行、難行道、易行道	『菩薩瓔珞本業経』『倶舎釈論』
四—一	・経論と理教 ・了義不了義説	『摂大乗論』	二—二—九	・別時意を会通す ↓十念別時意説、宿因論による会通	『観経』『涅槃経』『摂大乗論』
四—二	・別時意会通説 ↓行願兼修説	『観経』『摂大乗論』『往生論』			
四—三	・韋提希凡夫説 ・本為凡夫兼為聖人説	『観経』『涅槃経』『方等陀羅尼経』『起信論』			

問番号	『浄土論』の内容	引用経論	問番号	『安楽集』の内容	引用経論
四―四	・別時不別時説	『成実論』『摂大乗論』			
四―五	・別時不別時の所以 ↓唯願別時意説	『阿弥陀経』『観経』『摂大乗論』			
四―六	・女人、根欠、二乗種不生	『往生論』			
四―七	・阿羅漢往生説	『観経』『大智度論』			
四―八	・『観経』臨終十念の因業 ↓心是業主牽生之本	『観経』	二―三―二	・広く問答を施す ↓先牽の義	『無量寿経』『遺日摩尼宝経』『大智度論』『論註』
			二―三―三	・広く問答を施す ↓十念の長さ・数量	『無量寿経』『論註』『略論』
四―九	・『弥勒所問経』の十念説	『弥勒所問経』			
五―一	・十二経七論	**『無量寿経』『観経』『阿弥陀経』『鼓音声経』**『称揚諸仏功徳経』『発覚浄心経』『大集賢護経』**『随願往生経』『薬師経』『般舟三昧経』**『大阿弥陀経』『平等覚経』『往生論』**『起信論』**『十住毘婆沙論』『弥陀仏偈』『宝性論』『十二礼』、『摂大乗論』	四―二	・此彼の諸経の念仏の要文を明す ↓念仏三昧の経証	『華首経』『文殊般若経』**『涅槃経』『観経』**『観音授記経』**『般舟三昧経』**『大智度論』『華厳経』『海龍王経』『宝雲経』『大樹緊那羅王経』『月灯三昧経』
			五―一―二	・修道の延促を明す	**『無量寿経』『観経』『鼓音声経』『随願往生経』**『法鼓経』『大法鼓経』『大悲経』『涅槃経』『増一阿含経』『大品経』**『起信論』**『讃阿弥陀仏偈』

			五—四	・引証して勧信す	『観仏三昧経』
六—一	・往生人伝 ↓僧俗男女の二〇人	『華厳経』『摂大乗論』	四—一—一	・念仏要門の師承を明す ↓六大徳相承	
七—一	・弥陀弥勒優劣説	『観経』『弥勒上生経』	二—二—七	・兜率に生ぜんと願ずるを会す	『法華経』『讃阿弥陀仏偈』
八—一	・末法説 ↓五五百年説、四種度生法、難易二道説	『無量寿経』『**観経**』『阿弥陀経』『平等覚経』『鼓音声経』『**大集月蔵経**』『**正法念経**』『大智度論』	一—一	・教興所由を明す	『**大集月蔵経**』『**正法念経**』（『**観経**』）
			三—一	・難易二道を弁ず	『十住毘婆沙論』『論註』
九—一	・欣厭二門説	『平等覚経』『**涅槃経**』『遺教経』	五—三	・有漏の穢土を厭うべきを明す	『無量寿経』
			三—三	・輪廻の無窮を明す	『無量寿経』『観経』『正法念経』『**涅槃経**』『法華経』『大集月蔵経』『大智度論』『大荘厳論経』
九—二	・往生浄土の勧進 ↓易往而無人説	『無量寿経』『阿弥陀経』『平等覚経』	三—四	・二門の出離の難易を明す ↓無量寿仏国易往易取	『観仏三昧経』『目連所問経』
九—三	・七日念仏の回数 ↓百万遍念仏	『阿弥陀経』『大集賢護経』『薬師経』			
九—四	・臨終十念功徳の三義 ↓滅罪、名号万徳、真心生		四—三	・念仏の利益を明す	『惟無三昧経』『灌頂経』『華厳経』『大智度論』『経律異相』
			二—三—四	・広く問答を施す ↓念仏三昧の相状	

問番号	『浄土論』の内容	引用経論	問番号	『安楽集』の内容	引用経論
九―五	・凡夫往生の所以	『無量寿経』			
九―六	・相生の浄土を求める所以 ↓無相無生と有相有生 ↓相生観、十六観、念仏三昧	『観経』『摂大乗論』『中論』	一―八	・該通往生を明す ↓有相・無相の得生 ↓浄土該通相土	『観仏三昧経』『論註』
			二―二―三	・心外に法なしと計するを破す	『無字宝篋経』『大智度論』『論註』
			二―三―六	・広く問答を施す ↓因縁生、仮名生、無生	
九―七	・阿弥陀仏の有相を観ずる所以 ↓二諦と理事	『金剛般若経』『仏蔵経』『中論』『地持論』	二―二―一	・無相の執を明す	『涅槃経』『無上依経』『維摩経』『大方等陀羅尼経』『論註』
			七―一	・此彼の取相を明す	『涅槃経』『十地経論』『論註』
九―八	・念仏横截五悪趣の文証	『無量寿経』	七―二	・此彼の修道の軽重を明す ↓横截五悪趣	『無量寿経』
九―九	・念仏不入三悪道の文証	『度諸仏境界経』			
九―一〇	・念仏滅罪の文証	『観仏三昧海経』『大悲経』『地蔵菩薩経』			
九―一一	・自作の偈頌				

※『安楽集』の問番号は、『国訳一切経』（諸宗部五）の目次（「〇大門―〇節―〇項」）を参考に記述した。
※表中のゴシック体は両書の項目に共通した引用経論を指す。
※（　）内は典籍名を示さない、あるいは典籍名に誤りのある引用箇所。ただし、曇鸞著作（『論註』『略論』『讃阿弥陀仏偈』）の引用については煩瑣となるため括弧を省略した。

表12を一覧して、『安楽集』と多くの項目が共有されているとともに、『浄土論』に独自の項目も少なくないことが明瞭になったと思われる。もちろん厳密にいえば、結びつけた項目同士もそれぞれ広狭具略に論旨の相違があって、ぴたりと合致するわけではないが、一応の目安とすることができよう[139]。

まず、『安楽集』と共有する項目について、両者の引用経論に着目しながら検討したい。前述したとおり、道綽と迦才が共通に引用する経論書は計二六種であり、引用元まで一致するのは二三箇所ほどに過ぎない。彼らの議論の多くは経典および論書の解釈の仕方をめぐる問答であり、かつその答えは経証・論証を援引することでなされる。にもかかわらず、論旨がある程度一致する議論においてさえ、ほとんどの引用経論および引文が一致しないのである。例外的に、仏身仏土論（『大乗同性経』『観音授記経』『鼓音声経』）や末法説を提示する教興時節（『大集月蔵経』『正法念経』『観経』）を除けば、複数の引用典籍が重複している箇所はさほど多くはない。すなわち、ほとんどの項目が『安楽集』を参考とせずに、迦才自身の問題意識にしたがって論述されていたことがうかがえる。

さらに注目されるのは、『安楽集』の論述における曇鸞の著作（『往生論註』『略論安楽浄土義』『讃阿弥陀仏偈』）、および『大智度論』の比重の高さであり、実に多くの議論がそれらの典籍の引用に依拠している。道綽が『往生論註』を引用する際には、「天親浄土論」「天親菩薩論」「浄土論」と記し、曇鸞の著作から引用していることは明かしていない。迦才は『往生論註』をみていない可能性もありうるから、その場合、世親『往生論』を指示する道綽の引文は増補の甚だしい取意文にしかみえず、参考するに値しないといぶかしむことになってもおかしくはないであろう。また、迦才は『大智度論』をみていないか、もしくは精通していなかったようなので、この点も道綽の議論があまり参考にならなかったと考えられる。

一方、迦才は教義的な根拠を『摂大乗論』や『起信論』に求めることが圧倒的に多いが、道綽にはこれらの典籍からの影響がほとんどみられない。このように依用する主要な論書の相違によって、自ずと道綽とは異なる方向へ議論が進められることになったことが予想される。

次に『安楽集』と共有しない項目をみてゆきたい。これらの項目は、道綽以後、長安仏教においてあらたに惹起され、議論がなされていた問題点であろう。すなわち、『安楽集』にはみられないが、迦才と同時代の智儼『孔目章』、道世『法苑珠林』『毘尼討要』に共有する問題が少なくない。その一方で、曇鸞『往生論註』と共有する項目もみられた。迦才と共有する項目をまとめると次のとおりである。

○智儼『孔目章』と共有する項目（『安楽集』にはみられない）
・弥陀弥勒論（西方往生不退説、三界摂不摂説）、四土説、多種の実践行（慈等の十念）、九品階位説（十解位）、別時意会通説（仏身仏土論）、五念門・五功徳門説、など
○道世『法苑珠林』『毘尼討要』と共有する項目（『安楽集』にはみられない）
・四土説、凡夫・二乗・菩薩の能見、多種の実践行（五念門説、慈等の十念）、別時意説（仏身仏土論）、『宝性論』の願文、往生人伝（感応録）、など
○曇鸞『往生論註』と共有する項目（『安楽集』にはみられない）
・五念門説、逆謗除取説、二乗種不生説、など

このなかでもとくに『往生論註』と共有する問題はいずれも浄土教の主要な議論であり、迦才以後、善導『観経

疏』や懐感『群疑論』にもふたたび取りあげられることになる。これらの問題を道綽が取りあげなかったのは、『往生論註』においてそれぞれの議論が解決済みと判断したからであろうか。教義的な面からみれば、迦才が曇鸞の『往生論註』による五念門説、逆謗除取説、二乗種不生説から直接的な影響を受けた形跡は見受けられない。したがって、迦才が『往生論註』をみていなかったために、この問題点に取り組む必要性が生じたとも考えることができる。

以上のことから、『浄土論』と『安楽集』が共有する問題は少なくないものの、重複する引用経論の少なさを考慮すれば、迦才が『安楽集』を参考にして論述した部分は決して多くないことが明らかになった。比較的、論旨や引用経論が重複する末法説、仏身仏土論、弥陀弥勒比較説などはいずれも『安楽集』第一大門に論述された内容である。それ以後の内容があまり参考とされていないのは、迦才自身が『安楽集』を読み進めるにあたって、論旨もさることながら、取意引用の甚だしさに対して「文義参雑にして章品混淆せり。後の之れを読む者、亦た躊躇して未だ決せず」という状態であったからではないだろうか。ゆえに迦才は『安楽集』を導き手として、その引用元を精査するという方向ではなく、新規に自ら大乗経論を読破するという手段を選んだと考えられる。結果的にそれが重複する引用経論や共有問題の意外な少なさという形であらわれており、迦才をして道綽の浄土教とは異なる独自の解釈へ向かわしめる一因になったといえよう。

第四項　末法説の受容と引用経論

前述したように、迦才が末法説を論ずる『浄土論』第八章の明教興時節については、論旨の展開から引用経論にいたるまで、『安楽集』の影響を等閑視できない。迦才が『安楽集』を通読するにあたって、もっとも触発された一節であり、また迦才自身の浄土教信仰に対して多大なる示唆を与えた内容と思われる。

『安楽集』では冒頭の第一大門と約時被機とよばれる教説があり、『浄土論』では後半部の第八章において末法説が展開されている。それぞれの文面を比較すると表13のようになる（『安楽集』の論述「A→I」にあわせて対応表を作成した。実際の『浄土論』の本文は「a→j」の順序で論述されている）。

表13 『安楽集』と『浄土論』における末法説

項目名	道綽『安楽集』	迦才『浄土論』
①約時被機説	A「第一大門」～「難修難入」	a「問曰佛道」～「菩薩叵證」
②『正法念経』観察時方便説	B「是故正法」～「得無智故」	b「故正法念」～「失不名利」
③『大集月蔵経』五五百年説	C「是故大集」～「法得堅固」	c「五時者如」～「得堅固也」
④『正法念経』四種度生法	D「又彼經云」～「號度衆生」	h「又佛度衆」～「佛名號也」
⑤修福懺悔	E「計今時衆」～「名號時者」	d「若據此經」～「最爲勝也」
⑥『観経』八十億劫罪滅説	F「若一念稱」～「懺悔人也」	e「故觀經云」～「生死重罪」
⑦末法世の衆生の機根	G「又若去聖」～「暗鈍故也」	f「今既約時」～「無上菩提」
⑧五濁の衆生へ往生浄土を勧める	H「是以韋提」～「勝果難階」	i「如無量壽」～「説浄土行」
⑨衆典に往生浄土を勧める文多し	I「唯有浄土」～「勸處彌多」	j「清淨覺經」～「無上菩提」
⑩難易二道説	※「是故龍樹」～「易行道也」	g「故智度論」～「如水路也」

※「是故龍樹」～「易行道也」は『安楽集』第三大門の記述。

右の対応表から、『浄土論』第八章の記述は、論旨の展開の順序は入れ替わりがみられるものの、教説の構成や引用経論が『安楽集』第一大門から多大なる影響を受けていることは明らかである。前項に取りあげたものもあるが、今一度、引用経論について確認してゆこう。

まず②の『正法念経』の観察時方便説は、実際には『坐禅三昧経』の文面であるが、両者とも『正法念経』として引証しており、道綽の引用箇所の方がやや長い。次に③『大集月蔵経』月蔵分の五五百年説であるが、両者の引用文はほぼ同じであるが、迦才は「兼修餘行」の一文を四回にわたってあらたにつけ加えている。そもそも、この箇所は『大集月蔵経』の原文を取意引用したものである。「修福懺悔」の語句はおそらく道綽自身が付加したものとされ、他にもいくつか改変引用した箇所がある。迦才が道綽の取意引用をそのまま採用した希少な用例である。次に④の四種度生法については、道綽が「彼經云」と表記するところを、迦才は「如正法念經説」として引用する。迦才は原文を『大集月蔵経』に見つけることができなかったため、その典拠を道綽が『大集月蔵経』の前に引用していた『正法念経』に求めたようである。次に⑤の修福懺悔については、従来、道綽と迦才の相違点が指摘されている。すなわち、道綽が修福懺悔の行法として「称仏名号」のみを指示するところを、迦才は「礼仏・念仏・観仏相好」へと意図的に改変したとする（この点については第二章第一節に後述したい）。次に⑥は、道綽が典拠を示さずに記述しているところを、迦才が『観経』として原文に即して引用しなおしている。次に⑧は『十住毘婆沙論』の難易二道説であるが、迦才はこれを『大智度論』として引用する。『安楽集』の第一大門には対応箇所がないが、第三大門には「龍樹菩薩云」として引用されている。迦才は難易二道説を原文から見出すことができず、道綽が「龍樹菩薩」と記述していることから推定して、『大智度論』と表記したと考えられる。次に⑨と⑩は、『安楽集』ではとくに経典を引用していないが、迦才は『無量寿経』『観経』『阿弥陀経』『平等覚経』『鼓音声経』『大集経』

の五経典を引用し、多数の経典が浄土の法門を勧めていることを明示している。

以上、迦才の末法説に関する引用経論を確認してきた。『浄土論』第八章の全体を通じて『安楽集』の影響力が大きいことは確かである。ただし、一方で⑤⑨⑩では道綽が経名を挙げずに取意引用したと思しき文章を、迦才は経典名を挙げて原典に即して書きあらためていた。すなわち、『安楽集』の文章や引用文に全面的に依拠せず、原文を忠実に引用しなおすという迦才の基本的な姿勢が貫かれていたことが看取できる。

それを考慮すれば、やはり②③④の用例は特異である。③は道綽の取意文に依ったのではなく、当時の流布本がそのような文面であったことも一応は考えうるが、いずれにせよ文脈上どうしても「修福懺悔」の一文は必要となる。現時点では教学上の観点から、迦才が『安楽集』の孫引きを余儀なくされたと解釈するより他ない。逆にいえば、道綽の末法説は迦才が原典に忠実に引証しなおすという基本的な姿勢を曲げ、多少の無理をおかしてまで顕彰する必要のあった重要な教説であり、いかに強い感銘を受けていたかということもうかがわれる。もし迦才が道綽に師事しておらず、典籍としての『安楽集』との出会いが帰浄のきっかけであったとするならば、末法説の内容こそが迦才における浄土教への回心を決定づけたといえるだろう。

第五項　ま　と　め

本節における検討の結果、迦才の引用経論のほとんどが、道綽の引用経論に直接的に依拠したものではなく、独自の視点から諸大乗経論における浄土教思想を抽出しなおしたものであることが明らかになった。名目上は引用経論が重複していても、引用箇所までは一致しないことが多い。『無量寿経』『観経』など引かれる回数が多い経典の場合でも、引用箇所は重ならず、まったく別の観点から経典が依用されている。

たとえ道綽と引用箇所が同一であった場合でも、原典に戻って引用しなおすのが迦才の基本的な姿勢であるが、第八章だけは『安楽集』の孫引きと思しき箇所が散見される。ここだけは特例的に、論旨の展開から引用経論にいたるまで、『安楽集』からの濃厚な影響を看取することができる。ただこれはあくまで例外的な引用例であり、それ以外のほとんどの用例は、迦才が道綽の引文を信用していなかったことを示している。迦才が「文義参雑」と評するゆえんである。後世の我われの学問的立場からすれば、『安楽集』の教学思想を解釈する際に『往生論註』を併読するのは常識である。ところが、迦才は『往生論註』をみていない可能性がある。そのような迦才の立場からすれば、『安楽集』の引文はまったく根拠不明の取意引用として受け取られたことであろう。

また『安楽集』と『浄土論』の共有問題という視点から引用経論を整理した場合にも、『安楽集』からの影響の少なさをうかがい知ることができた。たとえ、論旨が近い場合であっても、依用される経論はほとんど重複しないのである。著書全体についていえば、『安楽集』は曇鸞の著作と『大智度論』に依拠しながら論述することが多く、一方、迦才は『摂大乗論釈』と『起信論』を論拠として主要な教義を展開する傾向にある。

隋末から唐初という時代に著された両書の意義は、迦才が『安楽集』をして「広く衆経を引きて、略して道理を申ぶる」といい、自らの著作をして「群籍を捜検して、備さに道理を引」くと述べるように、多数の浄土教関係の経論書を引用することで、浄土教がすぐれた教えであることを立証し、弘法することであった。おそらく唐初の長安には浄土教に関する専著は流布していなかったのであろう。ようやく持ち込まれた『安楽集』も「其の文義参雑にして章品混淆せり。後の之れを読む者、亦た躊躇して未だ決せず」という状態であった。

長安仏教における学問的水準を考えれば、『安楽集』の引用があまりにも不正確であることは、浄土教の弘法にあたっての障害であっただろう。迦才が「文義区分し、品目殊位ならしむ。之れを覧る者、宛かも掌中の如くならしむるのみ」と述べるように、その対象者は浄土教の初心者であり、尚かつ長安の弘法寺という環境を考慮すれば、地論・摂論などの研究に親しんだ学僧でもあったのだろう。長安仏教の学問的水準のなかで彼らを相手どって浄土教の議論をせねばならないときに、引用が不正確であることは命取りであった[140]。長安の仏教界においていまだに安定的な位置を確保していなかったであろう浄土教の教義を知らしめるためには、思想の独自性以上に、その正当性の証明こそが必要とされたはずである。ゆえに長安の学問的水準にも対応できる浄土教の専門書を著述する必要性が喚起され、迦才自身が筆をとり、道綽の『安楽集』を補正して『浄土論』を撰述することを起案したのではないかと考えられるのである。

迦才は『安楽集』になぞらえるのではなく、自ら大乗経論を読破して整理しなおし、新規に浄土教思想を体系化するという手段を選んだ。これが道綽とは異なる方向へ向かうことの一因となり、結果として共有問題や引用経論の相違を生み出し、迦才の浄土教思想の独自性を形成する礎となった。換言すれば、『浄土論』の執筆は道綽教学の祖述顕彰を意図したものではなく、迦才が大乗経論の読解を通じて自らの阿弥陀仏信仰を確立する過程そのものを投影した内容であったということができよう。

ここまでの検討によって、歴史的な面や引用経論などの面から、従来定説とされてきた道綽と迦才の師事関係を疑わしめる結果がさまざまにえられた。したがって、迦才の浄土教思想を検討する際にも、『安楽集』の教説の影響力がひとり特別視されるべきではない。もちろん、道綽の末法説の影響は等閑視できるものではないが、それがそのまま道綽教学への従属を意味するわけではない。引用経論の傾向から明らかなように、迦才が依拠したのはどこまでも大乗経論の教説そのものだったからである。よって迦才の思想形成を検討する際にも、道綽の浄土教は慧遠、吉蔵、道世、智儼などの教説とともに、あくまで隋唐代の時代的な傾向を知るための一意見として参考にされるべきと考える。

註

（1）小野勝年『中国隋唐 長安・寺院史料集成』史料篇（法藏館、一九八九年、二八六～二八七頁）を参照。
（2）この点については、成瀬隆純「迦才『浄土論』成立考」、同「蒲州栖巌寺の浄土教」に詳しい論及がある。
（3）道宣『続高僧伝』「惟敷中論爲宗。（『正蔵』五〇、五九〇頁下）」。
（4）迦才の教系については、佐々木功成「迦才の浄土論に就いて」（『龍谷大学論叢』二七四、一九二七年）、望月信亨『中国浄土教理史』一六四頁、名畑応順『迦才浄土論の研究』二～七頁、稲岡了順「道綽・迦才・善導の往生思想」などを参照。古くは長西の『浄土依憑経論章疏目録』にも「唐人。弘法寺。攝論宗」との注記がある（『日仏全』一、三四四頁下）。
（5）ちなみに「釈迦才」と「弘法寺」を結びつける情報は『浄土論』の署名だけに限られており、迦才と静琳との関係をうかがうことのできる情報も『浄土論』のなかに認めることはできない。中国においては、迦才と弘法寺の関係を傍証する資料はみられず、『浄土論』は一度も著者名を添えて引用されたことがない。日本の文献である慶滋保胤『日本往生極楽記』の「大唐弘法寺釋迦才撰浄土論撰、其中載往生者二十人。（『続浄』一七、一頁上）」との一文が「釈迦才」と呼称する最初の引用であろう。
（6）吉蔵『維摩経義疏』（『正蔵』三八、九〇八頁下）。『正蔵』の底本は弘安七年（一二八四）の写本（龍谷大学蔵）であり、『卍続蔵』ならびに『維摩経遊意』の明和五年（一七六八）の版本（大谷大学蔵）が対校されている。『仏書解説大辞典』によれば、他に平安末期の写本（宝寿院蔵）があるとされる。山本智教氏の作成した宝寿院の蔵書リストには「維摩経義疏二帖　平安末写　多聞院澄栄所持」とあるが詳細は不明である（山本智教「宝寿院の蔵書」『密教学会報』一四、一九七五年）。
（7）道世『毘尼討要』（『卍続蔵』四四、三〇八頁上）。

（8）永超『東域伝灯目録』（『正蔵』五五、一一五五頁中）。

（9）平井俊栄『中国般若思想史研究―吉蔵と三論学派―』（春秋社、一九七六年、三七五頁）を参照。平井氏は「静琳は習禅者であるが、法朗門下の智矩の弟子であり、三論系の人であったところから、長安時代の吉蔵がこの寺に遊んだことは十分考えられる」と指摘する（『同』三八〇頁）。他にも静琳の伝記を紹介し、智矩の弟子である点から「三論の系統に数えられてよい人であろう」としている（『同』三〇〇頁）。

（10）道宣『続高僧伝』「武徳三年、正平公李安遠、奏造弘法。素奉崇信、別令召之。琳、立意、離縁攝慮資道。會隋末壅閉、唐運開弘、白歸依、光隆是慶。乃削繁就簡、惟敷中論爲宗。餘則維摩起信、權機屢展。（『正蔵』五〇、五九〇頁下）」。

（11）道宣『続高僧伝』「武徳之初、僧過繁結。置十大徳、綱維法務。宛従初議、居其一焉。實際・定水、欽仰道宗、兩寺連請、延而住止。遂通受雙願、兩以居之。齊王元吉、久揖風猷、親承師範、又屈住延興、異供交獻。藏、任物而赴、不滞行。（『正蔵』五〇、五一四頁中）」。

（12）十大徳は中央において僧尼を統括し、教団を運営する一〇人の僧官のこと。武徳二年（六一九）、高祖によって設置されたが、数年間の一時的な制度で終った。吉蔵の他、保恭、法侃、慧因、海蔵、智蔵、明贍が任命されたことが知られる。詳細は、鎌田茂雄『中国仏教史』第五巻（東京大学出版会、一九九四年、二二一〜二二三頁）、小田義久「唐初の十大徳について」（『鷹陵史学』五、一九七九年）などを参照。

（13）道宣『続高僧伝』「尋有別勅、於苑内徳業寺、爲皇后寫現在藏經。當即下令、於延興寺更造藏經。（『正蔵』五〇、六一一六頁中）」。

（14）道世『法苑珠林』「唐武徳初中有醴泉縣人、姓徐名善才。一生已來常修齋戒、誦念觀世音經、過逾千遍。毎在京師延興寺玄琬律師、所修營功德、敬造一切經。（『正蔵』五三、七八七頁上）」。

（15）吉蔵『観経義疏』の先行研究としては、藤井教公「慧遠と吉蔵―両者の『観無量寿経義疏』を中心として―」（平井俊栄編『三論教学の研究』春秋社、一九九〇年）、池田和貴「『観経』注釈者の思想的相違について―浄土観と凡夫観を中心として―」（『駒沢短期大学仏教論集』三、一九九七年）、小田切賢祐「吉蔵『観経義疏』にみられる韋提希―善導の「夫人是凡非聖」をめぐって―」（『佛教大学仏教学会紀要』八、二〇〇〇年）があり、近年、伊東昌彦『吉蔵の浄土教思想の研究―無得正観と浄土教―』（春秋社、二〇一一年）が刊行されてその思想的な解明が大いに進展した。従来は、吉蔵の浄土教思想は時代的にやや先行する浄影寺慧遠の学説とともに、いわゆる「聖道諸師」として一括りにされる傾向が強く、両者の思想の差別化が明瞭になされた研究は少なかった。このようななか、伊東氏の研究は吉蔵の思想信条である三論教学の「無得正観」（三論や般若経典を根拠とし、一切の所得すべきものを見ないで、偏執すべき対象は存在しないとする思想）をふまえた浄土教という特色を打ち出している。

(16) 吉蔵の末法思想の特徴については、伊藤隆寿「吉蔵の正像末三時観」（『駒沢大学仏教学部研究紀要』四三、一九八五年）を参照。また、本願論については基本的に他力的志向がみられないことが報告されている（伊東昌彦『吉蔵の浄土教思想の研究』二二一～二四二頁）。別時意説についてはまったく言及がみられないので、『観経義疏』の成立後に流行したと思われる。

(17) 迦才『浄土論』「有滞俗公子問浄土先生曰、盖聞。佛教沖虚、語言路斷。法門幽簡、心行處滅。此則、言語出自妄情、心行無非倒想。今乃欲寄西境、專讃彌陀。路斷之語容非。處滅之言罕是。但情近滯、未達大方。（『浄全』六、六二八頁上）」。

(18) この滞俗公子と浄土先生なる架空の人物が問答する場面は、盧山慧遠と戴逵（戴安とも）との往復書簡のやり取りを記録した「釈疑論」（道宣『広弘明集』に収録）になぞらえたものではないかと思われる。「釈疑論」には「安處子問於玄明先生曰、蓋聞（中略）先生曰、善哉子之問也。（『正蔵』五二、二二一頁下～二二二頁中）」とあり、『浄土論』の「有滯俗公子問浄土先生曰、蓋聞（中略）先生曰、快哉子之問也。（『浄全』六、六二八頁上）」とほぼ一致する文章がある。論のはじまりを、寓名を持つ二人の対話から展開させる手法は魏晋代の頃に盛んに用いられていたという（木村英一編『慧遠研究』遺文篇、創文社、一九六〇年、二九二頁）。ちなみに迦才は盧山慧遠を浄土教祖師として扱ったはじめての人物である（拙稿「迦才と盧山慧遠」『浄土学』四八、二〇一〇年）。

(19) 吉蔵『中観論疏』「若離世俗言説則無所論者、此第三句。外人云、汝心既不受、口何意言口遂有言、則心有所受。是故答云、若心無所受、則心行處滅。若口無所言、則語言道斷。則賓主杜默。何所論耶。（『正蔵』四二、九五頁下）」。

(20) 吉蔵『中観論疏』「汝口壁無、我眼見有。寧信我眼見爲實。豈用口虚言耶。下半呵責。明理無生滅、生滅出自妄情。上來以窮其理、今復破窮理之言、汝以癡妄故。上來破汝癡、今云何復以妄見爲證耶。攝論無塵並皆是識、更復立於識。以破塵故云似根識、似塵識、似我識、似識識。此論明、實無一切物、但是想謂有耳。(『正蔵』四二、一三七頁中)」。

(21) 吉蔵『勝鬘宝窟』「此名爲説不思議攝受正法。實相之理爲正法。舊云、顯證在心、名爲攝受。今謂録法在心爲攝、如法領證爲受。大宗猶是悟解於理。與理相應名攝。攝受之徳、妙出心言、名不思議。即是心行處滅、言語道斷也。(『正蔵』三七、二七頁下)」。

(22) 吉蔵『勝鬘宝窟』「就常倒中有三。一無常者、是倒所迷法。二言常者、是倒所建立。三言想者、是倒想也。體是眞見、通名説想。又、無爲有故名爲想。(『正蔵』三七、七七頁中)」。

(23) たとえば『大智度論』(『正蔵』二五、六一頁中、七一頁下、四四八頁下)、『金剛仙論』(『正蔵』二五、八一八頁下、八三一頁上、八四〇頁下)、『仏性論』(『正蔵』三一、八〇一頁中)などにみられる。

(24) 吉蔵の著作中では、『法華義疏』(『正蔵』三四、五二四頁中)、『涅槃経遊意』(『正蔵』三八、二三四頁下)、『浄名玄論』(『正蔵』八六八頁上~中、八九一頁上)、『十二門論疏』(『正蔵』四二、一七九頁中)、『百論序疏』(『正蔵』四二、三〇一頁中)、『大乗玄論』(『正蔵』四五、六二頁中)など数多くの用例がみられる。

(25) 「出自妄情」の四字を存するのは、管見の限り迦才『浄土論』と吉蔵『中観論疏』『勝鬘宝窟』の三書のみである。

(26) 道世の事蹟については、川口義照『中国仏教における経録研究』(法藏館、二〇〇〇年、一六三~一六七頁)などを参照。道世の浄土教思想については、柴田泰山『善導教学の研究』四八三~四八七頁、六一二~六一五頁を参照。

(27) 道世『諸経要集』「故於顯慶年中、讀一切經、隨情逐要。人堪行者、善惡業報、録出一千、述篇三十、勒成兩帙。(『正蔵』五四、一頁上)」。

(28) 智昇『開元釈経録』「沙門釋玄惲、本名世道。律學高譽慕重前良。綴緝爲務兼有鈔疏注解衆經。西明創居召爲大徳。(『正蔵』五五、五六二頁下)」。

(29) 『法苑珠林』の成立については、山内洋一郎「法苑珠林と諸経要集」(『金沢文庫研究』二〇-九、一九七四年)、川口義照『中国仏教における経録研究』一五一~一九五頁、富田雅史「『法苑珠林』と道宣」(『東洋大学大学院紀要』三七、二〇〇一年）を参照。後に略抄したとされる『諸経要集』や道宣の諸著作も含めて複雑な成立背景があったとされる。

（30）玄奘訳『阿毘達磨大毘婆沙論』（『正蔵』二七、四頁下～五頁上）。

（31）この記事は顕慶元年（六五六）七月二七日との日付があり、翻訳は顕慶四年（六五九）七月三日まで続けられたという。ここでは西明寺の肩書きを持った人物が挙げられるが、西明寺は顕慶三年（六五八）の創建なので、矛盾が生じている。これについて藤善真澄氏は「撰号と訳場列位をドッキングさせた結果に生じた矛盾と思われる」と指摘している（藤善真澄『道宣伝の研究』京都大学学術出版会、二〇〇二年、一五一頁）。

（32）冥詳『大唐故三蔵玄奘法師行状』に「因命翻經僧嘉尚（『正蔵』五〇、二一九頁中）」とあり、慧立・玄悰『大唐大慈恩寺三蔵法師伝』に「翻經僧嘉尚（『正蔵』五〇、二七六頁上）」とある。

（33）道世『毘尼討要』「彌勒菩薩發問經云、彌勒、白佛言、如佛所説阿彌陀佛功徳利益。若能十念相續不斷念佛者、即得往生。當云何念佛言。非凡愚念、非不善念、不雜結使念。具如是念、即得往生安養國。何等為十。一者於一切衆生常生慈心、於一切衆生不毀其行、若毀其行終不往生。二者於一切衆生、深起悲心、除殘害心、三者發護法心、不惜身命、於一切法、不生誹謗。四者於忍辱中、生決定心。五者深心清淨、不染利養。六者發一切種智心、日日常念、無有廢忘。七者於一切衆生、起尊重心、除我慢心、謙下言説。八者於世談論、不生味著心。九者近於覺意、深起種種善根、因縁離於憒鬧、散亂之心。十者正念觀佛、除去諸想。（『卍続蔵』四四、三九〇頁下）」。

（34）迦才『浄土論』「問曰、如彌勒所問經説十念中云、非凡夫念、不雜結使念。今、此土衆生、體是凡夫、結使未斷。云何念佛而得往生。（『浄全』六、六四四下～六四五頁上）」。『弥勒所問経（弥勒発問経）』の慈等の十念説については、中国・新羅の浄土教者の間で、『無量寿経』や『観経』の十念との同異論や優劣論が盛んに行われた。ちなみに、迦才は「弥勒所問経」の名称を用いているが（『浄全』六、六四五頁上）、竺法護訳『弥勒菩薩所問本願経』（『正蔵』一二、一八六頁下～一八九頁中）にはこの十念説に該当する内容がみられない。引用文の内容が一致することから、おそらく、道世『法苑珠林』や智儼『孔目章』、『纉述』などが指示する「弥勒発問経」と同一の経典と考えられるが、原典は現存しない。名畑応順氏は「經名もその時時で一字異つてゐて、何かと混亂があるやうに思はれる」と述べている（名畑応順『迦才浄土論の研究』四九～五〇頁）。慈等の十念説に関する先行研究には、韓

普光『新羅浄土思想の研究』（東方出版、一九九一年、三七一〜三九五頁、五二一〜五六三頁）、稲岡了順「『弥勒発問経』所説の十念について」（『法然学会論叢』三、一九八〇年）、源弘之「新羅浄土教の特色」（金知見編『新羅仏教研究』山喜房仏書林、一九七三年）、望月信亨『浄土教之研究』二一九〜二三三頁、同『浄土教の起原及発達』七七〇〜七九三頁などがある。

(35) 道世『法苑珠林』（『正蔵』五三、五三四頁下、七二六頁中）。

(36) 『摂大乗論』は、真諦三蔵（四九九―五六九）に翻訳されたのち、真諦の弟子たちによって伝持されていたが、江南の地ではその教理研究があまり進まなかった。建徳三年（五七四）、北周の武帝によって断行された破仏が契機となり、『摂大乗論』は地論学派の学僧たちによって北地へともたらされることになる。さらに曇遷（五四二―六〇七）による講義がはじまるや、多数の学僧が講席に連なり、その末席には地論宗南道派の浄影寺慧遠も加わったという。その後、『摂大乗論』は『涅槃経』とともに長安の仏教界において絶大な影響力を持ち、これらを講究する摂論学派は隆盛をほこった（鎌田茂雄『中国仏教史』第四巻、東京大学出版会、一九九〇年、三七九〜三九五頁など）。

(37) 摂論学派に関する具体的な資料としては、『正蔵』八五巻に所収されている敦煌本の『摂大乗論釈』諸註疏の断簡や、同時代の智顗や吉蔵が伝える内容、あるいは凝然等の日本の典籍における引用箇所などわずかな内容に限られる。なお最近、池田將則「敦煌出土摂論宗文献『摂大乗論疏』（俄Φ334）校訂テキスト（上）（下）」（『東洋史苑』七三・七四、二〇〇九・二〇一〇年）が報告され、摂論学派に関するあらたな資料が提示された。現存するのは『摂大乗論釈』「智差別勝相品」に関する注釈部分のみである。池田氏によれば、この資料は仁寿元年（六〇一）に書写されたとの識語を持つ『正蔵』八五巻所収の『摂大乗論章』巻一と筆致が近似しているのだという。全体としてはほとんど科段の説明に終始しており、思想的な部分にはあまり踏み込んでいない。仏土説に関連する有益な情報を見出すことができなかったため、摂論学派の四土説が成立する以前の資料と考えられる。

(38) 隋代に勃興した地論宗は南北二宗に別れ、勒那摩提から慧光、さらに法上から浄影寺慧遠へと流れる法系が南道派とよばれ、『十地経論』を訳した菩提流支から道寵への流れが北道派とされる。詳細は、近時刊行された金剛大学校仏教文化研究所編『地論思想の形成と変容』（国書刊行会、二〇一〇年）を参照されたい。それ以前にまとめ

られたものとしては、石井公成「敦煌文献中の地論宗諸文献の研究」（『駒沢短期大学仏教論集』一、一九九五年）、同「南北朝時代の仏教」（岡部和雄・田中良昭編『中国仏教研究入門』大蔵出版、二〇〇六年）、青木隆「地論宗」（大久保良峻編著『新・八宗綱要―日本仏教諸宗の思想と歴史―』法藏館、二〇〇一年）などがある。なお近年、青木隆氏が「地論と摂論の思想史的意義」（沖本克己・菅野博史編『中国Ⅱ隋唐 興隆・発展する仏教』佼成出版、二〇一〇年、六六～八三頁）を執筆し、また青木氏らによる『蔵外地論宗文献集成』（도서출판 씨아이알、二〇一二年）も発刊された。

（39）智顗『法華玄義』巻九上（『正蔵』三三、七九二頁上）に地論宗の南北二派と摂論宗がそれぞれの学説をめぐって対立していたことが伝えられ、また古来、湛然『法華玄義釈籤』巻一八の記述（『正蔵』三三、九四二頁下）をもとにして、地論宗の南北二派のうち、北道派から摂論学派へと思想的な展開が起きたと理解されてきた。その後、結城令聞氏の研究によって、北道派から摂論学派へ移行した人物は各種僧伝による限り一人もいないことが指摘され、『法華玄義釈籤』の記述を安易に受けとるべきではないとの提言がなされた（結城令聞「地論宗北道派の行方」『東方学論集』（東方学会、一九八七年）。里道徳雄氏も同様の結論を示している（里道徳雄「地論宗北道派の成立と消長―道寵伝を中心とする一小見―」『大倉山論集』一四、一九七九年）。その後の研究も基本的に結城氏の見解を支持するものであり、従来の地論宗北道派が摂論学派へ吸収され消滅していったという単純な顛末ではなく、現存する資料による限り、むしろ南道派からの移行者が大部分であるとの実態が明らかになった。吉村誠氏の研究では、地論宗南道派の新・旧の八識説が摂論学派の八識説・九識説へ継承されたことを明らかにしており、北道派から摂論学派への展開が歴史的事実ではないことを教学的な側面から裏づけた（吉村誠「摂論学派の心識説について」『駒沢大学仏教学部論集』三四、二〇〇三年）。また、このような誤った説が行われてきた理由についても、智顗と湛然の資料にもとづいて詳細な考察が行われている（吉村誠「天台文献に見られる地論・摂論学派の心識説―智顗と湛然の著作を中心に―」『印仏研究』五七―二、二〇〇九年）。柴田泰山氏は阿摩羅識説に関する資料を検討したうえで「私見としては、真諦訳が流布以後において真諦訳諸典籍の研究が南地でも北地でも行なわれはじめ、少なくとも北地においては集団的な差異というよりも時間的な差異として地論系統と摂論系統という二系統が存在していた」と推察している（柴田泰山『善導教学の研究』六三三頁）。このような九識説（阿摩羅識説）が真諦以後の中国仏教において創作されたという説に対して、大竹晋氏は円測（六一三—六九六）の著書から回収した『九識章』の佚文等が真諦『仁王般若経疏』やインドの安慧『唯識三十頌釈』とのパラレルを有していることから考えて、『九識章』は真諦の直説であり、九識説は中国仏教の起源たりえないとの批判的な見解を述べている（大竹晋「真諦『九識章』をめぐって」船山徹編『真諦三蔵研究論集』京都大学人文科学研究所、二〇一二年）。

（40）詳細は、吉村誠「中国唯識諸学派の呼称について」（『東アジア仏教研究』二、二〇〇四年）を参照。

（41）吉田道興「中国南北朝・隋・唐初の地論・摂論の研究者達—「続高僧伝」による伝記一覧表—」（『駒沢大学仏教学部論集』五、一九七四年）を参照。

（42）勝又俊教『仏教における心識説の研究』（山喜房仏書林、一九六一年）を参照。

（43）その後の研究については、竹村牧男「地論宗・摂論宗・法相宗」（平川彰他編『講座・大乗仏教』八、春秋社、一九八二年）、吉田道興「法相宗」（岡部和雄・田中良昭編『中国仏教研究入門』）などを参照。

（44）吉村誠「摂論学派における玄奘の修学について」（『印仏研究』四五—一、一九九六年）、同「真諦訳『摂大乗論釈』の受容について—三性三無性説を中心に—」（『印仏研究』四九—二、二〇〇一年）、同「中国唯識諸学派の展開」（福井文雅編『東方学の新視点』五曜書房、二〇〇三年）、同「摂論学派の心識説について」、同「中国唯識諸学派の称呼について」、同「唯識学派における種子説の解釈について—真如所縁縁種子から無漏種子へ—」（『印仏研究』五五—一、二〇〇六年）、同「真諦の阿摩羅識説と摂論学派の九識説」（『印仏研究』五六—一、二〇〇七年）、同「天台文献に見られる地論・摂論学派の心識説」、同「中国唯識における聞熏習説について」（『印仏研究』五八—一、二〇〇九年）などを参照。

（45）袴谷憲昭氏は「ここで注意すべきは、『摂大乗論』の宣揚とともに、『楞伽経』や『大乗起信論』がほぼ同列に講じられていることである。（中略）『楞伽経』と『大乗起信論』とが同列に取扱われているのはともかく、この両者と『摂大乗論』とではやはり一線を画すものがある。しかし、曇遷の伝えた摂論宗が、実際にこの三者を同一傾向のものとみなしていたのであれば、それは、『摂大乗論』が『楞伽経』や『大乗起信論』の色合いで解釈されていたことを意味する。このような折衷的傾向が当時濃厚であったことは、例えば、慧遠門下において、その地論宗南道派的素養と『涅槃経』の研究が互いに相反するものとは映らなかった状況をみればわかる。おそらく、当時のこうした折衷的教義解釈の状況からみれば、『摂大乗論』も、『楞伽経』や『大乗起信論』などを介して、『涅槃経』と結びつき、まったくそれらと同等に取扱われていた可能性も充分考えうるのである」と述べ、摂論学派の教学が折衷的性格を有していることを指摘している（桑山正進・袴谷憲昭『玄奘』（人物 中国の仏教）大蔵出版、一九八一年、一八七～一八八頁）。なお、このような思想傾向については、実際に敦煌本の『摂大乗論釈』諸註疏の論述内容から確認できる。

(46) 吉村誠氏は摂論学派における九識説の成立過程を追うなかで、初期（隋初）の資料として曇遷および慧遠『大乗義章』、中期（隋末唐初）として敦煌本『摂大乗論章』巻一（『正蔵』八五、一〇一一頁上）、後期（唐初）として道基『摂大乗論章』（『正蔵』八五、一〇三六頁上）、末期（玄奘帰国前後）として円測『解深密経疏』などの諸資料を挙げて考察を行い、地論宗南道派の新・旧の八識説が摂論学派の八識説・九識説へ継承されたことを明らかにしている。また、吉村氏は「摂論学派の九識説は、真諦の阿摩羅識説から生まれたものではあるが、それと同一視すべきではなく、摂論学派によって作られた中国唯識の学説と見るべきであろう」と述べ、摂論学派の教学が次第に解釈学的な傾向に陥ってゆくことを指摘している（吉村誠「真諦の阿摩羅識説と摂論学派の九識説」）。

(47) 大竹晋氏は研究の結論として、「本研究が初期華厳経学と呼んだものは、地論宗と摂論宗との交叉点から生じた、智儼と弟子たちとの『華厳経』解釈であった。それは『十地経論』に基づく地論宗の神秘的な『華厳経』解釈が、『摂大乗論』に基づく摂論宗の精緻な唯識説によって裏づけられたものであった。（中略）実際には我々が初期華厳教学と見なすものの基本的な発想の多くが地論系摂論宗のものであった可能性が高い。ゆえに、華厳宗という教会の側面を考慮せず、華厳教学という教理の側面のみを見れば、初期華厳教学は無尽を説くことを伴う地論系摂論宗の説と言っても過言ではない」と述べている（大竹晋『唯識説を中心とした初期華厳教学の研究―智儼・義湘から法蔵へ―』大蔵出版、二〇〇七年、四三四～四三五頁）。

(48) 吉津宜英氏は地論師の呼称をめぐって、当事者である慧遠とその呼称を用いた智顗、吉蔵、慧均の用例を仔細に検討して、総じて批判のための言葉（貶称）であったと述べている（吉津宜英「地論師という呼称について」『駒沢大学仏教学部研究紀要』三一、一九七三年）。

(49) 道宣『続高僧伝』（『正蔵』五〇、五九〇頁下）。

(50) 道宣『続高僧伝』「一聞如舊、慧不新聞。(『正蔵』五〇、五九〇頁中)」。
(51) 道宣『続高僧伝』「敷化四方、學侶客僧、來如都殿。(『正蔵』五〇、五九一頁中)」。
(52) この点については、成瀬隆純「蒲州栖巌寺の浄土教」を参照。
(53) 宇井伯寿氏は、法常は曇遷の弟子であるとしている(宇井伯寿『宇井伯寿著作選集』第二巻、大東出版社、一九六六年、八七~八八頁、一一七~一一八頁)。
(54) 鎌田茂雄氏は「南北朝末から隋代、初唐にかけて曇遷の影響はあまりにも大きい。彼は隋唐代に成立した諸宗と直接関係がなかったために、従来、その思想史的意義は無視されてきたが、当時の仏教学界の巨峰といって過言ではない」といい、さらに「曇遷の弟子で『摂論』を学んだ者は僧伝に記録されているだけでも十四人を数えることができるが、他に無名の学人を加えればたいへんな数になったと思われる」と述べている(鎌田茂雄『中国仏教史』第四巻、三八四頁)。
(55) 竹村牧男氏は「道英、静琳、志超、道亮、普明及び霊潤そして智儼と、やや遅くに出る『起信論』関係者のすべてが、曇遷と関わりをもっていることが知られた。さらに普明・智儼は曇延につながり、霊潤は慧遠につながる。そうしてみると、『起信論』講説者等の上流は、曇遷、曇延、慧遠に限定されてくる」と述べている(竹村牧男「地論宗と『大乗起信論』」平川彰編『如来蔵と大乗起信論』春秋社、一九九〇年)。
(56) 詳細は、布施浩岳『涅槃宗の研究』(叢文閣、一九四二年、四二七~五〇四頁)などを参照。
(57) 道宣『続高僧伝』「當時諸部、雖復具揚、而涅槃・攝論、最爲繁富。(『正蔵』五〇、五四九頁中)」。
(58) 水野弘元「五十二位等の菩薩階位説」(『仏教学』一八、一九八四年)、船山徹「真諦の活動と著作の基本的特徴」、同「「漢訳」と「中国撰述」の間―漢文仏典に特有な形態をめぐって―」(『仏教史学研究』四五―一、二〇〇二年)(同編『真諦三蔵研究論集』京都大学人文科学研究所、二〇一二年)、同「龍樹、無著、世親の到達した階位に関する諸伝承」(『東方学』一〇五、二〇〇三年)などを参照。
(59) 吉蔵『法華玄論』には「今寄五十二位明之。前十信次十住、十住即是十解。(『正蔵』三四、三九六頁上)」とあり、『法華論疏』には「即是十住亦云十解。(『正蔵』四〇、八〇六頁下)」とある。また、智儼『孔目章』にも「十住義者、十者數、住者不退、即成住之位。亦云十解。(『正蔵』四五、五五〇頁上)」との記述がある。

(60) 六朝隋唐の聖者観については、船山徹「眞諦の活動と著作の基本的特徴」、同「聖者観の二系統―六朝隋唐仏教史鳥瞰の一試論―」(麥谷邦夫編『三教交渉論叢』京都大学人文科学研究所、二〇〇五年)を参照。船山氏は後者の論文において「凡と聖の境界線を初地とする説は南朝より隋唐に至る教理学に一般に妥當する標準的理論であるが、これに對する異説がなかったわけではない。(中略)天台系の一般的解釋では、別教においては十迴向の終了までを凡夫とするのに對して、圓教においては十信位の最終段階までが凡夫であり、十住・十行・十迴向にある者はすべて聖人と見なすのである。この説の論遽が嚴密にいずれの經典に求められたかは筆者には定かではないのであるが、ただ一つ、陳の眞諦(四九九―五六九)のもたらした學説がやはり同様のものであったことは注目すべきであろう。すなわち、眞諦譯『攝大乘論釋』巻三や同巻四には、初發心より十信位までを凡夫、十解(十住に當たる眞諦特有の表現)以上を聖人とする説が明記されている。この説が眞諦自身の見解でもあったことは、唐・円測『仁王疏』巻上本や同巻中本に引用される眞諦の言葉からも裏付けることができる。このように天台智顗の圓教説における凡聖の境界線と同様の説を先行する時代の文獻に求めるとき、眞諦説の影響の可能性が浮かび上がるのである」と述べている。

(61) 吉蔵『法華論疏』「問、攝論云、十解菩薩、得人無我名爲聖人。此論云、地前是凡夫。云何會通。答、依仁王瓔珞、及以此論地前、是伏忍相似聖耳。未即是聖也。(『正蔵』四〇、八二四頁上)」。

(62) 船山徹氏は十解を聖人位とする学説について「眞諦説は、インドの修行論と用語が異なることは言うまでもないが、同時代の中國佛教の教理學から見ても極めて獨特の説であった(中略)十住の初心以上をすべて「聖人位」とする點で、凡夫と聖人の境界線の設定が同時代標準説と大きく相違しているのである」と指摘している(船山徹「眞諦の活動と著作の基本的特徴」)。

(63) 『攝大乘論疏』巻七には「捨凡夫二乘位、始得菩薩眞位。前十解中雖名聖、未得不二之眞聖猶故。是假名菩薩。未得斷凡夫性以身、猶未得常住法身故。同凡夫二乘各名差別妄想法爲身故也。(『正蔵』八五、九九五頁中)」とあり、十解の位は「聖人」と称されるが、それはあくまで仮に名づけられた名称に過ぎず、いまだ凡夫性を断じ切っていない菩薩に過ぎないという。

(64) 懐感『群疑論』には十住の用例がいくつかみられる。『摂大乗論』の別時意説に関する箇所においても「故攝論言、如以一金錢貿易得千金錢。又如念多寶佛、未即至不退位也。不退位在十住初心。（『正蔵』四七、四〇頁中）」と十解ではなく、十住の階位を用いている。

(65) 迦才『浄土論』「起信論三心、既在十信終發。當知。觀經上品上生、即在十解初心明矣。言至彼得無生法忍者、此是緣觀得無生法忍也。若如遠法師判四地菩薩是上品上生人者、寧得至彼不經時節、即悟無生法忍也。四地至八地、由經半阿僧祇故。（『浄全』六、六三四頁下～六三六頁上）」。

(66) 迦才『浄土論』「問曰、如無量壽經云、衆生生者、皆悉住於正定之聚。又阿彌陀經云、舍利弗、極樂國土衆生生者、皆是阿毘跋致。據此二經、十解已上始得往生。何故言乃至十惡五逆並得往生。（『浄全』六、六三四頁上）」。

(67) 柴田泰山氏は、「善導当時の念仏説を考えると、『摂大乗論』を典據とするいわゆる法身念仏説の存在を指摘することができる」として、真諦訳『摂大乗論釈』の七種法身念仏説（『正蔵』三一、二六一頁中）に注意している（柴田泰山『善導教学の研究』四七二～四七四頁）。

(68) 木村清孝氏は、智儼の弟子である法蔵『華厳経伝記』の記事にもとづいて、智儼が師事した人物として達法師、常法師、弁法師、琳法師、智正法師の五人を挙げている。このうち達法師については不明だが、常法師は法常にあたり、弁法師は霊弁あるいは僧弁のいずれか、琳法師については静琳と推定している（木村清孝『初期中国華厳思想の研究』春秋社、一九七七年、三七二～四二八頁）。

(69) 静琳は大業三年（六〇七）に請われて『摂大乗論』を講義しており、法常には『摂大乗玄章』五巻、『摂大乗論義疏』の著作があり、智正にも『摂大乗論』の注疏があったと伝えられる（『正蔵』五〇、五九〇頁中、五四一頁中、五三六頁下）。

(70) 智儼の浄土教理解については、小林実玄「唐初の浄土教と智儼『雑孔目』の論意」（『真宗研究』二四、一九八〇年）、木村清孝「智儼の浄土思想」（藤田宏達博士還暦記念論集『インド哲学と仏教』所収、平楽寺書店、一九八九年）、柴田泰「中国における華厳系浄土思想」（鎌田茂雄博士古稀記念『華厳学論集』所収、大蔵出版、一九九七年）、中村薫『中国華厳浄土思想の研究』（法藏館、二〇〇一年）、柴田泰山『善導教学の研究』二〇八～二一三頁、六〇五～六一五頁、橘行信「智儼の往生観」（『宗学院論集』八四、二〇一二年）などに詳しい。

(71) 法蔵『華厳経伝記』「吾此幻軀、從緣無性。今、當暫往淨方、後遊蓮華藏世界。汝等隨我、亦同此志。（『正蔵』

五一、一六三頁下）」。

(72) 智儼『孔目章』には「第六往生人位分齊者、大位爲其十解已前。信位之中、成十善法。正修行者、是其教家正所爲之位。何以故。爲此位中防退失故、及退滅故、幷廢退故。十解已上、無上三退。教即不爲。此據終教説。若據初敎、十迴向已還是其所爲。何以故。十迴向已去得不退故。（『正蔵』四五、五七七頁中）」とある。

(73) 智儼『孔目章』「西方是異界故、須伏斷惑。（『正蔵』四五、五七六頁下）」。

(74) 道綽『安楽集』に挙げる六大徳相承のうち、菩提流支、慧寵（道寵）、道場（道長）は北道派に関係が深く、大海（慧海）と斉朝上統（法上）は南道派の学僧である。『続高僧伝』によれば、曇鸞は菩提流支から『観経』を伝授されたという。『安楽集』には地論学系の用語を使用するなどの決定的な証左はないが、道綽自身も地論宗と何らかのつながりを有していたと思われる。六大徳相承については、服部仙順「六大徳相承説に就いて」（『浄土学』三、一九八〇年）に詳しい。

(75) 迦才『浄土論』「近代有綽禪師。撰安樂集一卷。雖廣引衆經略申道理、其文義參雜、章品混淆。後之讀之者、亦躊躇未決。今乃捜檢群籍、備引道理、勒爲九章。令文義區分、品目殊位。使覽之者、宛如掌中耳。（『浄全』六、六二七頁上）」。

(76) 山本仏骨氏は「迦才も禪師の晩年から、親しく入滅を見聞した人であると推定される」と述べる（山本仏骨『道綽教学の研究』一三頁）。

(77) 名畑応順『迦才浄土論の研究』一〜二頁を参照。

(78) 名畑応順『迦才浄土論の研究』一五七〜一五八頁を参照。

(79) 名畑応順『迦才浄土論の研究』一五八頁を参照。

(80) たとえば、直海玄哲氏は「迦才についても、『浄土論』の序文より考えて、道綽と同じ幷州の出身ではないか、と推測されている」（直海玄哲「道綽の伝記」藤堂恭俊・牧田諦亮他『曇鸞・道綽』（浄土仏教の思想四）講談社、一九九五年、二二七頁）と指摘している。

(81) 詳細は、藤善真澄「曇鸞大師生卒年新考」（『教学研究所紀要』創刊号、一九九一年）を参照。

(82) 藤善真澄「曇鸞大師生卒年新考」を参照。

（83）藤善真澄『道宣伝の研究』一七九～二九八頁、伊吹敦「『続高僧伝』の増広に関する研究」（『東洋の思想と宗教』七、一九九〇年）などを参照。緒方香州氏による興聖寺本の発見が発端となり、藤善氏と伊吹氏により研究が進められた。伊吹氏によると、まず貞観一九年脱稿本、次に貞観二三年補訂本があり、さらにあらたな増補を加えたものが興聖寺本であるという。興聖寺本はさらに増補されたうえで（指要録本）、宋版大蔵経に入蔵し、三〇巻本（高麗版、金蔵版）として現在に伝えられる。また、貞観二三年補訂本のあたりから別に派生した系統の諸本（X本、一切経音義、随函録本）は、後に『後集続高僧伝』の残欠本と宋版本からの情報を増補して、三一巻本（福州本、思渓本、磧砂本、大普寧寺本）が成立し、さらに分巻や表記の統一をはかって改編したのが四〇巻本（明北蔵本、万暦本）なのだという。柴田泰山氏は、藤善氏と伊吹氏の研究、ならびに七寺本との校合をふまえたうえで善導伝の成立時期を検討し、会通伝とともに貞観二三年に成立したと結論づけている（柴田泰山『善導教学の研究』二一～四三頁）。興聖寺本を校訂に用いた最新の研究成果として、吉村誠・山口弘江『続高僧伝Ⅰ』（新国訳大蔵経・中国撰述部一―三）大蔵出版、二〇一二年）がある。

（84）道宣『続高僧伝』「釐呈禎瑞、具叙行圖。（『正蔵』五〇、五九四頁上）」。

（85）迦才『浄土論』「注解天親菩薩往生論、裁成兩卷。法師撰集無量壽經。奉讃七言偈、百九十五行、并問答一卷。（『浄全』六、六五七頁下）」。

（86）道綽の感通僧（呪能者）としての姿については、直海玄哲「道綽の伝記」（藤堂恭俊・牧田諦亮他『曇鸞・善導』二六一～二六五頁）を参照。

（87）藤善真澄「曇鸞大師生卒年新考」を参照。また藤堂恭俊氏は、道宣が『礼浄土十二偈』を曇鸞の撰述と誤って記載していることを指摘している（藤堂恭俊・牧田諦亮他『曇鸞・道綽』三四～四四頁）。

（88）柴田泰山『善導教学の研究』四九頁の註（78）を参照。

（89）徳沢竜泉「安楽集の体裁についての一考察」（『宗学院論輯』三二、一九四〇年）によれば、古来、『安楽集』は道綽自身によって著された、あるいは弟子などが『観経』の講義録を整理・編集したなど諸説あったことが伝えられるが、徳沢氏はさまざまな議論をふまえたうえで道綽の著述と結論づけている。塚本善隆「曇鸞・道綽両師の著作とその末註」（浅地康平編『浄土宗典籍研究』山喜房仏書林、一九七五年）では「『観経』の註釈ではないが、文中に「今此観経」「此観経」などの語が散見することから、『観経』を中心として安楽浄土の教義を提起し、解明したものである」と述べている。直海玄哲氏は、道綽が『安楽集』を著したか否かについて「現在においても決着はみない」としつつも、「『安楽集』は、道綽自身が著した、あるいは編したものであれ、または門人の手が入っていようと、道綽の『観無量寿経』を中心にした浄土思想を表したものなのである」（宮井里佳「道綽の著作と思想」藤堂恭俊・牧田諦亮他『曇鸞・善導』二七八頁）とする。

(90)　『浄土論』の僧衍伝には「春秋九十六、去貞観十六年亡。（中略）九十已上、逢綽法師講無量壽觀經。聞已方始迴心。（『浄全』六、六五八頁下～六五九頁上）」とあるため、貞観一〇年以後に僧衍が道綽と出逢ったことがわかる。

(91)　①訳経、②義解、③習禅、④明律、⑤護法、⑥感通、⑦遺身、⑧読誦、⑨興福、⑩雑科声徳の計一〇科。

(92)　滋野井恬氏は『続高僧伝』『宋高僧伝』を資料に用いて、貞観元年（六二七）から乾封二年（六六七）までに没した高僧の地域ごとの分布を調査している（滋野井恬『唐代仏教史論』平楽寺書店、一九七三年）。それによると、訳経篇は総数一二人に対して一一人、義解篇は五二人に対して二一人、明律篇は一五人に対して六人であるが、習禅篇は三九人に対して七人である。滋野井氏は「訳経・義解・明律というような僧科と、禅定を重んずる習禅科との性格の差が窺われるようである。また、感通僧と言うような方面が低い数値を見せていることも留意すべきであろう。首都圏仏教の一面を知らせるかの如くである」（『同』三三頁）と述べている。

(93)　ちなみに并州地方に住む人々が阿弥陀仏信仰に傾注していたかというとそうでもなく、道綽が浄土教へ帰入する以前に慧瓚（五三六―六〇七）の門下として親しくしていた智満と曇選は、ともに死期が近づいてきて病床に伏せているときに、見舞いにやってきた道綽に浄土教の信仰を勧められたが、ともにその勧めを拒絶したことが伝えられている（『正蔵』五〇、五八三頁中～下、六四一頁中～下）。浄土往生は自分ひとりだけの楽を求める行為との認識が根強かったことがうかがえる。

(94)　慧瓚禅師とその門下（智満、道亮、志超、曇韻、慧進）を中心とした并州における仏教の状況については、佐藤成順『中国仏教思想史の研究』（山喜房仏書林、一九八五年、二六九～二九一頁）を参照。佐藤氏によると「慧瓚もそうであったが、門下がいずれも山林静閑に修行の道場を結ぶ山地形の仏教者である点が共通している」「山地における阿蘭若行を自己を形成する基本としながらも、晩年には三つの形に分かれた。（中略）いずれにしろ山地形と市邑形の二面性を有している」「これらの諸師には、道綽を除いて、著述は残していないし、教義研究で名を知られることはなく、宗派・学派の祖として重視される者でもなく、今日の中国仏教史の上でほとんど注目されず名前すら知られていない」といい、「幷州の仏教が実践的、信仰的な傾向の強かったことがわかる。そして、この傾向の中で慧瓚門下の仏教が展開し一層その性格を強めたのである」と結論づけている。

(95) 柴田泰山『善導教学の研究』八六～一〇一頁を参照。

(96) 『三宝感応要略録』には道如に関する伝記が、上巻の第一五伝と中巻の第一六伝に二つある。後者の伝記は、真福寺本『往生浄土伝』に道妙伝（第四八）としてまったく同文が存在する。二つの道如伝はやや内容を異にするので、『三宝感応要略録』中巻の道如は道妙とするか、あるいは同名の別人であると考えられる。なお、『三宝感応要略録』は、日本の『今昔物語集』に影響を与えた仏教説話集として国文学の分野からも多くの研究成果があり、近年のものとしては、小林保治・李銘敬『日本仏教説話集の源流』研究篇・資料篇（勉誠出版、二〇〇七年）、後藤昭雄監・大阪大学三宝感応要略録研究会編『金剛寺本『三宝感応要略録』の研究』（勉誠出版、二〇〇七年）、前田育徳会尊経閣文庫編『三宝感応要略録』（八木書店、二〇〇八年）がある。

(97) 詳細は塚本善隆「日本に遺存せる遼文学とその影響―真福寺の『戒珠集往生浄土伝』と金沢文庫の『漢家類聚往生伝』について―」（『塚本善隆著作集』第六巻、大東出版社、一九七四年）、阿部泰郎・山崎誠編『伝記験記集』（真福寺善本叢刊・第二期第六巻、臨川書店、二〇〇四年）を参照。真福寺本『往生浄土伝』は一二世紀末から京都や奈良地方を中心に流布しており、日本の浄土教思想や説話文学にもすこぶる大きな影響を与えたとされる。

(98) 塚本善隆氏は真福寺本『往生浄土伝』の資料的価値について、「記伝というよりは往生説話集であって、とうてい第一史料には採用せられぬものである」と注意しつつも、「しかしその収められている人々は架空の人物でもなく、その説話も全然無稽のものではない」といい、「私は『偽撰戒珠伝』が『随願往生集』から抄出編纂せられたものと推定して論じているが、一歩譲って『随願往生集』から抄出せられたものに非ずとするも、『三宝感応要略録』とすこぶる近似せる該伝文は、日本人の創作ではなく、中国撰述の書、しかも素材を唐・北宋頃までの諸書から得ている非濁と同類の書に依れるものと断じてよい。故に『偽撰戒珠伝』が、中国・日本の仏教説話文学研究上に、また中国浄土教史、ことに道綽・善導以来の華北浄土信仰史の研究上の、貴重な新資料であるとの結論には、変化はない」と結論づけている（塚本善隆「日本に遺存せる遼文学とその影響」二二八〜二三〇頁）。『三宝感応要略録』との前後関係については、塚本氏が『随願往生集』から増稿されたと推定するのに対して、李銘敬氏は非濁の経歴を洗い直したうえで、その逆に『三宝感応要略録』は『随願往生集』から抄出したうえで編纂されたとの見解を提示している（李銘敬『日本仏教説話集の源流』研究篇、二一五〜二二四頁）。

（99）柴田泰山氏は道綽門下について、道宣『続高僧伝』、迦才『浄土論』、少康・文諗『瑞応刪伝』、真福寺本『往生浄土伝』、金沢文庫本『漢家類聚往生伝』の諸資料を用いて、計一五名（①道撫、②善導、③僧衍法師、④東都英法師、⑤尼大明月・尼小明月、⑥盲目の老婆、⑦婦女裴婆、⑧婦女姚婆、⑨隋朝恒州人、⑩道生、⑪道誾、⑫道諶、⑬道昇、⑭道暲、⑮善豊）を列挙している（柴田泰山『善導教学の研究』七五〜八六頁）。本書において真福寺本『往生浄土伝』を再整理した結果、この一五名にさらに智緑（第四二伝）、道如（第四七伝）、尼法智（第七四伝）、女折氏（第九九伝）、さらに孫弟子として売薪翁（第九七伝）、女孫氏（第九八伝）、大原沙弥（第一〇二伝）、沙弥（第一〇三伝）の計七名を関係者に加えることができる。また、道綽の名前は直接出ないものの、道妙（第四八伝）、尼妙運（第六七伝）、尼浄珪（第七八）、汶水沙弥尼（第一〇六伝）らは、幼少期から念仏に機縁があったとされるから、おそらく直接あるいは間接的に道綽の教化活動の影響を受けたと考えられる。

（100）塚本善隆氏は「本書に収められた中国の僧俗男女の郷里或いはその活動地が、山西省中部の首都たる幷州・太原・晋陽にあるものが群をぬいて多く（中略）さらに雁門・代州・汾陽・蒲州等の地を加えれば、山西省のもの計四五に達し、全体の三分の一を占め、その多くは唐人であり、その中には唐初に浄土念仏教勃興の端を開いた道綽の直接・間接の教化をうけているもの、或いはそれらしいもの、或いは玄忠寺に出入しているもの、などを約一〇も数え得るのである。本書は唐時代に山西省地方に浄土教が盛んであったこと、とくに玄忠寺道綽の感化の偉大であったことをよく伝える」と指摘している（塚本善隆「日本に遺存せる遼文学とその影響」二二八〜二二九頁）。

（101）道綽ならびに幷州（晋陽、太源、汶水）に関連する記事を列挙すると次表の通りである（特筆記事の抽出にあたっては主として、阿部泰郎・山崎誠編『伝記験記集』に収載された訓読文を参照した）。

名前	出身	特筆記事
道生（五伝）	晋陽	・道綽禅師に師として事え、涅槃経の講を聴けり。 ・忽ち非常なるを悟り、講説を捨てて、浄土の行を修行す。『観経』に依り、心を十六相観に用う。 ・（道綽）師曰く、恵数頗る増せども、定心馴れ難し。須く小阿弥陀経に依るべし。一七日相い続き間無く仏の名号を念ぜよ。若し一百万反を満たさば、必ず往生を得むと。
道誾（六伝）	不明	・玄忠寺に来往し、諸僧に語りて曰く、吾れ聞けり。道綽法師は西方の業を修して、寿此の寺に終る。三道の白光空中に現われ、方に安楽世界に往生するを得たり。 ・綽の墳を遶り、往生の効験を請えり。夢みらく、金色の沙門白雲に乗り来り告げて曰く（中略）夢覚めて諸僧に語るに、皆云く、綽禅師の影向なりと。
顗晶（九伝）	不明	・幷州の浄土寺に居住し
常慜（一〇伝）	幷州	・幷州の人なり
道譓（一五伝）	斉州歴城	・廿八にして道禅師に謁し、吾が禅定の力、即身に三界を離るるや不やを問う。道曰く、聖、世を去り時淹久なり。禅定独り易く無漏顕れ難し。 ・譓、問く、何なる行、成じ易すからむと。答う。西方極楽の行は、像末の時に至りては、甚だ成じ易すかる可しと。釈迦教えて言く、無量寿国は往き易く取り易し。而れども人往生を修行すること能はずと。 ・道、双観経を以て伝授し、昼夜受持し以て浄業と為す。自ら疏四巻を撰す。
玄運（一七伝）	同州部陽	・本と成論を学ぶ。博綜功有り。年廿五にして、名山に巡遊し、次に幷州の安楽寺の僧坊に投ず。
常旻（一八伝）	道州	・元和年中（八〇六―八二一）、台州に至り……

		・幷州の境いに到れり。彼の州に浄土堂有り。西方の聖像を安置す。堂既に破壊し、聖像半ば朽ちたり。 ・幷州の道俗、空中に音楽を聞き、異光を見る者、七十余人なり。
道宗（一九伝）	幷州	・幷州の人なり。
僧昪（二一伝）	幷州	・出家の後、道綽師に従い、観経を受く。
道暲（二二伝）	不明	・玄忠寺の道禅師に従い、浄土教を学び、観経を聴受す。理実に是れなりと謂いて、自ら日想観を修すること、良久し。 ・其の器に非ずして、浄業の正因を修するを恨む。 ・若し其の心散せば、先ず高声に仏名を唱え、専ら一境に縁けと。
恵園（三二伝）	大原晋陽	・大原晋陽の人なり。 ・行年六一にして、大品経を講ず。
智縁（四二伝）	雁門	・雁門の人、遠公の末胤なり。 ・師に従い道を訪ね、観無量寿経を稟受す。
道如（四七伝）	幷州晋陽	・幷州晋陽の人なり。乃ち是れ道綽法師の孫弟なり。 ・浄業を修すと雖も、先ず他を度さむことを欲う。
道妙（四八伝）	幷州	・幷州の人なり。此の州の人、七歳已上、並びに念仏を解す。 ・然れども此の比丘は、念仏を修せ不、浄戒を持たず。 ・大乗方等十二部経の名字をのみ聞き、往生地に住す。
観操（五〇伝）	幷州	・幷州の人なり。 ・禅業清高にして、後に禅観を廃し、念仏一門に就き、昼夜に阿弥陀の三字を観ず。
善豊（五六伝）	泗州	・少くして出家し、道禅師の観経を講ずるに逢い、眉間白毫一相を観、自然に当に八万四千相好を見るべし。是れ無量寿仏を見むが為に、十方無量諸仏を見るなり、という詞を聞き、心に其の観を慕楽し、道に従い観法を承

		用す。 ・元和一三年（八一八）正月十四日に至り、両道の白光室を照し、廼ち寿の終るを知る。
行衍（五八伝）	幷州	・花厳、摂論、十住毘婆、仏性論に博達す。 ・太和七年（八三三）より已去（中略）開成二年（八三七）に至り…… ・浄土の業は尋ね求むる可からず。修行廻向する所を以て最れたりと為す。蓮花蔵世界は一生望む所に非ず。先ず安養に往生し、仏道を増進す。
尼明安（六六伝）	幷州	・幷州の人なり。 ・乱に遭い地を避け、揚都の荘厳寺の側に住す。 ・素より念仏を勧む。
尼妙運（六七伝）	幷州	・幷州の人なり。生年五歳にして、念仏定を解し、十七にして出家し、武徳寺に住す。
尼尊忍（七三伝）	幷州	・幷州の人なり。尼明安の同母の妹なり。
尼法智（七四伝）	幷州	・幷州の人なり。出家より以後、義興寺に住す。 ・持戒守節して、専ら念仏三昧を修し、更に道禅師に投ずるに依り、行法の要を諮り問う。師の云く、若し略説を用いて、一心不乱に七日念仏せば、決定往生すと。 ・又問く、七日の仏は幾許の仏ぞやと。曰く、七日の念、検して百万遍を得たり。大集、薬師、小阿弥陀経、皆七日を勧む。 ・大小の便利及び食事を除き、余は間絶すること無かれと。
尼僧慶（七六伝）	大原	・大原の人なり。 ・大般涅槃経に誦通し、兼ねて念仏を行ず。
尼僧瓊（七七伝）	幷州	・幷州の司馬唐宣公が三女なり。
尼浄珪（七八伝）	大原	・大原の人なり。

		・行年五十八にして、四十六年念仏三昧を修す。
尼法諸（七九伝）	毘壇	・并州の浄土堂に投宿し、夙夜に祈誓して光明を感ず。
売薪翁（九五伝）	大原	・大原の人なり。 ・時に沙門道如、慈悲利物を懐いと為す。 ・曰く、散心して念仏する功用不思議なり。十念尚お生ず。
女孫氏（九八伝）	并州 汶水	・并州汶水の人なり。僧衍法師は同母姉なり。 ・小豆を用いて数と為し念仏せむと。 ・後に念仏の小豆を数え、方に五十七石を得たり。
女折氏（九九伝）	清河	・縁に触れて自ら并州の玄忠寺に到る。時に綽禅師、自ら槵珠を穿ち、人に勧め念仏す。
孫宣氏婦（一〇〇伝）	并州	・安楽寺の仏像に供養す。
晋陽県寡女（一〇一伝）	晋陽	・県の尉温静文が婦の従母なり。
大原の沙弥（一〇二伝）	大原	・師として衍禅師に事へ、師亡したる後、浄土を欣求し、自ら无量寿像を画かむと欲す。
沙弥（一〇三伝）	晋陽	・晋陽の道如禅師に沙弥有り。道延と名づく。 ・師の道如も聞きて悲慼す。
開化寺沙弥（一〇四伝）	并州	・開化寺に一りの沙弥有り。曇讃と名づく。
汶水沙弥尼（一〇六伝）	并州 汶水	・生年七歳より已来念仏す。 ・念仏の数小豆九十石に過ぐ。寔に是れ上精進の人なり。凡そ晋陽、大原、汶水の三県は、七歳已上、念仏を解する者、多く小豆を用いて数と為す。 ・上精進なる者、或いは九十石、或いは八十石、或いは七十石、中なるは六十石、五十石四十石なり。下なるは三十石二十石、乃至五石三石なり。最下なるは一升已上なり。

		・空道、小豆を以て、州県の乞丐貧乏に施す。願を発して、若し此の小豆を食さば、必ず同じく西方に生ぜむと。 ・小豆を食する者、歓喜して云く、我等も亦是くの如しと。
童子薬蔵（一〇七伝）	大原	・大原の人なり。翰林学士白居易の従兄弟なり。 ・好みて玄忠寺に往き夜宿る。

(102) 迦才『浄土論』「示誨幷土晋陽太原汶水三縣道俗、七歳已上並解念彌陀佛。（『浄全』六、六五九頁上）」。

(103) 迦才『浄土論』「上精進者用小豆爲數、念彌陀佛、得八十石或九十石、中精進者念五十石、下精進者念二十石。（『浄全』六、六五九頁上）」。

(104) 迦才『浄土論』「綽禪師、依小阿彌陀經七日念佛。檢得百萬遍也。是故大集經・藥師經・小阿彌陀經、皆勸七日念佛。（『浄全』六、六六八頁上）」。

(105) 迦才『浄土論』「唯除大小、便利及與食時、一心專念。悶即立念。（『浄全』六、六四一頁上）」。

(106) 真撰の戒珠『浄土往生伝』（一〇六四年成立）には、『瑞応刪伝』や真福寺本『浄土往生伝』の影響はみられないようである。

(107) 尚書李逢吉が撰した「唐石壁禅寺甘露義碑」によれば、玄中寺には貞元九年（七九三）から貞元一三年（七九七）まで五年をかけて、甘露義壇という戒壇が造営された。長安の霊感壇と洛陽の会善壇とあわせて、唐代における三戒壇の一つという（道端良秀『中国の浄土教と玄中寺』永田文昌堂、一九五〇年、一一三～一二三頁）。

(108) 柴田泰山氏は『宋高僧伝』から浄土教信仰関係の記事を抽出して一覧表を作成している（柴田泰山『善導教学の研究』一〇七～一一〇頁）。

(109) 道端良秀氏は、唐・宋・清代に成立した各種往生伝における浄土願生者の地域分布を検討し、唐代を中心とした浄土教は北方の二省（山西省、陝西省）が中心であったのに対して、唐以後は南方の二省（浙江省、江蘇省）へと移ってゆくことを指摘する（道端良秀『中国浄土教史の研究』法藏館、一九八〇年）。小笠原宣秀氏は、道端氏の所論をふまえ、山西・陝西地域には曇鸞・道綽・善導三師の教系が興隆したのに対して、宋代以後は浙江・江蘇・

江西地域には廬山流が普及したとする（小笠原宣秀『中国浄土教家の研究』平楽寺書店、一九五一年）。いずれもその理由として、首都の移動などに象徴されるように、中国文化の中心地が徐々に江南の地域へシフトしていったことを指摘している。

(110) 方啓法師は七寺蔵本と常楽寺蔵本では「啓方」とある（坂上雅翁「七寺所蔵・迦才『浄土論』について」落合俊典編『七寺古逸経典研究叢書』第五巻、大東出版社、二〇〇〇年）。中国の往生伝では、賛寧『宋高僧伝』（『正蔵』五〇、八六三頁中～下）、志磐『仏祖統記』（『正蔵』四九、二七五頁中）、戒珠『浄土往生伝』（『正蔵』五一、一二〇頁下）が「啓芳」となっている。日本では、珍海『決定往生集』は「啓芳」とある（『正蔵』八四、一一五頁上）。名畑応順氏は「されば流布本の方啓は啓方、或は啓芳の誤と見るべきであらう」と述べている（名畑応順『迦才浄土論の研究』一五四頁）。江隈薫「中国往生伝の倫理」（『印仏研究』二〇-一、一九七一年）を参照。

(111) 典拠となる『摂大乗論釈』の教説は、もともとは浄土教だけに限定して批判する内容ではない。それが別時意説の非難対象として浄土教に結びつけられ、表出してくる背景には、長安仏教界で徐々に阿弥陀仏信仰が広がりはじめ、無視できない勢力になりはじめていたという状況があったと思われる。

(112) 迦才『浄土論』「今者、惣閲群經、披諸異論、撮其機要、撰爲一部名浄土論。然上古之先匠遠法師、謝靈運等、雖以僉期西境、終是獨善一身。後之學者、無所承習。近代有綽禪師。撰安樂集一卷。雖廣引衆經略申道理、其文義參雜、章品混淆。後之讀之者、亦躊躇未決。今乃捜檢群籍、備引道理、勒爲九章。令文義區分、品目殊位。（『浄全』六、六二七頁上）」。

(113) 名畑応順『迦才浄土論の研究』巻末付録に引用経論の一覧表が付属し、『浄土論』各章の引用回数が整理されている。なお、本文篇には援引した経論の典拠が示されている。

(114) 名畑応順『迦才浄土論の研究』三二頁を参照。

(115) 柴田泰山氏は、道綽『安楽集』における『観経』の引用として、直接の引用ではないものも含めて計一二箇所を挙げている（柴田泰山「善導『観経疏』の思想的背景」宮林昭彦教授古稀記念論文集『仏教思想の受容と展開』山喜房仏書林、二〇〇四年）。本研究では、柴田氏の指摘した箇所を考察対象とした。

(116) 第八大門において六つの浄土経典を挙げるなかに「小巻無量壽經（『正蔵』四七、一九頁上）」と表記していることから、道綽が『阿弥陀経』をこのように呼称していたことが知られる。

(117) 迦才『浄土論』には「如大集月藏分云。佛滅度後、第一五百年、我諸弟子、學慧得堅固。兼修餘行。第二五百年、學定得堅固。兼修餘行。第三五百年、學多聞讀誦得堅固。兼修餘行。第四五百年、造立塔寺、修福懺悔得堅固。兼修餘行。第五五百年、白法隱滯多有諍訟。微有善法得堅固也。(『浄全』六、六六四頁上)」とある。

(118) 四種度生法の引用箇所は、『安楽集』第一大門の冒頭から数えて三番目の経典引用となる。最初が『正法念経』の観察時方便説、二番目が『大集月蔵経』の五五百年説、三番目に「彼経」の四種度生法の順となる。おそらく、迦才は「彼経」とあるのを前引された経典、すなわち『正法念経』か『大集月蔵経』のいずれかとみたのであろう。結果として『正法念経』としたのは、迦才が『大集月蔵経』に四種度生法を見出せなかったから、消去法的に『正法念経』を選んだと考えられる。ちなみに、最初の『正法念経』における観察時方便説の引用は、実際には『坐禅三昧経』の文章であるが、道綽と迦才はともに『正法念経』として同文を引いている。これも迦才が『安楽集』の孫引きをしたと思しき箇所である。つまり、迦才は『大集月蔵経』は披閲したとしても、『正法念経』はみていなかった可能性が高い。

(119) まず有一世界について、『浄土論』第一章には「如經説、從此東方有一世界、名曰斯訶。土田唯有三角沙石、一年三雨、濕潤不過五寸、其土衆生唯食菓子、樹皮爲衣、求生不得、求死不得、此是中穢土也。復有一世界、虎狼毒獸、乃至蚰蠍、悉能飛行、遇輒相食、不簡善惡、此是下穢土也。(『浄全』六、六三三頁上)」とあり、これは明らかに『安楽集』の「如正法念經云、從此東北有一世界、名曰斯訶。土田唯有三角沙石、一年三雨、一雨濕潤不過五寸。其土衆生唯食菓子、樹皮爲衣、求生不得、求死不得。復有一世界、一切虎狼禽獸乃至蛇蝎、悉皆有翅飛行、逢者相噉、不簡善惡、此豈不名穢土始處。(『正蔵』四七、一〇頁上)」を承けたとみられる。次に堕三途受苦について、『浄土論』第九章には「衆生、追逐財色、貪著名利、不早發心。無常忽至、墮落三途、百千萬劫無有出期。(『浄全』六、六六七頁下)」とあり、一方、『安楽集』には「是故正法念經云、菩薩化生告諸天衆云、凡人經此百千生、著樂放逸不修道。不覺往福侵已盡、還墮三塗受衆苦。(『正蔵』四七、一三頁上)」との表現がみられる。

(120) 道綽『安楽集』(『正蔵』四七、五頁下〜六頁上)、迦才『浄土論』(『浄全』六、六三一頁下)。

(121) 道綽『安楽集』(『正蔵』四七、一五頁上)、迦才『浄土論』(『浄全』六、六五〇頁下)。

(122)　道綽『安楽集』（『正蔵』四七、六頁中）、迦才『浄土論』（『浄全』六、六二九頁下）。
(123)　『平等覚経』（『正蔵』一二、二九九頁中～下）、道綽『安楽集』（『正蔵』四七、四頁下～五頁上）、迦才『浄土論』（『浄全』六、六五一頁上、六五五頁上、六五七頁上）。
(124)　善導『観経疏』（『正蔵』三七、二六四頁上）、懐感『観経疏』（『正蔵』四七、四二頁中）。
(125)　道綽『安楽集』（『正蔵』四七、九頁下、一五頁中）、迦才『浄土論』（『浄全』六、六三六頁上、六五九頁下）。
(126)　道綽『安楽集』（『正蔵』四七、一五頁中）、迦才『浄土論』（『浄全』六、六五九頁下）。
(127)　石川琢道『曇鸞浄土教形成論―その思想的背景―』（法藏館、二〇〇九年）などを参照。
(128)　道綽における『大智度論』引用については、佐藤健「『安楽集』における『大智度論』の引用について」（香川孝雄博士古稀記念論集『仏教学浄土学研究』永田文昌堂、二〇〇一年）がある。
(129)　宇野禎敏「迦才の三乗観」（『東海仏教』二七、一九八二年）を参照。
(130)　名畑応順氏は易行品の別訳である『初発意菩薩易行法』一巻（『出三蔵記集』巻四）や『易行品諸仏名経』（『開元釈教録』巻一六）等に存在したのかもしれないと指摘している（名畑応順『迦才浄土論の研究』五二頁）。
(131)　羅什訳『十住毘婆沙論』（『正蔵』二六、四一頁中）。
(132)　迦才『浄土論』（『浄全』六、六六四頁下）。
(133)　曇鸞『往生論註』（『正蔵』四〇、八二六頁上～中）。
(134)　道綽『安楽集』（『正蔵』四七、一二頁中）。
(135)　迦才『浄土論』「注解天親菩薩往生論、裁成兩卷。法師撰集無量壽經。奉讃七言偈、百九十五行、并問答一卷。流行於世、勸道俗等、決定往生、得見諸佛。（『浄全』六、六五七頁下）」。
(136)　山田行雄「『迦才浄土論』と曇鸞教学―特に行論を中心として―」（『龍谷大学仏教文化研究所紀要』三、一九六四年）などを参照。
(137)　名畑応順氏は「兩書はその所明の順序に著しい差異があるばかりでなく、その所述の内容にも廣狭具略の相違があり、論旨の一致しないものも往往見られることである。それは先ず安樂集が本來觀經といふ特殊な經典の玄義を述べることに主眼が注がれてゐるのに對し、本論は一般佛教學を背景とした淨土教の概論をすることに重點が置かれてゐるといふ趣意の別から考へても、また當然といへよう」と述べている（名畑応順『迦才浄土論の研究』三〇頁）。

(138) 名畑応順氏は「とにかく兩書を對照すれば、安樂集は如何にも迦才のいふが如く内容が錯綜してをり、文義が繁雜であつて、先輩もこれを領解するのに種種苦心してゐるが、本論はかかる難點を除かうとして著はされてゐるだけに、終始要領よく秩序整然と書かれてあつて、一應理解し易いやうである。けれども安樂集には難解な中にも宗敎心情はまことに豊かに溢れ出てゐて、感銘深く讀まれる。本論は聊か整ひ過ぎて、却つて人の心胸に迫る感情の乏しい憾みのあることは爭はれない」と述べている（名畑応順『迦才浄土論の研究』三一頁）。

(139) 『浄土論』は『安楽集』を承けて成立しているため、重複した各論の項目は、迦才が『安楽集』を通読した際に重要視した内容であり、かつ迦才自身が道綽の議論に満足しなかったために再考することになった論点であろう。逆に、同様の作業を『安楽集』の細目にあわせて行ったならば、迦才が注目しなかった議論、もしくは解決済みとして処理された項目が抽出できるはずである。

(140) たとえば、南北朝後期から隋代にかけて末法思想を受けて勃興した三階教の文献では、経文と人語の問題について極めて敏感であり、「第一階第二階第三階」といったわずか九文字を付加したことが教説の正当性をめぐる批判や議論の対象となっていた（西本照真『三階教の研究』春秋社、一九九八年、二五二～二五三頁、四二〇～四二一頁）。三階教の状況と同一視することはできないが、長安の仏教界にとってみれば、浄土教もやはり新規に勃興した一宗派に過ぎず、その思想の正当性をアピールするためには経論引用の正確さは必須であっただろう。『浄土論』第五章の十二経七論はそのような問題を意識して立てられた章目とみることができる。他方、吉蔵についてはその引用が必ずしも原文に忠実ではなく、要約や記憶に頼っての引用のためか字句の省略がみられるとの指摘もある（船山徹「真諦の活動と著作の基本的特徴」）。吉蔵の場合は、浄影寺慧遠および天台大師智顗と並んで隋代の三大法師とよばれるほど名声が高かったことを勘案すれば、多少の不正確な引用が大きな問題になったとは考えにくく、むしろ博引傍証・博覧強記ぶりを知りうる事実とみてよいのではないかと思われる。

第二章　迦才における凡夫と聖人

第一節　末法凡夫観

第一項　問題の所在

前章に論じたように、迦才の浄土教思想は必ずしも道綽教学そのものを顕彰することを目的としたものではない。しかしながら、その末法説には強い感銘を受けて展開されたものであった。

ところで、『安楽集』では第一大門の冒頭に置かれていた末法説（約時被機）が『浄土論』では第八章に配置されている。この点について、名畑応順氏は「彼には出發であつたものが、此には到達になつてゐる譯である。彼此の間に論證と實踐との緩急の差が考へられる」(1)と指摘する。確かに、道綽の時点では鮮烈なインパクトをもって主張された末法思想も、迦才の頃には浸透をみせ、その認識もある程度共有されるようになったことであろう。

三階教の信行や道綽が末法説と自らの教義体系を結びつけたことは有名であるが、他方、高雄義堅氏の研究によって指摘されるように、慧遠、智顗、吉蔵などの隋代の諸師は必ずしも当時を、浄土教者が主張するような典型的な末法世とは認識していなかったようである。(2)伊藤隆寿氏によれば、吉蔵は今世が末法時であるという時代認識

（正像末の三時説）を持ちつつも浄土教や三階教のような方向ではなく、時機を超えた大乗仏教の普遍性を信じ、末法を超出した諸法実相観を主張したという。(3) また迦才と同時代においても、たとえば道世『法苑樹林』や智儼『孔目章』に説かれた浄土教思想には末法説を意識した論述はほとんど見受けられない。すなわち、必ずしも末法思想が教義的な側面にまで影響を与えたとは限らず、末法説を機軸にすえた仏教思想が当時において主流であったとも断言できないわけである。したがって、迦才がまぎれもなく道綽の末法説の影響を受容している点は、同時代における諸師の浄土教理解との差異を決定づける要素でもあったと考えられる。

道綽の末法凡夫観ならびに衆生論について、山本仏骨氏は次のように述べている。

道綽の上には、衆生の罪悪と云う事を單に末法とか五濁と云う風に、外部的制約を受けたもの、みとせず、又末法今時と云う一時的な限定の中で考えられただけでなく、遠劫已來生死に輪廻し、三悪道に沈んで來た、本來的な自己が、罪悪の固まりである事を、深く省察されているのである。(4)

これによれば、道綽は外部的制約としての末法や五濁という概念以外にも、主体的な認識として衆生の輪廻無窮性を実感していたことが指摘されている。すなわち、『安楽集』第三大門には「輪廻の無窮を明かす」として五番の問答が設けられており、『涅槃経』『正法念経』『法華経』『十往断結経』『五苦章句経』『大智度論』『起信論』など数多くの大乗経論を引証して輪廻が繰り返される因果を述べ、衆生の罪悪性の果てしなさをひたすら省察している。このように道綽は末法世の到来を実感するなかで、今時の衆生は無始より六道の輪廻を続け、生死に窮まりのない存在であるととらえていることがわかる。

さて、前述したように道綽と迦才の末法思想をめぐる議論の近似性については、論旨の展開から引用経論にいたるまで『安楽集』の影響を等閑視できない。それでは、はたして両者の末法凡夫観を同一視してもよいのであろうか。先行研究では、『安楽集』第一大門と『浄土論』第八章の論述内容を比較し、そのわずかな相違点を根拠として迦才の末法凡夫観を探ろうとする試みがなされてきた。すなわち、道綽が修福懺悔の行法として「称仏名号」のみを末法の衆生に進めているのに対して、迦才はその部分を「禮佛念佛、觀佛相好、此最爲勝也」あるいは「相好名號、正當今時」と書き改めている。これについて名畑応順氏は、

折角道綽を承けて教興の時節を明かしながらも、その意は道綽のやうに徹底しないのみか、却つて道綽に背くこととなり、その説く所は時機に相應しない面が加はることにさへなつた譯である。それは恐らく迦才が念佛に於て觀念に對する執着が深く、これを脱することのできなかつた結果と考へねばなるまい。(5)

と指摘し、迦才の改変を意図的なものとみて、迦才が道綽に比してより難度の高い行業を末法世の衆生に課しているると評価する。確かに迦才による書き換えを両者の教学的立場にもとづく改変と考えることもできよう。しかしながら、迦才は直後に『観経』による滅罪の文句を引用して念仏行を要めとするべきことを強調しているので、あくまで念仏行が中心であることに変わりはない。(6)そもそも中国浄土教では、日本浄土教ほど念仏行の観・称の分別に意識的ではなく、両者のわずかな文面の違いをもって末法凡夫観や易行性の問題まで論断するのは些か乱暴であろう。とくに実践行の易行性に関する問題は別時意説なども含めて多面的な検討を要するため、この点については後にあらためて詳論することにしたい。

矢田了章氏による先行研究は、もう少し広い視野から道綽と迦才の凡夫観を比較したものであり、迦才の人間に対する認識について「時―末法―による人間の悪化を強調し、さらにその根源を自己の外部に求める傾向が顕著にみられる」、あるいは「宿善の思想がきわめて薄く、それだけに徹底して、人間の罪悪的存在性を説く」との指摘がなされている。(7)矢田氏がいう「罪悪的存在性」とは「時の経過が必然的に人間の底下を決定づける」ということ

のようであるが、迦才の凡夫観の根源を自己の外部に求めるという指摘は示唆に富むものである。

さて、筆者は迦才の末法凡夫観について、『浄土論』第八章の内容だけでなく、第八章から連続する第九章の第一問答と第二問答の内容もあわせて検討すべきであると考える。その理由は、第九章の第一問答に、

問て曰く、今既に是れ第四の五百年なり。衆生に定慧の分無く、唯だ懺悔念仏して堅固なるを得るならば、云何が人をして欣厭ならしめ、其の心を勧進し、普く一切衆生をして悉く娑婆を厭悪し、浄土に往生することを得せしむるや。(8)

とあり、明らかに前段に論じてきた末法説を前提として展開されているからである。

先行研究のなかで、『浄土論』第九章の問答に焦点を当てて論究するものはほとんどみられず、基礎研究すら行われていない。第九章の章目名は「教人欣厭勧進其心」であり、第一問答の厭欣二門説が前半の「教人欣厭」に、第二問答の易往而無人説が後半の「勧進其心」にあてられている。第三問答以降は残された雑多な問答に対して回答している箇所であるから、第九章の中心となるのは第一問答と第二問答であろう。

そこで本節では『浄土論』第九章の厭欣二門説と易往而無人説の考察を通じて、迦才がいかなる末法凡夫観を有していたのかを検討することにしたい。

第二項　厭欣二門説

まず厭欣二門説について検討してゆこう。ここでは娑婆世界を忌避する厭門と西方浄土を求める欣門、いわゆる「厭離穢土欣求浄土」の思想が説かれている。(9)「教人欣厭」を説く第一問答では、

今、経論及び道理を引きて其の欣厭を教う。若し衆生、仏の勧めを受くる者は娑婆世界に於て極めて厭い、極楽世界に於て欣を生ず。(10)

といい、まず『平等覚経』を引証して「浄土法門」の存在を強調し、さらに『涅槃経』の説示を媒介として、ひたすら自らの身上を「思惟」すべきことを説く。これ以降に展開される厭門と欣門に関する論述は長文であってやや煩瑣にわたるため、以下にその内容を整理する。

【厭門】

①智者、静かなる夜の中に於て、結加趺坐して応に自ら思惟すべし。我れ今、此の身、危脆なること泡の如し。念念に停まらず。復た居して火宅の安隠ならざる処に在り。寧ぞ安然として自ら覚察せず、驚かず、懼れず、都て怖心無きことを得んや……。(11)

②又復た思惟せよ。我れ今、此の身は何の位地にか在るや。身口意の業、恒に何事か作すや。無常は忽ちに至りて何れの道の中にか生ずるや（中略）智者は此の思惟を作して応に心を砕くべし。寧ぞ安然として故らに身心を縦ままにし、自ら覚察せざることを得んや……。(12)

③又た更に思惟せよ。我れ今、此の身は薄福鈍根にして、生まれること釈迦の後に在り、復た弥勒の前に在り。豈に我れ過去に憍慢、懈怠にして三宝を敬わず、善人を軽慢し、善知識の教悔を受けざるに由らざらんや（中略）又復た此の身に縦ままに道を修せんと欲するとも、亦た安隠なることを得ず……。(13)

④智者、応当に此の身を観察すべし。怨家の想を作し、糞聚の想を作し（中略）若し心能く是の如く観察思惟すれば、応に此の身に於て極めて大いに厭を生ずべし……。(14)

【欣門】

⑤智者は復た此の念を作せ。我れ今此の身、生まれて第四五百年の中に在り。一切の聖人、隠れて現ぜざる時なり。道を修せんと欲すと雖も、定慧の分無し。正しく是れ懺悔念仏の時なり。『経』の中に説くが如し。阿弥陀仏、慈悲の棹を挙げ、大願の船に乗じて一切苦悩の衆生を運度す。若し人、至心に阿弥陀仏を念ずれば、一一の念の中に於て八十億劫の生死の罪を滅す。命終に定んで浄土の中に生ずることを得ん。諸の快楽を受け、五通を獲得し、位不退に階る……。(15)

まず①において、静かな夜に結跏趺坐してひとり思惟し、安然と日常を過ごしていることを自覚し、我らが火宅のなかにあり、その身の移ろいやすいことを知れという。

次に②において、自らの身口意業においてどのような罪悪を犯しているのか具体的に想像せよという。我われは常に三悪道のなかにあって、諸仏にまみえることもかなわず、過去・現在・未来に悪業をつくり続ける分際である。そして、「智者は此の思惟を作して応に心を砕くべし。寧ぞ安然として故らに身心を縦ままにし、自ら覚察せざることを得んや」といい、救いようのない身の上であることをひたすらに自覚することの必要性を説く。

次に③において、自らの身の上が薄福鈍根であるだけでなく、それは釈尊が入滅して以来、未来仏である弥勒が現れるまでの期間にあたることに起因しており、それゆえに仏教の三宝も蔑ろにしてきた。だからこそ、「此の身に縦ままに道を修せんと欲するとも、亦た安穏なることを得ず」と、娑婆世界で仏道修行しようとしてもそれがままならないのだという。

次に④において、智者であるならば可能な限り、自らの身の上が汚く穢れたものであることをひたすらに観察すべきことを説き、「若し心能く是の如く観察思惟すれば、応に此の身に於て極めて大いに厭を生ずべし」と、これによって娑婆世界を厭離する心が大いに生ずるとしている。ただし、そこまでしても「智」ある者こそがかえって自らの肉体に楽著してしまう結果になりがちであると注意し、そのことを『遺教経』によって引証している。

そして⑤の欣門において、前段の厭門の内容をふまえたうえで、自らが第四の五百年の渦中にいて、釈尊等の一切の聖人が娑婆世界には現れず、それゆえに定慧の修行を成就できるような時機ではない。ゆえに、まさしく今こそ経典に説く懺悔念仏の時であるのだという。

ここまでの内容は「智者」へ向けたものであり、自らの身上を深く思惟・観察することを通じて、いかに娑婆世界が煩悩にまみれた厭うべき処であるのか現状認識すべきことを、相当に手厳しい表現をもって論述している。この問答以前の第八章までは、できる限り経論書を忠実に引き、理知的な論述を心がけていた迦才であったが、いよいよ終章において、『安楽集』に感銘を受けたその心情を吐露するにいたった場面ではなかったかと思われる。他の問答の論述と比しても圧倒的に力のこもった筆致であり、迦才が末法説によって受けた衝撃の強さを物語っているといえよう。

さて、ここでの論述の特徴は、娑婆世界という悪環境では衆生の修行が成就しがたいと強調していることである。すなわち、

我れ何れの処にか去来して仏化を蒙らず。都て我れ無始より已来、三宝を敬わず、善人に近づかず、善知識の語を用いざるに由り、常に三悪道の中に在りて、恒に諸仏と相い値遇せず。十方浄土には苦無く、悩み無し。我れ何為れぞ生ぜずして常に此の穢土の多苦悩の処に在るや。我れ今此の身は得難くして失い易し。(16)

といい、今現在、我われは三悪道のなかにいるから、仏菩薩に値遇できず、善知識に接する機会にもめぐまれず、

そもそも仏法僧の三宝を敬う機縁すらないという。迦才は我われ衆生が三悪道のなかにあることを再三にわたって強調する。もちろん、迦才は衆生自身の輪廻無窮性にもふれているが、矢田氏も指摘するように道綽に比べると宿善・宿因の思想を強調する傾向が少ない。それよりもむしろ娑婆世界という退縁の多い環境面をもって、末法世の凡夫における根源的な問題点と認識していることが読み取れる。ゆえに「多苦惱處」である穢土を厭離して、「無苦無惱」である浄土を欣求せよというのである。また、『浄土論』第一章の第一〇問答では、娑婆世界と西方浄土の差異として四因縁不退説が説かれているが、その内容はちょうど厭欣二門説の論述と一致する（表14参照）。

このように迦才は教義レベルにおいても、穢土の退縁という外部環境の側面に着目し、それによって末法世の凡夫は修行が退転して成就できないという点に着眼していたことが読み取れる。西方往生はこれらの穢土の退縁から

表14　厭欣二門説と四因縁不退説

四因縁不退説[17]		厭欣二門説[18]
・長命に由るが故に不退なり。	・穢土は短命に由るが故に退なり。	・此の娑婆世界に住するを以て、人命は短促なり。
・諸仏菩薩のみ有りて善知識と為るが故に不退なり。	・穢土は悪知識多きに由るが故に退なり。	・悪知識多くして、終日孜々たり。
・女人有ること無し。六根の境界、並びに是れ道に進む縁なるが故に不退なり。	・穢土は女人有るに由りて、六根の境界、普く是れ道を退するの縁なるが故に退なり。	・若し是れ俗人ならば、婦を養い、児を活かす。
・唯だ善心のみ有るが故に不退なり。	・穢土は悪心・無記心のみ有るに由るが故に退なり。	・始めて善心を起こせども、尋ち即ち退失す。

脱して、不退転の環境として処不退の浄土を得るために行われるのであり、それゆえに欣門に「命終に定んで浄土の中に生ずることを得ん。諸の快楽を受け、五通を獲得し、位は不退に階る」と述べるのである。

第三項　易往而無人説

第一問答に続いて、「勧進其心」を説く第二問答では、

問て曰く、既に其の欣厭を教う。智者は已に悟り、其の鈍根の儔は執迷未だ返らず。若為が其の心を勧進して亦た浄土に往生することを得しめんや。(19)

とあり、第一問答に説かれた欣厭の内容を、「智者」ではなく、末世の「鈍根のともがら」にもわかるようにその心を勧進せよという。答えの内容としては、『阿弥陀経』の十方諸仏の舌相証明を引き、第一問答でも用いた『平等覚経』の浄土法門の箇所を繰り返して引証する。そしてさらに『無量寿経』と『平等覚経』の易往而無人説(20)を引き、「易往」と「無人」の具体的な内容を詳述する。以降に易往と無人の具体的内容が交互に繰り返し記述されるが、(21)ここでは整理のために易往と無人それぞれに分類して並べ替えた。

【易往】

①若し人、能く七日に於て専心に念仏し、所作の善根並びに皆な廻向せば、即ち往生することを得て、永く三途を離れて不退位に入る。

②阿弥陀仏、観世音・大勢至と与に大願の船に乗り、生死の海に浮かびて此の娑婆世界に就き、衆生を呼び喚わ

り、大願の船に上せて西方に送り著けしむ。若し衆生、大願の船に上ること有らば、並びに皆な去ることを得。
③衆生無始より已来、諸の悪業を造れること恒沙に過ぎたり。一一の苦報を感ずること、亦た恒沙に過ぎたり。若し人、能く七日、或いは十日、専心に念仏すれば、一一の念の中に於て八十億劫生死の重罪を滅却して、横に苦流を截りて直ちに浄土に生ぜん。
④衆生、仏の語、諸菩薩の語、善知識の語を信じて、悪知識の語に随わず。乃至十悪五逆の衆生、命終の時に臨んで十念成就すれば、即ち往生を得ることを信ずべし。
⑤若し人、専ら阿弥陀仏を念じて浄土に生ずること得るを説くを聞かば、即ち須らく悪業を懺悔して善根を修習すべし。持戒清浄にして専ら仏名を念じ、一心に乱れずして百万遍に至る者は命終の時に臨んで、正念現前して仏即ち来迎したまう。

【無人】
①然るに衆生有りて肯いて信受せず。諸の五欲に昏されて楽いて悪道に入る。厠の中の虫の如し。
②釈迦如来及び十方の諸仏、普賢、文殊、天親、龍樹、或いは広長の舌相を出し、或いは白毫の光明を放ち、或いは五念の玄門を説き、或いは十二讃礼を教え、慇懃に敦励して浄土に生ぜしむ。而るに衆生、信楽を生ぜずして肯いて去らず。
③然るに衆生、財と色とを追逐し、名利に貪著して早く発心せず。無常忽ちに至り、三途に堕落して百千万劫に出期有ること無し。
④若し衆生有りて、仏の語、諸菩薩の語、善知識の語を信ぜずして、学問せざるの僧、無智の俗人に随順して大

乗を詐解し、経論を猥引し、仏法を殆乱し、衆生を誑惑し、念仏の行を廃し、善根を退失し、三途に堕落して往生を得ず。

⑤若し衆生有りて阿弥陀仏を説くを聞きて、仍ち故らに罪を造り、仏の名を念ずと雖も、心に五欲を縁ずれば、此れは是れ結使を雑うるの念なり。命終の時に臨んで、心即ち顛倒すれば、仏来迎したまわず。

まず、「易往」を説く内容では、なにゆえに鈍根の者に西方往生を勧めるのかという理由について、①七日念仏と廻向の行願兼修によって往生して不退を得ること、②それは本願の舟によって送り届けられること、③諸々の悪業については七日、十日の念仏によって滅罪できること、④仏・菩薩・善知識の語を信じて命終に十念すれば十悪五逆でも往生できること、⑤浄土教の教えを知って、悪業を懺悔して善根を修し、自戒清浄の状態で、一心不乱に百万遍念仏を成就したものは、必ず命終のときに正念現前して阿弥陀仏が来迎するという。

次に、「無人」を説く内容では、なにゆえにこのようなすぐれた教えが信じがたいのかという原因について、①五欲に惑わされて悪道に誘引されること、②釈迦、十方諸仏、普賢、文殊、天親、龍樹がそれぞれ浄土往生を勧めているにもかかわらず信楽の心を生じないこと、③財・色・名利に貪著して発心せずに三途に堕落してしまっていること、④仏・菩薩・善知識の語を信ぜず、大乗を曲解して経論を引いて仏法を誹謗し、衆生を誘惑して念仏の行を廃して三途に堕落して往生を得ないこと、⑤浄土教の教えを知ってもことさらに罪を造り、仏名を念じても心に五欲を縁ずるようでは、これは煩悩を雑えた念であって、命終のときに心が顛倒して、阿弥陀仏が来迎しないという。

以上の「易往」にまとめられた五つの文節は、迦才が『浄土論』に書き綴ってきた教説のエッセンスを集約したものであり、「不退」「本願」「七日念仏」「十日念仏」「念仏滅罪」「横截五悪趣」「十悪五逆の十念往生」「懺悔念仏」「百万遍念仏」「正念現前」などのキーワードがちりばめられている。一方、「無人」の内容は、第一問答で智者に対して勧めた思惟・観察の文面に比べればかなり緩やかな表現にあらためられており、迦才が末法世の凡夫に向けて、浄土教へ帰依すべきことを書き綴った文面であっただろうことが想像される。また、ここでも凡夫が悪道に入って発心しないことの理由を、宿因的な思想よりも、今世における仏や善知識などとの機縁の有無に求めていることが読み取れる。

第四項　ま　と　め

ここまで確認してきたように、『浄土論』第九章に展開される厭欣二門説と易往而無人説は、『安楽集』の末法説の影響を受けて論述されたものであり、智者および鈍根のともがらに内省的な思惟・観察をひたすらに要求するものであった。本節における検討を通じて、道綽が過去世も含む輪廻無窮性を凡夫観の基底とするのに対して、迦才は現に直面している娑婆世界における退縁の存在を、末法世の根源的な要因として認識していたことがわかる。このことは娑婆世界と西方浄土の差異を明示した四因縁不退説が退縁の有無という着眼点によって整理されていたことからもうかがえる。ゆえに、迦才は退縁のある娑婆世界を厭って、処不退の西方浄土を欣うという厭欣二門説を示すのである。

思うに、この厭欣二門説は迦才が対峙した弘法寺を取りまく学僧たちに向けて書き綴ったものではなかったか。すなわち、日常的に仏教教理を講究している彼らをして「智者」といい、よくよく思惟・観察することを勧め、自身の現状を深く顧慮することによって厭離の思いを起こすべきことをよびかけたのである。とくに「寧ぞ安然として自ら覚察せず、驚かず、懼れず、都て怖心無きことを得んや」との文言は、『浄土論』の読者に要求するだけにとどまらず、迦才自身に対しても向けられた厳しい自問であったことだろう。一方、そのような仏教教理に詳しくない浄土教の初心の者とみられる「鈍根のともがら」には、文言をやや簡素に書きあらためて勧進しなおしている。

道綽と迦才における末法凡夫観の違いは、両者の時代環境の差異もあったことだろう。すなわち、南北朝後期の戦乱の時代を生きた道綽は北周の武帝による廃仏、ならびに北斉の滅亡をわずか一六歳のときに味わっており、このような経験が道綽自身の末法観を醸成し、自らが輪廻無窮の身の上であることを深く省察することになり、浄土教に帰依する一因となったとされる。一方、迦才はおそらく長安仏教界を中心に活躍した学僧であったと推定され、『浄土論』を執筆したとされる六五〇年前後は、太宗による貞観の治と讃えられる政治・経済・文化、さらには仏教研究が隆盛した時代であった。

そのような時代において、迦才が『安楽集』の末法説に鮮烈な感銘を受けたのはなぜか[22]。その理由の一つが厭欣二門説にあらわれており、迦才は『安楽集』を読み、安穏に日々を過ごしていた己の身のうえに反省と憤りを感じ、娑婆世界を厭い、西方往生を欣求する浄土教の信仰へ共鳴したのではないかと考えられる。

今、此の身は受生より已来衣食を求めんが為に、若し是れ俗人ならば、婦を養い、児を活かし、若し是れ出家ならば、名を求め、利を覓め、恒に種種の悪業を造る[23]。

我われが娑婆世界に生を受けて以来、ともかく衣食を求めて生きてゆくという、一見すると平穏でありきたりな日常の在り方にさえ、迦才は鋭い目線を向ける。まして出家の者をやである。それは迦才が『安楽集』の末法凡夫観を通じて現世の諸事をみわたした実感そのものであり、今このままで良いはずがないというせきたてられる思いを吐露したものでもあっただろう。あるいは迦才が浄土教に帰入するにいたった動機面の一端があらわれた内容ともみることができよう。

末法思想が単なる歴史観ではなくして、教理的なレベルにおいて昇華される場合、それは衰微的・虚無的な内容を説明するにとどまらず、それに対置されるべき克服あるいは救済に関する思想、すなわち悟りへの道程を包含するものでなければならない。迦才の末法凡夫観は、『安楽集』第一大門の思想を焼きなおしたものではなく、第九章「教人欣厭勧進其心」の叙述を通じて知られるように、末法世の衆生における根源的な病巣が娑婆世界の退縁にあるとの認識を確固たるものとし、これを脱すべきとの意志を浄土の法門に託して、厭欣二門説と易往而無人説という独自の学説を展開したものである。ここに迦才の末法凡夫観が教理として結実したとみることができよう。

第二節　本為凡夫兼為聖人説

第一項　問題の所在

前節において、迦才は修行の退縁という娑婆世界の悪環境が末法世の根源的な要因であり、ゆえに凡夫は浄土の法門を欣うべきであると認識している点を明らかにした。ではそのような末法世の衆生は浄土の法門、すなわち迦才の浄土教における思想構造のなかでどのような立場として位置づけられているのか、この点について検討したい。

迦才の衆生論を端的にあらわした教説は本為凡夫兼為聖人説である。その説示を確認してみると、『浄土論』第四章における、法蔵比丘のａ四十八の大願は、初めに先ず一切凡夫の為にし、後に始めて兼ねて三乗の聖人の為にせり。故に知りぬ。浄土宗の意は、本と凡夫の為にし、兼ねて聖人の為にせり。また次に十解已上の菩薩の如きは、惑を留めて生を悪道に受け、苦の衆生を救わんと願いて浄土に生ぜず。自らの業力に任せて、更に悪道の中に堕せざるを以ての故に。即ち知りぬ。ｂ凡夫は未だ悪道を免れざるに由るが故に、須らく浄土の中に生ずべし。十解已去は悪道に生ずることを畏れざるが故に、浄土に生ずることを願わざるなり。故に知りぬ。浄土の興る意は、本と凡夫の為にして菩薩の為に非ざるなり。(24)

という記述にもとづいている（傍線部）。すなわち、浄土教の正機は自らの業力では悪道に堕すことを免れることのできない「凡夫」であり、悪道に堕すことのない「菩薩」にとって往生はあくまで兼ねて求めるものに過ぎないとする。この教説には、道綽『安楽集』の主張する末法凡夫観の強い影響が考えられるが、一方で迦才に独特の衆生論も展開されていることに注意したい。第一に主張の典拠を『無量寿経』の四十八願に求めていること（波線部ａ）、第二に十解という修道階位を聖人と凡夫の分岐に設定していること（波線部ｂ）の二点である。迦才の浄土教思想における十解という階位の重要性については次節に論ずることにして、本節では本為凡夫兼為聖人説が本願論といかなる関係にあるのか考えてみたい。

本願論に関する先行研究では、迦才の本願論を他の中国諸師（曇鸞・道綽・善導・懐感など）と比較して、本願念仏の思想が明瞭にされないこと、(25)本願の価値づけが相対的に低いこと、(26)さらに仏土論や教判論などにおいて本願の特殊性が考慮されていないことなどが指摘され、(27)迦才の本願論はあまり積極的な評価がなされてこなかった。ただし、従来の研究は中国浄土教のなかに、その後の日本浄土教において展開された本願論の淵源を求めるという視座のもとに進められており、必ずしも迦才自身における本願論の意義を適切に論じたものとはいえない。そもそも迦才における本願論は、いわゆる本願念仏という価値基準に重点を置いて論じたものではないのである。その点をふまえて解釈しなければ、当時における本願論の位置づけや迦才自身の問題意識が見逃されてしまうことになるだろう。

迦才の本願論の特色は四十八願のうち計一一願を選び出したことにあるが、従来の研究では、それがどのような思想的意義を持っているのか考察したものはみられない。そこで、本節では迦才がどのような意図にもとづいて計一一願を選び出したのか、とくに本為凡夫兼為聖人説との関わりに注意しながら検討してゆくことにしたい。

第二項　諸師の本願論

『無量寿経』説示の四十八願は、法蔵比丘が浄土建立の際に立てた誓願であり、阿弥陀仏ならびに西方浄土の成立根拠そのものといえる。この本願について、中国、新羅、日本の浄土教諸師においてさまざまな解釈が行われており、それに関する研究も多く提出されてきた(28)。まず諸師の本願論について概観しておこう。

曇鸞の『往生論註』下巻では、

凡そ是れ彼の浄土に生ずると、及び彼の菩薩・人天の所起の諸行とは、皆な阿弥陀如来の本願力に縁るが故なり。何を以てか之れを言う。若し仏力に非ずんば四十八願、便ち是れ徒に設ならん。今的かに三願を取りて用いて義意を証せん(29)。

と述べて、四十八願のなか第十八願、十一願、二十二願を連引して易行道の論証を行う、いわゆる「三願的証」とよばれる箇所が有名である(30)。

道綽『安楽集』では、『無量寿経』の第十八願を『観経』下下品の内容と合釈して、

若し衆生有りて、縦令い一生悪を造るとも、命終の時に臨んで十念相続して我が名字を称せんに、若し生ぜずんば正覚を取らじ。(31)

と改変引用しており、この引文は善導『観経疏』の第十八願解釈にも重要な示唆を与えたとされる。また、道綽は第九大門に彼土得益として、第三願、第四願、第五願、第七願、第八願の計五願を挙げ、願文中の「国中人天」を「十方人天来生我国」と改変して取意引用している。(32)他にも経典名は出していないが第十願、第十一願に着目した形跡を認めることができる。

善導教学における本願の重要性は周知のとおりであり、ここで詳細を述べるまでもないだろう。ただし、善導の五部九巻のうち、『観念法門』には第十八願、十九願、二十願、三十五願の取意引用がみられるものの、(33)主著である『観経疏』においては第十八願に特化した本願論が展開されている。

他方、『無量寿経』注釈の嚆矢とされてきた浄影寺慧遠『無量寿経義疏』では、四十八願を①摂法身願（第十二願、十三願、十七願）、②摂浄土願（第三十一願、三十二願）、③摂衆生願（残りの四十三願）の三種類、あるいは七種類に分類した。(34)吉蔵の撰述と伝えられた『無量寿経義疏』においても、①願浄土（計四十二願）、②願得眷属（計三願）、③願得法身（計三願）という三種類の分類を提示している。(35)本疏は後世に偽撰説が喧伝されることになるが、法雲以降に成立したと推定される南地色の濃い文献であり、慧遠『無量寿経義疏』に先行する可能性もあるという。(36)

本願の分類という手法は、曇鸞、道綽、善導、懐感などにはみられず、その後の中国浄土教でもあまり流行しなかったようである。しかしながら、新羅浄土教ではむしろこのような本願分類が伝播し、法位・玄一・義寂・憬興などは、慧遠の分類をふまえたうえで四十八願それぞれに願名をつけ、とくに第十八願、十九願、二十願の往生因

に関する三願を重要視する本願論を展開した。[37] 日本浄土教においても新羅浄土教の影響を受けて、智光、良源、静照、真源、澄憲、隆寛、了慧、聖冏などが四十八願の詳細な分類整理や願名呼称を行っている。[38] 迦才の本願論は、新羅浄土教のように明確な整理や命名を伴う手法を用いていないものの、やはり四十八願の分類を目的とした作業と思われる。

あらためて隋唐代の諸師における本願論をみてみると、慧遠は『無量寿経義疏』に本願分類説を提示しているが、『観経義疏』では本願に関する教説はほとんどみられない。吉蔵『観経義疏』も法蔵菩薩の因行として論じられる程度である。さらに道世『法苑珠林』、智儼『孔目章』には本願論は見当たらない。たとえ総願としての四十八願に言及があったとしても、別願としての各願文に注目がよせられた形跡はみられず、衆生が第十八願によって往生するというような教説は皆無である。そのような時代状況下で、迦才が計一一願を選び出したことは出色である。すでに道綽が各願文を連引していたことは迦才に影響を与えたかもしれないが、その選定した願文自体は必ずしも一致していない。

第三項　迦才の本願論

迦才『浄土論』では、本願に関説した記述が二〇箇所ほどみられる。とくに重要なのは、冒頭にも引用した「法蔵比丘の四十八の大願は、初めに先ず一切凡夫の為にし、後に始めて兼ねて三乗の聖人の為にせり。故に知りぬ。浄土宗の意は、本と凡夫の為にし、兼ねて聖人の為にせり[39]」との論述であり、迦才の衆生論を端的にあらわした本為凡夫兼為聖人説が四十八願にもとづくことを強調している。その他、本願に関する主だった記述については、すでに先行研究による解説が付されているのでそちらに譲ることにしたい(40)。

それでは四十八願の分類という視点から、迦才の本願論について検討してゆきたい。まず、十二経七論における『無量寿経』引用の釈文において、

釈して曰く、此の四十八大願の中の文に依るに、一一願の中に皆な十方、人天、乃至女人と云いて、都て不退已去の諸菩薩を論ぜず。余の願は菩薩の為なり。当に知るべし。前は是れ正、後は兼なり(41)。

といい、「十方（衆生）」「人天」「女人」の各機根を対象とする計一一願を正機の願（以下、「凡夫の願」）とし、不退位以上（＝十解以上）の諸菩薩を対象とする計三七願を兼機の願（以下、「菩薩の願」）としている。この分類がそのまま本為凡夫兼為聖人説の論拠となっていることはいうまでもない。

ここで、あらためて四十八願の内容を確認しておこう（表15）。迦才が選んだ計一一願は十方・人天・女人を対象とするもののはずであった。しかしながら、表中の一々の願文を確認してゆくなかで疑問となるのは、十方・人天を対象とする本願が、実は迦才が選んだ一一願以外にも多数みられることである。つまり、迦才は十方・人天を対象とする本願をすべて「凡夫の願」とみなしているわけではなく、何らかの理由によって「菩薩の願」により分けているのである。さらに四十八願を対象者別に分類すると次のようになる。

（a）「仏」「菩薩」「声聞」あるいは「国土」を対象とする願

十二願、十三願、十四願、十七願、二十二願、二十三願、二十四願、二十五願、二十六願、二十八願、二十九願、三十願、三十一願、三十二願、三十六願、四十願、四十一願、四十二願、四十三願、四十四願、四十五願、四十六願、四十七願、四十八願

（b）「三悪道」と「女人」を対象とする願

表15　四十八願とその対象者

願の名称	対象者	願の名称	対象者	願の名称	対象者
(1) 無三悪趣の願◎	地獄・餓鬼・畜生	(17) 諸仏称揚の願	無量諸仏	(33) 触光柔軟の願	衆生之類
(2) 不更悪趣の願◎	人天	(18) 念仏往生の願◎	十方衆生	(34) 聞名得忍の願◎	衆生之類
(3) 悉皆金色の願	人天	(19) 来迎引接の願◎	十方衆生	(35) 女人往生の願◎	女人
(4) 無有好醜の願	人天	(20) 係念定生の願◎	十方衆生	(36) 常修梵行の願	諸菩薩衆
(5) 宿命智通の願	人天	(21) 三十二相の願	十方衆生	(37) 人天致敬の願	諸天人民
(6) 天眼智通の願	人天	(22) 必至補処の願	諸菩薩衆	(38) 衣服随念の願	人天
(7) 天耳智通の願	人天	(23) 供養諸仏の願	菩薩	(39) 受楽無染の願◎	人天
(8) 他心智通の願	人天	(24) 供具如意の願	菩薩	(40) 見諸仏土の願	諸菩薩衆
(9) 神境智通の願	人天	(25) 説一切智の願	菩薩	(41) 諸根具足の願	諸菩薩衆
(10) 速得漏尽の願	人天	(26) 那羅延身の願	菩薩	(42) 住定供仏の願	諸菩薩衆
(11) 住正定聚の願◎	人天	(27) 所須厳浄の願	人天	(43) 生尊貴家の願	諸菩薩衆
(12) 光明無量の願	(仏法身)	(28) 見道場樹の願	菩薩	(44) 具足徳本の願	諸菩薩衆
(13) 寿命無量の願	(仏法身)	(29) 得弁才智の願	菩薩	(45) 住定見仏の願	諸菩薩衆
(14) 声聞無数の願	声聞	(30) 智弁無窮の願	菩薩	(46) 随意聞法の願	菩薩
(15) 眷属長寿の願◎	人天	(31) 国土清浄の願	(国土)	(47) 得不退転の願	諸菩薩衆
(16) 無諸不善の願◎	人天	(32) 国土厳飾の願	(国土)	(48) 得三法忍の願	諸菩薩衆

※◎は迦才が選定した願を指す。願名は了慧道光『無量寿経鈔』(『浄全』一四、七二頁上～一二八頁上)によった。

一願◎、二願◎、三十五願◎

（c）「十方」「人天」等を対象とする願

十一願◎、十五願◎、十六願◎、十八願◎、十九願◎、二十願◎、三十四願◎、三十九願◎

（d）「十方」「人天」等を対象としながらも、菩薩のためとされた願

三願、四願、五願、六願、七願、八願、九願、十願、二十一願、二十七願、三十三願、三十七願、三十八願

このなかで問題となるのは、当然、（d）の内容である。迦才がこれらの十方・人天を対象とする諸願を、「凡夫の願」ではなく「菩薩の願」に配当したのはなぜだろうか。

これはおそらく、第五から第十願は「六神通」に関する記述、第三願は「金色」、第四願は「好醜」、第二十一願は「三十二相」、第二十七願は「形色殊特」、第三十三願は「心身柔軟超過人天」、第三十七願は「修菩薩行」、第三十八願は「衣服」といった記述がそれぞれ問題になったと考えられる。すなわち、これらの記述は十方・人天を対象としながらも、事実上は菩薩としての身体的特相を想起させる内容となっているのである。ゆえに迦才は菩薩の身体的特相や諸能力を讃歎する願に関しては、たとえ文面上の対象が十方・人天となっている場合でも、菩薩に対する内容としてとらえ、凡夫のために説かれた願ではないと判断したと推考される。

さらに迦才が選定した諸願の内容を確認してみると、まず（b）の計三願は浄土における三悪道（地獄・餓鬼・畜生）と女人の存在を否定しており、浄土人の機根に関する内容が説かれていたことがわかる。

次に（c）のなかでも第十一願は「住正定聚」、第十五願は「寿命無能限量」、第十六願は「無諸不善」、第三十四願は「無生法忍」、第三十九願は「受楽」に関する願文である。これらのうち「住正定聚」「寿命無能限量」「無生法忍」については、一見すると菩薩の身体的特相を強調した内容にもみえる。しかしながら、後述するように

「住正定聚」と「寿命」という要素は西方浄土の環境によって保持されているのであり、また「無生法忍」は必ずしも往生の時点で即得するのではなく（上品上生者を除く）、彼土修道を経て未来に到達する得益である。ちなみに第三十四願は『観経』の説示に、(42)第十一願と第十五願と第三十九願は『阿弥陀経』にそれぞれ合致した表現がみられる。(43)すなわち、『無量寿経』『観経』『阿弥陀経』という主要な浄土教経典の間における共通性・整合性もまた本願を分類する際の基準として考慮されていたと考えられる。(44)

最後に、第十八、十九、二十願については、それぞれの願文中にある「欲生我国」の語句からわかるように、娑婆世界において往生するための実践行（＝往生因）を提示したものである。

以上のことから、迦才は菩薩の身体的特相を讃歎する諸願をおそらく意図的に除外したものと思考される。それでは、なにゆえにこれらの諸願が除外されねばならなかったのであろうか。この理由については次項に論及することにしたい。

第四項　本為凡夫兼為聖人説の形成

ここでは迦才が選定した計一一願が教学上にどのように位置づけられているのか、とくに凡夫をいかなる立場としてとらえているのかという点から考えてみたい。具体的には（1）衆生論、（2）仏土論、（3）生因論の三点から検討する。なお、以降の記述では便宜上、「願生者」とは娑婆世界において往生を願う主体を指し、「浄土人」とは西方浄土へ往生し終えた主体を指す語句とする。

（1）衆生論との関係…第一願、第二願、第三十五願

前述したとおり、迦才が選んだ計一一願は菩薩を論じていない願、すなわち凡夫を対象とした内容である。迦才は『観経』九品の上品中生を解釈するなかで、

「生まれて彼の土に到りて一小劫を経て無生法忍を得る」と言うは、此れは是れ理を縁じて無生法忍を得るなり。彼の日月長きに由るが故に。(45)

と述べ、無生法忍は往生後における長時間の彼土修道を経て獲得されるとしている。つまり、娑婆世界における願生者の階位は往生後もそのまま継続するとの理解であり、往生という現象によって階位の飛躍的な上昇は起こらないと考えていたことがわかる。したがって、本願中において十方・人天と称される浄土人は、修道階位という側面からみれば、なお「凡夫」のままなのである。(46)このことは迦才が浄土人の菩薩としての身体的特相を含んだ諸願をもれなく除外している事実からも理解できるであろう。ただし、凡夫ではあるが三悪趣あるいは女人としては生じないことが、第一願と第二願、第三十五願を根拠として保証されている。

また、迦才は四十八願と衆生論の関係について次のような論述をしている。

此の中の菩薩の往生に自ずから三輩九品有り。二乗の往生に自ずから上中下有り。凡夫の往生に自ずから上中下有り。各の九品有り。但し『経』の中に委細に分別すること能はず。大、小、凡夫、合して九品を論ずるも、実には即ち無量の差別有るなり。「四十八願」及び『観経』に詳らかにす。大旨を論ぜば、凡夫は是れ正生の人、聖人は是れ兼生の人なり。(47)

これによれば菩薩・二乗・凡夫の往生にはそれぞれ九品の異なりがあるが、ただそれも一応の分類であって、実際には無量の差別があるのだという。ここで注目されるのは、論拠として四十八願を第一に挙げていることである。

一般的に、願生者の機根に関する教説の典型は『観経』の九品説、あるいは『無量寿経』の三輩段などであろう。しかしながら、今、迦才は四十八願によって願生者に無量の差別があることを強調しているのである。迦才がこのような認識を持つにいたったのは、四十八願のなかに「仏」「菩薩」「声聞」「人天」「十方衆生」などさまざまな機根が存在することを、本願を分類する作業を通して掌握したからと考えられる。

さらに迦才が「願生者」と「浄土人」との関係をどのようにとらえていたのか示唆する内容として、次の一文が挙げられる。

若し委曲に分別すれば、衆生の行を起こすに既に千殊有れば、往生して土を見ることも亦た万別有るなり。(48)

この記述から、願生者が自ら起こした行業のレベルと往生する浄土のランクが正比例的に対応することがわかる。つまり、願生者の機根はそのまま浄土人の機根と対応しており、その逆もまた然りである。ゆえに十方・人天の浄土人を菩薩以下の機根ととらえる以上、願生時の機根もまた「凡夫」であったはずである。換言すれば、迦才は浄土人の機根に着目した本願の分類を行うことによって、その願生者が「凡夫」であることを発見したのである。このように迦才は四十八願の考察を通じて、浄土教の主役を凡夫とすべきことを確信し、ここに本為凡夫兼為聖人説が成立したといえよう。

(2) 仏土論との関係…第十一願、第十五願、第十六願、第三十四願、第三十九願

迦才における往生とは何を目的として行われるのか。それを明かしているのが迦才の浄土教思想を特色づける処不退説であろう。これは西方浄土が三界内の化身浄土に位置しながらも「退縁を除去した仏道修行に適した環境」であるという教説であり、自力では悪業に堕してしまう凡夫のために、西方浄土という環境を与えることによって

仏道修行の不退転を実現することを目指したものである。

また『浄土論』第一章の第十問答では、西方浄土が娑婆世界よりも勝れた点として「唯進不退」と述べ、四つの因縁を挙げている。(49) これらの四因縁不退説の内容はいずれも迦才が選んだ諸願の内容と合致している。すなわち、第一「長命に由る」という因縁は第十五願に、第二「諸菩薩が善知識となる」という因縁は諸仏菩薩を対象とする諸願に、第三「女人無し」という因縁は第三十五願に、第四「唯だ善心のみ」という因縁は第十六願にそれぞれもとづいている。さらに、処不退説の論証を行う場面において、迦才は西方浄土と娑婆世界が同一の欲界内にありながらも、両者の異なる点として、西方浄土に五退縁（①短命多病、②女人、③悪知識、④不善・無記心、⑤常不値仏）がないことを挙げているが、(50) これも先に挙げた諸願を論拠として説明可能な内容である。また、迦才は第十一願について、

正定と阿毘跋致とは並びに不退と云う。不退の言は通じて十解に局るに非ず。今、経論に依りて釈するに四種有り。一には是れ念不退、謂く八地已上に在り。二には是れ行不退、謂く初地已上に在り。三には是れ位不退、謂く十解已上なり。四には是れ処不退、謂く西方浄土なり。故に、『無量寿経』に云く、「彼の土に邪定及び不定聚の名有ること無し」と。又、「四十八の大願」の中に云く、「設し我れ仏を得たらんに国中の人天、正定聚に住し滅度に至らずんば、正覚を取らじ」と。既に不退の言、位、四種を該ぬ。寧ぞ一つの不退を挙げて、以て定んで三を除くことを得んや。(51)

と述べている。すなわち、第十一願における正定聚の内容は自らの業力による不退転位（位不退・行不退・念不退）ではなく、西方浄土の環境的な力によって保持される処不退と理解されていたことがわかる。

次に第三十四願の無生法忍については、『浄土論』第二章の第六問答に九品説を展開する箇所で確認できる。こ

こでは上品生の人が往生後に一定期間を経て無生法忍を得ることが述べられている。退転する可能性が残存する凡夫の浄土人が、仮にも彼土での無生法忍の獲得を保証されているのは、西方浄土において処不退が成立しているからに他ならない。さらに第三十九願についても、

猶しこの間に三受を具する人、若し彼の土に生じぬれば、則ち苦捨無くして、唯だ楽受のみ有るがごとし。彼の処所に二受無きに由るが故なり。(52)

とあり、西方浄土には不善と無記がなく、楽のみがあるという環境的な側面が強調されている。

以上の検討から、第十一願、第十五願、第十六願、第三十四願、第三十九願の計五願は、処不退説の論拠であり、尚かつ、その内実をあらわしたものとみることができよう。迦才の本願論の特色は、これらの諸願の内容が浄土人自体にそなわっているのではなく、あくまで処不退という環境的な力によって保持されているととらえた点にある。これは西方往生を終えた浄土人であっても、いまだ自らの業力では退転を防ぎきれない存在に過ぎないという衆生の理解に起因している。具体的には、処不退の利益を受ける必要のある機根であるから、十解以下の階位にある凡夫を想定していたと推考される。

(3) 生因論との関係…第十八願、第十九願、第二十願

第十八、十九、二十願は西方浄土へ往生のための実践行（往生因）を提示したものである。これら三願の内容と迦才が提示する実践行との関係を考えてみたい。

迦才は実践行として、上根行に六種（A念仏、B礼拝、C讃歎、D発願、E観察、F廻向）、中下根行に五種（a懺悔、b発善提心、c専念阿弥陀仏名号、d物相観察、e廻向）の計一一種を提示し、それらを兼修すべきことを勧めて

いる。

第十八願、第十九願、第二十願の内容は以下のとおりである。

・もし我れ仏を得たらんに、十方の衆生、至心に信楽して、我が国に生ぜんと欲して、乃至十念せんに、もし生ぜずんば、正覚を取らじ。ただ五逆と誹謗正法とを除く。(53)（第十八願）

・もし我れ仏を得たらんに、十方の衆生、菩提心を発し、諸の功徳を修し、至心に発願して、我が国に生ぜんと欲せんに、寿終の時に臨んで、もし大衆の与めに圍遶せられて、その人の前に現ぜずんば、正覚を取らじ。(54)（第十九願）

・もし我れ仏を得たらんに、十方の衆生、我が名号を聞きて、念を我が国に係けて、諸の徳本を殖え、至心に廻向して、我が国に生ぜんと欲せんに、果遂せずんば、正覚を取らじ。(55)（第二十願）

願文中に提示される往生因は、第十八願では「乃至十念」、第十九願では「発菩提心」「修諸功徳」「至心発願」、第二十願では「聞我名号係念我国」「殖諸徳本」「至心廻向」である。迦才が提示した諸実践行と三願の内容を対照してみると、

・「乃至十念」「聞我名号係念我国」…A念仏、c専念阿弥陀仏名号
・「発菩提心」…b発菩提心
・「至心発願」…D発願
・「至心廻向」…F廻向、e廻向
・「修諸功徳」「殖諸徳本」…B礼拝、C讃歎、E観察、a懺悔、d惣相観察

という振り分けが可能であろう。迦才の実践行における特色は念仏行を中心としつつも多種の実践行の兼修を勧め

る点にあるが、このような姿勢はそもそも第十八、十九、二十願の三願を合釈した理解に準じていることがわかる。(56)迦才は第十九願にある「修諸功徳」、あるいは第二十願「殖諸徳本」という記述に対して、往生因となる諸実践行を具体的に想定していたとみて差しつかえないだろう。

今一つ注意すべきは、この三願の主体は菩薩ではなく「十方衆生」となっていることである。すなわち、この三願に示された娑婆世界における「願生者」としての十方衆生と、その他の諸願に述べられた「浄土人」としての十方衆生とが相関していることはいうまでもない。浄土人としての十方衆生が凡夫であるならば、やはり願生者である十方衆生も同じく凡夫とするべきだろう。ゆえに第十八、十九、二十願の三願に誓われた実践行の主体者も「菩薩」ではなく「凡夫」であると断言できるのである。

第五項　ま　と　め

以上、迦才における本願分類の意義について考察してきた。従来、指摘されるように、迦才が第十八願への特別な興味を有していないことは確かである。しかしながら、それがそのまま本願の軽視を意味するわけではない。迦才における所依の経典論ともいうべき十二経七論において、『無量寿経』の計一一願を最初に提示したことがその重要性を示唆するように、四十八願の分類は迦才の浄土教思想の構築にあたって重要な意味を持つ作業であり、計一一願の選定に彼の浄土教思想における根本的な姿勢があらわれている。

その計一一願の選定にあたっては、迦才自身の教学を背景とした明確な基準があることが明らかになった。すなわち、菩薩の身体的特相や諸能力を讃歎する願はもれなく除外されており、これは浄土教の主体者を凡夫とみる迦才の意図を反映したものと考えられる。ゆえに選ばれた諸願の内容は、浄土人自身の業力に着目したものではなく、西方浄土の環境的な側面を強調するものであった。また、その計一一願の内容は、衆生論（本為凡夫兼為聖人説）、仏土論（処不退説）、生因論（実践行）という、迦才の浄土教思想の骨格ともいうべき諸教説と深く結びついていることが確認できる。このような教説が案出される背景として、迦才における凡夫論が四十八願の分類という作業を通じて形成されていたことは重要であろう。

このように迦才は四十八願の各願文に「十方衆生」「人天」「菩薩」「仏」が共存していることを見抜き、「十方衆生」「人天」を対象とする計一一願を凡夫の願としてより分けて、浄土教の主体者が凡夫であることを主張した。迦才の衆生論の特色はこのように『無量寿経』によって凡夫の概念を規定したことにあるといえる。すなわち、道綽の末法説にもとづく末法凡夫観と『無量寿経』を中心とする本願論とが結びつくことによって、凡夫を中心にすえた本為凡夫兼為聖人説という迦才の立場が明確にされたのである。また、仏・菩薩・凡夫の共存はそれぞれの機根に同時対応する西方浄土の在り方という問題点をも惹起するものでもあり、ここに通報化土説の理論的な補強が必要となった。この点については第四章第三節において論ずることにしたい。

以上の議論をふまえたうえで、最後にあらためて迦才における本願論の全体像を確認しておこう。

①娑婆世界における願生者としての十方人天　…計三願（凡夫の願）
②西方浄土における浄土人としての十方人天　…計八願（凡夫の願）
③往生後に勝果を得た浄土人としての諸菩薩　…計三七願（菩薩の願）

迦才は四十八願を凡夫と菩薩の二種類（①②／③）に分け、さらにそれを願生者と浄土人に分けた（①／②）。ただし、①と②は深く相関する内容であり、①に示された娑婆世界の願生者の往生因は②と直結する。両者を結びつけるキーワードは「十方衆生」「人天」であり、主体者が共通する。一方、③は「諸菩薩衆」が主体者であるため、①とは単純には結びつけられない。迦才が想定した思想構造は基本的に①→②→③であろう。これによって、凡夫が往生した後に彼土修道を経て菩薩へとステップアップしてゆく流れを描くことができる。すなわち、③の菩薩の願は、①の願生者にとって未来の得果を保証する内容なのである。

もちろん、①→③という流れも不可能ではない。迦才は「兼為聖人」と述べているから、菩薩の報土往生もありうるだろう。しかしながら、迦才の学説をひも解けば、聖人（＝十解以上の留惑菩薩）は衆生救済をするためにあえて浄土往生を願わないとされるから、事実上、菩薩の報土往生は有名無実であるといえる。

迦才は四十八願のなかでさえ、凡夫（十方人天）と聖人（菩薩）という差異があることを明瞭に認識していた。結局、迦才における凡夫の概念とは聖人との差異、すなわち娑婆世界における退性の有無という点から逆算された相対的な規定であったということができる。ゆえに末法世の凡夫は退縁にまみれた娑婆世界において仏道に入りがたい、悪道に堕しやすい存在なのであり、その点をどうにかして解決せねばならなかった。その意味で、迦才における往生の意義は不退の環境をいかにして凡夫に得させしめるかという議論、すなわち凡夫化土往生説へと収斂してゆくことになるのである。

第三節　『観経』の九品説と慧遠批判の意図

第一項　問題の所在

前節において、迦才における凡夫と聖人の概念が『無量寿経』の四十八願の考察を通じて形成されていたことを指摘した。それでは迦才は『観経』を通じて凡夫をいかにとらえているのか。本節では『観経』の九品説を取りあげて論及する。

九品説とは『観経』の十六観中に説かれる上輩観（十四観）・中輩観（十五観）・下輩観（十六観）の三観をさらに三種類に分けて、九段階の往生人の階位を設け、それぞれの往生前の修因・臨終往生時の様相・往生後の得益などを記述したものである。九品説は西方浄土に往生する機根の問題と強く結びついており、各品の往生人を菩薩の修道階位のなかにいかに位置づけるかということが隋唐代の諸師において盛んに論議された(57)。迦才は『浄土論』第二章において、浄影寺慧遠の九品説を名指しで非難し、そのうえで自らの九品説を展開している。

まず、ここで迦才前後の諸師における九品説の概要を示しておきたい。中国仏教においてはじめて九品説を詳細に注釈したのは慧遠『観経義疏』である。その後の吉蔵や道綽の九品説は概して慧遠に準ずるものであり、慧遠の九品説が通説として浸透していたことがうかがえる。道綽『安楽集』と同じ頃に成立したとされる『纉述』は、慧遠の九品説に異をとなえたとされるもっとも古い資料である。また、善導『観経疏』の九品説も慧遠説が批判対象であったとみなされている。

思想史的な変遷をうかがってみると、九品説の各階位のなかでもとくに変動が大きいのは上品上生の階位であり、隋代から唐代にかけて徐々に低下している。隋唐代の諸師における上品上生の階位を示すと次のとおりである。

・慧遠『観経義疏』　上品上生…四地～七地
・吉蔵『観経義疏』　上品上生…七地？(58)
・道綽『安楽集』　上品上生…七地以下？(59)
・不明『纉述』　上品上生…十廻向の終心
・迦才『浄土論』　上品上生…十解の初心
・道誾『観経疏』　上品上生…十住～十廻向
・善導『観経疏』　上三品…大乗に遇える凡夫
・懐感『群疑論』　上三品について六師の説を紹介
・龍興『観経記』　八師の説を紹介

迦才もこのような時代潮流のなかにおいて、慧遠説を批判して上品上生の階位を引き下げた一人であり、『浄土論』では上品上生の階位を十解の初心としているから、善導の説を除けばかなり低位に規定していたことがわかる。迦才および諸師の九品説に関説する先行研究は少なくないが(60)、主として善導の九品皆凡説に帰結する思想史のなかに位置づけようとするものが多い。迦才の九品説を主題に取りあげたものに名畑応順氏の研究があるが、全般的には概説的な紹介にとどまり、迦才が慧遠の九品説を批判した意図については言及されていない(61)。前章に論じたように、『浄土論』が地論・摂論系の学僧に対して著されたとするならば、地論宗南道派の巨匠である慧遠説への批判は彼らの通説に対する反発でもあり、インパクトのある内容であったに違いない。迦才にとっても実名を挙げての批判はそれ相応の覚悟が必要なはずであり、枝葉末節の議論に終始するものではなく、教学上の重要な論点が潜んでいるとみるべきであろう。したがって、慧遠の九品説批判を読み解くことによって、迦才が浄土教に関していかなる問題意識を有していたのか明らかにできると考えられる。

そこで本節では迦才における慧遠の九品説批判の意図を検討する。その際、批判の背景として、隋唐代に不退や無生法忍などの諸教説の階位をめぐる議論が存したことを示す。その中心となるのが摂論研究を背景とする十解位の解釈である。それらの議論をふまえたうえで、迦才と慧遠の『観経』に関する解釈の姿勢を明確にして、迦才が志向した浄土教思想の意義を明らかにしたい。

第二項　迦才の九品説と慧遠批判

迦才は『浄土論』第二章の第六問答において、

今、『観経』に依りて九品生の人を判ず。古来の大徳遠法師等の如きは、果を観じて人を判ずれば、位即ち太だ高し。今、因に拠りて人を判ずれば、位稍や下し。(62)

といい、慧遠の九品説による階位の規定が高すぎると名指しで批判している。ここで「果を観じて人を判ずる」あるいは「因に拠りて人を判ずる」と述べていることは慧遠批判の重要なポイントである。(63) また、「古来の大徳遠法師等」と記述されていることから、慧遠以外の諸師も批判対象として想定していたことがうかがえる。迦才の九品説は、慧遠説への批判内容も含めて少々煩瑣にわたるため、その概要を表16にまとめることにしたい。

表16　迦才の九品説と慧遠批判の概要

	階位	往生前の修因	往生後の得果	慧遠批判の論点
上品上生	[慧遠] ・四地～八地の菩薩 [迦才] ・十解の初心	・『観経』「三種の心を発して、即ち往生を得る」。 ↓『観経』の三心（至誠心・深心・廻向発願心）と『起信論』の三心（直心・深心・大悲心）とは、名は異なるが義は同じ。 ↓三心は万行の初めであり、『起信論』に十信の終りに起こす心とあるから、十解の初心である。	・彼土に至って観を縁じて無生法忍を得る。	・変易生死を受けるはずの四地の菩薩が、分段生死である西方浄土へ往生するのは誤っている。 ・四地から八地に至るには半阿僧祇劫が必要なのに、時節を経ずに無生法忍を得るのは誤っている。
上品中生	[慧遠] ・初地の菩薩 [迦才] ・十信の初心	・『観経』「深く因果を信じて、大乗を謗らざるが故に」。 ↓十信でなければ、邪定聚の中に在って因果を信ぜず、大乗を誹謗するから。	・『観経』「生まれて彼の土に至って一小劫を経て無生法忍を得る」。 ↓『華厳経』による極楽時間説を援用する。 ↓彼土に至って理を縁じて無生法忍を得る。	・初地から八地に至るには一大阿僧祇劫が必要なのに、慧遠説で一小劫を経て無生法忍を得るとするのは誤っている。
上品下生	[慧遠] ・十解の菩薩 [迦才] ・十信位前の一切修善の凡夫	・『観経』「亦た、因果を信じ、大乗を謗せずして、但だ無上道心を発すなり」。 ↓十信位の初めに菩提心を発して、不定位に入ることを	・『観経』「生じて彼に至って、三小劫を経て無生法忍を得る」。 ↓『華厳経』による極楽時間説を援用する。	・十解から初地に至るには一大阿僧祇劫が必要なのに、慧遠説で三小劫を経ただけで初地に至るとするのは誤っている。

		得る。	→理として初地である。	
中品上生	〔慧遠〕 ・須陀洹果、斯陀含果、阿那含果 〔迦才〕 ・煗、頂、忍、世第一法	・『観経』「五戒を受持し、乃至諸の過悪無きなり」。 →四達分・未来禅を得て欲界の惑を伏するから、破戒・煩悩・悪業を起こさない。	・『観経』「生じて彼の土に至りて即ち羅漢を得る」 →四沙門果を獲得する現般の人である。	・小乗の得果については時節を定めていないが、慧遠説は高く判じすぎていて誤っている。
中品中生	〔慧遠〕 ・煗、頂、忍、世第一法 〔迦才〕 ・五停心位、別相念処位、総相念処位	・『観経』「一日一夜、八戒斎を持ち、乃至一日一夜、具足戒を持ちて威儀欠けること無し」。 →散心の位の中に在って、いまだに定を得ていないので、破戒・煩悩の対治がなく、長時の持戒の威儀を保てない。 →一日一夜、戒を保ち、後に小戒を犯してしまうが往生を得る。	・『観経』「生じて彼の土に至りて、半劫を得て阿羅漢を得る」。 →阿羅漢を獲得する現般の人である。	・煗等の四位の人は未来禅を得て欲界を伏する人である。これは慧遠説のように一日一夜、具足戒を持つ程度の段階ではなく、『観経』の記述と相応しないので誤っている。
中品下生	〔慧遠〕 ・五停心位、別相念処位、総相念処位 〔迦才〕 ・五停心位前の一切修善の凡夫	・『観経』「父母に供養し、世の仁慈を行ず」。 →いまだ仏道に入って観行をせず、世の仁慈を行ずる人である。	・記述なし。	・五停心等の三位の人は聞思修の三慧を得る。これは父母に供養し世の仁慈を行ずる程度の人ではなく、『観経』の記述と相応しないので誤っている。

	下品三生
階位	［慧遠］ ・常欲の凡夫 ［迦才］ ・一切起悪の凡夫
往生前の修因	・『観経』「此の人、応に地獄に堕して、多劫を経歴し、苦を受くること無窮なるべし」。 ↓臨終の時に善知識に遇って、菩提心を発して正念相続すれば往生を得る。善知識に遇わなければ菩提心を発せず、地獄に堕ちる。 ↓十念は極めて成就し難いが、成就すれば必ず往生できる。
往生後の得果	・記述なし。
慧遠批判の論点	・記述なし。

この整理から、中品三生と下品三生における批判はそれほど主要なものではなく、上品三生への批判が中心であったことがわかる。とくにその焦点は上品上生の階位、すなわち慧遠が「四地から七地」と位置づけるのを「十解の初心」へと改定することにある。上品上生の階位を引き下げることによって、九品全体の上限を低下せしめる意図があったと考えられる。

まず、迦才は『観経』の三心（至誠心・深心・回向発願心）と『起信論』信成就発心の三種心（直心・深心・大悲心）を同一視し、これによって上品上生の階位を定めている。すなわち、『起信論』では十信の終りに三種心を発すと説いており、これが迦才では上品上生を十解の初心と確定する論拠となっている。

次に、迦才による慧遠批判の主要な論法は次の三点である。第一に上品三生の無生法忍の獲得時期について、往生後の時間経過を三大阿僧祇劫説に照合して、[64] 慧遠説の不整合を論難すること。第二に無生法忍を「縁教（一切凡夫及び十信）・縁観（十解から十廻向）・証理（初地以上）・約位（八地以上）」の四種類に分別（四種無生法忍説）したうえで、『観経』所説の無生法忍を「縁観の無生法忍」と理解して、上品上生の階位を十解まで引き下げること。第三に『華厳経』の極楽時間説、すなわち「極楽浄土の一日一夜」が「娑婆世界の一劫」に等しいとする説を引証し、往生後の時間経過の矛盾点を解決することである。

ところで、すでに先行研究に指摘されるように、迦才による慧遠批判が必ずしも的を射ていない点もみられる。[65] 確かに、慧遠は上品中生を論ずるなかで「時劫の不同」「去処の異」「所到の別」の三義による会通を行い、実のところ迦才が突いた矛盾点はそれによってほぼ解決されている。[66] 迦才が実際に『観経義疏』を閲覧したとすれば、このような会通説が直後に付属していることに一読して気づかないはずがないので理解に苦しむところである。とすれば、他に考えられるのは迦才が『観経義疏』の説示を断片的にしか知り得なかったのではないかという推定であるが、現時点ではこの疑問を氷解することはできない。

また、迦才の慧遠批判の論点は、実のところ吉蔵『観経義疏』の九品説に準ずるところが少なくない。

○吉蔵『観経義疏』

・今、則ち因を観じ果を観ずるとは、無量寿仏の依正の二果を観ずるが故に果を観ずると云う。因を観ずるとは則ち三輩往生なり。三輩往生、若ぞ是れを観と為すや。解して云く、此の三輩は是れ浄土の因なり。今、浄土に生ずるの因に其の上中下有るを観察するが故に名づけて観と為す。[67]

・上品中生は（中略）彼の一日一夜は此の一劫に当たれり。彼の一劫は此の間の無量劫に当たれり。[68]

・上品下生は（中略）今、下品は初地無生を得。故に知りぬ。上品は是れ七地無生なり。此の二無生を明かす所

以は無生に二処有り。一には初地無生、二には七地無生なり。(69)

まず吉蔵は九品説の論述に先がけて観因と観果について論じ、九品説は衆生の側の因を観ずる内容という。迦才が「因に拠りて人を判ずる」というのと完全に一致するわけではないが、因・果という着眼点を提示していることは興味深い。また極楽時間説や二種の無生法忍説（初地・七地）も明らかに迦才の論点と重なる内容である。ただし、吉蔵の説も慧遠説と同様に上品上生を高階位に設定しているため、迦才による批判の範囲内にある。このように両者の教説は全同ではないが、その着想においては迦才が吉蔵から重要な示唆を受けていた可能性がある。

以上、迦才の慧遠批判の概要をみてきた。論点はさまざまであるが、慧遠説が往生後の得果、すなわち『観経』に示されている無生法忍の獲得時期から逆算して各品の階位をはじき出したことには変わりなく、迦才はこのような姿勢について「果を観じて人を判ずる」と評する。これは逆にいえば、往生後の得果という視点から考えた場合には、慧遠説が充分に妥当な内容であったということだろう。ただし、迦才は慧遠説が『観経』の表面的な文意にとらわれて解釈していることを批判して、自らは往生前の修因の記述に着目し、「因に拠りて人を判ずる」という態度で九品説を読解していった。すなわち、無生法忍の階位を引き下げることによって慧遠説の往生後の得果という論拠を解体し、さらに九品各々における往生前の修因の記述を再審することによって自説を展開しているのである。

このように迦才説の大前提は「因」への注目であり、順序としては、まず『観経』九品それぞれの往生前の修因の記述を見なおしたうえで階位を決定し、次にそれに伴って惹起する往生後の得果との矛盾点を処理していったものと思われる。すなわち、四種無生法忍説や往生後の時間論などはあくまで批判のために用いられた手法に過ぎず、より根本的な論点は『観経』の記述を「因」という視点から読み込んだことにあるといえるだろう。

第三項　十解の階位と不退説

前述したように、迦才は慧遠説を批判して上品上生を十解の初心と解釈し、九品全体を十解以内の階位におさめるべきことを主張していた。ではなぜ十解なのか。ここでは迦才の浄土教思想における十解の意義を探るとともに、その背景として隋唐代の諸師において十解と不退説に関するさまざまな議論があったことを提示したい。

（1）迦才における十解の階位

『浄土論』において、十解の階位に関説するもののなかで注目される記述を抜粋すると次のとおりである。

①問て曰く、『無量寿経』に云うが如きは、「衆生生ずる者は、皆悉く正定の聚に住す」と。又た『阿弥陀経』に云く、「舎利弗、極楽国土には衆生生ずる者、皆な是れ阿毘跋致なり」と。此の二経に拠らば、十解已上は始めて往生を得。何が故ぞ乃至十悪五逆、並びに往生を得ると言うや。(70)

②此の三心は、『起信論』に依りて判ぜば、十解の初心に在り。『起信論』に云うが如きは、「信成就発心は十信の終心に在り。三種の心を発して始めて十解の位の中に入る」と。（中略）当に知るべし。此の三心は是れ万行の始めなり。(71)

③不退の言は通じて十解に局るに非ず。今、経論に依りて釈するに四種有り。一には是れ念不退、謂く八地已上に在り。二には是れ行不退、謂く初地已上に在り。三には是れ位不退、謂く十解已上なり。四には是れ処不退、謂く西方浄土なり。(72)

④然るに一切の凡夫の如きは、復た仏を念ずると雖も、未だ十解の位に至らざれば、外凡に在るに由る。故に躰は是れ退人なり。此の人、もし娑婆穢土の中に在りて、五退縁に逢うに由るが故に即ち退す。若し西方に生ずれば、五の退縁無きに由るが故に不退なり。(73)

⑤法蔵比丘の四十八の大願は、初めに先ず一切凡夫の為にし、後に始めて兼ねて三乗の聖人の為にせり。故に知りぬ。浄土宗の意は、本と凡夫の為にし、兼ねて聖人の為にせり。また次に十解已上の菩薩の如きは、惑を留めて生を悪道に受け、苦の衆生を救わんと願いて浄土に生ぜず。自らの業力に任せて、更に悪道の中に堕せざるを以ての故に。即ち知りぬ。凡夫は未だ悪道を免れざるに由るが故に、須らく浄土の中に生ずべし。十解已去は悪道に生ずることを畏れざるが故に、浄土に生ずることを願わざるなり。故に知りぬ。浄土の興る意は、本と凡夫の為にして菩薩の為に非ざるなり。(74)

まず①では、対論者の前提として、往生可能な階位の最低限が十解以上という理解があったことがうかがえる。ここにみられる『無量寿経』の正定聚と『阿弥陀経』の阿毘跋致の説示はいずれも不退説に密接に関連する語句である。(75) 迦才はその問いに対して、「正定と阿毘跋致とは並びに不退と云う。不退の言は通じて十解に限るに非ず」と答え、正定聚・阿毘跋致・不退の三者を同一視する見解を示している。次に②では、前述したとおり上品上生を十解の初心と解釈しており、さらに『観経』ならびに『起信論』の三心を発すことが、菩薩としての万行のはじまりであるという。次に③では、不退は十解以上だけに限るものではないとして四不退説を紹介し、最後に処不退説として西方浄土への往生を挙げている。これは十解以下の不退にあたる。次に④では、十解以下は外凡の人であるから、娑婆世界で退縁に遭遇すれば退転してしまうが、もし西方浄土に往生すれば五退縁がないから不退であるという。ちなみに、道基『摂大乗義章』巻四には『雑阿毘曇心論』の説として五退縁が紹介されている。(76) 次に⑤では、菩薩はあえて浄土往生を願わずに娑婆世界へとどまって衆生教化を続けることを理想とし（留惑菩薩説）、一方、凡夫は自身の力では悪道に堕することを免れることができないため、西方浄土に往生すべきであるという。

右の内容をまとめると、十解以上の菩薩は自らの業力によって行位の不退を得て悪道に堕することがないため、往生を求める必要がない機根とされた(77)。一方、十解以下の凡夫は娑婆世界の退縁によって悪道に入ることを免れないため、西方往生によって処不退を得るべき存在とされていた。このような議論を背景として、迦才は十解を凡夫と聖人の分岐点ととらえ、浄土教が興起した意義は「本と凡夫の為にして菩薩の為に非ず」と述べて、本為凡夫兼為聖人説を主張している。

以上のように迦才における十解という階位は、往生と不退をめぐる所論の重要な基点であった。すなわち、十解は西方往生による処不退を必要とする機根であるか否かの区分点であり、それがそのまま「凡夫／聖人」の概念と対応しているのである。これは前節で検討した本願論にもとづく凡夫と聖人の区分けともぴたりと一致している。

（2）不退の階位をめぐる諸師の議論

次に迦才が十解と不退を論じた背景として、隋唐代の諸師の間にさまざまな議論があったことを指摘したい。まず、迦才が引用する諸経論に説示される凡夫と聖人および不退の階位は次のとおりである。

〇『摂大乗論釈』

・菩薩に二種有り。一には凡位に在るもの、二には聖位に在るものなり。初発意の訖より十信以還は、並びに是れ凡位にして、十解より以上は悉く聖位に属す。初修観の者は、即ち是れ凡夫の菩薩なり(78)。

・菩薩もまた爾り。未だ初地に入らざれば正定の名を得ず(79)。

○『起信論』信成就発心

・是の如く信心成就して発心を得たる者は、正定聚に入りて畢竟じて退せず。如来種の中に住して正因と相応すと名づく。(80)

○『華厳経』菩薩十住品

・第七不退の真の仏子は、諸仏菩薩の法有りと聞くも、諸仏菩薩の法無しと聞くも、若しは出づるも出でざるも退転せず。（中略）若しは一即多、多即一、義味寂滅して悉く平等に、一異顛倒の相を遠離す。是れを菩薩の不退住と名づく。(81)

迦才は『摂大乗論釈』に準じて十解の訳語を使用し、さらに聖人と凡夫の区分点をその十解の位としている。しかしながら、『摂大乗論釈』では初地以上がはじめて正定聚を得るとしており、迦才の理解とは異なる。他方、『起信論』の信成就発心に説かれる菩薩は十解のはじまりにおいて正定聚に入るとされる。さらに『華厳経』では十住の階位において不退を得ることが繰り返し説かれている。(82) すなわち、迦才は訳語のうえでは『摂大乗論釈』の十解を用いながらも、その内実としては『起信論』などの教説にもとづいて十解の菩薩を性格づけているのである。

次に隋唐代の諸師が十解と不退等の諸教説の関係について、どのような議論を行っていたのか確認したい。

○慧遠『大乗義章』

・此の無生忍の位は、何の処にか在る。義を釈するに三あり。一には五忍に約して分別す。五忍は上の如し。此の無生忍は七地、八地、九地に在り。（中略）三には実に就て通じて弁ず。初地已上に皆な無生を得る。故に釈論の中に説く、初地上に無生忍を得ると。初地の菩薩もまた能く法の不生滅を見る。故に若し複た通じて論ずれば種性已上にも亦た分に之れを得。十無生忍を略して弁ずれば是の如し。(83)

○吉蔵『法華義疏』

・旧には三種の不退ありと明かす。一には位不退、二には行不退、三には念不退なり。三不退を釈すること不同にして、凡そ四説あり。一つには云く、十住の前の六心は仮解いまだ立たず。（中略）四に有人の言く、四種の不退あり。十信と十住は是れ信不退なり。十行は是れ位不退なり。十廻向は是れ行不退なり。十地は是れ念不退なりと。今謂く、経論不同なり。詳に会すべきこと難し。(84)

○道基『摂大乗義章』巻四

・十解已上の三賢の菩薩は修道の上心を断じ、彼の三界の随眠の種子を留め、三界の生を受けて自行利物す。(85)

○智儼『孔目章』

・第六に往生人位分斉とは、大位は其の十解已前と為す。信位の中に十善法を成ず。正修行とは、是れは其の教家の正所為の位なり。何を以ての故に。此の位の中に退失を防ぐ為の故に。及び退滅の故に、幷びに廃退の故に。十解已上は上の三退無し。教は即ち不為なり。此れ終教の説に拠る。若し初教に拠れば十廻向已還は是れ其の所為なり。何を以ての故に。十廻向已去は不退を得るが故に。(86)

まず慧遠『大乗義章』では、『華厳経』の十無生法忍説を取りあげて、無生法忍の獲得階位について諸説あったことを伝えている。(87)これによると無生法忍を種性（＝十解）以上とする見解が示されていたことが知られ、迦才が四種無生法忍説をとなえて階位を十解位まで引き下げたことも、決して特異な解釈ではなかったことがうかがわれる。本来、無生法忍は不退と親密な語句であるが、(88)迦才は両者の直接的な関係については特記していない。

吉蔵の『法華義疏』には、三不退（位不退・行不退・念不退）の階位について種々に議論のあったことが紹介されている。迦才も「前の三不退は経論に明証あり。此れ則ち信ず可し(89)」と述べていることから、この三不退説は一般的に認知されていたことが確認できる。ここで注目されるのは、吉蔵が紹介する第四師の説において四種の不退として信不退が追加され、その範囲が十信位にまで及んでいることである。すなわち、迦才の処不退説に先駆けて、外凡位の不退が主張されていたのである[90]。

道基『摂大乗義章』巻四では、十解以上の菩薩は上心欲を断ずるが、随眠欲を留めることによって、三界中にあえて生死を受けて自行化他の活動を行うという留惑菩薩のことが説かれている。この留惑菩薩説は、前述した本為凡夫兼為聖人説の基盤として重要な説示であり、尚かつ、それが十解の階位に相当することも迦才の教説と一致している。迦才が留惑菩薩説の典拠として挙げた『維摩経』『摂大乗論釈』『菩薩地持経』にはその階位が明記されていないため、迦才と道基『摂大乗義章』巻四には何らかの共通の認識があったとみられる[91]。摂論学派では『摂大乗論釈』と『起信論』を折衷的に解釈する傾向があるので、おそらく『起信論』信成就発心の菩薩説が合釈されていたのではないかと考えられる。

智儼『孔目章』では、往生人の階位は基本的には十解以下であり、十信位において十善法を成じた者である。ただし、終教の場合の正修行は退失・退廃・退滅の三退がないから十解以上の菩薩となる。一方、初教の場合は十廻向の菩薩であり、その理由はこの階位の菩薩が不退を得ているからという。やや難解な内容であるが、とにかく十解と不退の関係へ着目した論述がなされていることがわかる。

以上、諸典籍における十解と不退等に関連する教説を確認してきた。経論における記述がもともと不統一なこともあり、隋唐代の諸師の間ではさまざまな議論や会通が行われていた。そのなかで十解位を不退とする解釈がある程度浸透していたことがうかがえる。おそらく、慧遠以後における『摂大乗論釈』や『起信論』などの研究を通じて、そのような解釈が共有されるようになったと考えられる。また、不退説や無生法忍説に限らず、諸教説の階位をめぐる議論は基本的にその低限となる階位を模索する傾向にあり、九品の階位が低下していったのも、そのような動きと無関係ではあるまい。いずれにせよ迦才の教説は、慧遠以後の諸議論の延長上に成立したものであり、四不退説や四種無生法忍説などの教説が提出される素地が充分に用意されていたといえよう。

第四項　迦才の『観経』理解の特色

ここまで迦才の浄土教思想において、十解と不退の関係が重要な論点となっていることを確認してきた。それをふまえたうえで、慧遠と迦才における『観経』に関する解釈の姿勢を比較し、その相違点を明らかにしてゆきたい。

(1) 韋提希の位置づけ

まず、『観経』説話中において、釈尊に浄土の教えを請う立場である韋提希をどのように位置づけていたのかみてゆく。『浄土論』には韋提希について次のような記述がある。

①『観経』の教興の意の如きは、韋提希、阿闍世なる五逆の子を生ずるに縁りて、因みて五濁を厭い、極楽に生ぜんと願ず。仏、遂に為に三福の浄業、十六観門を説きて衆生の往生を勧め、乃ち十悪五逆に至るまで悉く往生を勧む。即ち、既に浄土の請主は身を五濁に居して、復た逆子を生ぜり。仏、皆な往生を得と説けり。即ち知りぬ。現に五濁に居するの凡夫、悉く往生を得。此の理、明らけし。(92)

②問て曰く、韋提希は是れ大菩薩なり。衆生を化せんが為に、現に女身を受けて逆子を生ぜり。豈に実に是れ凡夫ならんや。答て曰く、縦令い実に是れ菩薩にして、現に女身を受けて衆生を化するなりとも、必ず須らく其

の実徳を隠して、現に凡夫に同じくして同類を摂化すべし。五百の侍女の如きは、仏、往生を得と記したまえり。並びに未来の一切の女人及び諸の男子、悉く是れ凡夫にして並びに是れ所摂なり。（中略）韋提希は既に現に凡夫の身に在りて、五濁に居せり。当に知るべし。即ち五濁の凡夫を引きて極楽に往生せしむるなり。(93)
③問て曰く、浄土の門は凡聖斉しく往く。未だ知らず、宗の意は正に是れ何れの人ぞや。答て曰く、韋提希の請及び如来の答の意を観ずるに、唯だ「未来世の一切凡夫の煩悩の賊の為に害せらるる者の為に、清浄の業処を説く」と言う。人の往生を勧め、菩薩をば論ぜず。若し菩薩を論ぜば、発心して悪道に生ぜんと願じて、浄土の中に生ずることを願わざるなり。十解已上の菩薩の如きは、尚お自ら惑を留めて生を受け、悪道に生じて苦の衆生を救わんと願いて、浄土に生ずることを願ぜざるなり。(94)

まず①では、『観経』の教えが興された趣意は、韋提希から十悪五逆まで含めたあらゆる行者にことごとく西方往生を勧め、五濁悪世の凡夫でさえも往生できることを明かすことにあったという（ただし、大乗を謗る者は除く）。次に②では、韋提希は「大菩薩」ではなく、同類である五濁の凡夫を引率して極楽に往生させるために実徳を隠した「凡夫」でなければならないという。すなわち、『観経』の説話に登場する「韋提希」「五百の侍女」「未来世一切の女人及び諸の男子」はすべて五濁悪世に居する凡夫であり、西方往生を勧進されるべき対象者なのである。次に③では、浄土教の法門は凡夫と聖人にひとしく開かれている。ただし、『観経』には韋提希の請いに対する如来の答えとして、未来世のあらゆる凡夫のために説かれたものとするから、十解以上の留惑菩薩はあえてその対象としないのだという。

このような迦才の『観経』理解の姿勢を考慮すれば、九品の往生人をすべて十解以下の凡夫とすべきとの主張も納得できよう。また迦才は化身浄土について、ⅰ純大乗土（上品三生）、ⅱ純小乗土（中品上生、中品中生）、ⅲ大小乗雑土（中品下生、下品三生）の三種を説き、それぞれに九品の往生人を配当している。(95) すなわち、九品の行者はいずれも化土往生すると理解しており、往生した後に処不退を得るべき機根とみていたのである。

一方、慧遠『観経義疏』では韋提希について、

韋提夫人は実には大菩薩なり。此の会にして即ち無生法忍を得。明らかに知りぬ。小にあらず。また化して凡と為る。(96)

と述べ、かなり高位の菩薩とみていたと思われる。先行研究によれば「大菩薩」は初地の菩薩に相当するという。(97) また、文中の「化して凡と為る」という論述は、迦才における②の「其の実徳を隠して」と同様にみえるが、慧遠が『観経』説話の韋提希が無生法忍を得たとする記述に着目して、大菩薩としての側面を強調するのに対して、迦才は凡夫としての側面に重きを置いている。このような韋提希大菩薩説や九品を高位に判じた説などを総合して、慧遠は一般に『観経』を凡夫の為ではなく、聖人の為の教えを説く経典とみていたといわれる。

前述したように迦才は『観経』説話に登場する韋提希や九品の行者をすべて凡夫とする。迦才の浄土教思想を鑑みてその理由を勘案するならば、慧遠のように韋提希を十解以上の菩薩と理解した場合、韋提希が西方往生を必要としない留惑菩薩となってしまう。たとえ韋提希が実には菩薩であったとしても、『観経』の主旨としては浄土を願求する存在としての凡夫でなければならない。それゆえに、迦才は韋提希凡夫説を繰り返し強調したと考えられるのである。

ここまでの迦才の教学構造を整理すれば次のようになる。

・聖人＝十解以上＝正定聚＝位不退＝あえて三界に生を受ける＝報土＝九品外
・凡夫＝十解以下＝不定聚＝処不退＝極楽浄土への往生を願う＝化土＝九品内

このように自らの業力による不退を成就し得るか否かという差異が、凡夫と聖人を峻別するポイントであり、退・不退という視点こそが迦才における凡夫認識を基礎づけていた。前節に論じたように、迦才の本為凡夫兼為聖人説は『無量寿経』の四十八願の分類にもとづいて形成されており、その教説は不退の問題にも深く関与するものであった。したがって、迦才は『無量寿経』の四十八願を導きとして、『観経』を凡夫中心に読みなおし、凡夫を主体とする浄土教の立場にもとづいて、慧遠による聖人中心の『観経』理解を批判したということができる。

（2）往生と不退について

『浄土論』第二章の第二問答には次のような注目すべき記述がある。

　『無量寿経』は先の説なり。広く法蔵比丘の因縁を説き、及び往生の事を明かすを以ての故に。『観経』は後の説なり。但だ往生の事を論ずるを以ての故に[98]。

ここで迦才は『無量寿経』を「往生の事を明かす」経典とし、『観経』を「往生の事を論ずる」経典ととらえている。右の引用は逆謗除取説の会通を議論した箇所であるが[99]、両経典の往生に関する意義、ならびに「無量寿経→観経」という流れは迦才の基本的な認識であろう。すなわち、先に説かれた『無量寿経』は四十八願によって往生そのものを明かし、後に説かれた『観経』は九品説によってその往生の意趣を論じているのである。いずれも主題が往生であることは通底している。『浄土論』第二章の第五問答では、

　此れ聖教を引きて、所処の不退を証すること明らかなり。また二経に拠らば、「皆な往生する者、不退を得」と云う。「不退の人、往生を得」とは云わず。故に『無量寿経』に云く、「彼の土に生ずる者は、皆な悉く正定聚に住す」と[100]。

といい、「往生する者が不退を得る」のであって、決して「不退の者が往生を得るのではない」と主張をしている。ここでは往生と不退の関係が重要な課題として論じられている。

それに対して、慧遠は「此の経は観仏三昧を宗と為す」[101]といい、『観経』について十六観の実践を中心とする禅観的な観察経典として扱っている。[102]そのため、観仏の対象である仏身に関する議論は豊富であるが、仏土説を正面から取り扱った議論はみられない。[103]当然、仏土説と不可離の議論である「往生」の意味についてもほとんど関説されることがない。[104]

そもそも慧遠は九品について、他人の九品生の相を観察する「他生観」という解釈を行っており、九品の説示を現実的な事態として理解していたのか定かではない。[105]この他生観という教説の意味を迦才がどの程度意識していたのかは判然としないが、迦才自身についていえば、『観経』を「往生の事を論ずる」と解釈しており、九品往生人を観察の対象としてではなく、実際的な往生の有り様としてとらえていたとみて間違いないだろう。

また、慧遠は九品の往生後の得益について、無生法忍や授記の獲得を中心に記述しており、「不退」「正定聚」「阿毘跋致」などに関連する語句はみられない。もちろん、無生法忍は不退説と関連性の濃い語句であるが、それを獲得するためには往生後の時間経過が必須であり、往生と同時に即得されるものではない。[106]しかも無生法忍に関する記述は上品三生だけに限られている。すなわち、迦才が往生と不退の関係を強く訴えるのに対して、慧遠はさほど不退説へ着目した様子がみられないのである。迦才が慧遠を批判する根底には、このような往生と不退に関する決定的な立場の違いがあったものと考えられる。慧遠の九品説を、迦才の理解に当てはめてみれば、処不退を必要としない高位の菩薩が往生を得るという不整合が生ずることになるのである。

加えて、『浄土論』の論旨展開において、右の論述がなされる箇所（第一章の第五問答）と九品説が論述される箇所（第二章の第六問答）との位置関係も重要であろう。順を追って『浄土論』の論旨を確認すると、まず第一章の第三問答に九品の往生人が化身浄土へ往生すること、第一〇問答に西方浄土の四因縁不退説が説かれる。次に第二章の第二問答において『観経』を「往生を論ずる経典」ととらえ、第三問答において四不退説（処不退説）が提唱され、第五問答に処不退説の経証を論ずるなかで右の論述がなされ、そのうえで第六問答に慧遠の九品説批判を全面的に展開している。このように一貫して不退に関する教説が機軸となって議論が進められていることがわかる。すなわち、『浄土論』における慧遠批判は、往生と不退をめぐる所論の延長上に展開された議論だったのである。これは迦才が自らの浄土教思想を構築するにあたって決して避けることのできない課題として浮上してきたのであり、それゆえに通説とされていた慧遠説の批判を行ったと考えられる。このように迦才の慧遠批判は教学上のより大きな枠組みのなかから惹起した問題であったということができる。

第五項　ま　と　め

本節では迦才の九品説について慧遠説に対する批判内容を中心に検討してきた。

まず結論から述べる。迦才における慧遠批判の意図は、『無量寿経』の四十八願にもとづく本為凡夫兼為聖人の精神を持って、『観経』に説かれた凡夫化土往生の意義、すなわち九品の凡夫が往生によって処不退を得ることを顕彰することにあった。その衆生論が「無量寿経→観経」という経典理解の流れのなかで形成されていたことは大きな特色といえるだろう。

一見したところ、慧遠批判の争点は無生法忍の階位、往生後の時間経過、行者の行業などへの批判が多くの分量を占めており、これらの微に入った議論に目を奪われがちである。しかし、その複雑な批判内容はあくまで表面的な手段に過ぎない。むしろ、迦才がその批判において依拠していたのは、慧遠の「果を観じて人を判ずる」という聖人中心の『観経』理解を批判して、自らが『観経』の教説を「因に拠りて人を判ずる」という凡夫中心の視点から解釈しなおす姿勢であった。そして、この「果」にとらわれずに「因」によって九品説を読み込むという行為は、迦才自身が主体的な信仰を持ちえてはじめて可能な作業であり、ここに彼自身の阿弥陀仏信仰の一端があらわれているといえよう。

よって、両者の『観経』に対する理解の姿勢、ひいては往生に対する視点もまた阿弥陀仏信仰の有無という問題に深く関わっているだろう。慧遠は弥勒信仰者であったともいわれており、少なくとも阿弥陀仏を信仰していたとは聞かない(107)。一方、迦才が自ら西方往生を願った熱烈な阿弥陀仏信仰者であったことはいうまでもない。迦才は慧遠と同じく西方浄土を化身浄土（＝応身応土）という低位な仏土として位置づけたとされるが、往生の意義という視点から比べた場合、両者の浄土教思想における相違が顕在化されるのである。すなわち、迦才が批判を行った背景として、大きな文脈のなかでは往生と不退をめぐる所論があり、その教学的立場と齟齬をきたす慧遠説との対決は必然であった。ここまで再三にわたって論じたとおり、迦才における凡夫の概念は退・不退という要素によって基礎づけられている。換言すれば、迦才における仏道修行の第一目標は、いかなる形においても凡夫が不退転を実現しはじめることにあり、往生の意味は処不退の獲得に集約されているといえる。この点、慧遠説では凡夫が不退を得るという視点が決定的に欠けており、それゆえに迦才は慧遠説を改定する必要に迫られたのであろう。

以上のような『観経』理解は、迦才自身の主体的な浄土教信仰にもとづく成果であり、そのような視座に立つことによって、はじめて機根を深く掘り下げた教説が生じたと考えられる。そこに理論的な側面を肉づけしたのが、当時における『摂大乗論釈』や『起信論』などにもとづく十解説や留惑菩薩説であり、慧遠以後の教理研究の進展にもとづく内容である。すなわち、迦才の慧遠批判は一朝一夕に忽然と閃いた発想ではなく、仏土論、衆生論、生因論、本願論、経典論、末法説、階位説、無生法忍説、不退説などにいたるまでさまざまな思索をめぐらしたうえで、さらに当時の煩瑣な議論を汲みとって確立された思想である。同時に慧遠だけにとどまらず、迦才以前における『観経』理解全般に対する批判でもあっただろう。当然、道綽が慧遠説にならって『観経』の上品生や韋提希を高位に位置づけていることもその批判の対象にあったと考えられる。(108)

註

(1) 名畑応順『迦才浄土論の研究』四一頁を参照。

(2) 高雄義堅氏は「淨影・天臺・嘉祥等の上に當今末法の意尚ほ見えず、費長房の如きは當時を像法時代と確言してをる。(中略) 華嚴・禪等の諸家も初唐の頃には末法観との聯關が無い。此等は何れも天台と同じく、その所宗の特徴が時劫の衰滅に超越せる爲であつた。(中略) 而して以上の諸家の末法觀は要するに教理上の解釋として考へた抽象的概念に過ぎなかつたが、此等に比べると道宣・窺基の夫れは一つの纏つた思想としての體系に迄進んでをり、窺基は末法思想に立脚して彌勒信仰を高揚し、道宣は法滅の逼迫を痛感し、時弊を痛論して以て戒律の嚴守を叫び、戒律によつて復古革新を計らんとした。(中略) 三階敎と淨土敎とは教理教相の綱格が極端に異りながら、何れも末法觀より出立せる新佛敎実踐佛敎として、道宣・窺基等の舊佛敎徒が抱ける末法観と自からその類型を異にせるは云ふ迄もない。(中略) 而して傍系淨土敎に屬する人々の上では、尚末法觀が現實生活と必然的な交渉に結ばれず、中には交渉を有するものがあつても、現實との必然的結合統一が薄弱なるの憾みを免れなかつたが、道綽・善導已下の純粹淨土敎諸家の上では、彼等の宗教的感激の價値が經典を眼前の事實に具象化した點に在る」と述べている(高雄義堅「末法思想と諸家の態度(下)」(『支那仏教史学』一－三、一九三七年)。

(3) 伊藤隆寿「吉蔵の正像末三時観」を参照。

（4）山本仏骨『道綽教学の研究』三六六頁を参照。
（5）名畑応順『迦才浄土論の研究』一二一頁を参照。また、佐藤健「『安楽集』と迦才の『浄土論』の比較研究―特に両書に見られる仏身、仏土観を中心として―」（佛教大学『文学部論集』八六、二〇〇二年）などを参照。
（6）『安楽集』には「若欲發心歸西者、單用少時禮觀念等、隨壽長短臨命終時、光臺迎接迅至彼方、位階不退。（『正蔵』四七、一八頁下）」、あるいは「何故、要須面向西、坐禮念觀。（『正蔵』四七、一八頁上）」という、おそらく身口意の三業を意識したと思われる記述がみられる。『浄土論』の道綽伝では「從大業五年已來、即捨講説修浄土行、一向專念阿彌陀佛、禮拜供養、相續無間。（『浄全』六、六五九頁上）」とあり、道綽は念仏行の際に礼拝行も加えていたとされる。このように迦才は、道綽が「礼拝・念仏・観察」などを内容とする「浄土行」を修しているととらえていたことがうかがえる。
（7）矢田了章「迦才『浄土論』における人間の問題」（『真宗学』四九、一九七三年）を参照。矢田氏は結論として「道綽とほとんど同様に末法思想を受容しながらも、特に時の影響を強調して、道綽に比べると罪悪的存在性をより強く自覚する」と述べている。
（8）迦才『浄土論』「問曰、今既是第四五百年。衆生無定惠分、唯懺悔念佛、得堅固者、云何教人欣厭、勸進其心、普令一切衆生悉厭惡娑婆、得往生浄土。（『浄全』六、六六五頁上）」。
（9）後世に著された源信『往生要集』の目次は第一に厭離穢土、第二に欣求浄土としてはじまるが、これは迦才の厭欣二門説を承けたものとみられる。日本浄土教において掲げられる「厭離穢土欣求浄土」の語源はおそらく迦才の『浄土論』ということになろう。
（10）迦才『浄土論』「今引經論及道理、教其欣厭。若衆生、受佛勸者、於娑婆世界極厭、於極樂世界生欣。（『浄全』六、六六五頁上）」。
（11）迦才『浄土論』「智者、於靜夜中、結加趺坐應自思惟。我今此身、危脆如泡。念念不停。復居在火宅不安隱處。寧得安然、不自覺察、不驚、不懼、都無怖心。（『浄全』六、六六五頁上～下）」。
（12）迦才『浄土論』「又復思惟。我今此身在何位地。身口意業、恒作何事。無常忽至、生何道中（中略）智者作此思惟、應可碎心。寧得安然、故縱身心、不自覺察。（『浄全』六、六六五頁下）」。

（13）迦才『浄土論』「又更思惟。我今此身薄福鈍根、生在釋迦後、復在彌勒前。豈不由我過去憍慢懈怠、不敬三寶、輕慢善人、不受善知識教悔（中略）又復此身縱欲修道、亦不得安隱。（『浄全』六、六六六頁上）」。

（14）迦才『浄土論』「智者、應當觀察此身。作怨家想、作糞聚想、於舍宅臥具、作塚墓想、作人皮想、於飲食中、作虫蛆想、作下汁想、於婦兒眷屬、作羅刹想、作惡鬼想。若心能如是觀察思惟、應於此身極大生厭。（『浄全』六、六六六頁上〜下）」。

（15）迦才『浄土論』「智者、復作此念。我今此身、生在第四五百年中。一切聖人、隱不現時。雖欲修道、無定惠分。正是懺悔念佛之時。如經中説。阿彌陀佛、擧慈悲棹、乘大願船、運度一切苦惱衆生。若人、至心念阿彌陀佛、於一一念中、滅八十億劫生死之罪。命終定得生於淨土中。受諸快樂、獲得五通、位階不退。（『浄全』六、六六六頁下）」。

（16）迦才『浄土論』「我何處去來、不蒙佛化。都由我無始已來、不敬三寶、不近善人、不用善知識語、常在三惡道中、恒與諸佛、不相値遇。十方淨土無苦無惱。我何爲不生、常在此穢土多苦惱處。我今此身難得易失。（『浄全』六、六六五頁下）」。

（17）迦才『浄土論』「西方淨土、有四因緣、唯進不退。一由長命故不退。如經言、壽命無量阿僧祇劫故。直然。三大僧祇修道、則得成佛。況復無量僧祇也。穢土由短命故退也。二者有諸佛菩薩、爲善知識故不退。如經云、得與如是諸上善人俱、會一處故。穢土由多惡知識故退也。三者無有女人。六根境界、並是進道縁、故不退。如無量壽經云、眼見色即發菩提心。乃至意緣法亦發菩提心也。穢土由有女人、六根境界、普是退道緣故退也。四者唯有善心故不退。如經云、無毛髮許造惡之地。穢土由有惡心・無記心故退也。（『浄全』六、六三三頁下）」。

（18）迦才『浄土論』「以住於此娑婆世界、人命短促。（『浄全』六、六六六頁上）」、「多惡知識、終日孜孜。（『浄全』六、六六六頁上）」、「若是俗人、養婦、活兒。（『浄全』六、六六五頁下）」、「始起善心、尋即退失。（『浄全』六、六六六頁上）」。

（19）迦才『浄土論』「問曰、既教其欣厭。智者已悟、其鈍根之儔、執迷未返。若爲勸進其心、亦令得往生淨土。（『浄全』六、六六七頁上）」。

（20）易往而無人とは、極楽浄土は容易に往くことができるにもかかわらず、往生する人はまれであるという説である。『無量寿経』下に「必得超絶去生安養國、横截五惡趣惡趣自然閉、昇道無窮極。易往而無人。其國不逆違。自然之所牽。何不棄世事勤行求道德。可獲極長生壽樂無有極。然世人薄俗共諍不急之事。（『正蔵』一二、二七四頁中）」とあり、極楽浄土へ往生すれば五つの悪しき世界（地獄・餓鬼・畜生・人・天）への道を断ち切って、寿命無量の環境において自然に仏道を歩むことができるのだから、日常の世事を捨てて仏道修行に励むべきである。しかしながら、世俗の人たちは浅はかにであって、互いに争ってばかりいるという。日本の浄土教では、たとえば聖冏『糅鈔』に「易往而無人者、以佛願力易得往生故云易往。然願生人希故云無人也。（『浄全』三、一二三頁下）」とあるように、本願力によって往生することが「易往」であり、それが難信の法だから往生人が希で「無人」とするのが一般的な理解である。中国では、慧遠『無量寿経義疏』（『正蔵』三七、一一二頁上）、道綽『安楽集』（『正蔵』四七、一四頁上）、吉蔵『観経義疏』（『正蔵』三七、二三五頁上）にもこの説に関する言及がみられる。伊東昌彦氏によれば、吉蔵の学説は「近果として往き易く、長遠なる仏果への、言わば通過点であるから人なしと解釈する」というもので、その意義づけが日本浄土教での一般的な解釈と異なるという（伊東昌彦『吉蔵の浄土教思想の研究』一三一～一三五頁）。迦才は、道綽と吉蔵の説を披覧可能であったと思われるが、それらの説は採らず、「易往」と「無人」を対句表現と捉えて独特の解釈を施している。

（21）　迦才『浄土論』「無量清淨覺經、及無量壽經、二處皆云、無極之勝道、易往而無人也。西方是無極勝道。若人能於七日、專心念佛、所作善根、並皆迴向、即得往生、永離三塗、入不退位。此是易往也。然有衆生、不肯信受。昏諸五欲、樂入惡道。如廁中虫。此是無人也。又阿彌陀佛、與觀世音大勢至、乘大願船、浮生死海、就此娑婆世界、呼喚衆生、令上大願船、送著西方。若衆生有上大願船者、並皆得去。此是易往也。釋迦如來、及十方諸佛、普賢・文殊・天親・龍樹、或出廣長舌相、或放白毫光明、或説五念玄門、或敎十二讚禮、慇懃敦勵、令生淨土。而衆生不生信樂、而不肯去。此是無人也。又衆生無始已來、造諸惡業、過於恒沙。一一惡業、感於苦報、亦過恒沙。若人能七日、或十日、專心念佛、於一一念中、滅却八十億劫生死重罪、橫截苦流、直生淨土。此是易往。然衆生、追逐財色、貪著名利、不早發心。無常忽至、墮落三途、百千萬劫無有出期。此是無人也。又衆生信佛語諸菩薩語善知識語、不隨惡知識語、乃至信十惡五逆衆生、臨命終時、十念成就即得往生。此是易往。若有衆生、不信佛語諸菩薩語善知識語、隨順不學問僧無智俗人、詐解大乘、猥引經論、殆亂佛法、誑惑衆生、廢念佛行、退失善根、墮落三塗、不得往生。此是無人也。若人聞説專念阿彌陀佛、得生淨土、即須懺悔惡業、修習善根。持戒清淨、專念佛名、一心不亂、至百萬遍者、臨命終時、正念現前、佛即來迎。此是即易往。若有衆生、聞説阿彌陀佛、仍故造罪、雖念佛名、心縁五欲、此是雜結使念。臨命終時、心即顚倒、佛不來迎。此是無人也。（『浄全』六、六六七頁上〜六六八頁上）」。

(22) 高雄義堅氏は「斯の如く道綽及びその繼承者迦才によりて、末法の憂慮より一歩進めて末法時に相應せる末法佛教を提唱せしめ、善導に至つて茲に新興の氣魄を孕める浄土教の完成を見るに至る。然れば何が彼等をしてかくまで深刻なる末法觀を抱かしむるに至つたか、北周武帝の破佛事件是である。（中略）迦才も亦道綽と殆んど同時の人であり、長安長壽坊の弘法寺に住せる彼としては、亦同一の環境に置かれたのであるから、末法の内觀を懷抱するに至りしは自然の數と云ふべきである」と述べる（高雄義堅「末法思想と諸家の態度（下）」）。ただし、筆者は北周の破仏が迦才の末法観を形成する直接的な契機であったかどうかは、活動時期からみて今しばらく慎重を期す必要があるように思う。

(23) 迦才『浄土論』「今此身從受生已來、爲求衣食、若是俗人、養婦活兒、若是出家、求名覓利、恒造種種悪業。（『浄全』六、六六五頁下）」。

(24) 迦才『浄土論』「法藏比丘四十八大願、初先爲一切凡夫、後始兼爲三乘聖人。故知。浄土宗意、本爲凡夫、兼爲聖人也。復次如十解已上菩薩、留惑受生悪道、願救苦衆生、不生浄土。以任自業力、更不墮悪道中故。即知。凡夫由未勉悪道故、須生浄土中。十解已去、不畏生悪道故、不願生浄土也。故知。浄土興意、本爲凡夫、非爲菩薩也。（『浄全』六、六四三頁上）」。慶安四年版（浄土宗全書本、大正蔵経本など）の系統は「未勉悪道」とあるが、大念佛寺本には「未免悪道」とある。ここでは意味をとって大念佛寺本によった。曽和義宏「大念佛寺蔵、迦才『浄土論』について」（『浄土宗学研究』三三、二〇〇六年）を参照。

(25) 柴田泰山氏は「『安楽集』では『無量寿経』第十八願文を基底とした念仏を展開していることに対し、『浄土論』では念仏（＝浄土行）中に阿弥陀仏の本願という要素を求めず、専念阿弥陀仏名号と観察を具体的な実践項目として禅観的な念仏を展開している」と指摘している（柴田泰山『善導教学の研究』四〇三〜四〇九頁）。

(26) 名畑応順氏は、「本願といっても、絶對的な他力ではなく、曇鸞の説く佛力他力や善導の仰ぐ願力に比して、その意味する所に輕重淺深の差を見なければならない」としている（名畑応順『迦才浄土論の研究』一〇五頁）。

(27) 曽和義宏氏は、道綽と迦才の教学を比較して、浄土の判定・実践行・教判のいずれにおいても迦才が本願の意義を見落としており、「道綽の浄土教を継承し、顕彰したとみることはできない」と結論づけている（曽和義宏「迦才『浄土論』における教判」『佛教大学大学院研究紀要』二七、一九九九年）。

(28) 浄土教諸師における四十八願に関する研究としては、阿川貫達「四十八願の分類に就いて」（『浄土学』一二、一九三七年）、坪井俊映『新訂版・浄土三部経概説』法藏館、一九九六年、八三～一〇九頁、小沢勇慈・久米原恒久・斉藤晃道「中国浄土教の基礎的研究―曇鸞・道綽・善導の本願観―」（『仏教文化研究』二五、一九七九年）、久米原恒久「浄土三祖の本願理解への一考察―用語例を中心として―」（『法然学会論叢』四、一九八三年）など多数ある。

(29) 曇鸞『往生論註』「凡是生彼淨土、及彼菩薩・人天所起諸行、皆縁阿彌陀如來本願力故。何以言之。若非佛力四十八願、便是徒設。今的取三願用證義意。（『正蔵』四〇、八四四頁上）」。

(30) 『往生論註』では阿弥陀仏の四十八願以外にも、三種二十九句の各荘厳相の釈文に曇鸞オリジナルの願文が付されている。詳細は石川琢道『曇鸞浄土教形成論』六八～八一頁を参照。

(31) 道綽『安楽集』「若有衆生、縱令一生造惡、臨命終時、十念相續稱我名字、若不生者、不取正覺。（『正蔵』四七、一三頁下）」。『無量寿経』第十八願の原文は「設我得佛、十方衆生、至心信樂、欲生我國、乃至十念、若不生者、不取正覺。唯除五逆誹謗正法。（『正蔵』一二、二六八頁上）」であり、「乃至十念」が「十念相續稱我名字」と改変されている。

(32) 道綽『安楽集』（『正蔵』四七・一九頁下～二〇頁上）。

(33) 善導『観念法門』（『正蔵』四七、二七頁上～中）。

(34) 慧遠『無量寿経義疏』には「文別七者、初十一願、爲攝衆生。次有兩願、是其第二爲攝法身。次有三願、是其第三重攝衆生。次有一願、是其一願是第四重攝法身。次有十三、是其第五爲攝衆生。次有兩願、是其第六爲攝淨土。下有十六、是其第七重攝衆生。（『正蔵』三七、一〇三頁中）」とある。ちなみに、この三種と七種の分類はまったく同内容を説いたものである。七種は、①摂衆生願（第一～第十一願）、②摂法身願（第十二願、第十三願）、③摂衆生願（第十四～第十六願）、④摂法身願（第十七願）、⑤摂衆生願（第十八～第三十願）、⑥摂浄土願（第三十一願、三十二願）、⑦摂衆生願（三十三願～四十八願）である。

（35）（伝）吉蔵『無量寿経義疏』（『正蔵』三七、一一二頁中）。

（36）伊東昌彦氏の検討によると、「成立年代を推考するならば、法雲を上限として吉蔵よりも多少先行すると見られ、中国浄土教思想史においてより重要な位置が与えられるだろう。法雲や僧旻の影響からして南地色の濃い文献であり、天親の『往生論』や曇鸞の『往生論註』といった北地の浄土教の影響が見られないことからも、南地における浄土教研究の先駆をなすものだといえる。『無量寿経』の註釈書としては、浄影寺慧遠の『無量寿経義疏』が最古のものとして現存するが、これに先行することはほぼ間違いない」という（伊東昌彦「吉蔵撰とされる『無量寿義疏』について―著者誤認の背景とその成立年代―」『東洋大学大学院紀要』四一、二〇〇四年、後に『吉蔵の浄土教思想の研究』四七五～五三六頁に加筆修正して所収）。

（37）韓普光『新羅浄土思想の研究』三三五～三九五頁、藤堂恭俊「法然浄土教における新羅浄土教の摂取―法然浄土教に見出される宗教体験の一特徴―」（『法然上人研究』第二巻（思想篇）、山喜房仏書林、一九九六年、九三～一〇五頁）、恵谷隆戒『浄土教の新研究』（山喜房仏書林、一九七六年、五五～七〇頁）、同『浄土教理史』（浄土宗、一九六一年、六三～七四頁）、望月信亨『中国浄土教理史』一一〇～一二六頁などを参照。

（38）恵谷隆戒『浄土教の新研究』五五～一三六頁、章輝玉・石田瑞麿『新羅の浄土教 空也・良源・源信・良忍』（浄土仏教の思想六、講談社、一九九二年、五二～五五頁、一七七～一八一頁）などを参照。

（39）迦才『浄土論』「復次法藏比丘四十八大願、初先爲一切凡夫、後始兼爲三乘聖人。故知。淨土宗意、本爲凡夫、兼爲聖人也。（『浄全』六、六四三頁上）」。

（40）名畑応順氏は本願に関する計八箇所の論述を解説している（名畑応順『迦才浄土論の研究』九二～一〇五頁）。

（41）迦才『浄土論』「釋曰、依此四十八大願中文、二願中皆云、十方人天乃至女人、都不論不退已去諸菩薩也。餘願爲菩薩。當知。前者是正、後者兼也。（『浄全』六、六四六頁上）」。本文には「二願中」とあるが、大念佛寺本によって「一一願中」とあらためた。

（42）『観経』九品段の上品上生者と上品中生者はそれぞれ往生後の得益として無生法忍を得るという記述がある（『正蔵』一二、三四四頁下～三四五頁上）。

（43）『阿弥陀経』には「極樂國土衆生生者、皆是阿毘跋致。（『正蔵』一二、三四七頁中）」、「舍利弗、彼佛壽命、及其

人民無量無邊阿僧祇劫、故名阿彌陀。（『正蔵』一二、三四七頁上）」、「其國衆生無有衆苦。但受諸樂故名極樂。（『正蔵』一二、三四六頁下）」とある。なお、迦才は「正定阿毘跋致並云不退。（『浄全』六、六三四頁上）」といい、正定聚と阿毘跋致がいずれも不退の別名であるとしている。

(44) 迦才は「浄土三部経」といった概念は使用しないものの、「十二経七論」が第一に『無量寿経』、第二に『観経』、第三に『阿弥陀経』の順序で並べられていること、ならびに三経典からの引用数が際立って多いことから、とくに重要視していたことがうかがえる。

(45) 迦才『浄土論』「言生到彼土經一小劫得無生法忍者、此是緣理、得無生法忍也。由彼日月長故。（『浄全』六、六三六頁上）」。

(46) 迦才は『摂大乗論釈』の「菩薩有二種、一在凡位、二在聖位。從初發心訖十信以還、並是凡位。從十解以上悉屬聖位。初修觀者即是凡夫菩薩。（『正蔵』三一、一七四頁下）」という記述にもとづいて、十解位以上の菩薩を「聖人」、それ以下を「凡夫」としてとらえている。

(47) 迦才『浄土論』「此中菩薩往生自有三輩九品。二乘往生、自有上中下。凡夫往生自有上中下。各有九品。但經中不能委細分別。大小凡夫、合論九品、實即有無量差別也。詳四十八願及觀經。論大旨、凡夫是正生人、聖人是兼生人。（『浄全』六、六三七頁下）」。

(48) 迦才『浄土論』「若委曲分別者、衆生起行、既有千殊、往生見土、亦有萬別也。（『浄全』六、六三〇頁下）」。

(49) 迦才『浄土論』には「西方浄土、有四因緣、唯進不退。一由長命故不退。如經言、壽命無量阿僧祇劫故。直然。三大僧祇修道、則得成佛。況復無量僧祇也。穢土由短命故退也。二者有諸佛菩薩、爲善知識故不退。如經云、得與如是諸上善人俱、會一處故。穢土由多惡知識故退也。三者無有女人。六根境界、並是進道緣、故不退。如無量壽經云、眼見色即發菩提心。乃至意緣法亦發菩提心也。穢土由有女人、六根境界、普是退道緣故退也。四者唯有善心故不退。如經云、無毛髮許造惡之地。穢土由有惡心・無記心故退也。（『浄全』六、六三三頁下）」とある。

(50) 迦才『浄土論』（『浄全』六、六三四頁下）。

(51) 迦才『浄土論』「正定阿毘跋致並云不退。不退言通、非局十解。今依經論、釋有四種。一是念不退、謂在八地已上。二是行不退、謂在初地已上。三是位不退、謂在十解已上。四是處不退、謂西方浄土也。故無量壽經云、彼土無有邪定及不定聚名。又四十八大願中云、設我得佛、國中之人天、不住正定聚、必至滅度者、不取正覺。既不退之言、位該四種。寧得擧一不退、以定除三也。（『浄全』六、六三四頁上）」。

(52) 迦才『浄土論』「猶如此間具三受人、若生彼土、則無苦捨、唯有樂受也。由彼處所無二受故。（『浄全』六、六三五頁上）」。

(53) （伝）康僧鎧訳『無量寿経』「設我得佛、十方衆生、至心信樂、欲生我國、乃至十念、若不生者、不取正覺。唯除五逆誹謗正法。（『正蔵』一二、二六八頁上）」。

(54) （伝）康僧鎧訳『無量寿経』「設我得佛、十方衆生、發菩提心、修諸功徳、至心發願、欲生我國、臨壽終時、假令不與大衆圍遶、現其人前者、不取正覺。（『正蔵』一二、二六八頁上～中）」。

(55) （伝）康僧鎧訳『無量寿経』「設我得佛、十方衆生、聞我名號、係念我國、殖諸徳本、至心迴向、欲生我國、不果遂者、不取正覺。（『正蔵』一二、二六八頁中）」。

(56) 後世の浄土教（九品寺流の長西など）では、これら第十九願、第二十願を諸行生因の本願として解釈する。坪井俊映『新訂版・浄土三部経概説』一一五～一二二頁などを参照。

(57) 菩薩の階位は一般に、十信・十住（＝十解）・十行・十廻向・十地・等覚・妙覚という五十二位であり、十信以下を外凡、十住以降を内凡という。また十住から十廻向を三賢、十地を十聖ともいう。

(58) 吉蔵は九品について明確な階位を相当させていないが、上品上生を七地菩薩ととらえていると解釈できる表現がある（『正蔵』三七、二四四頁下）。

(59) 道綽は九品の階位を明確に規定していないが、木村迎世氏の検討によれば、上品上生の階位の上限が七地であり、おそらく六地以下としていたとされる（木村迎世「『安楽集』における機根観―『観経』九品の解釈を中心に―」『大正大学大学院研究論集』二一、一九九七年）。

(60) 迦才の九品説に関説するものとしては、望月信亨『中国浄土教理史』一七四～一七九頁、名畑応順『迦才浄土論の研究』七三～八七頁、岸覚勇『続善導教学の研究』（記主禅師鑽仰会、一九六六年、一五五～一六三頁、三三二～三五四頁）、恵谷隆戒『浄土教の新研究』三四～三五頁、四七～五〇頁、柴田泰山『善導教学の研究』二六九～二九四頁などがある。

その他、隋唐代諸師の九品説に関説するものとして、香川祐山「九品唯凡説について」(『宗学院論輯』三二、一九七六年)、正木晴彦「『観経疏』に於ける九品の問題」(田村芳朗博士還暦記念論集『仏教教理の研究』所収、春秋社、一九八二年)、坪井俊映『新訂版・浄土三部経概説』四三五〜四四九頁、金子寛哉「『群疑論』における九品説」(『仏教論叢』四一、一九九七年、後に『『釈浄土群疑論』の研究』三一九〜三二七頁に所収)、柴田泰山「『無量寿観経纉述』について」(『仏教論叢』四一、一九九七年、後に『善導教学の研究』一二〇〜一二四頁に所収)、木村迎世「『安楽集』における機根観」、池田和貴「『観経』注釈者の思想的相違について―浄土観と凡夫観を中心として―」、八力広超「『観経』諸註釈における凡夫観」(『印度哲学仏教学』一五、二〇〇〇年)などがある。

(61)　浄影寺慧遠の浄土教思想に関する先行研究として、最近のものでは、長谷川岳史「隋代仏教における『観無量寿経』理解―慧遠の「五要」を中心として―」(『仏教学研究』六四、二〇〇八年)、伊藤瑛梨「浄影寺慧遠『観無量寿経義疏』「第九、仏身観」について―「観仏」と「見仏」―」(『印仏研究』五六―一、二〇〇七年)、同「浄影寺慧遠『観無量寿経義疏』「第九仏身観」における「光明摂取文」釈の特殊性」(『佛教大学大学院紀要 文学研究科篇』三八、二〇一〇年)、同「浄影寺慧遠『観経義疏』における「麁浄信見」について」(佛教大学総合研究所編・法然上人八〇〇年大遠忌記念『法然仏教とその可能性』法藏館、二〇一二年)などがある。

(62)　迦才『浄土論』「今依觀經、判九品生人。如古來大德遠法師等、觀果判人、位則太高。今據因判人、位即稍下。(『浄全』六、六三五頁下)」。

(63)　名畑応順氏は「慧遠がとかく形式的に往生人の所得の果を重視して、果を觀て人を判ずるのに對し、迦才が修道的に行者の受法の因に著眼して、因に據つて人を判ずるのは、淨土教に於ける機根觀の進展過程に於て特に留意すべきであらう」と指摘している(名畑応順『迦才浄土論の研究』七九頁)。

(64)　三大阿僧祇劫とは、菩薩が仏果を得るまでに修行する無数の長時を三つに分けたもの。菩薩の五十の修行階位のうち、十信・十住・十行・十廻向の四十位を「第一阿僧祇劫」、十地のうち初地から七地までを「第二阿僧祇劫」、八地から十地までを「第三阿僧祇劫」とする。第十地を終えれば仏果を得ることができる。

(65)　名畑応順氏は「慧遠の諸説を観經義疏に就て具さに檢討すれば、迦才の對破は必ずしも當つてゐない點が多多ある」、さらに「さすがに當代に於ける諸師の代表者であり、釋家の龍象ともいはれる法匠であるだけに、決して迦才が難破してゐるままの單純な説ではない」と述べている（名畑応順『迦才浄土論の研究』七八～七九頁）。

(66) たとえば迦才は上品中生について、初地から八地にいたるには一大阿僧祇劫が必要であるとしているが、この批判は『華厳経』の極楽時間説と約位の無生法忍（＝八地以上）を前提としている。しかしながら、慧遠『観経義疏』には上品中生の階位を規定した直後に問答を立て、「時劫の不同」「去処の異」「所到の別」の三義をもって会通している（『正蔵』三七、一八二頁上～下）。これによると、迦才が批判した論点はすでに慧遠『観経義疏』における論説の範囲内で解決されていたことがわかる。すなわち、「時劫の不同」は迦才による極楽時間説の主張とまったく同意であり、慧遠はこの説示を上品中生に適用して会通を試みている。さらに「去処の異」では、『仁王般若経』の五忍説（伏忍・信忍・順忍・無生忍・寂滅忍）を用いて（『正蔵』三七、一七九頁上）、無生法忍の獲得位を会通している。また、『大乗義章』にも『華厳経』の十無生法忍説をとりあげて、無生法忍の階位について諸説あったことが伝えられている（『正蔵』四四、七四六頁上～中）。結局、迦才による批判は、慧遠説の無生法忍を八地で獲得する約位の無生法忍と断定し、尚かつ、『華厳経』の極楽時間説も適用しないという立場をとらなければ成立しえないことになる。

(67) 吉蔵『観経義疏』「今則觀因觀果者、觀無量壽佛依正二果、故云觀果。觀因者則三輩往生。三輩往生、若爲是觀耶。解云、此三輩是生淨土之因。今觀察生淨土之因有其上中下、故名爲觀也。（『正蔵』三七、二四四頁下）」。

(68) 吉蔵『観経義疏』「上品中生者、第二明上品中生人。不必讀誦大乘經。但善解義理深信因果不謗大乘。此功德願生彼國、即得往生彼國七寶池中大寶華中、經一宿則開也。然彼一宿亦大長遠、何者彼一日一夜敵閻浮提一劫。經一宿則敵此間半劫也。經七日則不退三菩提、經一小劫得無生法忍。彼一日一夜當此一劫、彼一劫當此間無量劫也。（『正蔵』三七、二四四頁下）」。

(69) 吉蔵『観経義疏』「上品下生者、第三明上品下生、此人亦信因果不謗大乘。彼國華中一日一夜乃開、復經三小劫得百法明門、住歡喜地。今下品得初地無生。故知。前上品是七地無生。所以明此二無生者無生有二處、一初地無生、二七地無生。（『正蔵』三七、二四四頁下～二四五頁上）」。

(70) 迦才『浄土論』「問曰、如無量壽經云、衆生生者、皆悉住於正定之聚。又阿彌陀經云、舍利弗、極樂國土衆生生者、皆是阿毘跋致。據此二經、十解已上、始得往生。何故言乃至十惡五逆、並得往生。（『浄全』六、六三四頁上）」。

(71)　迦才『浄土論』「此之三心、依起信論判、在十解初心。如起信論云、信成就發心、在十信終心也。發三種心、始入十解位中。三心者、一是直心、謂正念眞如法故。即是觀經中至誠心。至誠與直心、義同名異耳。如維摩經明、淨土道場二行之初、並有三心。同觀經也。觀諸經論、但明一切行初必發此三心。當知。此三心是萬行之始。(『浄全』六、六三五頁下)」。また、「十解の初心」は「初発意」「初発心」ともよばれ、凡夫位（＝外凡）から三賢十聖の菩薩道（＝内凡）への入り口である。

(72)　迦才『浄土論』「不退言通、非局十解。今依經論、釋有四種。一是念不退、謂在八地已上。二是行不退、謂在初地已上。三是位不退、謂在十解已上。四是處不退、謂西方淨土也。(『浄全』六、六三四頁上)」。

(73)　迦才『浄土論』「然如一切凡夫、雖復念佛、未至十解位、由在外凡。故躰是退人。此人若在娑婆穢土中、由逢五退縁故即退。若生西方、由無五退縁故不退也。(『浄全』六、六三四頁下)」。

(74)　迦才『浄土論』「法藏比丘四十八大願、初先爲一切凡夫、後始兼爲三乘聖人。故知。淨土宗意、本爲凡夫、兼爲聖人也。復次如十解已上菩薩、留惑受生惡道、願救苦衆生、不生淨土。以任自業力、更不墮惡道中故。即知。凡夫由未勉惡道故、須生淨土中。十解已去、不畏生惡道故、不願生淨土也。故知。淨土興意、本爲凡夫、非爲菩薩也。(『浄全』六、六四三頁上)」。本文中の「未勉惡道」は、大念佛寺本によって「未免惡道」とあらためた。

(75)　大田利生「浄土教における不退の思想」(『真宗学』六八、一九八三年)、上杉思朗「浄土教に於ける無生法忍説について」(『真宗研究』四、一九五九年)、藤原了然「浄土宗義に於ける不退論考」(『佛教大学研究紀要』三五、一九五八年)、藤永清徹「正定聚論」(『宗学院論輯』一七、一九三五年)などを参照。

(76)　道基『摂大乗義章』巻四には凡夫と聖人の退不退の分別が種々に説かれており、そのなかに「雜心論云、先以不淨得離欲、後思淨相退。論中所説、學與無學有六種性。退法種性逢五退具斷已還退。思法・護法・住法、必勝進法不動法。此等五人本種性者斷已不退。(『正蔵』八五、一〇三八頁下)」とある。

(77)　迦才『浄土論』には「問曰、夫論不退、須據行位。云何依處得不退耶。答曰、行位不退、由内無煩惱。處所不退、由外無境界。各據一義。奚足恠乎。(『浄全』六、六三四頁上〜下)」とある。これによれば、行位の不退は行者自身の煩悩が無いことによって不退を達成しているのであり、処不退は外の境界に煩悩が存在しないことによる不退であるという。

(78) 真諦訳『摂大乗論釈』「菩薩有二種。一在凡位、二在聖位。從初發心訖十信以還、並是凡位、從十解以上悉屬聖位。初修觀者、即是凡夫菩薩。(『正蔵』三一、一七四頁下)」。同様の内容は『同』一七七頁下にもみられる。

(79) 真諦訳『摂大乗論釈』「菩薩亦爾。未入初地不得正定名。(『正蔵』三一、二二九頁下)」。

(80) 真諦訳『起信論』「如是信心成就得發心者、入正定聚畢竟不退。名住如來種中正因相應。(『正蔵』三二、五八〇頁中)」。

(81) 仏陀跋陀羅訳『華厳経』「第七不退眞佛子、聞有諸佛菩薩法、聞無諸佛菩薩法、若出非出不退轉。過去未來及現在、一切諸佛有以無。若法起滅不起滅、若有一相若異相、若一即多、多即一、義味寂滅悉平等、遠離一異顚倒相。是名菩薩不退住。(『正蔵』九、四四八頁中)」。

(82) 慧遠は『大乗義章』に「若言十住當分爲名。解觀成就不退名住。(『正蔵』四四、六五一頁上)」といい、『華厳経』にしたがって十住位を不退住としている。また、『無量寿経義疏』においても「大乘法中、善趣已前、名爲邪定。善趣位中、數進數退、説爲不定。習種已去、位分不退、説爲正定。(『正蔵』三七、一〇七頁上)」といい、十住を正定聚と解釈している。

(83) 慧遠『大乗義章』「此無生忍位、在何處。義釋有三。一約五忍分別。五忍如上。此無生忍在於七地、八地、九地。七地始得、八地清淨、九地滿足。二簡勝異劣。六地已前一切未得、七地已上一切得之。問曰、無生與空無我同。是道理空與無我前地已得。何故無生要七地上方乃得乎。釋言、通論體一名異、得無先後。隨義分別、觀因縁相、破遣定性、名爲無我。初地中得遣因縁相入法平等、名之爲空。謂、前四五六地中、得證法本如無相可起、方名無生。故七地上始能證會。三就實通辨、初地已上皆得無生。故釋論中説、初地上得無生忍。初地菩薩亦能見法不生滅。故若復通論、種性已上亦分得之。十無生忍略辨如是。(『正蔵』四四、七四六頁上~中)」。

(84) 吉蔵『法華義疏』「舊明有三種不退。一位不退、二行不退、三念不退。釋三不退不同、凡有四説。一云、十住前六心假解未立、退菩提心爲二乘。七心以上假解已立名爲菩薩。獨成性地此免位退。二者行退、初地至六地、此中諸人習行有時不進名爲行退。七地則無此行退也。第七一地或起愛習、猶有功用名爲念退。八地已上、入無功用道永無三退故名不退轉也。二云外凡六心名爲位退、七心已上稱位不退。餘二不異前釋也。三云習種性、名位不退。道種性解行純熟、謂行不退。初地已上得無生忍、不復生心動念、名念不退也。四有人言、有四種不退。十信十住是信不退。

十行是位不退。十迴向是行不退。十地是念不退。今謂、經論不同。難可詳會。（『正蔵』三四、四六一頁中～下）」。また、吉蔵が文中に「舊」と指摘するのは、宝雲『法華経義記』（『正蔵』三三、五八〇頁上）のことを指す。

(85) 道基『摂大乗義章』「十解已上三賢菩薩斷修道上心、留彼三界隨眠種子、受三界生自行利物。（『正蔵』八五、一〇四一頁中）」。

(86) 智儼『孔目章』「第六往生人位分齊者、大位爲其十解已前。信位之中、成十善法。正修行者、是其敎家正所爲之位。何以故。爲此位中防退失故。及退滅故、幷廢退故。十解已上、無上三退。敎即不爲。此據終敎説。若據初敎、十迴向已還是其所爲。何以故。十迴向已去得不退故。（『正蔵』四五、五七七頁中）」。

(87) 慧遠『観経義疏』では、『仁王般若経』によって無生法忍を七・八・九地と解釈している。また、吉蔵『二諦義』にも六地を低位な「順忍」とする説がみられ（『正蔵』四五、一一〇頁上）、また懐感『群疑論』には『仁王般若経』『菩薩本業瓔珞経』『華厳経』『占察経』などによって無生法忍の階位に多説あることを記している（『正蔵』四七、六七頁中～下）。

(88) たとえば『大智度論』には「無生忍法即是阿毘跋致。（『正蔵』二五、二六三頁下）」や「有得無生法忍不退菩薩。（『正蔵』二五、七九頁上）」などとある。

(89) 迦才『浄土論』「前三不退、經論明證。此則可信。（『浄全』六、六三四頁下）」。

(90) この信不退は、後に懐感『群疑論』や基の諸典籍において議論される語句である。すなわち、基『成唯識論述記』には「初説迴心名不退者、即地前位皆名不退。不退起煩惱故、而義有別亦不相違。由是不退總有四種。一信不退、即十信第六心。二證不退、入地已往。三行不退、八地以上。四煩惱不退、謂無漏道所斷煩惱。（『正蔵』四三、三四一頁下～三四二頁上）」とあり、懐感『群疑論』には「然娑婆穢土聖少凡多、信希謗衆、根行淺者、多遇退緣、邪風所扇、悉皆退轉。依諸經論説有四退。一信退、二位退、三證退、四行退、信退者、十信位中初五心位。猶有退生邪見斷善根等。後位不然。（『正蔵』四七、五五頁中）」とある。

(91) 迦才は留惑菩薩説の典拠として『維摩経』（『正蔵』一四、五四五頁上）、『摂大乗論釈』（『正蔵』三一、二五九頁下～二六〇頁上）、『菩薩地持経』（『正蔵』三〇、八九一頁上）を挙げている（『浄全』六、六三七頁下）。

(92) 迦才『浄土論』「如觀經教興意者、緣韋提希生阿闍世五逆之子、因厭五濁、願生極樂。佛遂爲説三福淨業十六觀門、勸衆生往生、乃至十惡五逆、悉勸往生。即既淨土請主、身居五濁、復生逆子。佛説皆得往生。即知。現居五濁凡夫、悉得往生。此理明矣。(『浄全』六、六四二頁下)」。

(93) 迦才『浄土論』「問曰、韋提希是大菩薩。爲化衆生、現受女身、生於逆子。豈實是凡夫耶。答曰、縱令實是菩薩、現受女身化衆生者、必須隱其實德、現同凡夫攝化同類。如五百侍女、佛記得往生。並未来一切女人、及諸男子、悉是凡夫、並是所攝。亦得往生。如諸菩薩、或現地獄身、即引地獄衆生也。如方等經中婆藪仙人等、或現畜生身、即引畜生衆生。如涅槃經中蜂王、鵝王、蟻王等、或現作五逆、即引五逆衆生。如阿闍世王、提婆達多等。此並能化者是假、所化者實也。韋提希既現在凡夫身、居五濁。當知。即引五濁凡夫、往生極樂也。(『浄全』六、六四二頁下~六四三頁上)」。

(94) 迦才『浄土論』「問曰、淨土之門、凡聖齊往。未知、宗意正是何人。答曰、觀韋提希請及如来答意、唯言爲未來世一切凡夫、爲煩惱賊之所害者、説清淨業處。勸人往生、不論菩薩。若論菩薩、發心願生惡道、不願生淨土中也。如十解已上菩薩、尚自留惑受生、願生惡道救苦衆生、不願生淨土也。(『浄全』六、六三七頁上~下)」。

(95) 迦才『浄土論』(『浄全』六、六三〇頁上)。

(96) 慧遠『観経義疏』「韋提夫人實大菩薩。此會即得無生法忍。明知。不小。亦化爲凡。(『正蔵』三七、一七九頁上)」。

(97) 慧遠『観経義疏』(『正蔵』三七、一七九頁上)。大菩薩については一般的に「初地以上の法身菩薩」と考えられてきたが、田中ケネス氏は「「大菩薩」が何を指すのかは現在の研究では明らかではない」と指摘し、必ずしも聖人という意味ではないとの見解を示している(田中ケネス「中国浄土教における浄影寺慧遠の貢献―『観無量寿経義疏』を中心として―」『印仏研究』三七-二、一九八九年)。

(98) 迦才『浄土論』「無量壽經先説。以廣説法藏比丘因緣、及明往生事故也。觀經後説。以但論往生事故也。(『浄全』六、六三四頁上)」。

(99) 『無量寿経』の第十八願には、五逆罪と謗法罪を犯したものは往生できないとの記述がある。これに対して『観経』の下品下生には、五逆十悪を犯した悪人でも、十念を具足して南無阿弥陀仏と称することによって往生できると説いている。このように『無量寿経』と『観経』の両経の教説が矛盾する問題を逆謗除取説とよび、中国浄土教の諸師はその会通説をとなえた。懐感『群疑論』には一五師の説が挙げられており、そのなかには迦才とみられる説も含まれている（『正蔵』四七、四四頁上）。

（100）迦才『浄土論』「此引聖教、證處所不退明矣。又據二經、皆云往生者、得不退。不云不退人得往生也。故無量壽經云、生彼土者、皆悉住於正定之聚。（『浄全』六、六三四頁下～六三五頁上）」。

（101）慧遠『觀経義疏』「此經觀佛三昧爲宗。（『正蔵』三七、一七三頁上）」。

（102）柴田泰山氏は、慧遠の九品解釈の前提として、「あくまでも他者の往生の様相を観察する「他生観」として九品を理解することによって、『観経』説示の十六観がすべて「観察対象として説示されている内容」という慧遠の『観経』解釈が成立することとなる」と述べている（柴田泰山『善導教学の研究』二六九～二七〇頁）。

（103）一般に慧遠は西方浄土を応身応土と理解したといわれるが、『観経義疏』自体には弥陀応身説だけが説かれ、西方浄土を応土とする解釈は示されていない。すなわち、『大乗義章』浄土義・三仏義を併読することによって、弥陀身土の応身応土説という結論をえることができる。

（104）慧遠が「往生」の意味を論じていないことは先行研究にも多く指摘されている。いくつか挙げると、柴田泰山「隋代仏教の浄土観」（『仏教論叢』四七、二〇〇三年、後に『善導教学の研究』五七七～五九九頁に所収）、西本明央「「是報非化」の争点」（『浄土宗学研究』二九、二〇〇三年）、深貝慈孝『中国浄土教と浄土宗学の研究』（思文閣出版、二〇〇二年）、日置孝彦「浄土教の研究（一）浄影寺慧遠の浄土思想について―思想史的役割とその位置―」（『金沢文庫研究紀要』一〇、一九七三年）などがある。

（105）慧遠『観経義疏』には「自下三觀合爲一分爲他生觀、觀察他人九品生相。何故觀此。爲令世人知其生業上下階降修而往生、所以勸觀。（『正蔵』三七、一八二頁上）」とある。

（106）迦才が無生法忍と不退を同列に置いて論じないのは、往生と同時に即得する処不退と、往生後に獲得する無生法忍とがそれぞれ別個のものと考えたからではないだろうか。すなわち、迦才における無生法忍は、不退の十分条件であったとしても、必要条件ではなかったと思われる。

（107）道宣『続高僧伝』（『正蔵』五〇、五一八頁中）。もちろん弥勒信仰者であることを理由に、非阿弥陀仏信仰者であると即断することはできないが、迦才の頃には弥陀・弥勒の優劣論議も盛んになっており、『浄土論』でも主要なテーマとして論じられている。弥陀信仰を支持した迦才が、慧遠が弥勒信仰者であった事実を知りえたならば、慧遠による九品説を支持しえない感情があったとしても不思議ではないだろう。

(108) 木村迎世氏によれば「道綽における上輩の階位は、初地以上七地已還の菩薩であると推測される。そして、その内容を探ると浄影寺慧遠、嘉祥寺吉蔵の上輩の階位設定より、若干高いものの、ほぼ同じであるということができる」という。しかしながら、注意すべき点として「道綽の特徴はその用例にあり、もっぱら弥陀浄土を上位に設定するために、上輩を説示している」と指摘しており、迦才とは異なる問題意識において九品説をとらえていたことがわかる（木村迎世「『安楽集』における機根観」）。また、韋提希について道綽は「韋提大士」（『正蔵』四七、四頁中）と述べており、これは慧遠の「大菩薩」という表現を承けたものとみられる。

第三章　実践行に対する批判とその克服

第一節　往生別時意説への対応

第一項　問題の所在

前章までに、迦才は凡夫と聖人を峻別して、凡夫を主体者とする化土往生の立場を支持していたことを明らかにした。次に論ずるべきは、凡夫がいかなる実践行を修することによって往生が成立するのかという点である。ただし、迦才の教学背景において往生成立の可否を議論する場合、実践行とも深く関与する別時意説の問題を避けてとおることができない。その問題点を把握することによって、迦才が化土往生という立場を選択した意図がより明確になってくるはずである。以上のような問題意識から、本節では別時意説を取りあげて論及する。

『浄土論』第四章では、五つの問答にわたって別時意説に対する会通が展開されている。別時意説とは、真諦訳『摂大乗論』および『摂大乗論釈』に説示される四意趣（仏の説法を分類整理したもの）の第二・別時意の箇所にある「他方仏名の誦持による無上菩提の獲得」と「唯だ発願によって安楽浄土に受生すること」の二点を別時意とする説を典拠として、(1)中国仏教における摂論研究の高まりのなかで生じた阿弥陀仏信仰に対する論難であり、念仏による西方往生は「即時」（=順次）ではなく、輪廻を繰り返した遠い将来の「別時」であるとする説である。

すなわち、誦持仏名や発願などの実践による浄土往生は、わずかな「一金銭」の業因によって「千金銭」という大果を得るようなもので、現実的には遠因としかなり得ず、如来が怠惰な衆生の修行を励ますために方便的に説いたに過ぎないのだという。懐感『群疑論』には「『摂論』、此に至りて自り百有余年、諸徳咸く此の論文を見て西方の浄業を修せず[2]」と伝えられ、迦才はまさにこの別時意説による浄土教への非難が吹き荒れる百有余年の真っ只なかに活動したと思われる。別時意説は末法世の凡夫が実践する行業の易行性に対する根本的な批判であるため、この問題に対する答えを用意できない限りは阿弥陀仏信仰の弘法はかなわなかったといっても過言ではない。

一般に別時意説は摂論学派が提唱したといわれているが、その説の全体像を正確に示す資料は残っていない。ただし、残存する資料から一口に別時意といってもいくつかの論点があったことが知られる。整理すると表17のようになる。

表17　諸師における別時意説とその論点

文献	別時意説の論点	会通の主な内容
曇遷「十悪懺文」	・発願による往生=別時意	・偈頌の改変?
慧浄『金剛般若経疏』	・発願による往生=別時意 ・懈怠障を除くための別時意	・なし
道綽『安楽集』	・十念往生=別時意	・宿因による十念往生
著者不明『纘述』	・無行の人　=別時意 ・発願による往生=別時意	・願行相府による往生

迦才『浄土論』	・発願による往生＝別時意 ・『阿弥陀経』三発願＝別時意 ・報土への凡夫往生＝別時意	・了義・不了義による経論判 ・行願兼修による往生 ・凡夫＝化土往生
智儼『孔目章』	・諸実践行による往生＝正生因 ・往生以後の増勝＝別時意	・なし
道誾『観経疏』	・『纉述』と同文	・『纉述』と同文
道宣『釈門帰敬儀』	・礼誦観念による往生＝行因 ・礼誦観念による成仏＝別時意	・なし
道世『法苑珠林』	・出世無漏正因と理行の相成＝報土の生因 ・下品の臨終十念＝化土の生因 ・凡夫の報土往生＝別時意	・なし
善導『観経疏』	・称名念仏による成仏＝別時意 ・十声称仏＝発願＝別時意	・称名念仏による往生↓別時意ではない ・願行具足による報土往生 ※南無＝帰命＝発願回向、阿弥陀仏＝行
基『阿弥陀経疏』	・少善根福徳因縁の往生＝別時意 ・発願による往生＝別時意	・なし

先行研究には望月信亨氏をはじめ多数の論稿があり、近年では金子寛哉氏、柴田泰山氏によって可能な限りの文献調査が試みられた(3)。それらの研究成果にしたがって、迦才前後の別時意説および会通説をみてみると、まず「発願」による往生を別時意とする説（曇遷、慧浄、『纉述』、道誾、迦才、善導、懐感など）が大勢を占めること、次に時代が下ると「成仏」を別時意とする説（道宣、善導など）や「仏身仏土論」と絡めた別時意説（迦才、道世、基など）が提唱されてくることがわかる。

迦才においても「発願」と「仏身仏土論」の問題が主要な論点となっている。『浄土論』第四章に示される別時意会通説の内容を整理すると次のようになる。[4]

（1）経論の了義・不了義

（2）唯空発願と行願兼修

（3）仏身仏土論との関係

（4）衆生論について

（5）浄土法門の証明

これらの論点から、本節では主要な問題点である（1）（2）（3）の内容を中心に検討し、（4）（5）については適宜にふれてゆくことにする。迦才の別時意会通説は複雑な論点を含んでいるが、従来の研究では議論の全体像を意識して論じたものは少なく、一面的な理解にとどまっているように思われる。そこで別時意説の論点を再整理し、そのうえで迦才がどのような問題意識を持って別時意説への対応を試みたのかを探り出すことにしたい。

第二項　経論の了義・不了義

（1）経と論の関係

迦才は『浄土論』第四章の第一問答において次のように述べる。

今、還りて之の聖教を検べて究むるに道理を以てす。往生の路を決して掌中の如くならしむ〈聖教は後に説く、道理は今論ず〉。『摂大乗論』に云うが如きは、夫れ証と為すには必ず経論二教を須うべし。「阿毘達磨は理を以て勝と為し、修多羅は教を以て勝と為す」と。教は必ず理有り、理は必ず教に順ず。今且らく理を究め、後に其の教を引かん。(5)

まず、「今且く理を究め、後に其の教を引かん」ということから、続いて論述される了義・不了義の分別は「理（＝道理）」によるものとしていることがうかがえ、後段の第五章「引聖教為証」に説示される十二経七論の収集・整理という作業が「教（＝聖教）」の部分を担っていることがわかる。

次に経と論の関係については、「理（＝阿毘達磨）」は必ず「教（＝修多羅）」に準ずるべきであると述べている。この理解は迦才の経論観における根本的な姿勢を示したものである。さらに、ここで引用する「摂大乗論」とは、『摂大乗論釈』における、

阿毘達磨は理を以て勝と為し、経は教を以て勝と為す。教は必ず理有り、理は必ず教に順ず。此の二を証と名づく。若し此の二の証を離るれば義を立つるに成ぜざるなり。(6)

という内容であり、迦才は対論者と想定される摂論学派の所依の論書をもって会通説の第一歩としている。このような経と論の関係については、すでに道綽『安楽集』の別時意会通説の段にも、

何となれば、凡そ菩薩、論を作りて経を釈するは、皆な遠く仏意を扶け聖情と契会せんと欲するなり。若し論文、経に違すること有らば、是の処わり有ること無し。(7)

と論述されており、迦才はこの内容を承け、さらにその論証として『摂大乗論釈』の説示を補強したと思われる。また、会通説が展開されるなかで、第四章の第二問答の後半から第三問答にかけて、唐突に『観経』の引用がなされる。これは前段に論じていた経と論の関係に起因すると思われる。すなわち、『観経』の教えが興された意趣は、韋提希も含めたすべての凡夫を往生させることにあり、菩薩の論はあくまでそれに準ずる内容として示された

ものでなければならない。つまり、『観経』の「経」による説は、『摂大乗論』の「論」による別時意説に優先されるのである。迦才はそのことを『観経』全体の意趣を引きあいに出して力説している。道綽が『観経』の臨終十念説に関する局所的な視点から別時意説を会通しているのに対して、迦才は経論観を通じてより大きな枠組みにおいてこの問題をとらえていたことがうかがえる。

（2）了義・不了義について

了義とは、完全な教説ということであり、不了義はその対概念で不完全な教説ということになる。この了義と不了義という分別は、大乗・小乗を問わず諸経論に散説されているが、(8)大乗経典では『維摩経』と『涅槃経』に「了義経に依りて、不了義経に依らず(9)」とあるのが有名であり、とくに『涅槃経』では「了義＝大乗・菩薩法」「不了義＝小乗・声聞法」と説いている。(10)迦才は了義・不了義について、

理を究むるとは、諸の経蔵を検するに、隠・顕の二説有り。謂く了義経と不了義経なり。了義経とは畢竟じて破せず。不了義経は涅槃の会上に至りて、並びに引きて未だ決破せざるなり。唯だ浄土の一教のみ破限に入らず。当に知るべし、即ち是れ了義経なり。又た菩薩、論を造りて仏経を解釈するに、其の不了義経は即ち破し、了義経は之れ即ち讃ず。此の土の一教は論の中に於て讃ずれば、破する処有ること無し。故に知りぬ、是れ了義経なり。(11)

といい、浄土の教えは仏菩薩に讃歎されているから了義経であり、菩薩の論書のなかでも決破されていないから不了義経ではないのだという。つまり、「了義＝顕・不破」「不了義＝隠・即破」であり、「ⅰ顕／隠」と「ⅱ不破／即破」という二つの基準が焦点となっている。『浄土論』には了義・不了義について、これ以上の詳細な記述はみ

られないが、『涅槃経』のように大乗・小乗という区別だけによるものでないことは確かであろう。

ちなみに、名畑応順氏は基『法苑義林章』に説示される四重分別（①法印・非法印門、②詮常・非常門、③顕了・隠密門、④言略・語広門）を紹介し、(12)迦才の教説は③顕了・隠密門に該当するとしている。ただし、『法苑義林章』の③顕了・隠密門は玄奘訳『解深密経』『瑜伽師地論』を援用するものであり、『浄土論』は玄奘訳の影響を受けていないとみられるのでやや無理がある。(13)

そこで、迦才以前の諸師の解釈をうかがってみると、(14)浄影寺慧遠の『大乗義章』には了義・不了義に関する二説が紹介されている。

依了義経・不依不了義とは分別に二有り。一には大・小の相対に就いて分別す。或いは小乗を了と名づけ、大乗は不了なり。小乗は麁顕なるが故に名づけて了と為す。大乗は秘密なるが故に不了と名づく。或いは大乗を了と名づけ、小乗は不了なり。大乗は実を顕せば之れを名づけて了と為す。小乗は実を覆えば名づけて不了と為す。二には愚・智の相対に約して分別す。正智、法を取るは大・小皆な了なり。法の浅深に随いて当に分了すべきが故に。愚心、法を取るは大小の所説一切不了なり。浅深相い望めて互いに相違するが故に。此の一門は『地持』に説くが如し。故に彼の論に云く「如来の説に於て、深信清浄にして此の法律に於て破壊すべからざるを了義経と名づけ、如来の説に於て不決定を作し、法律壊すべきを名づけて不了と為す。(15)

まず第一説は大乗と小乗による配別であり、「了義＝小乗・麁顕」「不了義＝大乗・秘密」と「了義＝大乗・顕実」「不了義＝小乗・覆実」の二つを挙げている。基本的には大乗の優位性を説くものであるが、義にしたがって顕・覆（秘密）が反転しうる柔軟性もそなえている。また、後者の内容に「顕実／覆実」とあるのは、迦才の「顕／隠」に符合すると思われる。他にも迦才が引用する論書のなかでは、『摂大乗論釈』に、如来説く所の正法とは、了義及び不了義を出ず。若し衆生但だ信根のみ有りて、未だ智根有らざれば、如来は其の信根を成ぜんが為の故に不了義の説を作す。二乗の教の如し。又た憍慢の衆生を欲伏せんとする故に不了義の説を作す。広く説くこと、『十七地論』の如し。聞思修の慧を生ぜんが為の故に了義経を説く。不了義経は其の言、秘密なり。能く理を判ずるが如し。是の故に難修なり。(16)

とあり、「了義＝顕了・菩薩教・為生聞思修慧故」「不了義＝秘密・二乗教・為成信根故・難修」の区別がみられ、これもほぼ迦才の「ｉ顕／隠」に一致すると思われる。ここでは「憍慢の衆生を伏せんと欲するが故に不了義の説を為す」といい、不了義にも憍慢・未有智根の衆生を教化するための方便的な意味が認められている。

ところで、吉蔵『法華玄論』には「然るに仏説の中に了義経と不了義経と有り。若し爾らば則ち応に正説と邪説と有り」(17)とあり、吉蔵は「了義＝正説」「不了義＝邪説」とまで論断している。それに比べると迦才のいう「ｉ顕／隠」はそこまで強い語調ではなく、むしろ義にしたがって隠と顕があるという弾力性のある理解と考えられ、慧遠や『摂大乗論釈』の説示に近いように思われる。

次に、慧遠『大乗義章』の第二説は、「了義＝正智」「不了義＝愚智」という機根の深と浅を基準とした区別であり、大乗と小乗の枠を超えて適用される。慧遠はこの説を『菩薩地持経』の論述によるとしている。『菩薩地持経』には次のように説く。

了義経に依りて不了義に非ず。了義経に依るとは、此の法律に於て破壊すべからず。不了義経とは、謂く種種の門説を以て而も不決定なり、応に疑問有るべし。若し菩薩、了義経に於て不決定を作さば、此の法律に於て則ち壊すべし。(18)

ここでは「了義経＝不可破壊」「不了義経＝可破壊」という説が提示されており、慧遠もこれを紹介する。これは迦才の教説の「ii不破／即破」に合致すると思われる。ちなみに『菩薩地持経』は迦才も引用する論書である。以上、迦才の了義・不了義の語義規定は、慧遠『大乗義章』、あるいは『摂大乗論釈』『菩薩地持経』等の説示内容にほぼ準じていることが明らかになった。

前述したとおり、迦才は浄土教が了義経にもとづくことを断言しているが、それではその浄土法門の証明は何によるのであろうか。

此の浄土の一門は経経の中に説き、論論の中に明せり。若し是れ不了の説ならば、何が故ぞ仏及び菩薩、此の慇懃を作したまわんや。乃至十方の諸仏は各の広長の舌相を出して釈迦の所説を証し、及び衆生を勧む。此れは豈に是れ不了の説ならん。復た次に上古より已来、大徳、名僧、及び俗中の聡明の儒士の如きは、並びに浄土の行を修せり(19)。

迦才は多数の大乗経論において西方浄土への願生が記述されていること、十方諸仏の証明があることを了義経の証拠とし(20)、廬山慧遠をはじめとする多くの先哲が西方浄土を願ったという歴史的事実もあわせて強調している。

ここでなによりも重要なのは、この了義・不了義の教説が迦才の経論観を支えていることである。ゆえに直後の第五章に説示される十二経七論は当然、了義経に該当することになる。その場合、それらの阿弥陀仏信仰を明示し、讃歎し、往生のための実践行を提示している経典群（十二経）はすべて了義経という一律の基準において同価値とみなされ、各論書（七論）もそれらの経典群に準じた理解がなされる。このように了義・不了義の理解は迦才における一種の教判的な位置を担うものである(21)。

第三項　唯空発願と行願兼修

（1）行願兼修による別時意会通説

『浄土論』第四章の第三、第四、第五問答に示されるように、迦才は行願兼修説によって別時意説を論破しており、実質的にはこれだけが具体的な会通説となっている。

迦才は『摂大乗論』の別時意説について、「彼の論の明かす所、別時有り、不別時有り(22)」といい、「別時」と「不別時」の両方が提示されていると理解する。すなわち、別時とは唯空発願を指し、その具体例として『阿弥陀経』の三発願（已発願・今発願・当発願）を提示している。一方、不別時とは、発願だけではなく行も兼ねていれば別時意にあたらないとして、

若し諸の浄土経の如きは、或いは三福業と十六観門とを明かし、或いは菩提心を発して七日念仏せしめ、或いは発願廻向して十念往生せしむ。此の如き等の経は並びに是れ往生す。即ち別時に非ず(23)。

といい、「三福・十六観(24)」「菩提心・七日念仏」「発願廻向・十念」という組みあわせによる行願兼修の会通説を示している(25)。迦才が提示する実践行は、上根行として通因二種（Ｉ発菩提心、Ⅱ三福業）、別因として六種（Ａ念仏、Ｂ礼拝、Ｃ讃歎、Ｄ発願、Ｅ観察、Ｆ廻向）、さらに中下根行として五種（ａ懺悔、ｂ発菩提心、ｃ専念阿弥陀仏名号、ｄ惣相観察、ｅ廻向）の計一一種であり、これを「願」と「行」に振り分けると次のようになる。

○上根者　「願」…Ｉ発菩提心、Ｄ発願、Ｆ廻向
　　　　　「行」…Ａ念仏、Ｂ礼拝、Ｃ讃歎、Ｅ観察、Ⅱ三福業

〇中下根者「願」…b発菩提心、e廻向
「行」…a懺悔、c専念阿弥陀仏名号、d惣相観察

この会通説で注目したいのは、『摂大乗論』が別時だけでなく、不別時も説くと解釈する視点である。これは前述した「ii不破・即破」という経論観によって支えられており、了義という基準によって査定された論書が、同じく了義である浄土の教えを破壊するという矛盾は起こりえないとする理解にもとづくものであろう。

迦才は『往生論』および『摂大乗論釈』末尾の偈頌において世親が西方浄土への往生を勧進していることを指摘し、さらにこれらの両論書を十二経七論に選定しているから、両書を了義ととらえていたことがうかがえる。また一方で「i顕／隠」という立場にもとづき、『摂大乗論』の論説である別時意説を単に邪説として排除することはせず、了義として別時・不別時が説かれた意義を認め、別時の具体例の所在を『阿弥陀経』の三発願に求めたのである。(26)

(2) 発願の語義規定

次に別時意の対象となる唯空発願説の内容についてみてゆきたい。別時意に関説する多くの論師が「発願のみによる往生＝別時意」と主張しているが、注意したいのはその発願の内容がそれぞれ異なっていることである。

迦才以前では、曇鸞と道綽の著作中にも発願の語句はみられるものの具体的な内容は明示されない。(27)慧浄撰と伝えられる『阿弥陀経義述』では「発願往生」という語句がみえるが、(28)やはり明確な定義がない。迦才より時代が若干下るが、善導『観経疏』には「発願＝十声称仏」、懐感『群疑論』には「発願＝念仏・十六観・三福」という実践行の面からの難説があったことを確認できる。(29)迦才の頃にも「発願」を広義の「念仏」ととらえるような論点、

すなわち発願の定義をいかにするかという問題があったのではないかと推測される。

前述したとおり、迦才は唯空発願の具体例として『阿弥陀経』の三発願を挙げており、さらに十二経七論中の『阿弥陀経』の釈文において「少善根とは是れ空しき発願なり、広善根とは是れ七日の念仏なり。若し能く七日念仏して百万遍に満つれば、即ち往生を得」[30]と述べているので、「三発願＝空発願＝少善根＝別時意」と考えていることがわかる。

一般的に「発願」の語句は、「発菩提心」と同一視されることが多いが、『浄土論』の語句規定では単純に両者を混同することはできない。なぜなら迦才は発菩提心と発願をそれぞれ別個の実践行として提示しているからである。内容は次のとおりである。

○D発願（上根行・別因）

四に発願とは須らく別して願を発し極楽に生ずることを求むべし。或いは自身の往生を願じ、或いは衆生の往生を願じ、或いは釈迦の遺送を願じ、或いは弥陀の来迎を願じ、或いは常に浄土に遊ぶことを願じ、或いは永く胎形を離るることを願じ、或いは臨終の安隠なることを願じ、或いは正念現前を願ず。是の如く種々心に随いて願を発す。『宝性論』の偈に曰うが如きは、「此の諸の功徳に依りて、願わくは命終の時に於て、弥陀仏の無辺の功徳身を見ることを得ん。我れ及び余の信ずる者、既に彼の仏を見ること已らば、願わくは離垢の眼を得て無上菩提を証せん」[31]と。

○I発菩提心（上根行・通因）

通因とは『無量寿経』の中の三輩往生人の如し。皆な須らく菩提心を発すべし。及び『観経』の中には、具さに三福の浄業を修して始めて往生を得。此れ等は並びに是れ通因なり。通因に二種有り。一には通じて十方の浄土を感じ、二には通じて三世の浄土を感ず。[32]

○b発菩提心（中下根行）

二には須らく菩提心を発すべし。若し菩提心を発さざれば、直ちに自ら苦を避け楽を逐って、恐らくは往生を得ざるなり。菩提心とは略して三種有り。一には一切の悪を断ずる心、二には一切の善を修する心、三には一切の衆生を化度する心なり〔此れは『無量寿経』三輩往生に依らば、並びに発菩提心と云うなり〕。[33]

以上のように、「I発菩提心」は『無量寿経』三輩段の菩提心とされており、『阿弥陀経』の三発願と同一視されていない。「b発菩提心」も同様である。むしろ、三発願は上根行である「D発願」に合致すると考えられる。さらに「I発菩提心」が十方浄土を対象とするのに対して、「D発願」が「須らく別して願を発し極楽に生ずることを求むべし」と西方浄土に限定していることも『阿弥陀経』三発願の内容と一致する。すなわち、「唯空発願＝三発願＝発願」であるが、「発菩提心（上根行・中下根行）」はそれらと異なるのである。

さらに上根の実践行は世親『往生論』所説の五念門（礼拝・讃歎・作願・観察・廻向）を基盤に構成されたものであるが、迦才は「作願」を「発願」と改変している。これはおそらく別時意説を意識して「作願」を取り込む形で「発願」を前面に出したのであろう。また、迦才は七日念仏や百万遍念仏の実践を勧めているが、これらの念仏行法は「行」の側面を強調するものであり、浄土教の行体系が「願」のみで構成されているという実践行の易行性・非力性に対する批判を打ち破ることを目的としていたと考えられる。いずれにせよ、迦才は発願の語義規定を厳密に行い、実践行の体系を整備することによって、発願と念仏あるいは発菩提心との混同を阻止する意図があったのではないかと考えられる。

第四項　仏身仏土論と別時意説

仏身仏土論と別時意説の問題は、迦才の教学背景と目される摂論学派などの論師が『摂大乗論釈』の十八円浄説にしたがって、阿弥陀仏の西方浄土を受用土（＝報土）として高領域に設定することによって、(34)凡夫往生が不可能となる矛盾点から生じたものであろう。そのことは『摂大乗論釈』巻一四において、浄土の可得・不可得を論じているところに明白である。

浄土の中に八の不可得と二の可得有り。故に最微妙清浄と名づく。八の不可得とは、一に外道、二に有苦の衆生、三に生姓家富等の差別、四に悪行人、五に破戒人、六に悪道、七に下乗、八に下意下行の諸菩薩なり。二の可得とは、一に最上品意行の諸菩薩、二には諸如来の世に顕現するとなり。(35)

これによれば、最上品意行の諸菩薩と諸如来を除いた八種の機根は浄土を得ることができないとする。この説にしたがう限り、浄土教の対象者であるはずの末法世の凡夫が不可得とみなされることは言を俟たない。(36)

望月信亨氏は凡夫往生と仏身仏土論という不可避な関係の延長上に、「往生別時意説と仏身仏土論」という問題を想定し、この別時意説の論点を確認できる文献として、日本の凝然『維摩経菴羅記』巻七に記載される法常・智儼・道宣・道世等の四土説との関連を指摘する。(37)柴田泰山氏は中国仏教の文献に限定して査定した場合、道世『法苑珠林』の内容から望月氏と同様の結論が得られることを指摘している。(38)望月氏の推論が正しければ、同じ摂論学派系の四土説を提唱する迦才にも共有の問題点であったことが想像される。

まず、『浄土論』第四章の第三問答では仏身仏土論に関する次のような記述がある。

又た前の問に云く、「土は千珍を栄えしめ、仏は万相を題せり。此の人土は倶に下地の窺い遊ぶに非ず」とは、今此の義を答えれば、若し実報の人土を論ぜば、誠に所説の如し。若し是れ事浄土及び化浄土ならば、理則ち然らず。若し事土、報身ならば、則ち上地の所見為り。若し迹身、化土ならば、則ち地前の窺い遊ぶところ為り。若し倶に下地の境界に非ずんば、則ち聖は生を化するの能無く、生は聖に入るの分無し(39)。

すなわち、実報土は凡夫が入ることのできるような低領域ではないが、事用土と化身浄土は凡夫の往生が可能であることを示している。ここでは仏土論に絡めた論述がなされているが、実報土への往生それ自体が別時意であることは明言されていない。しかしながら、本文中に「前の問に云く……」とある第一問答の内容を確認してみると、

今、西方浄土は、乃ち是れ法蔵弘誓の剋する所、法王跨ぎて以て神に拠る。世界を瑩かすに千珍を以てす。聖主、之れを万相と題せり。之の人及び土、倶に下地の窺い遊ぶに非ず。経論は往生を得ることを説くと雖も、恐らくは是れ別時意の語ならん。今、何の道理に依りて往生を得ると判ずるや。是れ則ち道俗僉な疑えり。願わくは、厥の旨を聞かん(40)。

傍線部が当該の箇所であり、西方浄土の高位性を指摘し、それに矛盾して下地（＝地前）の菩薩や凡夫の往生を説いている経論の教説は、別時意にあたるのではないかとの疑念を示していることが認められる。ここで想定される対論者は摂論系の見識を持った学僧と推察され、西方浄土を十八円浄説にもとづいた受用土と理解したうえでこのような批判を行ったと思われる。

迦才は四土説（法身浄土、実報土、事用土、化身浄土）を立て、西方浄土はこのうちの事用土と化土の両方に通じているという通報化土説をとなえた。そして、三界外にある事用土には初地以上の菩薩・阿羅漢・辟支仏・無学人などが生じ、三界内にある化土身浄土には凡夫・有学人が往生するという説示を展開した。つまり、報土と化土に

通ずるという折衷的な仏土論を提示することによって別時意説の間接的な会通を試みたのである。(41) 通報化土説と別時意説の関係については後にあらためて詳論するが、(42) いずれにせよ迦才が仏身仏土論と別時意説の関係という問題をかなり意識したうえで弥陀身土論を立論していたことは確かである。

第五項　まとめ

ここまで迦才の別時意会通説について、批判の論点を整理しながら検討してきた。迦才が認識していた別時意説は実にさまざまな論点が複雑に絡みあって構成されていたことがうかがえる。それらの各論点と『浄土論』各章との結びつきを整理してみると次のようになる。

(1) 経論の了義・不了義
(2) 唯空発願と行願兼修
(3) 仏身仏土論との関係
(4) 衆生論について
(5) 浄土法門の証讃

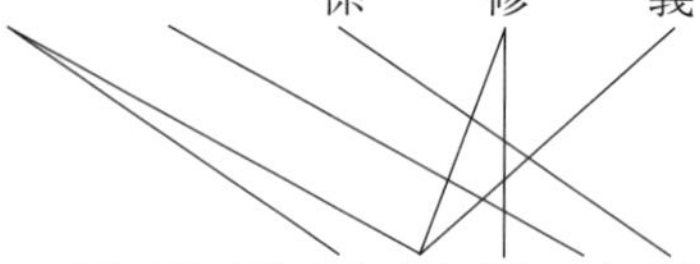

「第一、定土体性」(仏身仏土論)
「第二、定往生人」(韋提希および五濁凡夫の往生)
「第三、定往生因」(各種実践行)
「第五、引聖教為証」(十二経七論)
「第六、往生人相貌」(往生人伝)
「第七、将西方兜率相対校量優劣」(弥勒浄土との比較)
「第八、明教興時節」(末法説)
「第九、教人欣厭観進其心」(厭欣二門説など)

直接の関連がみられない第七章・第八章・第九章の残り三章は各論に近い内容であるから、別時意説を構成するそれぞれの論点は、『浄土論』の主要部分である第一章・第二章・第三章の教説と密接に結びついており、迦才の浄土教思想の骨子がほぼ網羅されているといえる。

迦才が弘法寺に住して浄土教の弘法を試みたのであれば、摂論系の学僧に浸透していたであろう別時意説は、まずもって対応せねばならない急務の課題であったはずである。『浄土論』の教説をつぶさに分析すれば、別時意説は対処的な一問題にとどまらず、教学全体を通じた措置が講じられていたことが看取できる。このような全教学的な対応は、自らの教学背景とされる摂論研究の論点によく通じていた迦才ならではの特色と考えられ、この問題への危機感と解決の必要性を切実に感じていたことがうかがえる。

まず実践行の易行性に対する批判に端を発した別時意説であったが、次第に仏土論や衆生論も巻き込んだ複合的な問題へと膨れ上がっていった。おそらく、道綽『安楽集』の教説をそのまま持ち出しただけでは当時の論難に対処しきれなかったはずであり、それらの批判に耐えうるあらたな教学体系の構築が求められた。別時意説の提唱者側からすれば、易行の業因によって報土往生という大果が得られるとする主張は、彼らの批判的な感情を誘引するものであったに違いないが、迦才のように凡夫の化土往生という、仏身仏土論を通じた対応はそれを緩和する役割も果たしたであろう。後世からみて、道綽の教義を改変したとまでいわれる迦才の浄土教思想はこのような経緯のなかで案出されたものであることを見逃してはならない。換言すれば、この問題への接触と克服こそが迦才における独自性の源泉だったのであり、『浄土論』撰述の一因として別時意説の存在を抜きに考えることはできない(43)。

以上、本節では別時意説の論点とその対応をみてきたが、その問題の大きさから全容を論じ切れなかった部分も少なくない。この点については、実践行の体系化ならびに通報化土説という視点からさらに追論することにしたい。

第二節　実践行体系の形成

第一項　問題の所在

前節では別時意説について論じたが、その問題の主眼は凡夫が修する実践行の易行性への批判であった。すなわち、低劣な凡夫ごときの実践行で西方往生という大きな果報を得るのは不合理であるとの理解が根底にある。そのような批判をふまえたうえで、迦才は凡夫が修する実践行としていかなる内容を提示したのか。とくにその実践行の体系化のプロセスに着目して論及してゆきたい。

中国仏教史上において、はじめて組織立った浄土教思想を提示したのは曇鸞による『往生論註』であろう。『往生論註』は世親『往生論』の注釈書であるから、いうまでもなく五念門が実践行体系として提示されている。ただし『往生論』と『往生論註』の思想がまったく同じであるはずもなく、曇鸞独自の思想が散説されていることはこれまで多く指摘されてきた。無論、五念門の思想も曇鸞の独自性を帯びた解釈がほどこされている。

曇鸞に深く帰依したとされる道綽の『安楽集』にはなぜかこの五念門は取りあげられず、詳説される実践行は「念仏三昧（観仏三昧）」(44)に絞られている。そればかりか、『往生論註』において「修五念門」(45)とあるところをわざわざ「修諸行門」(46)と引用改変し、明らかに五念門の説示を回避した表現さえもみられる。道綽がなぜ五念門を実践行として採用しなかったのかという理由については、先行研究によってさまざまな検討がなされているが明確な答えは出ていないように思われる。(47)

ひるがえって、迦才の『浄土論』をみてみると、西方浄土への往生因として多種の実践行が挙げられている。迦才が示した実践行は上根者用の実践行に六種（A念仏《口念・心念》、B礼拝、C讃歎、D発願、E観察、F廻向）、中下根者用の実践行に五種（a懺悔、b発菩提心、c専念阿弥陀仏名号、d惣相観察、e廻向）である。とくに上根者用の実践行が五念門（礼拝、讃歎、作願、観察、廻向）の項目とほぼ合致することは明らかである。「曇鸞―道綽―迦才」という歴史の流れを考慮すれば、一見すると「五念門―念仏三昧―五念門」と、一度は念仏三昧に約められた実践行が、ふたたび五念門中心の実践行体系に回帰したようにもみえる。はたしてそうなのだろうか。本節はこのような疑問を出発点として、迦才『浄土論』における種々の実践行を取りあげ、その体系化がなされた意義について考察を加えてゆきたい。

ここで先学の研究を回顧しながら、本節で検討する課題について述べていくことにしたい。まず、名畑応順氏は迦才による上根者の実践行について、

禮拝以下の五種は全く天親の往生論の五念門に據つたものであり、名目としては五念門の作願を發願と改めただけである。結局、天親の五念門の第一の念佛を加へて、六種としたものに外ならない。然るに彼と此とはその行門の意味に於て大いに異なるものがある。（中略）別因能求の六種の因行はその意味する所が廣いだけに雜然としてゐて、往生論並に論註の如き純一性を失つてゐることは爭はれない。

と評し、さらに中下根者の実践行についても、

劣機の爲に最後に別説された五種の因は、上根のための通別二因に比すれば、具略の相違があるだけであつて、これが實修の上に著しい難易の差別は見ることはできない。(48)

と述べている。名畑氏の理解によると、迦才の実践行体系は『往生論』『往生論註』の五念門に準じたものであり、

上根行と中下根行の差異は具略の相違に過ぎず、難易度にも変わりがないという。山田行雄氏も名畑説と同様の見解を示したうえで、上根行と中下根行に示される各実践行を次図のように結びつけている。

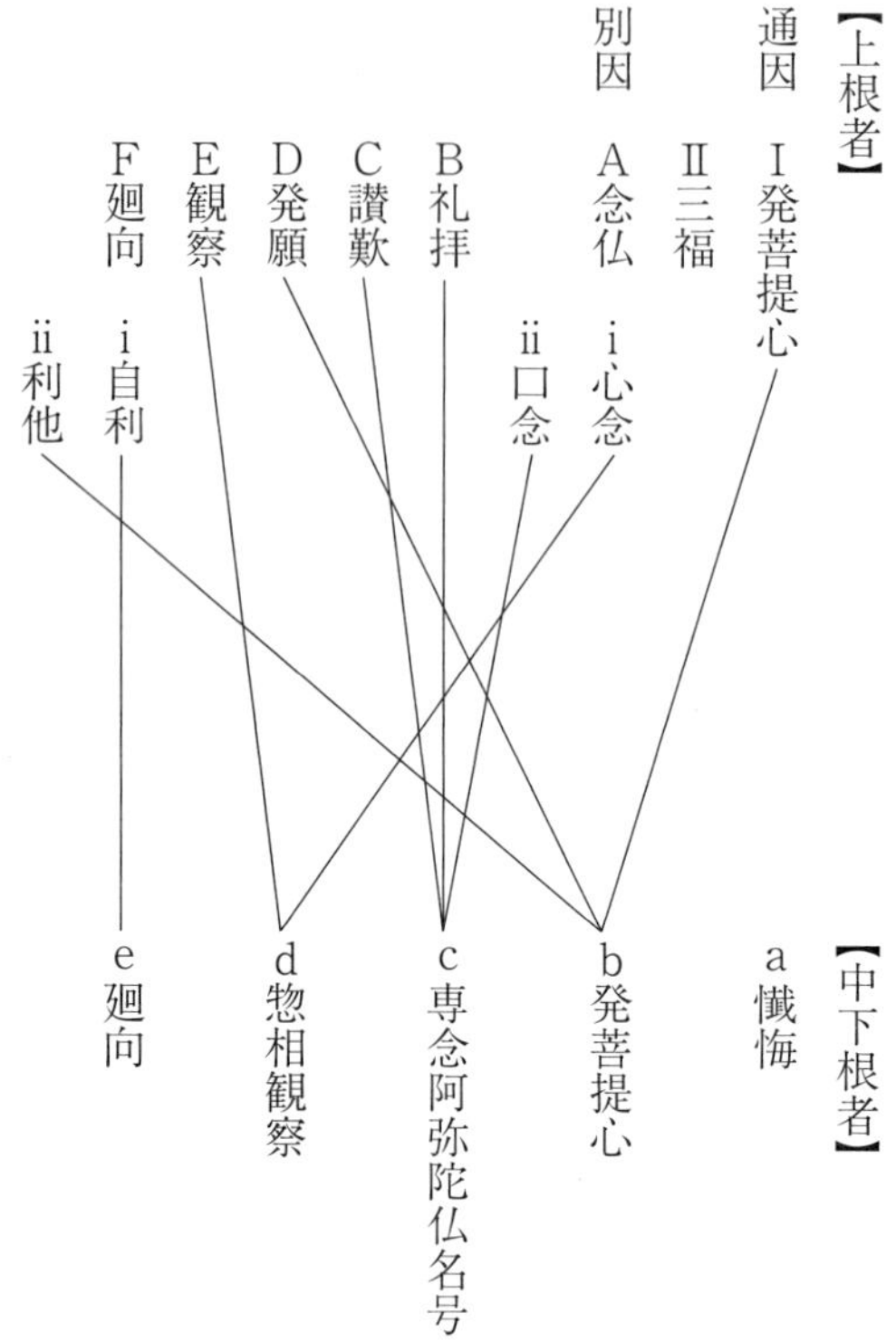

図２　上根者と中下根者の実践行

名畑氏と山田氏が指摘するように、上根行と中下根行の内容を比較すると、相似した性格を持つ実践行が多いのは確かである。しかしながら、迦才は上根行を示した後に問答を立てて、上根行は凡夫の能力に相応しくないとして、あらたに中下根行を五種挙げている。[49] このような問答を提示しているからには、迦才自身において上根行と中下根行を区分する何らかの基準があったはずであり、上根行・中下根行という二層的な構造を有する理由を考える必要があるだろう。また、単純に五念門を承けたとみたうえで「往生論並に論註の如き純一性を失つてゐる」と結論づけるのも早計であろう。そもそも迦才が五念門を顕彰しようという意識があったのかどうかも不明であるし、もし相違する点が多いならば、むしろその意図を探り出すことの方が先決であろう。

次に木村清孝氏は、迦才の中下根行を取りあげて次のように評している。

これら五種の行を挙げることに象徴的に示されている。これでは「易行」といえないことは明らかであろう。迦才においては、末法の自覚、凡夫の自覚はほとんど掘り下げられず、それだけに往生浄土の実践はあくまで衆生の側に力点が置かれて体系化される。その結果が、上の思想として表われているといってよかろう。(50)

これは迦才が中下根者に五種もの実践行を提示したことが、易行性を損なっているという指摘である。ただし、当時における易行性という問題は、前節に論じた別時意説を抜きに語ることはできない。そもそも、善導は『往生礼讃』に五念門を採用し、『観経疏』ではいわゆる五種正行を挙げているのであり、多数の実践行を勧めることが必ずしも易行性を損なっているとは即断できない。これは先の問題点とも関連するが、上根行と中下根行を区別する基準を示すことによって、迦才が易行性という問題をいかにとらえていたのか明らかにすることができると考えられる。

次に柴田泰山氏は、善導『観経疏』以前における諸師の実践行体系を概観したうえで、隋唐代の実践行を次のようにまとめている。(51)

迦才のように浄土教関連経論から多種多様な実践論を提示する場合や、『纘述』・智儼・道誾などのように菩薩行としての一般的な仏国土への往生方法がそのまま阿弥陀仏の浄土への往生を目的とした実践方法として使用されていた場合も見ることができる。すなわち阿弥陀仏の浄土に何をどのように実践すれば往生が可能となるかという問題に関しては、それぞれが様々な実践方法を提示しているのである。

すなわち、隋代から唐代への時代的な傾向として、往生のための実践方法を多種多様に列挙するという方法が浸透していること、(52)一般的な菩薩行をそのまま西方往生の実践行として援用していることを指摘し、そのなかでも迦才はとりわけ浄土教関連経典を根拠とした実践行を提示していることに特徴があるという。また、柴田氏は迦才が本願念仏を説いていないことを指摘し、『浄土論』所説の生因論を「自業往生」と評し、さらに道綽から迦才へと展開する生因論については、道綽の機根観と念仏三昧の説を受けたうえで、迦才は「自らの教学背景から新たな生因論を構築した」と指摘している。迦才は五念門説をふまえて上根行と中下根行という体系化を行っているので、本節ではその思想的意義を問うてゆきたい。

さて、先学の研究には他にも念仏、懺悔、観法など、個々の実践行を研究対象とするものはみられるが、(53)これまで実践行全体を取りあげて考察した研究はみられない。そこで、本節ではまず個々の実践行の性格と相互の関連性について詳細に考察し、そのうえで前述した課題を検討することにしたい。

論点を整理すると、第一に上根行・中下根行という二層構造は何を基準として区分されているのかという点であり、これは個々の実践行の性格や機根の問題から検討する。第二に『往生論』『往生論註』所説の五念門と迦才による上根行の関係であり、迦才がどのような態度で五念門を受容したのか検討する。第三に本願念仏を背景に持たない実践行体系は何に依拠し、いかにして往生と結びつくのかという点であり、これは別時意説との関連から検討することにしたい。本節では以上の三点を勘考したうえで、迦才の実践行体系について考察してゆく。

第二項　各種実践行の考察

迦才の実践行は『浄土論』第三章に述べられている。まず、第一問答で「六経三論」を引証してさまざまな実践行を提示する。しかし、これでは広範すぎるというので第二問答に上根者のための通因（Ⅰ発菩提心、Ⅱ三福業）と別因の能求（Ⅲ二世間浄）・所求（A念仏、B礼拝、C讃歎、D発願、E観察、F廻向）を説くが、それらの実践行は凡夫が修するには難しすぎるとして第三問答では中下根者のために五種の実践行を挙げる（a懺悔、b発菩提心、c専念阿弥陀仏名号、d惣相観察、e廻向）。また、『浄土論』第五章には各実践行の根拠となる「十二経七論」を引証し、それぞれに迦才の注釈文がほどこされている。

今ここで十二経七論と各実践行との対応関係を示せば次のとおりである。

［十二経］

①無量寿経……計一一願上の列挙／上輩＝ⅰ発菩提心、ⅱ出家、ⅲ専念仏名・兼修余福・廻向発願／中輩＝ⅰ発菩提心、ⅱ専念仏名、ⅲ受戒持斎・起塔造像・飲食衆僧・焼香散花・灯幡供養／下輩＝ⅰ発菩提心、ⅱ専念仏名乃至十念、ⅲ聞甚深義信楽（Ⅰ、A、D、F、b、c、e）

②観経……三福（Ⅱ）／十六観（A、E、c、d）

③阿弥陀経……七日念仏（A、c）／空発願（D?）／百万遍念仏（A、c）

④鼓音声経……十日念仏（A、c）

⑤称揚諸仏功徳経…念仏如憶父母（A）

⑥発覚浄心経　…現在時の十念（A）
⑦大集賢護経　…七日念仏（A、c）／仮相観（d）／想仏・見仏
⑧随願往生経　…一向専想西方（A）
⑨薬師経　…七日念仏（A）／聞薬師仏名
⑩般舟三昧経　…念仏（A）
⑪大阿弥陀経　…念仏（A）／持戒、不與女人同床
⑫平等覚経　…過去仏の供養／十念（A、c）／三輩段の各行

［七論］

①往生論　…五念門（B、C、D、E、F）／五功徳門（B、C、D、E、F）
②起信論　…専念阿弥陀仏名号（A、c）／発願廻向（D、F、e）
③十住毘婆沙論　…讃歎（B）／礼拝（C）
④弥陀仏偈　…礼文（B）
⑤宝性論　…発願（D）／見仏
⑥十二礼　…礼拝（B）
⑦摂大乗論　…発願（D）／見仏

本項では、各実践行の内容をみていくにあたって、まず『浄土論』第三章の第二問答ならびに第三問答に記述される各実践行の説明を参照し、次に十二経七論および六経三論に対する迦才の釈文を確認し、そのうえで『浄土論』における実践行それぞれの用例をみていくことにする。なお、各実践行はその行業の性質が近いと考えられる

ものごとにまとめ、それぞれの同異に注意しながら、相互の関連性についても考察することにしたい。

(1) a 懺悔

懺悔行は南北朝以来、とくに懺悔法の儀礼が盛んであったことが知られている。[54] 迦才は懺悔について「先ず須らく無始より已来、道を障うるところの悪業を懺悔すべし[55]」と簡略に説明するだけで、具体的な内容は「方等経」「仏名経」の所説に譲るとしている。

大野法道氏は懺悔を説く経典類を、①四悔五悔系、②称礼仏名系、③反省改悔系に分類しており[56]、本文中の「方等経」は③反省改悔系に、「仏名経」は②称礼仏名系の経典類にあたると考えられる。他の箇所でも「若し人、戒を破りて心に慚愧を生じて大乗経に依りて懺悔せば、罪相を滅することを得[57]」といって、大乗経典によって懺悔滅罪するとしていることから、実際にこれらの経典を用いて懺悔を行ったと思われる。では具体的な経典はどれにあたるのであろうか。

まず「方等経」の具体的な経典名はおそらく『大方等陀羅尼経』であろう。[58]『大方等陀羅尼経』は、種々に陀羅尼の最勝功徳を説き、懺悔法を詳述する密教経典であり、天台智顗の懺法の一つである「方等懺法」のもとになった経典としても有名である。[59] 本経には称我名字（陀羅尼）によって西方往生ができるという教説もあり、浄土教思想との親密性がうかがえる。[60] 道宣『続高僧伝』には『大方等陀羅尼経』を用いた方等懺法に関する記述が散見され、当時において方等懺法が浸透していたことが知られる。[61]『続高僧伝』の記事のなかでも、とくに道綽伝においても、曇選伝においても、「綽、般舟・方等、歳序常に弘め、九品十観、時を分ちて務を紹ぐ[62]」と述べていることは注目される。[63] 曇選伝においても、道綽・智満・曇選の三者が『方等経』について論議を交わしていたことを伝えているから[64]、おそらく道綽も方等懺法を実践していたと思われる。ただし、『浄土論』所収の道綽伝にはとくにそのことを明記していない。

次に「仏名経」とは多くの諸仏名を羅列した経典であって、中国仏教ではこれを用いて仏名を礼誦して自己の罪過を仏前において発露するという懺悔儀式が行われていた。現存する「仏名経」には敦煌出土のものや七寺所蔵本があり、これらの系統や成立などについては多数の先行研究がある。(65)『浄土論』の本文からだけでは、具体的にどのような「仏名経」に拠ったのか判断しがたいが、懺悔行の一環として阿弥陀仏以外の諸仏名も称えていたであろうことが確認できる。

また、道宣『四分律行事鈔』には事懺・理懺・律懺を説くうちの事懺の内容として、

若し事懺を論ぜば、(中略)厳浄道場を止得し、称歎虔仰し、或いは礼拝に因み、或いは仮りに旋繞を誦持し、誠心を竭して勝境を縁ず。則ち、業に軽・重と定・不定の別有り、或いは転報有り、或いは軽受有り。並びに「仏名」「方等」の諸経の明かす所の如し。(66)

と、厳浄道場、称歎虔仰、礼拝、誦持、旋繞を挙げ、これらは「仏名経」と「方等経」等の所説によるとしている。(67)両経典を提示するのは迦才と同様であり、礼懺儀礼を説く典型的な経典とされていたことがうかがえる。道宣が挙げた事懺の項目は、迦才の実践行では「B礼拝」「C讃歎」および「c専念阿弥陀仏名号」の別時念仏の細目などと重複する内容であり、両経典による懺悔法は多数の行業を複合的に含んでいると認識されていたことが、道宣の解釈からも確認できる。

この懺悔行と他の実践行との関連で注意すべきは、「b発菩提心」と「c専念阿弥陀仏名号」である。すでに指摘されるところであるが、(68)懺悔の説明に「先ず須らく……懺悔すべし」とあり、懺悔は中下根の実践行のうちで最初になされるべき行とされる。その場合、二番目に示された「b発菩提心」の三義(i断一切悪心、ii修一切善心、

iii化度一切衆生心）のうちの第一義との関連性がみられ、そのことは『浄土論』第九章に「此の如き悪業、若し菩提心を発し、慚愧懺悔せずして一たび悪道に入りぬれば、出期有ること無し」(69)と、発菩提心と懺悔が併記してあることからもうかがえる。

次に「c専念阿弥陀仏名号」との関連であるが、『浄土論』第八章には次のような記述がある。

若し此の『経』に拠らば、今は是れ第四の五百年、余。既に定慧の分無し。唯だ須らく修福して懺悔すべし。修福と懺悔を最も要と為すとは、諸の経論を観るに、仏を礼し、仏を念じ、仏の相好を観ずれば、此れ最も勝れ為り。(70)

ここで迦才は「礼仏・念仏・観仏相好」の三種の行業を挙げ、修福懺悔の内容としている。前述したように「仏名経」「方等経」による礼懺儀礼は誦仏名等の多数の行業を含むものであるから、これらの「礼仏・念仏・観仏相好」を主とした「浄土行」が行われていたものと思われる。

以上、懺悔の記述を確認したのであるが、残念ながら儀礼の具体的な内容は詳述されていない。注目すべきは、迦才が「仏名経」と「方等経」の所説を指示しているものの、実はこれらの典籍は十二経七論中には選定されていないという点である。すなわち、懺悔行は迦才が示す実践行のなかで、十二経七論の裏づけを持たない唯一の実践行なのである。その理由として、懺悔は称諸仏名などを含み、阿弥陀仏の浄土を志向する行だけには限られていないこと、あるいは懺悔の具体的な内容を「礼仏・念仏・観仏相好」の諸浄土行と理解していることなどが考えられる。礼懺儀礼は多数の行業との関連を持ちうるから、さまざまな実践行と並行しながら修されていたものと思われる。

（2）I発菩提心、D発願、F廻向／b発菩提心、e廻向

【I発菩提心、b発菩提心】

まず「発菩提心」は上根・中下根ともに挙げられており、いずれも『無量寿経』の三輩段の内容があてられている。上輩・中輩・下輩のいずれもこの発菩提心を挙げているが、これらは同一の内容ととらえてよいのであろうか。また上根行の通因として挙げられた「I発菩提心」と中下根行の「b発菩提心」も同じものと考えてよいのだろうか。迦才の解釈では、発菩提心にそれぞれ浅・深があると思われる。

『浄土論』第二章に九品を解説するなかで、上品下生では『観経』の「無上道心を発す」という記述を典拠に「十信位の初めの菩提心を発す」としている。(71) 次に下輩三品でも善知識に遇うことによって「極めて菩提心を発す」という。(72) いずれも菩提心であるが、「十信位の初めの菩提心」とは十信位中の信心を指すと考えられるから、(73) 下輩三品の菩提心とまったく同じ内容とすることはできないだろう。

また、上品上生については、『観経』の三心と『起信論』『維摩経』の三心を同一視している。(74)『起信論』分別発種道相には、菩薩の発心に「信成就発心」「解行発心」「証発心」の三種を説き、菩薩の修行が進むにしたがって発心の内容も段階的にすぐれたものとなることを説いている。(75) このうちの信成就発心の内容が三心（直心・深心・大悲心）であるから、迦才は『観経』の三心を発心の一種としてとらえていたことがうかがえる。

すなわち、迦才における三心は往生浄土を求めるための特別な心ではなく、「十解の初心」に発す心であり、「一切の行の初め」に発す心なのである。これは発菩提心の一種と考えても差しつかえないであろう。さらに『浄土論』第一章に西方浄土が不退であることの証拠として四因縁を挙げるなかに、

三には女人有ること無し。六根の境界、並びに是れ道に進む縁なるが故に不退なり。『無量寿経』に「眼に色

を見て即ち菩提心を発す。乃至、心に法を縁じて亦た菩提心を発す」と云うが如し。[76]と『無量寿経』の文に注意しているから、往生後の浄土においてもあらたに菩提心を発すことがわかる。

以上の点から、迦才が説く発菩提心にはさまざまなバリエーションがあり、機根に応じて浅・深があると認識していたと考えるべきであろう。[77]

【D発願】

次に「D発願」の内容を確認したい。『浄土論』第三章の第二問答における発願の説明は「種々に心に随って願ずる」として願の内容をさまざまに挙げているが、具体的にどのような作法を行うのかは明示していない。ただし、迦才は『宝性論』の偈頌を指示しているから、偈頌にある「願わくは……」以下の内容が発願を指すと考えられる。十二経七論にも『宝性論』を挙げて同文を引用しているが、とくに釈文は加えられていない。ただ十二経七論の列順の前後には『弥陀仏偈』と『十二礼』があり、いずれも「B礼拝」を行う際の礼文として使用されていたと思われる。それと同様に『宝性論』も誦文としての性格を持っていると考えられる。

同時代に活躍したとされる善導『往生礼讃』にはいわゆる「発願文」がみられ、この時代には先の懺悔文献も含めた礼懺諸文献（礼讃文・懺悔文・発願文）が多数残されている。齊藤隆信氏の研究によると、善導の「発願文」や「偽撰天台発願文」などは類似する語文形式を持ち、共通する雛形があったのではないかと推測されている。[78]

迦才の場合は単に誦取すべき論書の偈頌を紹介するのみで、これらの儀礼形式の影響がどの程度あったのかはわからない。ただし当時の状況を鑑みれば、これらの諸礼懺儀礼の隆盛は無視できないであろうし、「a懺悔」「B礼拝」「C讃歎」「D発願」などの誦文を用いる実践行も間違いなく、その影響下にあったと思われる。ただ、いずれもその説明が簡潔であり、さほど強調している様子もみられないことから、迦才自身は儀礼的な方面にそれほど興味がなかったのかもしれない。

一方で、他の箇所における「発願」の用例をみてみると、「発願廻向」「廻向発願」という表現、もしくは『阿弥陀経』の三発願の用例が目立つ(79)。前者は上根行と中下根行に挙げられた「廻向」と結びついたものと考えられ、後者は別時意説との関連が深い内容である。まず「発願」と「廻向」を組みあわせる表現は、『大阿弥陀経』に「廻向発願」の語句がみられ、また『観経』の三心にも「廻向発願心」を説くので、これらを参照したのであろう(80)。この場合の「発願」が「D発願」と同じ内容なのかは定かではないが、「廻向」と結びついた場合には、限りなく「願」に近い意味を持っており、礼儀的な要素は弱くなってしまっているように思われる。後者の『阿弥陀経』の三発願は、迦才によると唯空発願に該当し、あわせて七日念仏などの「行」を加えなければ別時意になるという。すなわち、三発願は「願」としての性格のみを有していると考えられる。

【F廻向、e廻向】

「廻向」は、上根行・中下根行ともに諸功徳をふり向けて往生を願うという内容である。上根行の「F廻向」にはさらに「衆生と共に往生せんと廻向す」という利他的な要素が加わっている。また「若しは福、若しは智、総じて願じて廻向して、極楽に生ぜんと求むるなり(81)」とあるのは、『摂大乗論』の「福徳・智慧」の二行を意識した表現であろうか。前述したとおり迦才は「廻向」と「発願」を合して用いることが多く、さらに、

・三には須らく専ら仏名を念じ、兼ねて余福を修して廻向発願すれば、即ち往生を得(82)。

・或いは三福業と十六観門とを明かし、或いは菩提心を発して、七日念仏せしめ、或いは発願廻向して、十念往

生せしむ。(83)

というように、念仏行をあわせて表現することが多い。これは明らかに行願兼修の別時意説を意識しており、「行」である念仏と「願」である発願廻向とが互いに扶けあって、はじめて往生行となりうるのである。

（3）A念仏（口念）、B礼拝、C讃歎／c専念阿弥陀仏名号

【A口念、c専念阿弥陀仏名号】

まず、上根者に説かれる「A口念」であるが、ここでは「百万遍」(84)「七日」という数量ないし日数の念仏を勧めており、実際に道綽がこの百万遍念仏を実践していたことも伝えている。(85) 迦才は口念について詳説しないが、内容的に阿弥陀仏の名号を念じたとみて差しつかないだろう。七日念仏を勧める経典は『大集賢護経』『薬師経』『阿弥陀経』などであり、十二経七論中においてもそれぞれ引用解釈されている。

中下根者に説かれる「c専念阿弥陀仏名号」では、前半に「別時の念仏」、後半に「平時の念仏」が説かれている。まず別時の念仏では、道場に籠り、仏像を安置して、七日念仏あるいは十日念仏を行う。上根行の口念とは異なり、「百万遍」と明記されていないのでとくに回数は定められていないのであろう。また、「礼拝、旋遶を須いず」とわざわざ注記してあるのだから、礼拝行は中下根者の実践行から意図的にはずされていることがうかがえる。次に平時の念仏には「常念仏名の得益」として、ⅰ諸悪止滅、ⅱ見仏の因縁、ⅲ命終時の正念現前という三義が説かれている。ただし、この平時の念仏には「道場を出て後」と条件が付してあるので、あくまで別時念仏を修した後の衆生にのみ指示した行である。

【B礼拝、C讃歎】

「B礼拝」と「C讃歎」はともに上根行だけにみられる。まず「B礼拝」の説明では「香花厳持」「口称仏名」「五体投地」を行い、さらに龍樹の『十二礼』を誦すべきことを勧めている。十二経七論には同じく龍樹作の『弥陀仏偈』と『十住毘婆沙論』の礼文も挙げられている。

「C讃歎」は、別して阿弥陀仏の依正二報などを讃歎する口業であり、『十住毘婆沙論』の偈頌と『往生論』の讃文が挙げられている。十二経七論の『十住毘婆沙論』に対する釈文には「唯だ礼拝・讃歎すれば即ち往生を得」とあり、ここから讃歎と礼拝は合糅して行われる実践行であることがわかる。礼拝・讃歎はともに口業であり、それぞれの内容にみられる「口称仏名」や「讃阿弥陀仏」という記述から、同時に口称念仏も行われていたと考えられる。

(4) A念仏(心念)、E観察/d惣相観察

【A心念】

上根行の「A心念」に二種を説くうちの「ⅰ仏の色身を念ず」というのは、八万四千の相・好・光明を対象としているので、『観経』第九真身観がもとになっていると思われる(86)。これは十六観の一つであり、むしろ観察行に配当されるべき内容とも思われるが、経文には「念仏衆生」や「念仏三昧」の語句がみられるため、念仏行の内容としたのであろう。

次に「ⅱ仏の智身を念ず」であるが、「智身」の語句は『華厳経』などに「法身智身」の語句がみられ、法身とほぼ同義で用いられている(87)。ゆえに迦才が指示する念仏行のなかでは、『起信論』説示の「真如法身を観ずる念

仏」が該当すると思われる。すなわち、十二経七論に『起信論』を引用して、阿弥陀仏の真如法身を観ずる念仏行を紹介し、これを十解以下の行としている。[88] 迦才は上品上生の階位を「十解の初心」としているので、上根者であれば実践可能であるととらえていたことがうかがえる。

【E観察、d惣相観察】

上根行の「E観察」では、『観経』の十六観や『往生論』の二十九種荘厳に説かれる依正二報の各相を一々に観察して、それぞれを順々に成就していくとある。『浄土論』第九章の第六問答には十六観について次のように説明している。

若し衆生、往生せんと欲すれば、唯だ須らく相生の観を作すべし。相生の観の中に就いて、仮有り、実有り。先ず須らく仮想の観を作して、了々分明ならしむべし。然るに後に始めて実観を作すことを得。十六観の中の如きは、日と水の二観は是れ其の仮相なり。地観已去は三昧に依りて成ず。名づけて実観と為す。[89]

まず、十六観中の日想観と水想観によって極楽世界の仮相を観想する「仮想観」を行い、それ以降が極楽浄土の依正二報を対象とする「実観」となり、これは「三昧」によって成就するという。仮想観と実観はいずれも有相を対象とする「相生観」とされている。

中下根行の「d惣相観察」では、西方浄土の依正二報の各相を全体的に観察するという行法を示し、『大集賢護経』による観察を挙げている。十二経七論の『大集賢護経』に対する釈文では「此の『経』に依らば、唯だ仮想して七日念仏を須うれば、即ち現見を得。命終の時に非ず」とあるので、これは仮想観によるものと思われる。また、「仮想して七日念仏を須うれば」とあることから、惣相観察と念仏が並行して行われていることが推測できる。同様のことは、『浄土論』第四章の第八問答にある「結使を雑えざる念とは、唯だ須らく一心に相続して仏の相好を観ずべし」[90]という箇所からもうかがえ、おそらく観察と念仏は合糅して行われていたと思われる。先の「A心念」の箇所で『観経』の真身観の内容を引用するのも、観察と念仏の合糅の関係を示しており、また『起信論』所説の念仏も「真如法身を観ずる念仏」である。

ところで、「E観察」と「d惣相観察」との両観察には、ともに「定んで往生を得」という論述がみられる。他の実践行には「定んで」とまで強調する記述はない。なぜ観察だけにこのような記述がみられるのだろうか。これは実践行の次第順序ということが関わっているのではないかと考えられる。厳密な順序ではなく、ある程度前後すると思われるが、上根・中下根の両観察はいずれも最後尾の「廻向」の直前に配置されるもっとも難度が高い実践行である。ゆえに観察を成就できる修行段階に達しているならば、他の実践行も充分に習熟しているということになるのだろう。迦才が観察行を高く評価することは次の論述にもあらわれている。

・専心に念仏し及び観行を作す者は、並びに前の二輩の中に在りて生ず。下輩の中に入ることを論ぜざるなり。[91]

・若し勇猛精進にして、観行分明にして、臨終の最後に心乱れざる者は並びに上生を得。乃至、臨終の最後に十念相続して、現在前する者は下品下生を得。[92]

いずれも観察行を成就すれば上輩生を得ると断言していることが読み取れる。すなわち、観察行は上輩三品の往生を目指す場合に必ず要請される実践行であるということがわかる。

ここで、「A心念」と「E観察」「d惣相観察」の関係を整理しておこう。両観察はともに依正二報を対象としている。一方、「心念」は色身と智身を念ずるのだから、依正二報のうちの正報だけに限定していると思われる。既述した議論をふまえると、正報を対象とする「A念仏行（心念・口念）」の延長上に、依報も対象に加える「観察」

が想定されていると考えることができようか。すなわち、心念は口念を含有し、さらに観察は心念をも包摂するという図式である。もちろん、観察が念仏行のすべてを包摂するとまでは断言できないが、両者が多分に重複する領域を持っているとはいえそうである。

以上、迦才が提示する実践行をそれぞれ考察してきた。上根行と中下根行において相似した名称を持つ実践行（念仏、観察、廻向）の場合でも記述内容はそれぞれ異なっており、意識的に区別を試みようとしたことがうかがわれる。ただし、曖昧な記述も多く、各々の実践行が相互の領域に重なりあう内容も多分にみられた。このことから、実際には各実践行がさまざまに合糅されて修されていたであろうことが看取できる。また、全体として観察行はやや難易度の高い行業とされる傾向があった。

第三項　上根行と中下根行の分類

前項でみてきたとおり、迦才は西方浄土への往生因として多種の実践行を挙げており、それらの実践行は上根行と中下根行の二層構造を有している。これは同じ浄土往生を志向する実践行であってもそのなかに難易の差異があるという理解である(93)。では、この上根行と中下根行における相違は何を基準に設けられているのだろうか。まず、機根の面から考えてみよう。『浄土論』における機根の分類には表18のような区分点がある。

まず、「聖人／凡夫」という区分であるが、これは前章に検討したとおり、自らの業力によって不退を得られるか否かということが着眼点となっている。聖人（＝菩薩）は衆生救済のために惑を留めて娑婆世界に残り、往生を

表18 『浄土論』における機根の分類

階位（五十二位）	衆生の機根（三輩・九品・聖凡）			実践行	無生法忍	浄土の種類	不退
十地：八地以上	聖人（内凡位）				約位（修慧）・真俗双行・無功用智	報身浄土（三界外）	念不退
十地：初地以上					証理（修慧）・証遍満法界 二空真如		行不退
十廻向 十行					縁観（思慧）・作三無性観・解万法無生	化身浄土（三界内）	位不退
十解（＝十住）							
十信	凡夫（外凡位）	上輩（出家）	上品上生	三福・発菩提心 念仏・礼拝・讃歎 発願・観察・廻向	縁教（聞慧）・読大乗経論・作無生解	純大乗土	処不退
			上品中生				
十信前の修善凡夫			上品下生				
七方便位		中輩（在家）	中品上生	懺悔・発菩提心・専念阿弥陀仏名号 惣相観察・廻向		純小乗土	
			中品中生				
五停心前の修善凡夫			中品下生			大小乗雑土	
常欲凡夫		下輩（在家）	下品上生				
			下品中生				
			下品下生				

願わない存在である。また、『浄土論』第八章に、

若し自ら定慧の分有りと知らば、則ち此の方に於て道を修して無上菩提を求むべし。若し自ら定慧の分無きと知らば、則ち須らく浄土の行を修し、浄土の中に就いて無上菩提を求むべし。(94)

とあるように、聖人は此土において仏道修行して無上菩提を求めるのであり、凡夫は浄土行を修して処不退の西方浄土に往生し、彼土修道を通じて無上菩提を獲得するのである。このように聖人は往生を願う行業を修する必要がないため、上根行の対象者からは外れているといえるだろう。つまり、上根行・中下根行の対象者は十解以下の階位に位置する広義の凡夫である。

次に三輩および九品について考えてみると、上輩（上三品）と中下輩（中三品・下三品）を峻別しうる差異は、「出家」と「在家」という区分であることがわかる。迦才は『無量寿経』三輩段を引用した際に、上輩は「上品三生の者は唯だ是れ出家の人」、中輩は「唯だ是れ俗人」、下輩は「道俗に通ず」とそれぞれ解釈している。(95)これが上根行と中下根行を分類する基準として、もっとも蓋然性の高い区分点ではないかと思われる。その証拠として『浄土論』第六章の往生人伝における各往生人の実践した行業を挙げておきたい（表19参照）。

まず、往生人伝における行業のほぼすべてに念仏が挙げられている。出家者である比丘・比丘尼の行業には他に「礼拝」「発願」「観察」や「浄土行(96)（業）」「西方業」という記述がみられ、在家者の行業も念仏以外では「懺悔」「廻向」「礼拝」などがある。⑫魏世子に「礼拝」が挙げられている以外は、ほぼ上根行と中下根行の分類に対応していることが読み取れる。

もし「出家／在家」という区分点が正しいならば、出家者のみに「B礼拝」と「C讃歎」が挙げられているのはなぜだろうか。これは『十住毘婆沙論』などの偈頌を誦すという内容が、在家者の行として問題になるからなのか

表19　『浄土論』における往生人の実践行

出家者			在家者		
比丘僧	①方啓法師	念阿弥陀仏、発願、観察、礼拝、讃法華経、浄土行	優婆塞	⑪阿曇遠	菩薩戒、懺悔、誦経、夢中見仏
	②曇鸞法師	西方業、浄土業、念弥陀仏		⑫魏世子	斎戒、礼拝、誦経
	③灯法師	来者に阿弥陀仏の名号を口授		⑬張元詳	持戒、誦無量寿経、念弥陀仏
	④洪法師	見仏の業、念阿弥陀仏		⑭老翁	専念阿弥陀仏
	⑤僧衍法師	念阿弥陀仏、礼拝		⑮不明	念仏、臨終十念
	⑥道綽法師	浄土行、念阿弥陀仏、礼拝供養、小豆念仏		⑯県尉温静文の婦人	口念、念阿弥陀仏
比丘尼僧	⑦尼法盛	礼仏	優婆夷	⑰老翁・老婆	念誦行業、廻向、斉声念仏
	⑧尼法勝	禅、律、念仏		⑱般龍村の老婆	念阿弥陀仏、誦念
	⑨尼光静	禅慧、念仏		⑲裴婆	小豆念仏
	⑩尼大明月	念仏		⑳姚婆	念阿弥陀仏

もしれない。出家者であれば讃文を入手してただちに誦すことが可能であろうが、在家者では識字の可・不可という要素も含めて誰にでも容易に実践できる行ではないかもしれないからである。

また、在家者だけに挙げられている「a懺悔」ははたして出家者に必要ないのであろうか。これはおそらく、すでに懺悔をし終えた出家者こそが上根者なのであり、いずれも中下根者としての段階を通過しているということなのであろう。もちろん、懺悔は礼拝・念仏・観察などと親密な実践行であるから、これらの行業を修するなかで同時に行われたと考えることも可能である。

次に上根・中下根の実践行と十二経七論の関連について考えてみたい。前述した十二経七論と各実践行との対応をみてみると、中下根行であるa～eがすべて「経」を典拠としているのに対して、上根行であるB～Fは「経」に加えて菩薩の「論」、とくに『往生論』の五念門を基盤とした行体系によっていることがわかる。すなわち、仏による「経」をよりどころとして構成されたのが中下根の実践行であり、それに菩薩の「論」に示された実践行を加えたものが上根の実践行ということができる。

ここまでの考察から、迦才による実践行がなにゆえに二層構造を有しているのか明らかになったと思われる。すなわち、上根行と中下根行を峻別する要素は、機根の面からいえば「出家／在家」の区分であり、行の性質という面からみれば典拠となる「経／論」の分類がもっとも適当ではないかと考えられる。

第四項　五念門説の改変

前項までに検討したように、迦才における実践行の体系化において『往生論』の五念門説が深く関与していることは間違いない。では、迦才の説は独創的なものであるのか、それとも先行する諸師の解釈に順ずるものであるのか。ここでは迦才が『往生論』ならびに『往生論註』に説示される五念門説をいかなる態度で受容したのかみてゆきたい。

（1）曇鸞の五念門説と迦才の上根行

曇鸞の『往生論註』が、その後の中国仏教にどのような影響を与えたかという点については、柴田泰氏の研究によって『浄土論』『浄土論註』の流伝の過程が精査されている[97]。それによれば、曇鸞以後で迦才を除けば、慧遠『観経義疏』にわずかながら五念門へ関説した部分がみられる程度である。

それでは曇鸞の五念門説と迦才の上根行の関係について検討したい。順を追ってみてゆくと、まず礼拝門について『往生論註』では「帰命」や「恭敬」などを用いて説明するものの、迦才はそれらの語句にとくに注意した様子がない[98]。次に讃歎門について『往生論註』ではここに念仏行を配しているのに対して、迦才は念仏を五念門の別枠に位置づけており、曇鸞独自の行体系がまったく顧みられていない。次に作願門と観察門であるが、まず迦才の上根行では「作願」が「発願」と改称されている。この理由としては、前節において論じたように唯空発願の別時意説へ対応する意識があったと思われる。一方、『往生論註』では奢摩他・毘婆舎那の訳語である止（＝奢摩他）と観（＝毘婆舎那）について詳釈をほどこしているが、迦才は十二経七論に五念門・五功徳門を引用する以外では、一度も奢摩他・毘婆舎那の語句を用いていない。最後に廻向門であるが、曇鸞の特徴的な解釈である還相廻向の思想は、迦才にまったくみられない。このように曇鸞と迦才の五念門解釈を比較してみたが、迦才はほとんど曇鸞の特徴的な解釈によっていないことが明らかである。むしろ慧遠『観経義疏』による簡潔な説示の方が近いといえる[99]。

前述したように、迦才は奢摩他・毘婆舎那の語句をほとんど用いていないのであるが、上根行が五念門説をベースにする以上、その語句の使用は避けられなかったはずである。それでは迦才はなぜ曇鸞のように奢摩他・毘婆舎那を用いないのか。これはやはり瑜伽行である奢摩他・毘婆舎那の難行性という問題にいき当たったのではないかと思われる。

曇鸞の『往生論註』が作成された当時は、唯識系の経論がまだ充分に訳出されていなかったことも手伝って、奢摩他・毘婆舎那の難行性という点はさほど問題とはならなかったのかもしれない。[100] しかしながら、それが時代を経て読解される場合には事情が変わってくる。すなわち、迦才の頃までには真諦三蔵を中心とした唯識関係論書の訳出（『起信論』『摂大乗論』『倶舎釈論』『三無性論』『転識論』『顕識論』など）によって教理研究が進められた。当然、それらを背景とした理解が一般化し、奢摩他・毘婆舎那の解釈や修道論における位置づけにも少なからず影響を及ぼしたはずである。[101] つまり、曇鸞と迦才の間には百有余年の時間の経過があり、迦才当時の研究状況において曇鸞独特の奢摩他・毘婆舎那解釈をそのまま踏襲することは至難であったと考えられる。[102]

そもそも、迦才の解釈は『往生論』の原文とさえほとんど一致しない。『往生論』と『往生論註』に共通するのは、五念門における実践行の中心を奢摩他・毘婆舎那、すなわち作願門・観察門とすることであるが、迦才の上根行では「発願」と改変されてしまっていて、その行体系自体が変容しているのである。

(2)『往生論』と『摂大乗論釈』の浄土教思想

前述したとおり、曇鸞以後の五念門解釈にもっとも大きな変容を与えた出来事は、やはり真諦三蔵による『摂大乗論釈』の訳出であろう。『往生論』と『摂大乗論釈』はともに世親による著作であり、『往生論』の二十九種荘厳説と『摂大乗論釈』の十八円浄説による仏土思想、ならびに奢摩他・毘婆舎那などの実践行はとくに密接な関連がみられる教説である。[103] 柴田泰氏は中国諸師による『往生論』（＝『浄土論』）の評価について、「諸師は浄土論を唯識の書として読んでいる。このことは僅かではあるが、二乗種不生、別時意説の解釈で納得されよう」と述べている。[104] 迦才を含め、当時における『往生論』の理解が唯識系論書である『摂大乗論釈』にもとづいてなされていたであろうことは想像にかたくない。

『摂大乗論釈』の十八円浄説のうち、第十五路円浄[105]、第十六乗円浄[106]、第十七門円浄[107]には浄土へ往還する方法が示されており、聞思修の三慧を「路」として、奢摩他・毘婆舎那を「乗」り物とし、大空・無相・無願の三解脱の「門」より通入するという内容である。この奢摩他・毘婆舎那は、『摂大乗論釈』においては、修道論の主幹となる「唯識観」の一角に位置づけられており、高度な菩薩行として論述されている[108]。

このような『摂大乗論釈』が提示する諸教説を、そのまま往生思想と同列に理解するのは若干の違和感を持つところである。ただ、『往生論』の奢摩他・毘婆舎那を中心とする五念門の往生思想とは相い通ずる点が少なくない。すなわち、『往生論』では阿弥陀仏の浄土について、「彼の世界の相を観ずるに三界の道を勝過せり[109]」と三界外の蓮華蔵世界（＝受用土、報土）と規定し、また五念門を修する往生の主体者についても「当に知るべし、菩薩は是の如く五念門の行を修して自利利他し、速やかに阿耨多羅三藐三菩提を成就することを得るが故に[110]」と菩薩を主体者とする。このように両典籍の基本的な枠組みは共通している。つまり、五念門は菩薩が報土往生するための実践行なのである。

さらに迦才当時の状況を鑑みれば、『往生論』の奢摩他・毘婆舎那や仏土論は、『摂大乗論釈』の十八円浄説や唯識観を媒介として、より高度に整備された教説として理解される可能性が存していた。あわせて、「往生」を冠したインド経論の典籍がほとんど存在しない事実を考慮すると[111]、迦才の周辺においては『往生論』と『摂大乗論釈』による浄土教理解が常識的であったと考えられる[112]。

ここで、迦才と同時代の文献が五念門や奢摩他・毘婆舎那をどのように扱っていたのか確認しておこう。まず、道世『法苑珠林』業因部には十説の実践行が挙げられている[113]。

・【一行】『涅槃経』護法因縁、『維摩経』、【二行】『摂大乗論』無分別智・後得智、定慧、【三行】『涅槃経』思惟三三昧、『観経』三福業、【四行】『維摩経』、【五行】『往生論』五念門、【六行】『維摩経』、【七行】『維摩経』、【八行】『維摩経』、【九行】『無量寿経』三輩九品、【十行】『弥勒発問経』慈等の十念

ここでは行の法数に着目して、七種の経論が計一三回引用されている。注目すべきは、『往生論』の五念門説とあわせて『摂大乗論』が引用されていることである。

『梁摂論』の云うが如きは、「出世の善法とは無分別智及び後得智の生ずる所の善根なり。出世の善法を名づけて因と為す。或いは定慧を用いて乗と為す」と。[114]

これは道世による取意抜粋であり、二行の業因として、無分別智と後得智、あるいは第十六乗円浄に説かれる定慧（＝奢摩他・毘婆舎那）によって往生するという。ここから『往生論』『摂大乗論』などの菩薩行と、『無量寿経』『観経』の行業とが、難易度の差異はまったく関係なく一線に並べられていたことがわかる。

次に智儼が『孔目章』において五念門・五功徳門を引用していることが注目される。[115] 智儼の浄土教思想は不退を得た菩薩が三界外の報土へ往生するものであるから、実践の主体者が菩薩であれば五念門の実践をうながすのは当然であろう。また、智儼は往生験生法として十種の実践行を示しているが、何らかの意図をもって体系化しようとした様子はなく、これらはただ無秩序に並べられたものである。[116]

次に敦煌本の『摂大乗論疏』巻七には、禅定に四種類あるとして、①三摩提（等安）、②持訶那（禅那）、③三摩跋提（等倶至）、④奢摩他（寂静）を挙げるなか、奢摩他について次のように説明している。

四には奢摩他、此には寂静と翻ず。已に下地の惑を離れ、惑が通じて復た用無きが故に寂静と名づくるなり。前三名は流・無流に通じて悉く之を立つるを得るも、唯だ無流定のみが此の奢摩他の名を得るなり。[117]

これによれば奢摩他は下地の惑業を離断した寂静であり、「唯無流定」であるとして他の禅定よりも高位に位置づけられている。すなわち、当時において奢摩他・毘婆舎那が高度な菩薩行としてとらえられていたことがうかがえる。

以上、迦才当時の五念門説の取り扱い方について確認した。凡夫の化土往生を志向する迦才にとって、このような教説を受け入れがたいことはいうまでもない。『往生論』自体でも、その思想は菩薩が五念門によって三界外の浄土に往生するという説である。加えて『摂大乗論釈』の十八円浄説や唯識観（奢摩多・毘婆舎那）の思想が結びつくことによって、より高度な行法へと昇華したとするならば、五念門の内容をそのまま無批判に受容することは不可能であろう。

また、前述した九品説などの機根の分類にみられるように、迦才は修道階位の規定をかなり徹底している。[118] 当然、それらの階位説に対応して、各機根が実践可能な行業も綿密に規定されるはずなので、凡夫に菩薩行を要請するような矛盾は起こりえない。したがって迦才による上根行は『往生論』所説の五念門と、行体系の枠組みや名称こそ近似しているものの実質的な内容はほとんど継承されていないといえる。すなわち、迦才の上根行は五念門を脱却してあらたに創設された凡夫が化土往生するための実践行体系なのである。

第五項　別時意説への対応

迦才の別時意会通説については前節に検討したとおりであるが、そこで論じ切れなかった内容も残されていた。若干重複する部分もあるが、本項では別時意説を軸にして、迦才の実践行体系の思想的意義を検討したい。

（1）了義・不了義にもとづく実践行

まず、経論の了義・不了義は、迦才の経論観を示す一種の教判的な意味を有しており、実践論・別時意説・十二経七論の三者をつなぐ内容でもある。前節に論じたように、往生のための実践行を提示している十二経七論は、すべて「了義経」という基準において同価値とみなされ、各論書もそれらの経典群に準じた理解がなされている。したがって、十二経七論に支持された各実践行は、いずれも了義経に準じているという意味において同価値を有している。換言すれば、どれか一つが突出して優位的な価値を持つことのない並列的な関係によって行体系が構成されているということができる。

右のような基準をふまえて、あらためて十二経七論の内容を確認してみると、一見してわかるように、十二経に選ばれた各経典はすべて念仏行に関わる内容を提示している。そのなかでもとくに「七日念仏」「十日念仏」への強い興味が認められ、引用経論に対する迦才の釈文では必ずそのことを注記している。一方で、『無量寿経』の第十八願も引用はされているが、『観経』下下品に説かれる十念往生との関係は明示されず、臨終時の十念はあまり強調されない。

すなわち、迦才は多数の浄土経典に共通して明示されている「七日」「十日」の別時念仏を念仏行の主軸ととらえたのであり、ここに迦才の独自性があらわれている。換言すれば、迦才の念仏に対する注目点は本願などの本質的な側面ではなく、多数の浄土経典に勧められているという客観的事実なのであり、これは諸浄土経典をひとしく了義経とみなす経典観に起因しているのである。

(2) 行願兼修という実践形式の必要性

迦才は浄土教の実践行に「願」と「行」とがあり、それらを「兼修」すれば別時意にはならず、往生が可能であるという行願兼修説を主張した。『浄土論』第五章の十二経七論を提示する直前の問答には、

問て曰く、上に道理を出せり。已に知んぬ。願行相い扶けて浄土に生ずることを得。別時意に非ず。未だ知らず、何れの聖教有りてか証とするや。答て曰く、今、経論二教を引きて証と為す。[119]

との記述があり、十二経七論の収集・整理の作業には別時意説への対応が念頭にあったことを示している。このことから、まず第三章に実践行を提示し、第四章で行願兼修による別時意会通説を示し、第五章ではその根拠として十二経七論を示すという一連の流れがみえてくる。

また、前項で各実践行の内容を確認した際に、それぞれの行業が互いに密接な関連性を持ち、合糅して実践されていた可能性を指摘した。これらの行業は一言でいってしまえば「浄土行」、あるいは広義の「念仏」の範疇にまとめてしまうことも可能なのかもしれない。ただし、それでは別時意説の主張者による疑難、すなわち浄土教の行体系が「願」のみで構成されているという実践行の易行性に対する批判を解消することができない。

迦才が試みたのは、諸実践行の整理・区別による浄土行の充実であり、七日念仏や十日念仏といった念仏行法を勧めているのも、同様に「行」の側面を強調するものであったと思われる。それゆえに『浄土論』第三章の第三問答に中下根行を示した直後、「若し能く前の五種の行を具する者は、必ず往生を得[120]」といい、たとえ中下根者であっても「兼修」という形式を徹底しているのである。すなわち、別時意会通という視点からみれば、迦才が多数の実践行を提示することは必然であり、また兼修という形式も不可欠だったのである。

(3)化土往生に適合する実践行

迦才は四土説（法身浄土、実報、事用土、化身浄土）を立て、三界外の事用土には初地以上の菩薩等が生じ、三界内の化身浄土には凡夫が往生するという通報化土説をとなえた。

ここであらためて迦才が引用する諸経論をみてみると、菩薩による論書、すなわち『摂大乗論』『往生論』『大智度論』などでは西方浄土を三界外の報土と規定し[121]、その対象者を基本的に菩薩とする。それに対して『観音授記経』『鼓音声経』などの経典は阿弥陀仏の有量寿を説いて化身とするので西方浄土は化土となり、さらに『無量寿経』三輩段や『観経』九品では凡夫往生が説かれている。

両者の立場は矛盾を孕んでいるようにみえるが、「経」と「論」であれば、了義経である「経」に準ずるのが迦才の基本的な立場であり、それゆえにまず優先されるのは化身化土説と凡夫往生という経説の内容、すなわち凡夫化土往生説となる。そして、迦才がそれらの経説にもとづいて凡夫化土往生説を積極的に展開するなかで、さらに不充分な点を埋めるべく処不退説などの諸教説が案出されたとみられる。一方で菩薩の論書による主張も廃捨されるわけではなく、あくまで経説に準ずる形で採用される。つまり初地以上の菩薩による報土往生も可能とする通報化土説の提唱である。ただし、迦才の浄土教思想の主眼はあくまで「経」の説に準じた凡夫の化土往生にあるため、「論」の説に依拠する報土往生に関説する部分は極めて少ない。

迦才は以上のような経論観から折衷的な通報化土説を案出し、凡夫の化土往生を主幹とする浄土教思想を打ち立てた。迦才は実践行と浄土の関係を『浄土論』第一章の第三問答に、

若し委曲に分別すれば、衆生の行を起こすに既に千種有れば、往生して土を見ることも亦た万別あるなり[122]。

と述べ、衆生が往生する浄土のランクは自らの修行次第であると述べている。つまり、凡夫が往生するのは自ら起

こした行業のレベルに応じた化土ということになる。この理論を裏づけるのが『浄土論』第四章の第五問答にある次の記述であろう。

倶に二義を具して即ち往生を得。一には一切衆生の修行を以て因縁と為す。二には弥陀の本願を増上縁と為す。二義、若し具すれば即ち往生を得。故に『起信論』に云く、「諸の仏法有り。因有り、縁有り。因縁具足すれば、乃ち成弁することを得」と。已に是の如き等の道理有るが故に、衆生修行すれば、並びに往生することを得。(123)

ここでは『起信論』の教説を典拠として、「衆生の行業（＝因）」と「阿弥陀仏の本願（＝縁）」との対応関係が示されている。つまり、迦才における阿弥陀仏の本願力とは、衆生の機根や行業の浅深に応じて発揮される相対的な力であり、その限りにおいて凡夫の化土往生は保証するが、凡夫の報土往生は成立しえないとする論理である。ただし、化土往生を志向する迦才には充分な教説であり、むしろそのような立場から発言されていることを忘れてはならない。迦才が提示する各実践行は化土往生のための行業であり、決して報土往生を志向するものではない。ゆえに衆生が仏典にしたがって浄土行を兼行すれば、必ず化土往生がかなうと断言するのである。

第六項　ま と め

以上、迦才の実践行体系について検討してきた。冒頭に示した課題に即して、ここまでの内容を振り返りたい。第一に迦才の実践行体系の特徴、すなわち上根行と中下根行の二層構造は何を基準とするのかという点である。これは機根の面からいえば、「出家者」と「在家者」の区分であり、それは往生人伝の記述ともほぼ一致する。また行の性質という面からみれば、「経」と「論」のいずれにもとづくのかという点であり、了義・不了義という教判的な説示をふまえて解釈すれば、「経」にもとづく中下根行がより重要な意味を持っている。つまり中下根行は了義経にもとづく行体系であり、単に上根行を簡素化したものではない。もちろん、行体系全体の原型が五念門に準ずることは確かであるが、実際に末法世の衆生に勧める段階で基盤となるのは、「経」を依拠とする中下根行であり、上根行は上輩生を願うために付加された行法に過ぎない。

ただ、上根行と中下根行の各々が厳密に区別されているわけではなく、相互に関係する内容も多分にみられ、さまざまに合糅されて行われていたであろうことが看取できる。おそらく迦才の周辺で実際に修されていた実践行の方法、たとえば往生人伝に記されている行業はそのようなものであったのだろう。迦才の整理はそれらを便宜的に浄土教の諸経論に示された内容と整合させて区分したものと考えられるので、曖昧な点があるのはいたしかたないところである。

重要なのはなにゆえにこのような区分が必要だったかという点である。これは別時意説による浄土教の行体系に対する易行性への批判と、菩薩行である五念門の受容という問題が想定される。つまり、迦才は易行性・難行性の問題を同時に抱え込むという状況であった。それらの問題を相克するための対案として生まれたのが、十二経七論に依拠する実践行体系の充実（上根行・中下根行）であり、そこに示された「願」と「行」の浄土行を「兼修」するという形式だったのである。このような背景を考慮するならば、単純に多種の行業を提示することが易行性を損ねているとは言い切れないはずである。

第二に迦才がどのような態度で『往生論』『往生論註』所説の五念門を受容したのかという点である。まず迦才の上根行には『往生論註』の独創的な五念門解釈の形跡はほとんど認められない。尚かつ、『往生論』の所説とも一線を画す理解がなされており、迦才の上根行は五念門が換骨奪胎された実践行体系といえる。

このような解釈がなされた背景としては、『往生論』の所説が迦才の浄土教思想と齟齬をきたすという可能性が指摘できる。すなわち、『往生論』は基本的に菩薩相応の奢摩他・毘婆舎那を中心とした、五念門による報土往生を志向する論書だからである。迦才の当時には摂論研究の隆盛を背景として、『摂大乗論釈』による十八円浄説や唯識観（奢摩他・毘婆舎那）の思想が『往生論』の所説（五念門、蓮華蔵世界）に結びつき、より高度な行法へと昇華した可能性が考えられる。凡夫がこのような行法を修することはほとんど不可能であり、さらに『浄土論』における修道階位説の整備もまた凡夫と菩薩行の断絶をより強固にしている。

凡夫の化土往生説を志向し、本為凡夫兼為聖人説を標榜する迦才がこれらの教説を無批判に自らの実践行体系の中に受け入れることは到底できない。迦才が対峙したのは、このような菩薩行による報土往生を基礎とする摂論系の学僧とみられ、彼らの批判に答える必要に迫られたのであろう。『往生論』所説の五念門からの脱却はそれに対する回答であったのではないかと考えられる。

第三に本願念仏を背景に持たない実践行体系は何に依拠するのかという点である。これは先にも述べた了義・不了義の教説にもとづき、了義経およびそれに準ずる菩薩の論書に帰依するという姿勢である。では、それらの実践行が「往生」といかにして結びつくのであろうか。迦才は『起信論』を引証として、一般的な因果関係によって各実践行と往生の関係をとらえている。無論、これらの実践行に対して本願力が必要以上にはたらくことはなく、あくまで衆生の機根や行業の浅深に応じた段階の浄土へ往生することになる。すなわち、迦才にとって報土往生は必要なく、化土往生が説明できる論理で十分だったのである。

しかしながら、右の教説によって往生の論理を説明するだけではあまりにも簡潔すぎるように感じられる。おそらく、迦才の主眼は往生の論理構造を全面的に解明することよりも、むしろ別時意説や二乗種不生などの往生思想をはばむ障壁に向けられており、これらの諸問題を取りのぞけば消去法的に往生思想の正当性が証明できると考えていたのではなかろうか。このような思考を支えるのは、浄土教が了義経に準じているという迦才の確信そのものであり、それはまた阿弥陀仏への主体的な信仰心とも言いかえることができよう。そのことは『浄土論』第一章の第三問答における、

此れ則ち土は虚しく設けず、行は空しく修せざれば、但だ仏語を信じて『経』に依りて専ら念ずれば、即ち往生することを得。[124]

という、ただひたすら仏語を信じて、経に依ってもっぱら念仏すれば往生ができるはずであるという論述に如実にあらわれている。ゆえに『浄土論』第三章の第三問答にすべての実践行を示し終えた締めの言葉として「若し能く前の五種の行を具する者は、必ず往生を得。幸くは疑うこと勿かれ[125]」と、末法世の衆生に対して浄土教の宗旨をひたすら信じて浄土行を行うべきことを勧進できたのであろう。

迦才による実践行体系の充実と十二経七論の整理は、それまで未整理であった浄土教思想の一つの指針となった。迦才の実践行体系は、了義経にもとづく浄土教への主体的な信仰によってもたらされた中国浄土教の一側面であり、その意義はあらためて評価がなされるべきであろう。

註

（1）『摂大乗論釈』には四意趣（平等意・別時意・別義意・衆生楽欲意）が説かれ、そのなかの別時意趣として「論曰、二別時意。釋曰、若有衆生由懶惰障不樂勤修行。如來以方便説。由此道理於如來正法中、能勤修行方便説者。論曰、譬如有説。若人誦持多寶佛名、決定於無上菩提不更退墮。釋曰、是懶惰善根。以誦持多寶佛名、爲進上品功

德。佛意爲顯上品功德、於淺行中欲令捨懶惰勤修道。不由唯誦佛名、即不退墮決定得無上菩提。譬如由一金錢營覓得千金錢、非一日得千、由別時得千、如來意亦爾。此一金錢爲千金錢因、誦持佛名亦爾。爲不退墮菩提因。論曰、復有説言、由唯發願、於安樂佛土得往彼受生。釋曰、如前應知。是名別時意。（『正蔵』三一、一九四頁上）」とある。また、『大乘荘厳経論』には阿弥陀仏信仰を対象とした別時意趣の具体的な内容が説かれている（『正蔵』三一、六二〇頁下）。

（2）懐感『群疑論』「自攝論至此百有餘年、諸德咸見此論文、不修西方淨業。（『正蔵』四七、三九頁上）」。

（3）望月信亨『中国浄土教理史』一五一～一六三頁、二〇一～二〇九頁、金子寛哉『『釈浄土群疑論』の研究』二七六～二九四頁、柴田泰山『善導教学の研究』四七四～五一三頁。その他の先行研究については、柴田泰山『善導教学の研究』第八章の註(167)に整理されている。ここに所載される以外で参照した論文として、稲岡了順「別時意説の会通について」（『大正大学大学院研究論集』創刊号、一九七七年）、江隈薫「迦才における別時意説の会通」（『印仏研究』二五-一、一九七六年）がある。

（4）『浄土論』における別時意会通説は、第四章の冒頭から連続する五問答に展開されている。内容がやや煩瑣であるため、整理して概略を示しておく。

［4―1］…経・論に往生を説くのは別時意ではないか。

イ、経論の了義・不了義

・「阿毘達磨＝理」「修多羅＝教」である。教は必ず理あり、理は必ず教に順ず。

・今、「理」（＝道理）を追究し、後に「教」（＝聖教）を引く。

・「理」とは、了義経（＝顕）と不了義経（＝隠）の分類である。

↓浄土の教えは経と論のなかで讃ぜられ、決破されることがないため了義経である。

［4―2］…『摂大乗論』に別時意と釈されているが、これをどのように論破するのか。

ロ、『摂大乗論』説示の別時意説

・『摂大乗論』は「ｉ別時＝唯空発願」と「ii不別時＝行願兼修」の両方を説く。

・浄土教を別時意と解釈するならば、同じ世親が『摂大乗論釈』末尾の偈頌や『往生論』を造って、衆生に西方往生を勧めた矛盾が説明できない。

ハ、『観経』の教興の意

・仏（釈尊）は三福・十六観を説いて、十悪五逆の衆生まで悉く往生を勧める。

・韋提希はその身を五濁に居して、逆子（＝阿闍世）を産んでいる。

→仏は「皆な往生を得る」というから五濁に居する凡夫（韋提希等）は皆な往生する。

［4―3］…韋提希は大菩薩（＝八地以上）であるのに、どうして凡夫とするのか。

ニ、韋提希凡夫説

・実は菩薩であるが、現に女身を受けて凡夫と同じくして、すべての実徳を隠す。

・諸菩薩が地獄に身を現して地獄の衆生を引接するように、韋提希も五濁に居して凡夫を極楽浄土に引接する。

ホ、本為凡夫兼為聖人説

・法蔵比丘の四十八願は、先ず一切凡夫のため、後に兼ねて三乗聖人のためにある。

・浄土教の宗意は本為凡夫兼為聖人である。

へ、浄土法門の証明

・浄土の法門は経と論のなかに多数讃ぜられている。

・十方の諸仏は広長の舌相を出して証明している。

・廬山慧遠、叡法師、劉遺民、謝霊運、道綽など多数の大徳が浄土を欣求した。

ト、仏身仏土論

・西方浄土は高位の仏土であって、劣根の凡夫には往生不可能ではないか。

→実報土への往生は別時意となるが、事用土と化浄土には往生可能であり、別時意ではない。

　ⅰ実報土…仏のみ能見する処

　ⅱ事浄土…地上菩薩の所見する処

　ⅲ化浄土…地前の凡夫等の窺遊できる処

・『起信論』を引証して、二義（ⅰ一切衆生の修行＝因縁、ⅱ弥陀の本願＝増上縁）を具して修行すれば、道理として往生を得る。

チ、唯空発願と行願兼修

［4—4］…無著菩薩は浄土法門を別時意としたのに、どうして往生できるというのか。

・『摂大乗論』の説示は別時意であり、余経に説示されるのは別時意ではない。

［4—5］…なぜ論（＝『摂大乗論』）は別時意で、余経は別時意でないというのか。

・『摂大乗論』の別時意は唯空発願を指し、行願兼修の場合を論じていない。

・『阿弥陀経』の「已発願・今発願・当発願」は唯空発願であり、別時意となる。

・浄土経の「三福・十六観」「発菩提心・七日念仏」「発願回向・十念」は行願兼修であり、別時意ではない。

（5）迦才『浄土論』「今還撿之聖教、究以道理。使往生之路決如掌中〔聖教者後説道理者今論〕。如攝大乗論云、夫爲證者必須經論二教。阿毘達磨以理爲勝、修多羅以教爲勝。教必有理、理必順教。今且究理、後引其教。（『浄全』六、六四二頁上）」。

（6）真諦訳『摂大乗論釈』「阿毘達磨以理爲勝、經以教爲勝。教必有理、理必順教、此二名證。若離此二證立義不成（『正蔵』三一、一五七頁中）」。

（7）道綽『安楽集』「何者凡菩薩作論釋經、皆欲遠扶佛意契會聖情。若有論文違經者、無有是處。（『正蔵』四七、一〇頁上）」。

（8）『望月仏教大辞典』の「了義不了義」の項目などを参照（五〇〇九頁上～五〇一〇頁中）。

（9）曇無讖訳『涅槃経』には「依了義經、不依不了義經。（『正蔵』一二、四〇一頁中、四〇二頁上）」とあり、羅什訳『維摩経』にも同文がある（『正蔵』一四、五五六頁下）。

（10）曇無讖訳『涅槃経』（『正蔵』一二、六四二頁下）。

（11）迦才『浄土論』「究理者撿諸經藏、有隱顯二説。謂了義經、不了義經。了義經者畢竟不破。不了義經至涅槃會上、並引未決破。唯淨土一教、不入破限。當知、即是了義經也。又菩薩、造論解釋佛經、其不了義經即破、了義經之即讃。此土一教、於論中讃、無有破處。故知、是了義經也。（『浄全』六、六四二頁上～下）」。

（12）基『法苑義林章』（『正蔵』四五、二四六頁中～二四七頁上）。

(13) もちろん、名畑応順氏は「義林章は迦才より後に著はされたものではあるが」と断っているのだが（名畑応順『迦才浄土論の研究』一三六頁）、それでもやはり『法苑義林章』の四重分別は玄奘訳の経論群に散説された了義・不了義の各説をまとめたものと思われ、迦才の当時にこのように整理された論説があったとは考えにくい。

(14) 他にもまとまった論説としては、浄影寺慧遠『維摩経義記』（『正蔵』三八、五一六頁上～下）や『涅槃経義記』（『正蔵』三七、六八五頁下～六八六頁下）があり、真諦訳論書である『倶舎釈論』（『正蔵』二九、二七四頁中）、『仏性論』（『正蔵』三一、七九五頁上）にも論述されている。

(15) 浄影寺慧遠『大乗義章』「依了義經不依不了義者、分別有二。一就大小相對分別。或小乘名了、大乘不了。小乘麁顯故名爲了。大乘祕密故名不了。或大乘名了、小乘不了。大乘顯實名之爲了。小乘覆實名爲不了。二約愚智相對分別。正智取法大小皆了。隨法淺深當分了故。愚心取法大小所説一切不了。淺深相望互相違故。此之一門如地持説。故彼論云、於如來説除信清淨於此法律不可破壞名了義經、於如來説作不決定法律可壞名爲不了。（『正蔵』四四、六七九頁中）」。『正蔵』の校訂にしたがって「除信」は「深信」とした。

(16) 真諦訳『摂大乗論釈』「如來所説正法、不出了義及不了義。若衆生但有信根、未有智根、如來爲成其信根故、作不了義説。如二乘敎。又欲伏憍慢衆生故、作不了義説。廣説如十七地論。爲生聞思修慧故説了義經。不了義經其言祕密。能如理判。是故難修。（『正蔵』三一、二三六頁中～下）」。

(17) 吉蔵『法華玄論』「然佛説中有了義不了義經。若爾者則應有正説邪説。（『正蔵』三四、三八一頁中）」。

(18) 曇無讖訳『菩薩地持経』「依了義經非不了義。依了義經者、於此法律不可破壞。不了義經者、謂以種種門説而不決定。應有疑問。若菩薩於了義經作不決定者、於此法律則爲可壞。（『正蔵』三〇、九二九頁中）」。

(19) 迦才『浄土論』「又此淨土一門、經經中説、論論中明。若是不了説者、何故佛及菩薩、作此慇懃也。乃至十方諸佛。各出廣長舌相、證釋迦所説、及勸衆生。此豈是不了説也。復次如上古已來大德名僧及俗中聰明儒士。並修淨土行。（『浄全』六、六四三頁上）」。

(20) ここで迦才が「十方諸仏」と述べているのは吉蔵『観経義疏』の「了義＝十方・三世仏化／大乗」「不了義＝三世仏化／小乗」という教説を意識したものとみられる。吉蔵は『観経』と『弥勒経』の二経典を比較するなかで了義・不了義を論じている（『正蔵』三七、二三六頁上～二三七頁下）。

(21) 名畑応順氏は「通論家の別時意説に對決せんとするに當つて、別の立場から一種の判教を試みることになつた。それは了義教、不了義教の判ともいふべきものである」と述べている（名畑応順『迦才浄土論の研究』一三五頁）。

(22) 迦才『浄土論』「彼論所明、有別時、有不別時。（『浄全』六、六四二頁下）」。

(23) 迦才『浄土論』「若如諸浄土經、或明三福業・十六觀門、或令發菩提心、七日念佛、或教發願廻向、十念往生。如此等經、並是往生。即非別時也。（『浄全』六、六四四頁上）」。

(24) 三福（世福・戒福・行福）のうち、行福は発菩提心を含むので「願」としての側面を認めたのではないかと思われる。

(25) 「願」と「行」を具足すれば別時意ではないと明言した文献の初出は『纉述』と思われるが、この書物がどの程度流通して影響力を持っていたのかについては不明である。

(26) 『阿弥陀経』の三発願を別時意とする解釈は後世の日本浄土教において論義をよぶことになった。名畑応順『迦才浄土論の研究』一四一～一四二頁を参照。

(27) 道綽『安楽集』に「依經終須修十種行、謂信進念戒定慧捨護法發願迴向進詣菩提。然修道之身相續不絶、逕一萬劫始證不退位（『正蔵』四七、一六頁中）」とあるが、詳しい内容については明らかにされていない。

(28) 著者は『阿弥陀経』の正宗分を一〇章に分け（『正蔵』三七、三〇八頁下）、第三「発願往生」の注釈には「下明第三發願往生。初標、次釋。情無勝期、半路取證。標心極果、中不牽生。（『正蔵』三七、三〇九頁下）」とあり、第七「三時願因」には「正明三時願也。已發願者、觀音勢至龍樹之流。今發願者、現今信受之輩。當發願者、未來信生之類。欲生阿彌陀佛國者、三時願所生處也。得不退菩提者、一生彼處、地勝緣強、必階不退無上菩提也。（『正蔵』三七、三一〇頁上）」と述べている。文中に「発願往生」とあるが、これは発願のみによる往生ではなく、次の第四「往生乃行」には七日念仏を説いて「初結前願、次結後行。（『正蔵』三七、三〇九頁下）」といい、願行の具足を意識した注釈がなされている。

(29) 善導『観経疏』には「二論中説云、如人唯由發願生安樂土者、久來通論之家不會論意、錯引下品下生十聲稱佛、與此相似、未即得生。（『正蔵』三七、二四九頁下）」とあり、懐感『群疑論』には「有釋者言、念佛修十六觀等、即是發願。（『正蔵』四七、三九頁上）」とある。

(30) 迦才『浄土論』「少善根是空發願、廣善根是七日念佛。若能七日念佛、滿百萬遍、即得往生也。(『浄全』六、六四七頁下)」。

(31) 迦才『浄土論』「四發願者、須別發願求生極樂。或願自身往生、或願衆生往生、或願釋迦遣送、或願彌陀來迎、或願常遊淨土、或願永離胎形、或願臨終安隱、或願正念現前。如是種種隨心發願。如寶性論偈曰、依此諸功德、願於命終時、得見彌陀佛無邊功德身。我及餘信者、既見彼佛已、願得離垢眼、證無上菩提也。(『浄全』六、六四〇頁下)」。

(32) 迦才『浄土論』「通因者、如無量壽經中三輩往生人。皆須發菩提心。及觀經中、具修三福淨業、始得往生。此等並是通因。通因有二種。一通感十方淨土、二通感三世淨土。(『浄全』六、六三九頁下)」。

(33) 迦才『浄土論』「二須發菩提心。若不發菩提心、直自避苦逐樂、恐不得往生也。菩提心者、略有三種。一斷一切惡心、二修一切善心、三化度一切衆生心也(此依無量壽經三輩往生並云發菩提心也)。(『浄全』六、六四一頁上)」。

(34) なお、十八円浄説は一般的な諸仏浄土を対象として説かれており、西方浄土がこれに該当するとは明示されていない。ただし、摂論学派では西方浄土もまた諸仏浄土と同一の性質(十八円浄)を持つ仏土とみなしていたと推定される。

(35) 真諦訳『摂大乗論釈』「浄土中有八不可得、二可得。故名最微妙清淨。八不可得者、一外道、二有苦衆生、三生姓家富等差別、四惡行人、五破戒人、六惡道、七下乘、八下意下行諸菩薩。二可得者、一最上品意行諸菩薩、二諸如來顯現於世。(『正蔵』三一、二六二頁上)」。

(36) 『摂大乗論釈』が提示する受用土への往還の仕方は、十八円浄説にしたがって聞思修の三慧を「路」として(第十五路円浄)、止観を「乗」り物とし(第十六乗円浄)、三解脱の「門」より通入する(第十七門円浄)という内容である。これをそのまま往生思想と同じ土俵上で論ずることには問題があると思われるが、唐代にいたるまでに往生の理論的な内容を正面から論じた典籍が、曇鸞『往生論註』や道綽『安楽集』しか見当たらないという当時の状況を勘案すればそれもやむをえなかったと思われる。

(37) 望月信亨『中国浄土教理史』一五〇頁を参照。

(38) 柴田泰山『善導教学の研究』四八五～四八七頁を参照。

(39) 迦才『浄土論』「又前問云、土榮千珍、佛題萬相。此之人土倶非下地窺遊者、今答此義、若論實報人土、誠如所説。若是事淨土及化淨土、理則不然。若事土報身、則爲上地所見。若迹身化土、則爲地前窺遊。若倶非下地境界者、則聖無化生之能、生無入聖之分。(『浄全』六、六四三頁下)」。

(40) 迦才『浄土論』「今西方淨土者、乃是法藏弘誓所剋、法王跨以擄神。世界瑩以千珍。聖主題之萬相。此人及土、倶非下地窺遊。經論雖説得往生、恐是別時意語。今依何道理、判得往生。此則道俗僉疑。願聞厥旨也。(『浄全』六、六四二頁上)」。

(41) 望月信亨氏は「これは別種の理由から別時意説の會通を企てたものといふべきである」と通報化説ならびに化土説を別時意説の対案とみる見解を提示している(望月信亨『中国浄土教理史』一五七〜一六三頁)。

(42) 別時意説と通報化土説の関係については、本書第四章第三節を参照。

(43) 名畑応順氏は「本論の來由を別論するならば、別時意の説を對破せんが爲といふ一項が掲げられる」と述べ、『浄土論』撰述における別時意説の重要性を指摘している(名畑応順『迦才浄土論の研究』一三四頁)。

(44) 道綽『安楽集』における「念仏三昧」と「観仏三昧」については、藤丸智雄「『安楽集』における「三昧」の受容」(『武蔵野女子大学仏教文化研究所紀要』一七、二〇〇〇年)に精緻に検討され、「観仏三昧」の用例が少ないため推論の域を出ないとしつつも、「「念仏三昧」が「観仏三昧」を含意するから表現の相違が生じても論旨に矛盾を生じない」と考えるのが妥当であると指摘している。道綽の念仏三昧については、岡亮二「中国三祖の十念思想(二)―道綽の十念思想―」(『龍谷大学論集』四五〇、一九九七年)、木村迎世「『安楽集』における念仏三昧―仏の三種利益を中心に―」(『仏教論叢』四二、一九九八年)などがあり、道綽の念仏が観・称未分であることが指摘されている。

(45) 曇鸞『往生論註』(『正蔵』四〇、八四三頁下)。

(46) 道綽『安楽集』(『正蔵』四七、一二頁上)。

(47) 山本仏骨氏は「淨土門に於ける凡夫相應の行業は、稱名である事を特色づけんとする立場には、菩薩の規範行としての五念門があつては都合が惡いと考えられたのでは無かろうか」と指摘し、さらに「他力易行の五念門を、自力難行の規範に逆用された諸師への批判も含めて、他力の五念門と受取られたが故に、稱名一行で足るべき事を顕わし、率直に時衆に對して稱名易行を明示して行かれたものと考えられる」として、道綽は他力の五念門を受容したと結論づけている（山本仏骨『道綽教学の研究』四〇九〜四一五頁）。宮井里佳氏は、曇鸞から道綽へと三段階の発展を想定し、「世親の説いた五念門から、次第に念仏、しかも特に称名中心の実践へと発展していく過程」との見解を示している（宮井里佳「曇鸞から道綽へ—五念門と十念—」『日本仏教学会年報』五七、一九九二年）。柴田泰山氏は、道綽が五念門に言及しない理由について「この理由は明らかではない」としながらも、「道綽は五念門のように実践行を類別化することなく、諸大乗経典に種々説示されている念仏あるいは念仏三昧を提示することによって、観察行的色彩が色濃い五念門行をあえて採用しなかった」と推定している（柴田泰山『善導教学の研究』四〇二頁）。近年、杉山裕俊氏が『安楽集』に「五念門」という語句の直接的な使用例は認められないが、礼拝・讃歎・作願・観察・廻向の五念門的要素が散見できること、ならびに「念仏三昧」が称名だけでなく広義には五念門の要素をすべて含みうるとの指摘を行っている（杉山裕俊「道綽『安楽集』所説の実践論について—五念門を中心に—」『大正大学大学院研究論集』三六、二〇一二年）。

(48) 名畑応順『迦才浄土論の研究』一〇六〜一〇九頁を参照。

(49) 迦才『浄土論』には「問曰、如上所明通別二因。難具造修。凡夫智淺力薄。恐心生絶分。今願撮其樞要、梗概而説。答曰、上明通別二因。備上根者。若就中下之人。要唯有五。（『浄全』六、六四〇頁下〜六四一頁上）」とある。

(50) 木村清孝『中国仏教思想史』（世界聖典刊行協会、一九七九年、一五九頁）を参照。

(51) 柴田泰山『善導教学の研究』三九七〜四一四頁を参照。

(52) 当時の中国人が査定した浄土経典ならびにその実践行については、柴田泰氏による研究がある（柴田泰「中国における浄土教の発展」平川彰他編『講座・大乗仏教』五、春秋社、一九八五年、同「中国浄土教における行業とその根拠」『日本仏教学会年報』四五、一九八〇年）。後者の論文によると中国浄土教には多種多様な行業が認められ、その多くは「一行業のみを専修したのではなく、幾つかの行業が兼修されている」のであり、さらに「浄土思想に言及しない経典も、行業（とくに念仏行）が浄土行であるという理由から、そこに説かれた他仏・他方浄土も阿弥陀仏・極楽と会通され根拠とされたし、中国仏教全体で尊重された経典の読誦・写経も浄土の行業としてなされた」ことが指摘されている。

(53) 山田行雄「『迦才浄土論』と曇鸞教学―特に行論を中心として―」、同「迦才教学における行論の一考察」(『印仏研究』一三―二、一九六五年)、矢田了章「中国浄土教における懺悔について」(『仏教文化研究所紀要』一三、一九七四年)、江隈薫「迦才浄土教における観法」(『印仏研究』三一―二、一九八三年)、小林尚英「迦才『浄土論』における念仏について」(『印仏研究』三五―二、一九八七年)、同「迦才の懺悔について」(『印仏研究』三七―二、一九八九年)、同「中国浄土教祖師の菩提心について―特に道綽・迦才を中心として―」(藤吉慈海喜寿記念『仏教学・浄土学論集』文化書院、一九九二年)、曽和義宏「迦才『浄土論』における教判」、同「迦才『浄土論』における念仏」(『印仏研究』四七―二、一九九九年)などを参照。

(54) 当時の一般的な懺悔・懺法の行法については、塩入良道「中国仏教儀礼における懺悔の受容過程」(『印仏研究』一一―二、一九六三年)、同「中国仏教に於ける礼懺と仏名経典」(結城教授頌寿記念論文集『仏教思想史論集』大蔵出版、一九六四年)などに詳しい。浄土教に関連するものとしては、柴田泰山「善導『往生礼讃』所説の「広懺悔」について」(『大正大学綜合佛教研究所年報』二二、二〇〇〇年)、宮井里佳「善導における道綽の影響―「懺悔」をめぐって―」(『待兼山論集』二八〈哲学篇〉、一九九四年)などがある。

(55) 迦才『浄土論』「先須懺悔無始已来、障道悪業。」(『浄全』六、六四一頁上)。

(56) 大野法道『大乗戒経の研究』(理想社、一九五四年、三九七~四一二頁)を参照。

(57) 迦才『浄土論』「若人破戒心生慚愧、依大乗經懺悔、得滅罪相。」(『浄全』六、六三七頁上)。

(58) 『浄土論』第四章の第三問答に「如方等經中婆藪仙人等、或現畜生身、即引畜生衆生。」(『浄全』六、六四三頁上)」と述べる「方等経」は明らかに『方等陀羅尼経』を指す。

(59) 天台智顗の方等懺法は、同経典による懺悔の実習法を体系化したものとして有名である。智顗の『摩訶止観』には「方等師」とよばれる方等懺法の習禅者が多数いたことを記録しており(『正蔵』四六、一一二頁下)、隋代の時点で一般的な懺法として認知されていたことがわかる(大野栄人「『方等三昧行法』の研究―智顗の禅観形成の源流究明―」『印仏研究』二七―一、一九七八年)。

(60) 法衆訳『大方等陀羅尼経』の構成は、①初分、②授記分、③夢行分、④護戒分、⑤不思議蓮華分からなっており、懺悔法は④護戒分に説かれ、禁戒と機根の度合いに応じて、八十七日(比丘・誦陀羅尼千四百遍)、九十七日(比丘尼・四十九遍）、六十七日（受戒者・六百遍）、四十七日（沙弥尼）の懺悔法を説いている。そのなか③夢行分には七日行法を説き、称我名字（陀羅尼）によって西方妙楽世界に往生することができることが説かれている（『正蔵』二一、六五四頁上）。

(61) たとえば、『正蔵』五〇、五八九頁中、六四一頁上、六八九頁下など。

(62) 道宣『続高僧伝』「綽般舟方等歳序常弘。九品十観分時紹務。（『正蔵』五〇、五九三頁下）」。

(63) 成瀬隆純「道綽禅師と般舟・方等経」（『仏教論叢』二六、一九八二年）を参照。成瀬氏は、道綽による方等行と智顗による方等懺法（①『摩訶止観』所説の方等行、②『国清百録』所収の方等懺法、③別行本の『方等三昧行法』）との関係について論じ、道綽や智満が依ったのは③別行本の『方等三昧行法』であるとしている。

(64) 道宣『続高僧伝』（『正蔵』五〇、六四一頁上～下）。

(65) 「懺悔」や「仏名経」に関する先行研究については、柴田泰山「善導『往生礼讃』所説の「広懺悔」について」の註（1）（2）にまとめられている。

(66) 道宣『四分律行事鈔』「若論事懺屬彼愚鈍、由未見理、我倒常行妄業、翳心隨境纒附、動必起行、行纒三有。爲説眞觀心昏智迷、止得嚴淨道場、稱歎虔仰、或因禮拜、或假誦持旋繞、竭誠心緣勝境。則業有輕重、定不定別、或有轉報、或有輕受。並如佛名方等諸經所明。（『正蔵』四〇、九六頁中）」。

(67) 道宣の懺悔観については、佐藤達玄『中国仏教における戒律の研究』（木耳社、一九八六年、一三八～一六二頁）を参照。

(68) 矢田了章「中国浄土教における懺悔について」などを参照。

(69) 迦才『浄土論』「如此惡業、若不發菩提心慚愧懺悔一入惡道、無有出期。（『浄全』六、六六五頁下）」。

(70) 迦才『浄土論』「若據此經、今是第四五百年、余。既無定惠之分。唯須修福懺悔。修福懺悔最爲要者、觀諸經論、禮佛、念佛、觀佛相好、此最爲勝也。（『浄全』六、六六四頁上～下）」。

(71) 迦才『浄土論』には「上品下生者、惣是十信前一切趣善凡夫。但能歸依三寶、受菩薩戒已去並是也。經云、亦信因果、不謗大乘、但發無上道心也。謂發十信位初菩提心、得入不定位也。（『浄全』六、六三六頁上）」とある。

(72) 迦才『浄土論』には「若論下輩三品、惣是一切起惡凡夫。唯造十惡五逆、乃至用常住僧物、無有慚愧。縦令學他受戒、隨受即破。此等臨終若遇善知識、極發菩提心。正念相續現前、即得往生。(『浄全』六、六三七頁上)」とある。

(73) 十信の内容は、①信心、②念心、③精進心、④慧心、⑤定心、⑥不退心、⑦廻向心、⑧護心、⑨戒心、⑩願心である。

(74) 迦才『浄土論』には「如上品上生人、發三種心即得往生。其三種心者、一是至誠心、二者是深心、三是廻向發願心。此之三心依起信論、判在十解初心。如起信論云、信成就發心、在十信終心也。發三種心、始入十解位中。三心者、一是直心。謂正念眞如法故、即是觀經中至誠心。至誠與直心、義同名異耳。如維摩經明。淨土道場二行之初、並有三心。同觀經也。觀諸經論、但明一切行初必發此三心。(『浄全』六、六三五頁下)」とある。

(75) それぞれの心を発す階位について、慧遠『起信論義疏』では「言成就發心者十信以上也。解行發心者解行以上也。證發心者初地以上也。(『正蔵』四四、一九九頁上)」とあり、法蔵『起信論義記』には「信成就發心者、位在十住、兼取十信。十信位中修習信心成就、發決定心即入十住。十住初心名發心住。即十信行滿名信成就進入十住之初、故云發心。解行發心者、位在十迴向、兼取十行。十行位中、能解法空、順行十度、行成純熟、發迴向心、入十向位、故云解行發心也。證發心者、位在初地已上乃至十地。(『正蔵』四三、二七八頁上)」とある。迦才は「十解(=十住)」を「一切行の初め」と解釈するので、法蔵の解釈に近い。

(76) 迦才『浄土論』「三者無有女人。六根境界、並是進道緣故不退。如無量壽經云、眼見色即發菩提心。乃至意緣法亦發菩提心也。(『浄全』六、六三三頁下)」。

(77) 道綽『安楽集』第二大門には、菩提心について第一「菩提心の功用」、第二「菩提の名体」、第三「発心の異なり」、第四「問答解釈」がそれぞれ論じられている(『正蔵』四七、七頁中〜八頁上)。迦才は第三「発心の異なり」の説示を受けて、このように菩提心を解釈したと考えられる。

(78) 齊藤隆信「礼讃偈の韻律—詩の評価とテクスト校訂—」(『浄土宗学研究』二六、二〇〇〇年)、同「発願文小考—成立と展開—」(『浄土宗学研究』二五、一九九九年)を参照。

(79) 迦才『浄土論』(『浄全』六、六四四頁上、六四七頁下など)。

(80) 支謙訳『大阿弥陀経』(『正蔵』一二、三一七頁上〜中)、畺良耶舎訳『観経』(『正蔵』一二、三四四頁下)。

(81) 迦才『浄土論』「若多若少、若福若智、總願廻向、求生極樂也。(『浄全』六、六四〇頁下)」。
(82) 迦才『浄土論』「三須專念佛名、兼修餘福廻向發願、即得往生。(『浄全』六、六三八頁上)」。
(83) 迦才『浄土論』「或明三福業・十六觀門、或令發菩提心、七日念佛、或教發願廻向、十念往生。(『浄全』六、六四四頁上)」。
(84) 百万遍念仏の典拠となる経典名は明かされていないが、『木槵子経』(『正蔵』一七、七二六頁上)とされている。
(85) 迦才『浄土論』「第六往生人相貌」の道綽伝では、小豆念仏を実践したことが記載されている(『浄全』六、六五九頁上)。
(86) 畺良耶舎訳『観経』(『正蔵』一二、三四三頁中〜下)。
(87) 仏陀跋陀羅訳『華厳経』(『正蔵』九、五〇〇頁中、五一〇頁上、五四二頁下、六七九頁下など)。智身の内容とされる五分法身、大慈大悲力、無畏については、『浄土論』冒頭の偈頌に「我願往生頭面禮　五分圓明性常住　大悲應接壽無量　以無縁慈攝衆生(『浄全』六、六二七頁下)」とある。
(88) 迦才『浄土論』には「如修多羅説、若人專念西方極樂世界阿彌陀佛即得往生、常見佛故終無有退。若觀彼佛眞如法身、常勤修習。畢竟得生。住正定故。釋曰、依此論、此間修信心不成就者、敎就西方修習。此豈是十解已去菩薩也。(『浄全』六、六五二頁上)」とある。
(89) 迦才『浄土論』「若衆生欲往生者、唯須作相生觀。就相生觀中、有假、有實。先須作假想觀、使了々分明。然後始得作實觀。如十六觀中、日水二觀是其假想。地觀已去依三昧成。名爲實觀。(『浄全』六、六六九頁下)」。
(90) 迦才『浄土論』「不離結使念者、唯須一心相續觀佛相好。(『浄全』六、六四五頁上)」。
(91) 迦才『浄土論』「專心念佛及作觀行者、並在前二輩中生。不入下輩中論也。(『浄全』六、六三七頁上)」。
(92) 迦才『浄土論』「若勇猛精進、觀行分明、臨終最後心不亂者、並得上生。乃至臨終、最後十念相續、現在前者得下品下生。(『浄全』六、六三七頁下)」。
(93) 中平了悟氏は「明確に五念門行について「上根のみに限る」ということを明文化した書物は他にない。五念門行からの影響を色濃く示す六因を迦才は難行として捉えていたということができよう」と指摘している(中平了悟「中国における五念門行説の引用について」『真宗研究会紀要』三六、二〇〇四年)。

(94) 迦才『浄土論』「若自知有定恵分者、則於此方修道求無上菩提。若自知無定恵分者、則須修浄土行、就浄土中求無上菩提。(『浄全』六、六六四頁下)」。

(95) 迦才『浄土論』(『浄全』六、六三八頁上～下)。

(96) 「浄土行」は、『浄土論』第八章に頻出する語句であり、この一段では懺悔・礼拝・念仏・観察などの実践行が挙げられているため、おそらく迦才が列挙した諸実践行を総称してこのように表記しているものと思われる。

(97) 柴田泰「中国仏教における『浄土論』『浄土論註』の流伝と題名(一)(二)」(『印度哲学仏教学』一一・一二、一九九六・一九九七年)を参照。

(98) 『十住毘婆沙論』や『弥陀仏偈』の誦文の引用中に「帰命」や「恭敬」の語句がみられるものの、迦才自身の論述としては「恭敬」の用例がわずかに一件みられるのみである(『浄全』六、六七〇頁下)。

(99) 慧遠『観経義疏』(『正蔵』三七、一八三頁上)。

(100) 曇鸞は『往生論註』冒頭に難易二行の易行道の説示を展開し、下品下生の凡夫による十念往生を念頭に置きつつ、一方で上品上生者たる菩薩の奢摩他・毘婆舎那による往生浄土の論理も構築して独自の浄土教思想を打ち立てた。とくに実践行の中心となる奢摩他・毘婆舎那については、当時の訳語の問題にまでふれて語義概念を規定するなど、相当に独創的な解釈がほどこされている。曇鸞の奢摩他・毘婆舎那理解については、藤堂恭俊「曇鸞の奢摩他・毘婆舎那観」(福井博士頌寿記念論集『東洋文化論集』早稲田大学出版部、一九六九年)、同「浄土教における観・称の問題(1)―特にシナ浄土教にみられる観より称への移行―」(『佛教文化研究』一二、一九六三年)、同「曇鸞大師の五念門釈攷(上)」(『浄土宗学研究』一八、一九九二年)、楠山春樹「漢語としての止観」(関口真大編『止観の研究』岩波書店、一九七五年)、石川琢道「『往生論註』所説の奢摩他・毘婆舎那について」(『仏教論叢』四六、二〇〇二年、後に『曇鸞浄土教形成論』二〇一一〜二一〇頁に所収)などがある。

(101) 「奢摩他・毘婆舎那」の語句については、真諦訳経論のなかでは『無上依経』『解節経』『倶舎釈論』『起信論』『摂大乗論』および『摂大乗論釈』『中辺分別論』『三無性論』『四諦論』『部執異論』などに散見される。

(102) 柴田泰氏は『往生論註』が中国仏教であまり読まれなかった理由として四点挙げているが、そのなかに「諸師が仮に論註を読んだとしても、あまりにも中観系の独釈ゆえに採らなかったことはありえよう」と述べている(柴田泰「中国仏教における『浄土論』『浄土論註』の流伝と題名」）。この指摘は、摂論を学んだとされる迦才にも当てはまるだろう。

(103) あくまで近代研究の範疇であるが、『往生論』と『摂大乗論』の思想関係に論及する研究も多い。いくつか挙げると、工藤成性「『無量壽經優婆提舍願生偈』の本義とそれに對する曇鸞の註解との比較研究」（『日本仏教学会年報』二三、一九五八年）、色井秀譲『浄土念仏源流考』（百華苑、一九七八年）、藤堂恭俊・牧田諦亮他『曇鸞・道綽』などがある。

(104) 柴田泰「中国仏教における『浄土論』『浄土論註』の流伝と題名」を参照。

(105) 真諦訳『摂大乗論釈』には「論曰、大念慧行出離。釋曰、大乘正法名大法。於大法中聞慧名念、思慧名慧、修慧名行。此三於淨土是往還道、故名出離。此句明路圓淨。（『正蔵』三一、二六三頁下）」とある。

(106) 真諦訳『摂大乗論釈』には「論曰、大奢摩他毘鉢舍那乘。釋曰、大乘中五百定名奢摩他、如理如量智名毘鉢舍那、以此二爲乘。此句明乘圓淨。（『正蔵』三一、二六三頁下）」とある。

(107) 真諦訳『摂大乗論釈』には「論曰、大空無相無願解脱門入處。釋曰、於大乘中三解脱門、一體由無性故空、空故無相、無相故無願。若至此門得入淨土。此句明門圓淨。（『正蔵』三一、二六三頁下）」とある。

(108) 唯識観は『摂大乗論』における修道論の中心となる観法であり、「奢摩他・毘婆舍那」「三慧（聞慧・思慧・修慧）」「福徳・智慧」「十波羅蜜」などの行と関連して論述されている。色井秀譲『浄土念仏源流考』四五八～四八三頁、上田義文『摂大乗論講読』（春秋社、一九八一年）などを参照。

(109) 菩提流支訳『往生論』「觀彼世界相勝過三界道。（『正蔵』二六、二三〇頁下）」。

(110) 曇鸞『往生論註』「當知、菩薩如是修、五念門行自利利他、速得成就阿耨多羅三藐三菩提故。（『正蔵』四〇、八四三頁下）」。

(111) 『往生論』の正式名称は『無量寿経優婆提舎願生偈』であるが、浄影寺慧遠以降の諸師はほぼ「往生論」と略称しており、「浄土論」の略称は少ない（柴田泰「中国仏教における『浄土論』『浄土論註』の流伝と題名」）。中国諸師にとって、『往生論』は、主に「往生」を説く論書として認識されていたことがうかがえる。

(112) 残念ながら迦才の当時に『往生論』と『摂大乗論釈』の思想的交流を積極的に明示した資料をみることができな

い。たとえば著作に『観経疏』があったとされる法常などにそのような思想があったのではないかと推測されるが、彼の著書は現存せず、また摂論学派の資料自体が希少というのが現状である。中国の諸師における五念門説の引用状況については、中平了悟「中国における五念門行説の引用について」がある。

(113) 道世『法苑珠林』(『正蔵』五三、三九八頁中)。

(114) 道世『法苑珠林』「如梁攝論云、出世善法者、無分別智及後得智所生善根。爲出世善法名因。或用定慧爲乘。(『正蔵』五三、三九八頁中)」。

(115) 智儼『孔目章』には「依往生論、有二種漸次相資法。一因二果。(『正蔵』四五、五七七頁下)」とある。ただし、『孔目章』の第四往生験生法に挙げる十種の行業には五念門説は含まれておらず、第七往生業行廻転不同の末尾に『往生論』の五念門・五功徳門を引証して明往生義を閉じている。

(116) 智儼『孔目章』には「第四往生驗生法者、略有十門。一作道場門、安置道場、建彌陀佛像、幡燈散華洗浴焼香禮佛行道、念阿彌陀、一日乃至七日、驗得往生。二作三七日法、依前建立道場、念佛行道懺悔禮拜、誦大乘經、三七日滿驗得往生。三依十六觀及九品生、依經得分齊者、驗得往生。四依盂蘭盆法、依那舍長者起教、造盂蘭盆、依教成者、驗得往生。五依往生經、建立黄幡、及示佛像、幷作灌頂法。若未終、若終時已終竟如法成就、得驗往生。六觀其暖觸臨終之時、頭頂暖者、驗得往生。七依彌勒發問經、十念成就、盡其一報。亦驗此人定得往生。八驗中陰身、亦得往生。若親兒女、隨在一時、知彼父母所有行相、不依前件所驗相者、應爲別作三七日法、稱名行道懺悔滅罪、至心徹到、驗得父母中陰往生。九依灌頂法、四月八日、灌頂佛像、及洗菩提樹、福及父母兄弟姉妹、並驗往生。十盡其一生。六時禮佛懺悔謝過、及來去往還皆參辭禮拜、謝過尊儀、無間絶者、驗得往生。(『正蔵』四五、五七七頁中)」とある。

(117) 『摂大乘論疏』「四奢摩他、此翻寂靜。已離下地惑、惑通無復用故名寂靜。前三名通流・無流悉得立之、唯無流定得此奢摩他名也。(『正蔵』八五、九九七頁上)」。

(118) 迦才の九品説については、本書第二章第三節を参照。

(119) 迦才『浄土論』「問曰、上出道理。已知。願行相扶得生淨土。非別時意。未知、有何聖教爲證。答曰、今引經論二教爲證。(『浄全』六、六四五頁上〜下)」。

(120) 迦才『浄土論』「若能具前五種行者、必得往生。（『浄全』六、六四一頁下）」。
(121) 『摂大乗論』では「受用土」、『往生論』では「蓮華蔵世界」、『大智度論』では「妙浄土」など、必ずしも「報土」という名称を用いていないものの、いずれも三界超過の浄土であるから、報土としての性質を有している。
(122) 迦才『浄土論』「若委曲分別者、衆生起行既有千殊、往生見土亦有萬別也。（『浄全』六、六三〇頁下）」。
(123) 迦才『浄土論』「倶具二義即得往生。一一切衆生修行以爲因縁。二彌陀本願爲増上縁。二義若具即得往生。故起信論云、有諸佛法、有因、有縁。因縁具足乃得成辨也。有已如是等道理故、衆生修行、並得往生也。（『浄全』六、六四三頁下）」。
(124) 迦才『浄土論』「此則土不虚設、行今空修、但信佛語依經專念即得往生。（『浄全』六、六三〇頁下～六三一頁上）」。浄土宗全書本には「行今空修」とあるが、ここでは大正蔵経本ならびに名畑応順氏校訂本を参照して「行不空修」とした。
(125) 迦才『浄土論』「若能具前五種行者、必得往生。幸勿疑也。（『浄全』六、六四一頁下）」。

第四章　西方化土説の思想構造

第一節　摂論学派と迦才の四土説

第一項　問題の所在

前章までに、迦才は凡夫を主体者にすえて、その化土往生を成立させるための実践行体系を構築していたことを明らかにした。それでは凡夫が化土往生するとはどのような意味を持ちうるのであろうか。この点については、迦才の仏身仏土論の思想構造を解明するなかで論及してゆきたい。

『浄土論』第一章の第一問答では仏身仏土論が論述されている。これは西方浄土に限った内容ではなく、あくまで一般的な枠組みとして示されたものである。西方浄土に特化した議論は、第二問答以後にあらためて述べられている。道綽や善導が法身・報身・化身（＝応身）の三身論を基礎とする仏身仏土論を提示したのに対して、迦才は法・報・化の三身三土説を基本としつつ、さらに報土を二種に開いて、法身浄土・実報土・事用土・化身浄土という四身四土説（以下、四土説）をとなえた。これを図示すると次のようになる。

- 法身浄土（人土同体）
- 報身浄土
  - 実報土（人土同体、唯仏与仏の所見）
  - 事用土（人土別体、地上菩薩の所見）
- 化身浄土（人土別体）
  - 常随之化
    - 化生土
      - 純大乗土（上輩三品）
      - 純小乗土（中品上生、中品中生）
      - 大小乗雑土（中品下生、下輩三品）
    - 胎生土
  - 無而忽有化

『望月仏教大辞典』では、「四土」の項目において、（i）天台智顗の所立、（ii）法常等の所立、（iii）唯識家の所立、として三種類の四土説を挙げている。

（i）智顗　　…常寂光土・実報土・方便有余土・凡聖同居土
（ii）法常等　…法性浄土・実報土・事浄土・化土
（iii）唯識家　…法性浄土・自受用土・他受用土・変化土

これら三種の四土説は、おおむね時代順に並んでおり、それぞれ（i）は『維摩経』などの羅什訳・菩提留支訳の諸経論、（ii）は真諦訳『摂大乗論』および世親釈、（iii）は玄奘訳『仏地経論』『成唯識論』の教説を基盤として成立した四土説である。表20は隋代および唐初の諸師が提示した仏土説をまとめたものである。

表20　隋唐代諸師の仏土説

（ⅰ）智顗等の仏土説

	法	報	応（勝／劣）	
智顗『維摩経文疏』（五三八―五九七）	常寂光土	実報土（実報無障碍土）	方便有余土	凡聖同居土
吉蔵『維摩経義疏』（五四九―六二三）	諸仏独居土	独菩薩所住土	大小同住土	凡聖同居土

（ⅱ）摂論学派系統の仏土説（※道基、法常、道宣の仏土説は凝然『維摩経菴羅記』の記述によった）

	法	報（実報／事浄）		化
無著『摂大乗論』及び世親釈（五六七年・真諦訳出）	―	受用土…十八円浄説		―
『摂大乗論疏』巻五（隋代末期）	真浄土			相浄土／事浄土
道基『摂大乗義章』（五七八―六三七）	なし	報土（自受用土／他受用土）		化浄土
法常『摂大乗論疏』（五六七―六四五）	法性浄土	実報土	事浄土	化浄土
智儼『捜玄記』（六〇二―六六八）	性	報	事	化
〃『孔目章』（六〇二―六六八）	法性浄土	実報土	事浄土	化浄土

道宣『著書不明』（五九六—六六七）	法性浄土	実報土	事浄土	化浄土
道世『法苑珠林』（？—六八三）	法性土	実報土	事浄土	化浄土
	—	報土		化土

（iii）唯識学派系統の仏土説

	法	報（自受用／他受用）		化
親光等『仏地経論』（六四九年・玄奘訳出）	—	自受用土	他受用土	変化土
護法等『成唯識論』（六五九年・玄奘訳出）	法性土	自受用土	他受用土	変化土
基『法苑義林章』（六三二—六八二）	法性土	自受用土	他受用土	変化土
懐感『群疑論』（六三九—六九九）	法性土	自受用土	他受用土	変化土
道誾『観経疏』（？—六五〇—？）	法性土	約諸功徳行浄土	他受用土（自受用土／利他無漏浄土）	化浄土

（iv）その他、隋代および唐代初に提示された仏土説

	法	報	応／化
慧遠『大乗義章』（五二三—五九二）	真浄土	相浄土	事浄土
	真土／応土	—	
	法性土／実報土／円応土	—	

	法	報	応／化
吉蔵『法華玄論』（五四九―六二三）	法身栖中道第一土	報土	応土
〃『法華義疏』	法身栖実相之土	報身報土	化身之土
〃『浄名玄論』	中道之土（唯仏一人居浄土）	報土	応土
道綽『安楽集』（五六二―六四五）	―	報身報土（無相土／相土）	化身化土
『無量寿観経纉述』（隋末から唐初期）	―	報身報土	化身化土
『融即相無相論』（隋末から唐初期）	円寂土	報土	応土
	至極之妙土	無障閡円用土	如来権応土
善導『観経疏』（六一三―六八一）	（法）	報土	（応）

迦才の仏土説は各仏土の呼称が一致する点からもわかるように、明らかに（ⅱ）の摂論学派系統の四土説に位置する。摂論学派の四土説は極めて短い期間に流行した学説であり、後世にその内容がほとんど伝えられなかった。迦才の仏土説については、名畑応順氏をはじめとする先行研究において概説的な整理は行われており、摂論学派の四土説と名称や形態が近似する点については指摘がなされていた[1]。しかしながら、両者の教説の関係を仔細に論究したものはなく、具体的な共通点や相違点については明らかにされていない。また、摂論学派の仏土説に関しても望月信亨氏[2]、小澤勇貫氏[3]、柴田泰山氏[4]などの研究がわずかにみられるだけで、迦才の仏土説との関係が充分に検

証されてきたわけではない。迦才の浄土教思想を考えるうえで、道綽や善導にはみられない摂論学派の四土説を用いていることは特筆すべきであろう。

本節では、迦才の仏土説の構造を解明することを主眼とするが、思想背景となる摂論学派の四土説そのものについてもわかっていない点が多い。ここで明らかにすべきは、迦才の四土説が当時の所説に準じたものであるのか、それとも独自の学説である部分が大きいのか、その点を見極めることにある。そこでまず摂論学派の四土説に焦点をあてて、その特徴と成立背景を明らかにし、そのうえで迦才の仏土説の思想的位置を検討することにしたい。なお、本節では迦才の仏身仏土論の基本的な枠組みを明らかにすることを主眼とし、弥陀身土論に関連する内容は、次節以降にあらためて論ずることにする。

第二項　三土説から四土説へ

仏身論と仏土論はそれぞれ大乗仏教の勃興とともに飛躍的な思想発展を遂げ、インドの論師だけにとどまらず、中国の諸師たちにおいても訳経事業と並行して盛んに議論が行われてきた。後世においては仏身仏土論として両者が合糅して説かれるのが当然のようになったが、それぞれの発生起源や思想史的展開は別個のものであったことが先行研究により知られる(5)。

たとえば、この分野における代表的な研究書である望月信亨氏の『浄土教の起原及発達』では、その目次が「經典論・佛陀論・本願論・淨土論・實踐論」の五篇からなっており、仏身論を取りあげた「佛陀論」と、仏土論を主とする「淨土論」はそれぞれ別の文脈において論じられている。神子上恵龍氏の『弥陀身土思想展開史論』においても「佛身篇」と「佛土篇」の二篇に分かれており、このような研究方法は仏身仏土論の思想的展開を講究する際の基本的な手法といってよいであろう(6)。

本節でもそれにならい、仏身論と仏土論の思想展開を個別に扱って考察するなかで、四土説の成立根拠がそれぞれの議論のいかなる問題点に起因するのか探ることにしたい。もちろん隋代以降、とくに浄影寺慧遠等の尽力によって三身三土論の学説が一般化するようになってから後は、両議論が複雑な絡みあいをみせるようになり、それらを整然と腑分けするのは至難である。ともかく、この論点を可能な限り意識して論述を進めてゆくことにしたい。ここでは、まず隋唐代の諸師が仏身論と仏土論に関してどのような議論を行っていたのかを述べ、そのうえで三土説から四土説へと展開する際にいかなる思想的課題があったのか確認することにしたい。

(1) 仏身論の展開

周知のとおり仏身論は多数の経論書に説かれており、旧訳の範囲で三身論を説く経論だけでも『宝性論』『楞伽経』『法華論』『金剛般若経論』『十地経論』『摂大乗論釈』『金光明経』『仏性論』『起信論』『大乗同性経』『般若経論』など多数の典籍がある(7)。

問題は諸経論において三身各々の訳語だけでなく、各仏身の性格自体が異なっていることである。とくに報身や受用身にあたる第二身の規定について、自受用身的あるいは他受用身的な性格を有するものが諸経論に混在している。また、『楞伽経』など例外的に四身説(如如仏・智慧仏・報生仏・化仏)を説く経論書もみられるが、後の『仏地経論』や『成唯識論』などの四身四土説とは構造を異にしている。

このような状況に対して、隋代の諸師は苦心しながら諸経論に提示された種々の仏身論の整理を行い、統一的な解釈を目指したわけである。当時の代表的な学説としては浄影寺慧遠『大乗義章』における開真合応・開応合真・真応倶開の三義、あるいは慧遠の学説を承けて成立したとみられる吉蔵『法華玄論』『法華義疏』における合本合迹・開本開迹・開本合迹・開迹合本の四句分別といった解釈方法がある。

これらは二身論（真応あるいは本迹）を基調とした開合論を用いて、二身論・三身論・四身論等の関係を合釈しようと試みたものであり、(8)三身論という一つの理論体系だけで正確な解釈をほどこすことは至難であったことが看取できる。ちなみに慧遠のいう開応合真や吉蔵のいう開迹合本の第二身は他受用的な性格が強く、『摂大乗論釈』や『起信論』などのいわゆる法身の理智不二を支持する仏身論がこれにあたる。一方、開真合応および開本合迹における第二身は自受用的な性格が強く、『法華経論』や『仏性論』などが該当する。(9)いずれにせよ、諸経論中における第二身の性格は一様でなかったことが知られる。

(2) 仏土論の展開

隋代から唐初の中国諸師によって二土、三土、四土等の仏土説がさまざまに論じられてきた。智顗の『維摩経文疏』には、

問う、諸経論に散じて四土を明かす。向きに説くが如し。経論に四土の名を一処に出ずること有るを見ざるなり。答う、経論に此の度、本とより自ら多からず。尋ねて読む者は又た備悉せず。四土の共出すること、何ぞ必ず文無きや。正しく此の経に云うが如し。長者子は四義を以て答え仏国を弁ず。何ぞ必ず即ち是れ其の意ならざるや。経に云く、所化の衆生に随いて仏国を取るのみ。（中略）此の四義は若し四土に対して、宛然に相似せり。但だ名目は既に異なり。(10)

とあり、四土の名称は経論書のどこに出ているのかとの問いに対して、『法華経』の長者子の四義が四土に相当するのだと答えている。議論の是非はともかくとして、智顗の時点において、四土説の根拠となる仏土説が経論書に示されていないという認識が共有されていたことがうかがえる。

智顗が文中に「経論に散じて四土を明かす」というように、諸経論にはたとえば西方浄土（『無量寿経』）、弥勒浄土（『弥勒上生経』）、蓮華蔵世界（『華厳経』）、東方妙喜世界（『阿閦仏国経』）、上方衆香世界（『維摩経』）、足指按地の土（『維摩経』）、霊山浄土（『法華経』）など種々の仏土の様相が説かれているが、旧訳の経論書にはこれらを秩序立てて統一的な解釈を試みようという理論モデルは示されていなかったようである。世親が『摂大乗論釈』に受用身と受用土との関係を明示したのは画期的な思想であったが、二土説や三土説を構成するといった視点はみられない(11)。もちろん、『摂大乗論釈』の十八円浄説や『往生論』の二十九種荘厳説などは示唆深い教説であるが、議論の対象はもっぱら各論書が標榜する個別の浄土に関する内容に限られている。すなわち、世親を含めて『仏地経論』以前の諸経論には、さまざまに散在する他方仏土の教説を統括的に解釈しようという視点自体が決定的に欠けているのである。

この状況は、玄奘訳『仏地経論』『成唯識論』を典拠とした明瞭な四身四土説が世にあらわれるようになるまで変わらなかったと思われる(12)。ゆえに唐代初期までの仏土論は、仏身論の理論モデルを参考にして、各経論書に散在する諸仏土の情報を紡いで整理してゆくという方法で作られた、多分に中国仏教独自の理論体系であったといえる。そもそも、「法性土（法身浄土）」「報土（報身浄土）」「化土（化身浄土）」といった仏土の性格を規定する用語は諸翻訳経論にみられる語句ではなく、中国の諸師が議論の際に用いた独自の用語であり、三土説にせよ四土説にせよ、仏土論という土俵自体が中国仏教の産物なのである(13)。おそらく慧遠の頃に地論宗を中心として活発な議論が行われ、

『大乗義章』をまとめる段階にはこのような議論も定着していたと思われる。[14]すなわち、仏土論は仏身論の議論に牽引され、徐々に中国独自の発展を遂げた思想と考えられるのである。

（3）『摂大乗論釈』の受用土説と四土説

摂論学派の四土説はその学派の名称からも明白なように、真諦訳『摂大乗論釈』にもとづくのであるが、その成立について次のような問題点がある。

まず、『摂大乗論釈』に提示される仏身仏土論は、仏身論としては三身論（自性身・法身／受用身・応身・果報身／化身・変化身）を支持しているが、仏土論としては受用土（＝報土）の一土のみを標榜して、法身と化身の浄土を説かないという立場である。[15]一方、法常等が提示したとされる摂論学派の四土説は、受用土（＝報土）を実報土と事浄土の二種に分別し、さらに法身浄土と化身浄土を立てるものである。摂論学派の四土説が『摂大乗論釈』の仏身仏土論を基調とすることは間違いないものの、原典には受用身あるいは受用土を二分するという内容はみられない。

さらにいえば、両土が示す特徴は唯識学派、いわゆる法相唯識が提示した受用身土を「自受用土」「他受用土」と区別する概念に限りなく近い。[16]当然ながら、この自受用・他受用という語句は新訳の語義概念であるから、旧訳の範囲内で成立したと推定される初期の摂論学派の仏土説との間に思想交渉を想定することはできない。具体的には玄奘による訳経がはじまった六四五年以前に没している道基と法常は新訳経論をみていないはずである。しかしながら、後にみるように、日本の碩学たる凝然が、道基の仏土論を評して自受用・他受用の語句を用いた点からみても、相当に似通った仏土の概念が新訳以前に成立していたことが知られる。

四土説の成立に関しては、望月信亨氏が『摂大乗論釈』から『仏地経論』への思想展開という興味深い指摘を行っている。[17] すなわち、真諦訳『摂大乗論釈』の段階において、すでに自受用・他受用という語義概念の萌芽がみられるとの見解である。確かに、『摂大乗論釈』巻一三には諸仏浄土（受用土）において菩薩に二つの法楽があることを明かし、一つには自ら大乗法を聴受して法楽を受けること、もう一つは他のために大乗法を説いて法楽を受けしむ、という内容がある。[18] この二方面の解釈がそのまま『仏地経論』の自受用・他受用の意味を含有するのだという。さらに望月氏は、

支那に於ても隋代以來淨土類別の説が盛に行はれ、慧遠、智顗、吉藏、法常等の諸師は、二土三土又は四土等の分類を試みてゐる。（中略）若し然りとすれば親光等と殆んど同時に、支那に於ても四身四土説の唱道されたことを知るのである。[19]

として、四土説がインド・中国においてほぼ同時期に生じたと結論づけている。

大局的に仏土論の思想展開を俯瞰した場合には、筆者も望月氏の見解におおむね賛同するが、望月氏の所論はインド仏教における思想展開を念頭に置いたものであり、中国仏教において摂論学派等の四土説が成立した背景を説明するものではない。[20] 中国仏教における三土説から四土説への展開に関しては、さらに別の事情も考えあわせておく必要があるのではないかと思われる。

それでは、『仏地経論』訳出の前段階において、報土（＝受用土）を二分するという摂論学派の四土説はどのように形成されたのであろうか。以降では、この問題に焦点をあてながら、摂論学派の四土説に関する資料ならびにその特徴について考察してゆくことにしたい。

第三項　四土説の資料

ここでは摂論学派の四土説に関連する資料について整理しておきたい。摂論学派に関する資料は希少であり、なかでも仏土論に関するものは断片的な内容がわずかに残されるのみである。先学の研究成果を参考にして関連資料を列挙すると以下のとおりである。(21)

・凝然『維摩経菴羅記』(22)（道基、道宣、道世、法常、智儼の仏土説を紹介）
・『摂大乗論疏』(23)巻五（隋代末期の成立）
・迦才『浄土論』(24)（六四八年以降の成立）
・智儼『捜玄記』(25)（六二八年の成立）、『孔目章』(26)（六六〇年以降の成立）
・道世『法苑珠林』(27)（六五八―六六八年頃の成立）

右に示した資料のなかで明確に摂論学派の所属とされるのは道基と法常だが、彼らの著書はほとんど現存せず、敦煌本の断簡などに道基の著作がわずかに残されるのみである。(28)そこで、日本の文献資料である凝然『維摩経菴羅記』巻七の記述がたよりとなる。これが摂論学派の四土説に関する貴重な証言であることは間違いないものの、残念ながら凝然による記述は正確な引用ではなく取意である。凝然は、道基と法常の仏土説に対して玄奘訳の用語である「自受用」「他受用」の概念を用いて説明するなど、著者自身の主観による解釈が示されている点に問題がある。とはいえ凝然が、法常、道宣、道世、智儼の四土説がまったく同義であり、各々に師資相承されたと評したことは摂論学派の四土説を知るうえで重要な手がかりである。むしろ、凝然の記録がなければ摂論学派の四土説なるものが存在した事実すら、後世に知られることがなかったといっても過言ではないだろう。

ところで、各種資料から知られる摂論学派の仏土説の内容は一様ではなく、意見の違いや思想的な変遷があったようである。(29)『仏地経論』『成唯識論』の訳語が一般化する直前まで用いられていた四土説を最終的な形態と位置づけた場合、およそ次のように分類することができる。

・初期　…『摂大乗論疏』巻五、道基『摂大乗義章』

・中期　…法常『摂大乗論疏』、迦才『浄土論』、智儼『捜玄記』

・後期　…智儼『孔目章』、道宣『出典不明』、道世『法苑珠林』

初期の資料は四土説の形式をとっておらず、敦煌本の『摂大乗論疏』巻五は、慧遠『大乗義章』の三土説（真浄土・相浄土・事浄土）にもとづいた論述がなされている。また、凝然が伝えるところによれば、道基は報土（自受用・他受用）と化土の二土説ないし三土説を提示していたようである。ただし、道基が法身浄土を否定するという立場であることを考慮すれば、四土説を知りながらもその所説に依らなかったという可能性も考えられる。

中期の資料は旧訳の範囲内で成立した四土説（法・報・事・化）であり、迦才の四土説もおそらくこの範疇に属する。この段階でほぼ四土説の形式と理論構造が完成していたと思われる。法常『摂大乗論疏』は彼が生存していた六四五年以前に、智儼『捜玄記』は六二八年に成立し、(30)迦才『浄土論』は六四八年以降に作成されたとみられる。

後期の資料は玄奘訳経論の影響、すなわち『仏地経論』等の訳語の影響がみえる四土説である。各仏土の名称などは旧来の四土説に準じており、新旧が複合された教説といえる。道世『法苑珠林』は六六八年頃の成立で、(31)新訳経論がいくつか引用されている。(32)智儼『孔目章』は六六〇年以降の成立とされ、浄土教に関する記述のなかに「浄土種子」という明らかに『仏地経論』を典拠にしたと思われる語句の使用例がある。(33)智儼の著作は四土説の中期・

後期、ならびに旧訳・新訳の両方の時期に跨っており、これは四土説の成立と展開を考えるうえで重要な糸口となるであろう。

このように四土説に関して比較的多くの情報を伝えるのは迦才『浄土論』、智儼『捜玄記』『孔目章』、道世『法苑珠林』の四典籍である。前述したとおり、凝然『維摩経菴羅記』の記事は全面的に依拠することができない問題点も含有しているため、これらの学説を検討することで四土説のおおよそを復元できると思われる。次項では、凝然が注意しなかった迦才の四土説を資料の中心に置き、その思想的な特徴について探ってゆくことにしたい(34)。

第四項　四土説の特徴

ここでは摂論学派による四土説の特徴を整理したい。次の三点は迦才、智儼、道世の四土説に関する一応の共通項と思われる。

（1）各仏土の名称
（2）『摂大乗論』十八円浄説の分配
（3）法身浄土の規定

ここに挙げた（1）～（3）は相互に関連しあう内容で重複する部分も少なくないが、順次に各点を検討してゆくことにしたい。

（1）各仏土の名称

前掲した表21をみると、摂論学派系統の四土説は若干の相違はあるものの各仏土の名称に大きな異同はない。一方、唯識学派関係の四土説の名称は『成唯識論』の訳語を全面的に用いて「法性浄土・自受用土・他受用土・変化土」にほぼ統一されており、名称だけで両者の四土説を峻別することが可能である。(35)

少し時代を遡ってみると、慧遠『大乗義章』には、「法性土」「実報土」「事浄土」等の語句がそれぞれ散見できる。おそらく、摂論学派の四土の名称はこれを承けて再構成したものと思われる。初期の摂論学派の資料である『摂大乗論疏』巻五にみえる仏土説が、地論宗南道派の慧遠の学説を援用している点は示唆に富むものである。(36)

まず、「事浄土」について検討してゆきたい。慧遠のいう事浄土はいわゆる化土の規定とほぼ同義であり、事浄土を劣位の報土ととらえる四土説の理解とは語義概念が異なる。念のため対応関係を示しておくと次のとおりである。

・慧遠の三土説 …	真浄土		相浄土	事浄土
			三界不摂↑	↓三界摂
・智儼等の四土説 …	法性土	実報土	事浄土	化土

（真浄土—法性土・実報土、相浄土—事浄土、事浄土—化土）

浄土の所属を三界内あるいは三界外とする区分点は、化土と報土の最低限の相違点であり、慧遠の事浄土は三界内に摂せられている。また、慧遠の事浄土は凡夫人の所見であるが、迦才の事用土は地上菩薩の所見とされている。ちなみに智儼と道世は事浄土の所見者の階位等について明言していない。

次に「実報土」について検討してゆきたい。実報土の語句については慧遠だけでなく智顗も用いている。それでは、摂論学派の四土説は前時代に提示されていた慧遠や智顗が用いる実報土の概念の影響を受けているのであろうか。慧遠と智顗の記述を抜粋すると次のとおりである。

○慧遠『大乗義章』

・或いは分ちて三と為す。一には法性土、二には実報土、三には円応土なり。（中略）実報土とは、菩薩、前の法性土を顕す時、曠く法界無尽の行業を修し、此の浄業の勳発の力を以て、彼の無辺の浄法界処に於て、無量の殊異荘厳の事起こるを実報土と名づく。(37)

○智顗『維摩経文疏』

・三に果報国を明かすとは、即ち是れ因陀羅網、蓮華蔵世界なり。純諸法身の菩薩の所居なり。（中略）実相の理を観ずるを以て、真無漏の所得果報を発す。故に名づけて実と為す。修因無定にして、報得色心の果、依報に所居す。無礙自在なるが故に果報と名づく。亦た実報無障礙土と言うを得る。(38)

まず慧遠の標準的な仏土説は真浄土・相浄土・事浄土の三土説であるが、ここで示された法性土・実報土・円応土の三土説は、仏の所居である真浄土をさらに義にしたがって三種に開いたものである。文中に実報土の語義に関する詳しい説明はみられず、基本的には三土説の形式のなかで定義された内容である。次に智顗は四土説を挙げるなかで、実報土の「実」と「報」の語義について丁寧な説明をほどこし、別教の初地以上の菩薩所見（円教の初住以上）と理解している。

一方、迦才の四土説における「実報土」ならびに「事用土」の規定には次のような記述がある。

・実報土とは…（中略）此の人及び土は一切の下位、乃至、金剛心菩薩も亦た見ることを得ず。唯だ仏と仏のみ自ら相い見る。(39)

・事用土と言うは…（中略）此の人及び土は、初地以上の菩薩が分に随いて見ることを得、乃至、十地の見は皆な同じからず。謂く、地に即ち上下の別あらば、見に亦た麁妙の異なりあり(40)。

これによると、迦才は実報土を仏地直前の金剛心の菩薩ですら見ることのできない唯仏与仏の領域とし、事用土を地上菩薩が所見可能な領域と解釈していたことがわかる。智顗と迦才の四土説を対照すると次のようになる。

・智顗の四土説	…常寂光土（唯仏与仏）	実報土（地上菩薩等）	方便有余土（二乗・三賢等） 三界不摂↑	↓三界摂 凡聖同居土（凡夫）
・迦才の四土説	…法身浄土	実報土（唯仏与仏）	事用土（地上菩薩等）	化身浄土（凡夫・二乗等）

智顗の実報土は菩薩による所見が可能であり、迦才が唯仏の境地と規定するのとはその位置づけが異なることに注意したい。

また、智儼『華厳五十問答』に「実報」の語義に関して次のような論述がある。

・三乗教に依らば、十方浄土の所有る諸仏は並びに是れ実報にして変化有ること無し。若し権起せば始終を定めず。有情の機に変化を知らしめるとは、即ち化摂に属す(41)。

・権に由りて閻浮・菩提樹下に顕すは是れ化なり。故に蓮華蔵世界の所有る仏は是れ実報なり。体・相・用に通ず。十方浄土の所現る仏は是れ報仏なり(42)。

この二つの記述から、「実報」の語が、衆生教化を意味する「変化」あるいは「化」の語と対置される内容を示していることがわかる。すなわち、実報は仏自身の実徳（『起信論』の体大・相大・用大）を示す内容であって、本来的にはそこに摂化の意味を含まないといえる。智儼がいう「実報」の典拠は『十地経論』における「実報身」の語句であり、おそらく智顗の説く実報土の概念とは異なる系統に属する。[43] 迦才も「浄土中の成仏とは、作判して報と為すとは是れ受用身にして、実報身に非ず[44]」と述べ、実報身と受用身の概念を明確に区別した箇所がみられることから、実報の規定は智儼の学説に近いと思われる。[45]

以上のように、摂論学派の四土説における「実報土」「事浄土」の名称自体は前時代の資料に散見されるが内容的に一致するものとは言いがたい。このことから、四土説は摂論学派における研究状況の進展とともにあらわれた独自性の強い学説と思われる。

（2）『摂大乗論』十八円浄説の分配

前述したように『摂大乗論釈』では、十八円浄説にもとづく受用土の一土のみを理想的浄土として掲げる。ところが、摂論学派の四土説では受用土の内実でもある十八円浄の内容を、上位の「実報土」と下位の「事浄土」とに配分している。ここで迦才、智儼、道世の各説を比較してみよう（表21参照）。

これによると十八円浄の配当は多少の異なりはあるものの、実報土に第十七門円浄と第十五路円浄を配する点については三者に共通する。第十五路円浄と第十六乗円浄と第十七門円浄の三種は、『摂大乗論釈』の十八円浄説のうち浄土へ往還する方法として示された内容であり、聞思修の三慧を「路」として、奢摩他・毘婆舎那を「乗」り物とし、大空・無相・無願の三解脱の「門」より通入するとされる。

それぞれの各相に対する略述の仕方も似通っており、定型句のようになっていたのではないかと思われる。[46] ちなみに、同本異訳の玄奘訳『摂大乗論釈』（世親釈）も『仏地経論』と同年の六四九年に訳出されているが、迦才等の所説にはそこに説かれた十八円満説の影響はみえず、また道世が「梁攝論」と断っていることからも明らかに真

表21　迦才、智儼、道世における十八円浄説の配分

	法性土	実報土	事浄土
迦才	出所住土體者。即取前一味眞如體大義。爲所住土體。謂與恒沙萬德。爲依止故。此即人土同體義分二也。 ↓なし	實報土者。亦人土同體。謂始起萬德。爲其土體。如攝大乘論十八圓淨中云。大空無相等爲門。三慧爲路也。 ↓第十七門円浄、第十五路円浄	言事用土者。此即人土別體。謂頗梨柯蓮華藏世界等。爲所住土體。故攝大乘論云。淨土以蓮華王。爲依止也。 ↓第十八依止円浄
智儼	法性淨土。所謂眞如。謂以依無住本。立一切法。 ↓なし	實報淨土。謂諸理行等所成。謂三空爲門。諸度等爲出入路。 ↓第十七門円浄、第十五路円浄	事淨土。謂諸方淨土衆寶所成。 ↓第一色相円浄？
道世	法性土。以眞如爲體。故梁攝論云。以蓮華王爲淨土所依。譬法界眞如爲淨土所依體故。 ↓第十八依止円浄	實報土。依攝論云。以二空爲門。三慧爲出入路。奢摩他毘鉢舍那爲乘。以根本無分別智爲用。此皆約報功德辯其出體。 ↓第十七門円浄、第十五路円浄、第十六乘円浄、第五因円浄	事淨土。謂上妙七寶。是五塵色性聲香味觸爲其土相。故攝論云。佛周遍光明七寶處也。 ↓第一色相円浄

諦訳が用いられていたことがわかる(47)。

ここで問題となるのは、この実報土と事浄土の差異が何に起因するのかという点である。右にみた十八円浄説の配分という点以外で、三者に共通する実報土と事浄土の区分要素としては理・事の概念が挙げられる。

○智儼『孔目章』

・三に実報浄土なり。謂く諸の理行等の所成なり。謂く、三空を門と為し、諸度等を出入の路と為す(48)。

〇道世『法苑珠林』

・若し実報浄土に拠らば、要ず出世無漏の正因を修す。理と行と相い成じて方に往生を得る。(49)

・上来、土に四種有ることを明かすと雖も、然も綱要せば二有り。一には報土、二には化土なり。此の二は即ち理事の二土を摂す。(50)

〇迦才『浄土論』

・西方浄土は是れ何れにか収むるや。無相無生は是れ何れの門にか摂するや。（中略）彼れ答えて「無相無生は是れ理、有相有生は是れ事」と云わば、即ち応に我れ答うべし。（中略）今、西方浄土は通じて三種有り。一には是れ法身の浄土、此れ即ち無相無生なり。二には是れ報身の浄土、実に拠らば亦た無相無生なり、事に就かば即ち有相有生なり。三には是れ化身の浄土、亦た是れ有相有生なり。(51)

まず智儼は、実報土は諸々の「理・行」による所成であるという。次に道世は、実報浄土への往生は出世無漏の正因を修し、「理・行」を相成することによってなされるとする。ともに「理・行」の内容を明言しないが、おそらく『摂大乗論釈』の第十七門円浄・第十五路円浄に説かれる聞思修の三慧や大空・無相・無願の三解脱の修行などが相当すると思われる。また、道世は四土説を提示した後に、要略すれば報土と化土の二土説になるとして、これが理・事の二土を包含するという。道世における四土説と二土説の開合関係は明瞭に示されていないが、名称からみて事浄土は事の土に配当されるべきであろう。

最後に迦才は「無相無生（＝理）」「有相有生（＝事）」という概念を用いて、四土説を分別している。すなわち、

・法身浄土・実報土＝無相無生＝理

・事用土・化身浄土＝有相有生＝事

となる。このことから、迦才においても理・事の概念が二種の報土を分断していることがわかる。

以上のように、迦才、智儼、道世において『摂大乗論』十八円浄説ならびに理・事の分配という点が共通していたことがわかる。実報土における「実」の語が、事浄土の「事」との峻別を意味する語句であるならば、その内実として理と事という差異を考慮すべきであろう。いずれにせよ、二種の報土の規定内容について『摂大乗論釈』十八円浄説の影響を受けている点は、摂論学派の四土説をそれたらしめているもっとも重要な要素であり、智顗の四土説ならびに唯識学派の四土説との決定的な相違点といえる。

(3) 法身浄土の規定

凝然は道基が法身浄土を立てないとの主張を行ったことを伝えている。[52] 吉蔵『法華統略』にも「摂論師の云く、法身は是れ真如にして更に土有ること無し[53]」との記述があることから、摂論学派が実際にこのような主張を行っていたのは間違いない。ただし、法常等の四土説には法身浄土が組み入れられているため、法身浄土を立てないとする説が必ずしも摂論学派の共通した見解ではなかったようである。

ところで、法身の浄土を立てないとする説は、古くは鳩摩羅什(三五〇―四〇九)や門下の竺道生(三五五―四三五)などにもみられる。この議論は慧遠『大乗義章』や吉蔵『法華玄論』等にも紹介されているため、隋代末期においても引き続き取りざたされていたことが知られる。[54]

次に迦才、智儼、道世における法身浄土の規定を確認したい。

○迦才『浄土論』

所住の土の体を出すとは即ち前の一味真如、体大の義を取りて所住の土の体と為す。謂く、恒沙の万徳のために依止と為るが故に。此れ即ち人土同体なり。義に二を分かつ(55)。

○智儼『孔目章』

四には法性浄土なり。所謂る真如なり。謂く、無住本に依るを以て一切法を立つ(56)。

○道世『法苑珠林』

法性土は真如を以て体と為す。故に梁の『摂論』に云く、「蓮華王を以て浄土の所依と為す」と。譬えば法界真如、浄土の所依の体と為すが故に(57)。

まず迦才は、法身浄土の本質は一味真如、すなわち『起信論』の体大義にあたり、それが万徳の依止になるという。さらに法身浄土の仏身と仏土は同体であるが、義にしたがってあえてこれを二分したのだとする。智儼と道世の規定も、法身浄土を真如法身とほぼ同義に解釈したとみて差しつかえないだろう。そもそも、世親の著作である『法華経論』『仏性論』『摂大乗論釈』はいずれも如来蔵思想が濃厚であり、摂論学派ではこのような理解が標準的であったと思われる。

以上の点を考慮すれば、摂論学派の四土説における法身浄土は、実質的に浄土・仏国土としての機能が有名無実といってよく、法身の内容は『起信論』に説示される真如ないし如来蔵として定義されてきたことがわかる(58)。ただし、このような法身浄土の規定は慧遠や吉蔵の段階でも論じられていた。それでは、摂論学派が法身浄土を立てないとする説を、吉蔵の耳にも届くほど声高に主張したのはなぜだろうか。これについては摂論学派における受用土の理解、とくに実報土の規定が大きく関わっていると思われる。繰り返しになるが、摂論学派が依拠する『摂大乗論釈』の基本的な立場は、十八円浄説にもとづく受用土の一土のみとするものであり、法身浄土ならびに化身浄土を説かない。摂論学派の主張の根拠はここにあり、慧遠や吉蔵とは問題意識が異なるのである(59)。

ところで、法身浄土の証左として慧遠や吉蔵が多用した『仁王般若経』は、迦才や智儼、道世の諸著作においてまったくといってよいほど姿をみせなくなる。この原因については次項以降にあらためて論及することにしたい。

(4) 凝然の記事の再検討

ここでふたたび凝然の記事を振り返り、これまで考察してきた内容と照合してみよう。凝然が道基と法常の学説をまとめるにあたって要点とした内容は以下のとおりである。

○道基の仏土説
・報浄土と化浄土の二種を立てる
・報土は基本的に実修実証の自受用であるが、兼ねて他受用浄土を摂する
・化身浄土は二乗・凡夫の所見である
・法身浄土を立てない

○法常等の四土説
・四土の場合も二土の場合も、いずれも仏と衆生がそれぞれ自土を有する
・どの仏土も「自住処(法身浄土・自受用土)」と「摂化処(他受用土・変化土)」がある
・「自住処」は他の所見ではない→唯仏与仏の領域
・「摂化処」は機根を摂受して法要を説く→能化・所化が共に住する処

まず道基の仏土説を検討する。道基は法身浄土を立てずに報浄土と化浄土の二種を立て、さらに報浄土のなかに自受用と他受用を立てる。道世は四土説の他に報土と化土の二土説を挙げ、また道宣も同様の説をとなえたとされ

ているから、道基の二土説もこれらの二土説と内容的に一致するのかもしれない[60]。

次に法常等の四土説について検討する。凝然の論述は若干曖昧な部分もあるが、ここでも四土と二土の両説あったことが伝えられる。重要なのは仏と衆生がそれぞれに自土を有するという情報であり[61]、その根拠となるのが「自住処」と「摂化処」という区分ではないかと思われる。すなわち、自住処には法身浄土と自受用土、摂化処には他受用土と変化土が相当する。そして、この自住処・摂化処という概念はそのまま自受用土・他受用土の内容と符合する内容である。さらに自住処の説明において、「他の所見に非ず。唯だ仏と仏とのみ乃ち能く究尽す」といって唯仏与仏の領域とすることは、迦才の所説とほぼ正確に対応する。

以上、凝然が伝える道基と法常の記事とこれまで検討してきた迦才等の四土説とを比較してみた。全般として、法身浄土の有無という点を除けば、内容的に大きく食い違う部分はみられない[62]。

もし、凝然が伝える「自住処」と「摂化処」という語義概念が法常の典籍に存在するならば、これは四土説の理論を構築するうえで重要な要素ではないかと思われる。凝然が法常の四土説を解説する際に、「自受用」「他受用」の語句に加えて、さらに「自住処」「摂化処」の語句を使用しているのだから、法常の教説にはそれに相当する何らかの要素がみられたものと推考される。少なくとも、迦才、智儼、道世等が用いた語句ではないため、法常に特有の用語であった可能性も考えられる[63]。

報土を二種に分かつ区分点として、この自住処・摂化処を想定すれば四土説の構造も説明がしやすい。すなわち、法身浄土は真如法性そのものであり、仏国土としての機能は付与されない。その代わりに、実報土は仏自身の居住する処として唯仏与仏の領域となる。これは『摂大乗論釈』の唯受用土という立場も厳守するものであり、ここまでが自住処としての領域となる。

摂化処については、事浄土は菩薩の居住する処であり、化身浄土は凡夫・二乗等が居住する処となる。『摂大乗論釈』十八円浄説の対象者は菩薩であるが、一方で「種種の化身の依止は、多くは声聞・独覚の善根を成熟せんが為の故なり(64)」との記述がある。『摂大乗論』は化土の存在を明示しない立場であるが、隋代の諸師はこの記述をもって化身浄土と凡夫・二乗の対応関係を示す論証としていたことが知られている(65)。

(5) 摂論学派と迦才の四土説の関係

凝然の伝える内容は、実のところ迦才の四土説にそのまま合致する内容である。智儼や道世の所説では四土説における各仏土の居住者を具体的に設定しないため明確にならない点が多いが、今、迦才の四土説との間には多くの情報を共有することができる。

『浄土論』には「自住処」「摂化処」の用語自体は表立ってあらわれないが、「法身浄土・実報土／事用土・化土」というように、上位二土と下位二土に区分する場面が多くみられる。しかも、それらの論述は自住処・摂化処という要素から読み込めば容易に納得できる内容となっている（表22）。

表22　迦才における四土説の区分

	法身浄土	実報土	事用土	化身浄土
人土の同体・別体	人土同体	人土同体	人土別体	人土別体
封疆の有無	無し	無し	有り	有り
無相・有相	無相無生	無相無生	有相有生	有相有生

まず、法身浄土と実報土を「人土同体」とする解釈は明らかに仏自身の浄土であることを根拠とした論述であり、一方、「人土別体」は衆生のための浄土として建立されたものであろう。次に「封疆」とは西方浄土の方位・領域の分限であって、衆生摂化のために設けられた要素である(66)。最後の「無相・有相」については前述したとおりであるが、封疆の内容とあわせて衆生摂化のために事としての有相性を持っていると考えられる。以上のことから、『浄土論』の成立までには自住処・摂化処という要素、すなわち後世の自受用・他受用と極めて近い概念が案出されていたことが知られる。とすれば、迦才の所説が六四八年以降のどの時点で完成したのか、はたして新訳経論の影響はないのかという点が問題となる。これに関する手がかりとして、迦才の次のような論述が注目される。

此れ或いは報身と名づけ、或いは受用身と名づけ、或いは応身と名づく。酬いを還りて報と曰う。理に答うるを応と名づく。他の為に味を飡するを称して受用と為す。或いは食身と名づく。受用の与にして相似せり(67)。

この記述から、迦才が報身の用語に諸説（報身＝受用身＝応身＝食身）あることに注意していたことが知られるが、右の文にある「食身」という用語は、六三三年に波羅頗蜜多羅が訳した弥勒造・世親釈『大乗荘厳経論』にみられる独特の用語である(68)。もしも迦才が『浄土論』の執筆時点において『仏地経論』の自受用・他受用の用語を知っていたならばここに併記したはずであろう。その他、『浄土論』のなかで玄奘訳典籍の存在を匂わせていないことから、まだ広範囲に新訳経論が流布していなかった六四八年からほどなくして、その著作が成立したとみるのが穏当と思われる。

以上の検討から、迦才、智儼、道世の四土説と凝然の伝える記事とがおおむね一致することが確認できた。とくに凝然が法常の四土説に関して伝えた自住処・摂化処という語義概念は摂論学派の四土説の成立根拠に肉薄すると思しき内容を有しており、それは迦才の四土説ともほぼ合致している。

第五項　摂論研究と四土説の成立

ここでは四土説がいかにして成立したのか、とくに摂論研究の進展という側面に注意してみてゆきたい。四土説が成立する直前まで進められていた仏身論ならびに仏土論の思想的展開を加味して考察を進めてゆく。

（1）仏身論をめぐって—吉蔵の著書を手がかりとして—

まず、摂論学派の隆盛期と時代を重ね、かつ豊富な典籍が残されている吉蔵の諸説を資料として用いることにしたい。すなわち、仏身論に関する議論が吉蔵の生存していた六二〇年頃までにどの程度まで進められていたのか確認する。吉蔵の著作の成立時期は、先学の研究によるとだいたい次の三期に分けることができるようである(69)。

①会稽嘉祥寺時代（五八九—五九七年）…『法華玄論』『法華義疏』『法華統略』『二諦義』など
②揚州慧日道場時代（五九七—五九九年）…『三論玄義』『勝鬘宝窟』
③長安日厳寺時代（五九九—六二三年）…『維摩経義疏』『中観論疏』『百論疏』『十二門論疏』『浄名玄論』

なお、浄土教に関する内容を比較的多く伝える『大乗玄論』については偽撰説もあるため、念のためにここでは考察対象から除いた(70)。

初期の著作である『法華統略』には、『摂大乗論』の「応身」の規定をめぐって議論があったことを伝えている。

問て曰く、『摂論』に云く、「二乗及び地前菩薩は化身佛を見る。登地已上は方に応身を見る」と。今、云何んが二乗は普く応身を見るや。

答て曰く、『金光明』に云く、「四句有り。一には応身は化身に非ず」と。謂く、地前の身なり。則ち応身の位を知る。通じて地前従り、乃至、登地、皆な応身有り。今、『摂論』に云く、「初地は応身を見る」とは、此れは初地已上は真如を見るを明かすが故に。応身と真如と相応するとは、即ち是れ内応身なり。本有の義を取りて法身と名づく。如と相応す。始有の義を応身と名づく。初地已上は此の応身を見るなり。今、身を分けて応身と為すと言うは、此れは是れ外応身なり。位は上下に通ず。今、大小の二人に約するが故に二身を開く。菩薩を化するを応身と為し、二乗を化するを化身と名づく。(71)

これによると、吉蔵は応身について内応身と外応身の二種類があるといい、『摂大乗論』に「初地は応身を知る」というのは内応身にあたり、それは真如と相応するのだという。これをもって自性身・内応身・外応身・化身と理解すれば、一応、四身論の形式をとっていることがわかる。『法華玄論』には内応身・外応身の語句はみられないので、その後に生じた議論と考えられる。『法華義疏』にもほぼ同様の説示がみられる。(72)

揚州慧日道場時代に著したとされる『勝鬘宝窟』にも、内応身と外応身の二種の応身説が用いられている。

問、仏に三種有り。一に化仏、二に応仏、三に法仏なり。今、仏住と称するは三仏の中、是れ何れの仏住なるや。答、義多門有り。今、一途に就いて之れを論ぜん。『普賢観経』に云く、「釈迦牟尼をば毘盧遮那遍一切処と名づく。其の仏の住処を常寂光と名づく。毘盧遮那は即ち是れ法身なり。法身仏は常楽我浄の四徳の土に住す。然るに仏と土と義、人法を論ず。謂く、人は能住為り、四徳は所住為り。『同性経』に云うが若きは、「応身は浄土に住す。化身は穢国に居す」と。今は是れ化仏なり。『摂論』に云く、「地前は化仏を見て、登地は応身を見る」とは、此の応身は是れ真如と相応するを名づけて応身と為す。応身に二有り。一には内応なり。真如と相応し、真如の土に住す。二には外応なり。浄土に住して奇特の相好をもって菩薩を教うるなり。地前は

未だ真如を見ず。但だ八相成道を見るが故に化身を見ると言う。更らに四句有り。『金光明』の三身品に説くが如し。(73)

注目されるのは『摂大乗論』を典拠として、内応身が「真如土」に住し、外応身は「浄土」に住して奇特の相好をもって菩薩を教化すると説かれていることである。これは自利・利他によって応身を二種に分けるものであり、凝然が伝える道基の二種の報土説（自住処／摂化処）、あるいは後の自他二受用説ともほど近い概念といえるだろう。しかしながら、吉蔵における二種の応身説がそのまま四土説に展開したとは即断できない。吉蔵の著作中において、内応身と外応身がそれぞれに浄土を有するという四土説は確認できないからである。

最晩年に著したとされる『維摩経義疏』には四土説（諸仏独居土・独菩薩所住土・大小同住土・凡聖同居土）が提示されているものの、これは四身説（法身・内応身・外応身・化身）と正確な対応はしていない。吉蔵の理解では、内応身はあくまで「真如土（＝常寂光土）」に住するとされており、独自の浄土を有するという理解は示されていないのである。

とはいえ、吉蔵において右のような極めて流動的な仏身論が展開されていたのは確かであり、摂論学派の四土説に対応できる仏身論はすでに用意されていたといえる。一方で、流動的に対応可能であるがゆえに、四身論を支持する決定的な論拠がない限りにおいては、三身論の枠組みそのものが改定されることも考えにくい。

ひるがえって迦才、智儼、道世における仏身論をみてみると、智儼と道世が四土説を説示する箇所ではまったく仏身論に関する記述がみられない。迦才においても主たる議論は仏土に関するものであり、各仏身に関する記述は簡潔であって、仏身論の論理構造については明らかにならない点が多い。資料が少ないため明確なことはいえないが、摂論学派の四土説は仏身論に関する記述が略された、独立した仏土説の体系のみが相承されていたのではないかと推測される。

（2）仏土論をめぐって―智儼『捜玄記』を手がかりとして―

次に仏土論の思想展開に留意して、今一度、摂論学派の四土説に目を向けてみたい。ここで注目すべきは、智儼『捜玄記』における四土説の記述である。

凡そ三乗浄土に四種有り。一には性、二には報、三には事、四には化なり。知るべし。若し此の部の一乗に依らば但だ二種有り。謂く、世界海及び国土海なり。或いは十種、下の瞿夷の説の如し。今、此の十名を将いて、『摂論』の十八相円浄に対して、同異を対弁せば、彼の文、仏の別住処を摂せば合して十九有るなり。仏の別住の大宝重閣は上に已に明かす故に、此の中には略して無し。即ち是れ彼の論の別住処なり。今、此の起具因縁は是れ彼の因円浄、亦た第一の色相浄及び三の量円浄に通ず。故に偈に「衆宝成及無辺際故知」と云う。(74)

智儼が二十七歳の時に執筆したとされる『捜玄記』の記述は、「浄土義」という項目が立てられた晩年の著作『孔目章』に比べると、浄土教に関する興味は希薄である。とはいえ、名称をみる限りどうやら四土説の形式が行われていたことが読み取れる。

注目すべきはこの引用文の後半部分、すなわち『摂大乗論』十八円浄説の解釈である。すなわち、智儼は『摂大乗論』において十八円浄の浄土の各相とともに「仏の別住処」が説かれていると指摘し、両者をあわせて一九と数えるのである。これは、智儼が「仏の別住の大宝重閣」と指し示すように『摂大乗論釈』における次の内容を取り入れたものであろう。

浄土の中には何の法か是れ如来の住処なりや。論に曰く、大宝重閣に如来は此の中に住す。釈して曰く、此れ別して如来の住処を明かす。世間の器世界を受用するが如きは無量の過失有り。[75]

以上の記述は、十八円浄説の各相を説き終えた直後に付された問答であり、文中には如来の特別の住処として「大宝重閣」があることを明かしている。すなわち、受用浄土たる十八円浄各々の相は受用身によって示現されたものであるが、示現した仏身自体の住処は別立されて「大宝重閣」と名づけるというのである。智儼はこの文に注目して仏の別住処を指摘し、十八円浄の諸相とは別に数えたのである。また、「大宝重閣」の名称からみて、十八円浄各々の相よりもさらに勝れた住処であろうことが予想されるから、これが唯仏与仏の領域と理解されていた可能性も充分に考えうる。[76]

あらためて『摂大乗論釈』の教説を確認してみると、受用土に居住可能なのは二の可得（仏と地上菩薩）という。[77]前述したように、仏と菩薩の居住する仏土を峻別することは、隋代より『仁王般若経』を典拠にして盛んに論じられていた。[78]ところが、唯仏の浄土は『摂大乗論釈』の受用土説に影響されて、もともとは法身浄土に位置していたものが受用土（実報土）の位置に移行する必要性が生じた。ただし、同一の仏土内において、仏と菩薩の住処が混在するのは問題がある。

二可得 ┬ 諸如来 …実報土 ╲
　　　 └ 最上品意行の諸菩薩 …事浄土 ╱ 十八円浄の浄土（＝受用土）

ここで仏と菩薩の所在地を二分する仏土説が要請され、報土の内部において仏自身が住する「実報土」と地上菩薩が住する「事浄土」が生じたのではないだろうか。おそらく、智儼『捜玄記』の四土説はその過渡的な内容を示したものと思われる。

以上は『捜玄記』の記述を手がかりとして構想した筆者の仮説であり、このような解釈が妥当であるか否かは、『捜玄記』の四土説に関する記述が簡潔すぎて明確にならない。しかしながら、このような論点が『摂大乗論釈』十八円浄説との関連箇所で表出されていることは重要な意味を持っている。そもそも吉蔵が内応身・外応身という概念を提起する契機となったのも『摂大乗論釈』の記述に関する議論が発端であり、管見の限りにおいて、仏土論の範疇で四土説を形成する決定打となりうる内容を有しているのも『摂大乗論釈』である。換言すれば、『摂大乗論釈』の教理内容なくして三土説から四土説への展開はありえず、摂論研究の隆盛こそが四土説を作りあげたというのが現時点での結論である。

第六項　迦才の四土説の思想的位置

最後に迦才の仏土説の思想的な位置づけについて述べておきたい。ここまで論じてきたように、『浄土論』は摂論学派の四土説に関してもっとも多くの情報を伝える典籍である。その情報は道世や智儼あるいは凝然が伝える四土説の内容と大きく齟齬する部分がみられないため、ほぼ忠実に四土説の内容を伝えていると考えてよいだろう。また、六三三年に翻訳された『大乗荘厳経論』が引用されていることから、積極的に最新の情報を収集し、その成果をふまえて論述されたものであることがわかる。すなわち、摂論学派の四土説は当時の最新かつ標準的な学説だったのであり、ゆえに迦才が仏身仏土論のベースとして四土説を採用したのである。

ところが、阿弥陀仏信仰者と認められる学僧のなかで摂論学派系統の四土説を用いるのは迦才だけである。ほぼ同時代に活躍した道綽や善導が四土説を用いないのはなぜなのであろうか。

道綽（五六二―六四五）が活躍した場所は長安から隔たった并州の地であり、なおかつ『安楽集』が著された時期も摂論研究がはじまって間もない頃とみられる。その証拠に『安楽集』にみられる摂論の影響は別時意説のみであり、浄土教者として興味を持つべき仏身論ならびに仏土論に関して影響を受けた形跡は皆無である。『安楽集』では三身三土説を提示するが、一方で「略して真応二身を明かし、并びに真応二土を弁ず(79)」との表記もあるため、慧遠等の真応二身説にもとづいた仏身仏土論を基礎としていたものと考えられる。

善導（六一三―六八一）に関しては充分に摂論学派の四土説、さらには『仏地経論』『成唯識論』の四土説をも享受可能な状況であったと思われる。しかしながら、善導はそれらの典籍に説かれる四土説にはまったく見向きもせず、古典的な三身三土論の形式をとって極めて特異な是報非化説を提示した。善導の活躍時期は真諦訳を中心とした旧唯識説から玄奘訳への過渡期であり、新たな唯識思想の登場によって摂論学派による独自の教説は根拠を失い、少しずつ衰退していくという状況であった(80)。

それは九識説・阿摩羅識説などの代表的な教説だけにとどまらず、おそらく仏身仏土論も同様であったのだろう。『仏地経論』『成唯識論』というインド経論に根拠を有する四土説が、当時の最新の教説であった摂論学派の四土説を凌駕し、その後ほとんど姿がみられなくなっていった。善導は「前翻報作応」「後翻応作報」と指摘するように仏身論に関する訳語についてそれなりの興味を示していたことが知られるから、このような状況に無関心だったわけではあるまい。おそらく、摂論学派の四土説の土台が揺らぎ瓦解してゆく状況を目前にしたのではないだろうか。このような状況から、善導は四土説がそもそも典拠を持たず、学僧同士による議論の集積であるという問題点を見抜き、四土説の依用を忌避して三身三土説に回帰したのではないかと思われる。

善導の弟子である懐感（六三九―六九九）はその著作『群疑論』において、玄奘系統の四土説を採用している。

『群疑論』は隋代以後の諸師におけるさまざまな意見を収録していることがその特徴であるが、摂論学派の四土説はそこに姿を見せることはない。懐感の頃には摂論学派の四土説はほとんど行われなくなり、自他二受用説にもとづく四土説のみがもてはやされるという状況であったと思われる。懐感は最新の教説に準ずることによって、浄土教思想を長安における仏教研究の議論の俎上に載せるという手法を用いたものと考えられる。

ただし、懐感は一方的に新訳経論によったわけではなく、旧訳の経論書も積極的に用いており、たとえば法身浄土や自受用土は玄奘訳と同一の名称でありながらも、その解釈については単純に看過しえない相違点がみられることも多く指摘される(81)。これらはおそらく前時代における仏身仏土論の議論の残滓であり、その抵抗や葛藤の過程があらわれた部分と考えられる。それらも時代を経るにつれて、なだらかに吸収され融合されていったものと思われる。

ひるがえって、迦才の四土説は、現在の思想研究からみれば特徴的な教説にみえるが、当時としては一般に行われていた所説であった。その四土説の形式にあわせて浄土教思想を再構築してゆくことは、阿弥陀仏信仰を長安の仏教界に弘通してゆくための最低限の課題であったと思われる。『浄土論』の序文では、『安楽集』を整備・補正しようと企図したことを述べているが、おそらく『安楽集』の所説のままでは長安における議論には対応し切れず、その時代に用いられた経論書の訳語や語義概念の変化に対応した改定を差し迫られたのであろう。『安楽集』の三土説ではなく、四土説を採用したのもそのような態度の一環であったと思われる(82)。すなわち、迦才の四土説はそれ自体が独自性を有しているわけではなく、同時代の教義内容に限りなく忠実であった。それは長安の諸師と議論するための共通の土俵となりうるものだからである。このように迦才は仏身仏土論の基礎的な内容をしっかりとおさえたうえで、独自の弥陀身土論を展開してゆくのである。

第七項　ま　と　め

以上、ここまで摂論学派の四土説の形成と展開について論及してきた。本節で明らかになった内容を整理すると次のようになる。

（1）摂論学派の四土説は、凝然『維摩経菴羅記』の記事によって、法常、道宣、道世、智儼に共通していることが伝えられてきた。凝然の記事は取意文であって、後世の思想概念である自受用・他受用の語句が入り混じるなど問題点も少なくないが、迦才『浄土論』を含めた諸資料と照合した結果、伝えられる内容に大きな齟齬は見当たらないことが明らかになった。

（2）四土説の内容については、迦才『浄土論』、智儼『孔目章』、道世『法苑珠林』の三典籍ならびに凝然の記事から共通点を抽出し、その特徴をまとめた。

第一に各仏土の名称は法性浄土・実報土・事用土・化身浄土にほぼ統一されている。これらの名称は慧遠や智顗など前時代の諸師の用いる語句と共通するものも多いが、各々の規定内容は必ずしも一致せず、とくに『摂大乗論釈』の十八円浄説によって報土を実報土と事浄土に二分する説は摂論学派の独自な教説である。

第二に摂論学派の四土説は『摂大乗論』の十八円浄説の強い影響下にある。二分された報土（実報土／事浄土）に十八円浄が配当されている点は迦才、智儼、道世の三者に共通しており、両報土の差異は理・事という要素からも区分できる。また、迦才は実報土を唯仏の領域と規定するが、これは凝然が伝える道基および法常の所説と一致する。とくに法常の説と伝えられる仏自身のための「自住処（＝法身浄土・実報土）」と、衆生のための「摂化処

（＝事用土・化身浄土）」という規定は、摂論学派の四土説における思想構造の内実に近い内容と思われる。

第三に法身の規定として、道基を含む摂論学派の一部では法身浄土を立てないという主張がなされたが、法常等の四土説には法身浄土が組み入れられており必ずしも共通した説ではなかった。一方、迦才等の法身浄土の規定は、如来蔵説を基盤とした真如法身と同義であり、仏国土としての機能は有名無実である。

（3）摂論学派の四土説の思想的な位置について、仏身論ならびに仏土論という観点から考察し、いかにして三土説から四土説への思想展開が生じ得たのかを論じた。

仏身論については、摂論学派の隆盛期と時代を重ね、かつ豊富な典籍が残されている吉蔵の諸説を資料として用いた。吉蔵の仏土説では三身論を中心としつつも、一部に『摂大乗論』の記述を問題提起として、四身論（法身・内応身・外応身・化身）というべき要素があらわれている。内容的にも自他二受用説にほど近い概念が案出されており、四土説とも充分に対応できる流動的な仏身論が練り上げられている。しかしながら、実報土に対応すべき内応身は固有の浄土を持たずに真如土（＝法身浄土）へ住するという説であり、吉蔵の段階で四土説が成立したとはいえない。

仏土論については、まずこれが中国仏教独自の議論であることを確認したうえで、仏土論の内部での問題提起がなかったかどうか検討した。その結果、注目したのは智儼が六二八年に著した『捜玄記』の記述である。智儼は十八円浄説に関説して「仏別住処（＝大宝重閣）」という概念を提示する。唯仏の領域については、隋代より『仁王般若経』が経証となり、法身浄土に位置してきた。ところが、『摂大乗論釈』の受用土説に影響されて、もともとは法身浄土に位置していた唯仏の領域が受用土（実報土）の位置に移行した。同一の仏土内に仏と菩薩が混在するのは問題があるため、両者の所在地を二分する説が要請され、報土の内部において仏が住する「実報土」と菩薩が住する「事浄土」が生じた。これが筆者の仮説である。

ここまでの考察を振り返る限り、摂論学派の四土説は新訳経論以前の段階、すなわち玄奘訳の『仏地経論』ならびに『成唯識論』の仏土説を待たずして、旧訳の経論書の範囲内で充分に形成可能であったと考えられる。時期的には、吉蔵が摂論学派の四土説に関する情報を残していない点を考慮すれば、およそ六二〇年から六三〇年頃に徐々にその形式が浸透してゆき、法常が没する六四五年より以前にその理論体系も整えられて、六六〇年代までは重用されていたものとみられる。このように摂論学派の四土説は、中国仏教において諸師が盛んに議論を行い、仏身論と仏土論の諸問題がさまざまに絡みあいながら、訳語の矛盾点や論理的な不整合を相互に補完してゆくなかで醸成されたものであり、まさしく中国仏教における解釈学のなかで生じた独自の理論体系であったということができる(83)。

隋代から唐初はまさに浄土教思想の隆盛期であり、道綽『安楽集』、迦才『浄土論』、善導の五部九巻、懐感『群疑論』は一〇〇年に満たない間に成立した。彼らの典籍は阿弥陀仏信仰という一線に置かれてその連続性や発展性を研究される対象にあるが、少なくとも仏身仏土論に関してはそれぞれに不連続な一面がみられた。それは仏身仏土論という議論が訳経事業の進展とともに塗り替えられてゆく過程と軌を一にするという宿命に起因しており、わずか一〇〇年に満たない短期間の議論のなかであってさえ、各々の対話が不能となるような断層が形成されてしまっているのである。このことは極めて限定的な論点からの推定ではあるが、彼らの修学背景やそれぞれの典籍の成立時期は一〇年程度の幅におさまる共時的なものではなく、一定の時期を隔てていたであろうことを想起させる。迦才の浄土教思想を評価する際にも、当然ながら一概に道綽、善導、懐感らと教学背景を同一視できないということを認識し、注意深くその思想史的な位置づけを行ってゆくことが必要なのである。

第二節　長時化土説

第一項　問題の所在

前節では迦才の四土説が摂論学派の学説に由来することを明らかにした。論点の中心は『摂大乗論釈』の十八円浄説にもとづく報土の規定にあったが、迦才の浄土教が主眼とするのは化土である。それでは、化土説の定義にあたっても摂論研究の影響はみられるのであろうか。本節ではこのような点に注意しながら、迦才の化土説の特異性とその思想背景について論及してゆく。

従来の研究において、中国浄土教における化土説を整理した研究はほとんどみられない。少ないなかでも特筆すべきは、望月信亨氏による隋唐代の諸師の化土説には異説があったとの指摘である。(84) 望月氏は、道基、法常、道綽、迦才の化土説について次のような分類を試みている。

A、「暫変の土」とする　…法常、道綽の化土説

B、「長時持続の土」とする　…道基の化土説

C、「長時持続の土」と「暫変の土」の二土を認める　…迦才のＡＢ折衷的説

この分類の着眼点である「暫変（＝暫時変現）」と「長時持続」は、化身浄土の有する必然的性格である「有量寿」の解釈をめぐる異説といえよう。これについては後述する。望月氏は諸師の化土説に異説が生じた要因として、西方浄土を報土と化土のいずれに配当するかという相違点、あるいは当時盛んに提唱されていたであろう別時意説

の影響を指摘している(85)。望月氏の指摘は、隋唐代の浄土教思想を俯瞰した鋭い意見であるが、資料的には凝然『維摩経菴羅記』を主要な根拠としている点に問題が残される。既述したとおり、この資料は凝然の主観による取意の文面である可能性が否定できないからである。いずれにせよ、『維摩経菴羅記』における道基と法常の化土説の記述は、全般的に説明不足であって詳細がわからない。

そこで、本節では凝然『維摩経菴羅記』以外の資料を用いて、隋唐代の化土説を検討することにしたい。仏土説は訳経事業と並行して語義概念の変容が甚だしいため、それぞれの化土説がいかに定義されているかは重要な問題である。迦才の西方化土説は、道綽の西方報土説に明らかに反駁した教説であるが、その理由の一つとして両者における化土の定義が異なっていた可能性が考えられる。したがって、まず隋唐代の諸師における化土の定義を確認し、次に道綽『安楽集』における化土説を検討する。最後に道綽の化土説との相違点を示しながら、迦才の化土説の独自性を明らかにしてゆきたい。

第二項　諸師の化土説

まず隋唐代の諸師における化土説の定義を確認したい。ただし、各仏土の性格は二土説、三土説、四土説などの基盤に応じて変化するので、該当する典籍がどのような仏土説によっていたのかもあわせて表記した。

(1) 諸師の化土説

まず、迦才以前の化土説として、慧遠『大乗義章』と吉蔵『法華義疏』『浄名玄論』『維摩経義疏』を取りあげる。

○慧遠『大乗義章』…［真土／応土］［法性土／実報土／円応土］
・其の応土とは、情に随って現示するに局別有り。染浄躯分し、形ち殊なり。善悪諸相の荘厳は事別にして各の異なり。(86)
・円応土とは前の二つの真土なり。猶し浄珠の如し。能く衆生に随って種種に異を現じ、用に欠少無きを円応土と名づく。(87)
○吉蔵『法華義疏』…［法身栖実相之土／報身報土／化身化土］
・化身の土は但だ無常にして常に非ず。応身の土、亦た常、亦た無常なり。内応の身土は此れ即ち是れ常なり。外応の身土は此れ即ち無常なり。若し浄・穢の二土に分ければ、法・報の二土は此れは是れ浄土なり。然るに化身の土、此れ即ち不定なり。或いは浄、或いは穢なり。(88)
○吉蔵『浄名玄論』…［唯仏一人居浄土／報土／応土］
・応土は則ち暫有、報土は則ち長久なり。(89)
○吉蔵『維摩経義疏』…［諸仏独居土／独菩薩所住土／大小同住土／凡聖同居土］
・一には凡聖同居土、弥勒の出時に凡聖共に浄土の内に在って住するが如し。亦た西方の九品の往生の凡の為なるが如き、復た三乗の賢聖有るなり。(90)

慧遠には二土説と三土説の場合があるが、いずれも衆生に応じてさまざまに現示し、その行相を変化させる点を強調している。また、「染・浄」と「善・悪」も一定していない。吉蔵は『法華義疏』において、化身の土が常住でないこと、「浄・穢」いずれの性質もありうるとの解釈を示している。『浄名玄論』では応土（＝化土）が「暫有」であり、報土が「長久」であるとしている。また『維摩経義疏』では凡夫と聖人がともに凡聖同居土に在しており、これが西方浄土への九品往生にあたるという。

このように慧遠『大乗義章』における整理の時点では、化土（＝応土）はまだ簡単な定義に過ぎなかったが、吉蔵の頃には化土の規定に関する種々の議論が重ねられ、細かな性格にまで踏みこんだ論述がなされるようになった。すなわち、化土は衆生に応じて変化があり、常住ではなく、浄土と穢土いずれの性質でもありうるといった議論が行われていたことがわかる。

次に迦才と同時代の定義として、道世と智儼の教説を確認したい。いずれも前節でふれたとおり摂論学派の四土説にもとづく内容である。

○道世『法苑珠林』…［法性土／実報土／事浄土／化浄土］

・四に化浄土、謂く、仏の所変の七宝・五塵、化土の体と為す。故に『涅槃経』に云く、仏神力を以て地は皆な柔軟なり。丘墟土、沙礫石有ること無し。乃至、猶し西方無量寿仏の極楽世界等の如し。又た『大荘厳論』に云く、「智自在に由りて彼の所欲に随って、能く水精瑠璃等の清浄世界を現ず」と。又た『維摩経』に云く、「仏、足指を以て地を案ずるに浄を現す」等の事なり。又た『十地経』に云く、「諸の衆生心の楽見する所、示現を為すが故に」と。此れ諸の経論の明す所なり。並びに化に約して浄土と為す。仏神力に由りて現ずるが故に有なり、摂するが故に即ち無なり。故に化土と名づく。(91)

・化土の処とは、但だ所居の化土は別の方処無し。但だ報土に依りて而も麁相を起こす。或いは十方に通じ、或いは当界に在り。三乗人の天等の衆を引接す。弥陀世尊の如きは、此の忍界の凡小の衆生を引きて、浄国に安ず。或いは穢に於て浄を現ず、地を按じて浄を現ずるが如し。(92)

・凡夫、二乗の如きは穢土の中に於て阿弥陀仏を見る。諸菩薩等は浄土の中に於て阿弥陀仏を見る。此の二説に

拠らば、報土は則ち一向に純ら浄なり。応土は則ち染有り、浄有り。(93)

〇智儼『孔目章』…［法性浄土／実報土／事浄土／化浄土］

・一には化浄土なり。謂く、化現せる諸方の所有の浄土なり。(94)

・若し三乗に依らば西方浄土は是れ実報の処にして、通じて四土を成す。一には法性浄土、二には事浄土、三には実報土、四には化浄土なり。化は是れ報の化なり。化身の化に非ず。中に於て、所有る仏及び土田・菩薩・眷属あり。(95)

道世は四土説の化土について「化浄土」と命名し、浄土の一つとして定義している。また、その土体は仏が変ずるところの七宝や五塵であり、例として西方浄土を挙げ、さらに『涅槃経』『大乗荘厳経論』『維摩経』『十地経』を引証している。この化土は仏神力によって現示されているので、その出没は仏次第である。次に報化二土説の化土は、特別な方角と処所を持っておらず、ただ報土に依止して粗相をあらわしたものに過ぎない。また阿弥陀仏は穢土の地において西方浄土を所現している。さらに報土は「一向純浄」であるが、化土は「染・浄」の両方の性質がありうるのだという。すなわち、化土は報土との本末関係によって麁相を生じているに過ぎず、特別に方処を持たず、浄と染の性質も不定なのである。

智儼は四土説の化土を「化浄土」と命名しており、それは化現されたあらゆる浄土のことだという。また、西方浄土は本体としては実報土であるが、四土それぞれに通じており、その場合の化浄土の「化」とは、化身の化ではなく、報身による化なのだという。

以上のように、道世と智儼はともに四土説の体系にもとづいているため定義された内容は近い。両者とも、報土と化土は一種の本末関係にあり、化土は報土に依止して存在するものととらえていた。逆にいえば、化土はそれ自体が単体として存在しえないと定義されていたことが読み取れる。

（2）道綽の化土説

次に道綽『安楽集』における化土の解釈を概観したい。とくに重要なのは以下の文言である。

①現在の弥陀は是れ報仏、極楽宝荘厳国は是れ報土なり。然るに古旧相い伝えて云う、阿弥陀仏は是れ化身、土も亦た化土なりと。此れを大なる失と為す。若し爾らば穢土も亦た化身の所居なり。浄土も亦た化身の所居ならば未審し、如来の報身は更に何れの土に依るや。今、『大乗同性経』に依りて報・化・浄・穢を弁定せば、経に云く、「浄土の中に成仏するは悉く是れ報身なり。穢土の中に成仏するは悉く是れ化身なり」と。(96)

②是の故に『浄土論』に云く、「一質成ぜざるが故に浄穢に虧盈有り。異質成ぜざるが故に原を捜れば則ち冥一なり。無質成ぜざるが故に縁起すれば則ち万形なり」と。故に知んぬ、若し法性の浄土に拠らば則ち清濁を論ぜず。若し報化の大悲に拠らば則ち浄穢無きに非ず。(97)

③又た、汎く浄土を明かすに、機感の不同に対して、其の三種の差別有り。一には真従り報を垂るるを名づけて報土と為す、猶し日光の四天下を照らすが如し。法身は日の如く、報化は光の如し。二には無にして忽ち有なる、之れを名づけて化と為す。即ち『四分律』に云うが如き、「錠光如来、提婆城と抜提城とを化するに相い近くして共に親婚を為して往来す。後の時に忽然として火を化して焼却して、諸の衆生をして此の無常を観せしむるに、厭を生じて仏道に帰向せしめざる莫し」と。（中略）三には穢を隠し浄を顕わす。『維摩経』の如く、「仏、足指を以て地を按ずるに、三千の利土厳浄ならざる莫し」と。今此の無量寿国は即ち是れ真従り報を垂るる国なり。(98)

まず①では、従来の諸師（慧遠、吉蔵など）を批判し、西方浄土が報身報土であることを主張する。注目すべきは道綽が「報・化・浄・穢」の判定に際して、『大乗同性経』を根拠として、「報身報土＝浄土」「化身化土＝穢土」と認識していることである。次に②では、道安の『浄土論』を引用する。引用文の内容は難解であるが[99]、法性浄土には清濁の差異がなく（機根に応じた変化がない）、報土と化土は大慈悲によって衆生の修行のレベルに応じて所現する浄土の差異があり、浄と穢の差異がありうるという。次に③では、機根のレベルに応じて所見の浄土が不同である例として三釈を挙げている。すなわち、

・第一釈　従真垂報　：西方浄土
・第二釈　無而忽有　：『四分律』錠光如来の化作
・第三釈　隠穢顕浄　：『維摩経』足指按地の土

となる。法性の浄土は清濁の差異が存在しないとされるから、機根のレベルに対応するのは報土と化土となる。第一釈は報土であり、西方浄土とする[100]。第二・第三釈はともに化土であり、いずれも一時的な暫変の土としての内容が説かれている。

以上のように、道綽が化土の例として挙げるのは「無而忽有」「隠穢顕浄」であり、暫変の土としてのみ理解されている。暫変であるということは、『維摩経』の足指按地の土や『四分律』の錠光如来の化作のように、一時的には浄を顕わすことができたとしても、本質的には常に満ち欠けの変化があり、常に破壊する可能性を潜在することに他ならない。その点が道綽をして「化土＝穢土」と認識せしめたのであり、西方浄土が報土（無量寿・無漏・三界不摂）でなければならなかった理由でもあろう。

他に『安楽集』における興味深い内容として極楽浄土初門説、あるいは境次相接説とよばれる教説がある。

弥陀の浄国は既に是れ浄土の初門なり。娑婆世界は即ち是れ穢土の末処なり。何を以てか知ることを得たる。（中略）唯だ此れ乃ち是れ穢土の終処なり。安楽世界は既に是れ浄土の初門なり。即ち此方と境次相接せり。往生甚だ便なり、何ぞ去かざらんや。(101)

これは西方浄土が娑婆世界（＝穢土の末処）と近接しているから往生がたやすいとする説示である。この記述をもって西方浄土を低位に位置づけたとする指摘もあるが(102)、近接していながらも決して穢土と浄土が混じり合うことはないというのが道綽の立場であると思われる。とにかく、道綽の基本的な理解は「化土＝穢土」であるから、化土は浄土としての要件を満たしていない。ゆえに道綽における化土は「化身浄土」とすら言いえないのである。

第三項　迦才の長時化土説

次に迦才の化土説について検討したい。迦才における化身浄土の体系をふたたび示せば次のとおりである。

- 化身浄土（人土別体）
  - 常随之化
    - 化生土
      - 純大乗土（上輩三品）
      - 純小乗土（中品上生、中品中生）
      - 大小乗雑土（中品下生、下輩三品）
    - 胎生土
  - 無而忽有化

右図のように、迦才は化身浄土を「常随之化」と「無而忽有化」の二種類に分ける。それぞれの身土に関する説明は以下のとおりである。

①化身の浄土とは亦た二種有り。一には、三大僧祇の利他行を将て盛んなるは即ち是れ常随之化なり。此の身及

び土は、此の界と他方とに恒に現じて絶えず。或いは一劫、或いは百年、三十二相八十随形好等なり。謂く、新新に世に生じ、数数に涅槃するなり。(103)
②二には無而忽有の化なり。謂く此の化身に依りて更に多化を起こす。釈迦如来の如きは即ち是れ常随化なり。更に分身を起こす。即ち是れ無而忽有化なり。或いは猿猴・鹿馬等の形を現ず。必ずしも唯だ仏のみに現ずるにはあらざるなり。身既に二つ有らば、土も亦た然なり。妙喜世界の諸の妙蓮華の如きは、即ち是れ常随化の浄土なり。『維摩経』の中の如きは、「如来、足指をもって地を案ずるに三千皆な浄し」と。即ち是れ無而忽有化の浄土なり。(104)
③西方浄土に四の因縁有りて、唯だ進んで退せざるなり。一には長命に由るが故に不退なり。『経』に「寿命無量阿僧祇劫の故に」と云うが如し。直ちに然なり。三大僧祇に道を修して則ち成仏を得。況や復た無量僧祇をや。穢土は短命に由るが故に退なり。(105)

まず①の「常随之化」とは「此の身及び土は、此の界と他方とに恒に現じて絶えず」とあるように長時持続する性質（長時持続）の仏身仏土であり、一方、②の「無而忽有化」とは無から忽然として出現するから暫時変現の身土である。また、「此の化身に依りて更に多化を起こす」と述べ、「無而忽有化」は「常随之化」より起こり現れる仏身とするから、両者の関係は常随之化を主とした、いわば本末の関係にある。

注目すべきは、「常随之化」の概念として「新新に世に生じ、数数に涅槃するなり」という『摂大乗論釈』の仏身論の説示を引用していることである。この点の重要性については後述する。また、常随之化の具体例として東方妙喜世界を挙げ、無而忽有化として『維摩経』の足指按地の土を挙げている。

次に③では、西方浄土と穢土（娑婆世界）を峻別する要素として四つの因縁を挙げている。これによれば、西方浄土は第一に「長命」の因縁があり、三大阿僧祇劫の修行によって菩提を得ることが説かれ、長時持続の浄土とされていたことがわかる。また、常随之化の説明においても「三大僧祇の利他行を将て盛んなるは即ち是れ常随之化なり」とあることから、常随之化は三大阿僧祇劫の長命を前提としていたことがわかる。つまり、西方浄土は「無而忽有化」ではなく、「常随之化」に該当する。

以上のように、迦才は西方浄土を「化身浄土＝常随之化＝長時」としてとらえる長時持続の化土説を主張し、穢土とも峻別されることを説いている（以下、「長時化土説」と呼称する）。道綽が化土の例として挙げた「無而忽有」「隠穢顕浄」はいずれも「無而忽有化」のなかにまとめられ、西方浄土が属する「常随之化」とは区別されている。このように道綽とは化土の定義自体が異なっているのである。

第四項　化身常住説から長時化土説へ

では、道綽と迦才における化土の規定の相違は何に起因するのか。これは両者が依用する論書の違いであろう。迦才の長時化土説、すなわち「化身浄土＝常随之化＝長時」とする理解については以下の二点の論書の影響が大きいと考えられる。

○真諦訳『摂大乗論釈』（無著造・世親釈）

・論に曰く、応身及び化身は恒に法身に依止するに由るが故に。釈して曰く、法身は二身の本と為る。本既に常住なれば、末は本に依り相続して恒に在り。故に末も亦た常住なり。（中略）論に曰く、化身は数起現するに由るが故に。釈して曰く、化身は衆生を度せんが為に、乃至生死の際を窮め、一刹那の時として相続せざること無く、示現して無上菩提を得、及び般涅槃す。何を以ての故に。度する所の衆生は恒に有りて、如来の大悲は休廃すること無きが故に。是の故に化身も亦た是れ常住なり。(106)

○波羅頗蜜多羅訳『大乗荘厳経論』（弥勒造・世親釈）

・一切の諸仏は三種の身あり。一には自性身、転依の相に由るが故なり。二には食身、大集衆の中に於て法食を作すに由るが故なり。三には化身、所化の衆生の利益を作すに由るが故なり。此の中、応に知るべし、自性身は食身・化身の依止と為ること。是れ本に由るが故なり。(107)

・一切の諸仏は悉く同じく常住なり。自性常なるに由るが故に一切諸仏は自性身所住なり。畢竟無漏の故に。無間常に由るが故に一切の諸仏は食身常住なり。説法断絶無きが故に。相続常に由るが故に一切諸仏は化身常住なり。此に滅すと雖も復た彼に現ずるが故に。(108)

このように『摂大乗論釈』と『大乗荘厳経論』はそれぞれ訳者が異なるものの、ともに世親の釈文が付されており、当然ながら仏身論の記述も近似する。いずれも応身・化身が自性身（＝法身）に依止しており、それを根拠として「化身常住」が主張されている。前述した迦才の引用「新新に世に生じ、数数に涅槃するなり」は明らかに右の『摂大乗論釈』の教説を指す。すなわち、如来の大悲は常に救済されるべき衆生を救うために、休むことなく相続し続けるが、化身のそれは、法身が永遠常住であるのと同義のものではなく、あくまで出世と涅槃という行為を一刹那の間断も許さずに繰り返すことによって化身常住が成立するというものである。また、迦才は『大乗荘厳経論』に特有の「食身（＝報身、受用身）」の語句を用いているから、この典籍の仏身論にも通じていたことが確認できる。(109)

この二つの論書はともに化身が法身に依止するという教説があり、法身と化身の直接的な関係が不断に続くとされる。迦才は明言しないが、「常随之化」とは「常に（法身に）随う化」という意味ではないだろうか。もし以上のような推定が許されるならば、常随之化の土は、「常住性」とともに「清浄性（＝穢土との峻別、不壊であること）」も保証されていることになるだろう。

前節に論じたように、仏身論の理論が仏土論へ転用されるのは常途のことであった。ゆえに迦才は『摂大乗論釈』『大乗荘厳経論』に説かれる化身常住説を根拠として、長時化土説を説いたと考えられる。当然ながら、西方浄土は長期間にわたって常住する化土であり、東方妙喜世界や上方衆香世界などもこれに該当するのである(110)。おそらく道綽にはこの二つの論書に説かれる仏身論の影響はほとんどないとみられる。少なくとも、道綽は「化身の菩提と言うは、謂く報従り起用して能く万機に趣くを名づけて化身と為す(111)」といい、化身は報身からの起用に過ぎないとの理解を示しており、法身と化身が直接的な関係を有することはない。

以上の点から、道綽と迦才の間にある化土の規定の相違は、『摂大乗論釈』あるいは『大乗荘厳経論』の教説を背景とした化身常住説の有無および仏身論の構造上の相違に起因すると推察される。

第五項　ま と め

以上、迦才と道綽の化土説を中心に論じてきた。ここまでみてきたとおり、迦才の化土説の特徴は、『摂大乗論釈』『大乗荘厳経論』に説かれる化身常住説を根拠とした長時化土説にあるといえる。迦才以前の諸師は化土について、「長時・暫時」あるいは「浄土・穢土」の両方の性質が一定しないとする立場が主なものであったが、迦才は西方浄土に特化した場合には「長時」かつ「浄土」であるとの主張を行っていた。

ただし、化身常住といっても本質的に「無量寿」と同義なのではなく、化身の本義から考えるならば、限りなく長時でありながらもやはり「有量寿」の範疇である。これは隋代の慧遠と吉蔵の『観経義疏』における、本質的には無量寿ではないが衆生には計り知れないほど長寿であるという解釈と基本的には軌を一にするものであろう(112)。しかしながら、慧遠や吉蔵の段階では明示されなかった化土の長時持続の根拠である仏側の論理を、『摂大乗論釈』『大乗荘厳経論』の化身常住説を依用して明らかにした独自性は評価されるべきである。また、このような情報に通じていたのは、迦才が長安在住の学僧であり、かつ教学背景として摂論研究を修めていたことに起因するだろう。

冒頭に紹介した望月信亨氏の説では、迦才の化土説を長時持続と暫変の折衷的説と位置づけるが、常随之化と無而忽有化の身土は並列的な関係ではなく、仏身論上では一種の本末関係となっている。まとめると次のようになる。

・本＝常随之化　＝西方浄土　＝長時＝　常浄　＝法身に直接依止する
・末＝無而忽有化＝足指按地土＝暫変＝或浄或穢＝常随之化より多化を起こす

迦才の化土説は常随之化と無而忽有化の両性質のいずれか一方だけを認める立場をとるのではなく、両仏身の構造を明らかにし、隋唐代における化土説の異説の整理を試みたのではないかと思われる。そのうえで、化身浄土を暫変として理解する立場（法常、道綽など）を批判し、西方浄土の長時化土説を提唱することこそが迦才の意図でなかったかと考える。

第三節　迦才の西方浄土観

第一項　問題の所在

前節では、迦才が西方浄土の規定において『摂大乗論釈』の学説を承けて、長時性と清浄性の両性質を兼ねる長時化土説を提示していたことを明らかにした。迦才は凡夫の化土往生を主眼とするが、一方で地上菩薩等が事用土に往生するという通報化の立場をとる。化土だけでなく、報土に通じていることはいかなる意義を持っているのか。本節では通報化説の構造を解明することによって、迦才の西方浄土観を明らかにしたい。

迦才の通報化説について、望月信亨氏は『中国浄土教理史』において「彌陀の浄土に關しては、迦才は彼土には法報化の三種を具すとなし、所謂通報化の説を唱へた(113)」と述べている。望月氏が「所謂通報化の説」というように、「通報化」は迦才自身の言葉ではなく、いずれかといえば日本浄土教において通用されるようになった語句である。たとえば浄土宗第三祖の良忠『浄土宗要集』には、

彼の『経』に浄土を報と名づくことは証者の見を説くなるべし。若し凡夫に約せば亦た、化の浄土を見るべし。故に迦才の『浄土論』に云く「『経』に云く、智通菩薩、佛に問いたてまつる。（中略）故に知んぬ、浄穢二土、皆な両身を見ることを」〔已上〕。之れに準ずるに、弥陀、報化二身に通ずべし。何ぞ唯報の証と為んや(114)。

とあり、『浄土論』の説示が通報化であると認識されていたことが知られる。

ところで、一口に通報化といってもさまざまな類型があり、語句の定義がやや混乱しているように思われる。通

報化については少なくとも次の二種類に分けるべきであろう。

（a）通報化身…報身と化身の両方に通ずる　→三身同証説、三身三土説

（b）通報化土…一仏上において報土と化土に通ずる　→所謂通報化の説

まず、（a）通報化身とは、報身と化身の各仏身が通じている状態のことである。『起信論』『摂大乗論』『大乗荘厳経論』などの真諦訳の論書には、法身・報身・化身が一仏上にそなわっているという三身同証説が頻繁に説かれており、理論的には通報化身説を内包している。慧遠『大乗義章』、道綽『安楽集』、善導『観経疏』にはそれぞれ三身同証説が説かれ、また智顗『法華文句』にも三身即一説があることから、隋唐代には一般的な教説であったことが知られる[115]。

また、三身同証説にしたがって諸仏が三身を有するならば、道理として、それぞれの仏身に応じて法・報・化の浄土が所現されるはずである。ただし、三身三土説や四身四土説とよばれる一般論的な仏土論では、一仏が三土を同時に有するといった解釈ではなく、諸経論に散説された諸仏ならびに諸仏土を、その特色に応じて法・報・化に配当するという形式で整理されたものが多い。

たとえば、吉蔵『大乗玄論』の四土説では、諸仏独居土（＝法性土）は『仁王般若経』の唯仏浄土、独菩薩所住土（＝勝報土）は香積世界と七宝世界、大小同住土（＝劣報土）には界外浄土、凡聖同居土（＝化土）には弥勒浄土や西方浄土が配属されている[116]。このような理解の場合、各仏土は固有の性質を持って独立しているので、法性土・報土・化土が混じり合って同一処となるようなことは考えにくく、それぞれ別処に存在するとされるのが通例である。ゆえに阿弥陀仏の身土は報身報土と化身化土のいずれかに限定して配すべきかという論点が取りざたされることになる。

【一般論的な三身三土論の例】

三身論
- 法身（→毘盧遮那仏）——法身浄土（→蓮華蔵世界）
- 報身（→香積如来）——報身浄土（→衆香世界）
- 化身（→阿弥陀仏）——化身浄土（→西方浄土）

三土論

【一仏上における通報化身説と通報化土説の例】

三身同証
- 通報化身：阿弥陀仏（一仏上）
  - 法身——法身浄土
  - 報身——報身浄土
  - 化身——化身浄土
- 西方浄土（一処上）：通報化土（＝通二土）
- 通法報化土（＝通三土）

次に、（b）通報化土とは、ある特定の一仏上において報土と化土が同時に所現される状態を指す。たとえば、西方浄土や弥勒浄土が同一処上において報土・化土両面の性格を有しているという説である。これらは往生思想などをめぐって、特定の仏身仏土に限定した内容が議論されるようになってから生じた教説と考えられる[117]。これがいわゆる「迦才の通報化説（＝通報化土説）」の理解にあたる。すなわち、『浄土論』の第一章では、

　問て曰く、土、既に三つ有りといはば、未だ知らず。西方は是れ何れの土ぞや。答て曰く、亦た三種を具す[118]。

と述べ、西方浄土が法・報・化の三種をそなえているのだという。迦才の教説の詳細については後述するが、懐感

『群疑論』巻一には、

問て曰く、今此の西方極楽世界は、三種の土の中には是れ何れの土の摂ぞや。釈して曰く、此に三釈有り。一には是れ他受用土なり。（中略）二には言く、唯だ是れ変化土なり。（中略）三には二土に通ず。地前は変化の土を見、地上は他受用の土を見る。同じく其れ一処なれども、各の自心に随って所見は各の異なるなり。故に二土に通ず。(119)

とあり、西方浄土の配属について、①他受用土、②変化土、③通二土という三種の立場を挙げている。このうち、③通二土において「同じく其れ一処なれども、各の自心に随って所見は各の異なるなり」と述べているのは、迦才の通報化土説とほぼ同様の解釈である。(120)

ところで、望月信亨氏は迦才の通報化説について次のような論評を加えている。

蓋し斯様な説は従來の諸師も唱へた所であるが、しかし諸師は報化二土を別處としたのに對し、今迦才は之を彌陀の淨土の上に具すとしたので、隨つて彼土は報土であると同時に化土であり、三界の所攝であると同時に非三界であることになり、その本質が全く定まらないのである。(121)

望月氏が述べるとおり、迦才の通報化土説は、西方浄土の一仏土に報土と化土が同時にそなわっているという理解であり、それに対して「その本質が全く定まらない」との問題点が指摘されている。

従来の研究において、通報化という視点から迦才の仏土説について論及したものは、望月氏の指摘以外はほとんどみられない。右に述べたとおり、「通報化」という用語の定義が不鮮明だったこともあり、この概念にはあまり注目が集まらなかったと思われる。しかしながら、隋唐代の諸師における仏身仏土論を考える場合、この通報化がいかなる構造を築いているのか知ることは有意義であろう。

考察する際には次の点に注意する。既述したように、仏土論という議論は仏身論の理論モデルを参考にしてつくられた中国仏教における解釈学の産物である。したがって、仏土論の一部である通報化土説もまた、通報化身説を背景として構築されたことが予想される。よって通報化土説を考察する際には、仏身論と仏土論の両面に着目しながら、その理論の形成過程を追ってゆく必要がある。

そこで本節では、まず隋唐の諸師における通報化身説を確認し、次に通報化土説を考察する。それらをふまえたうえで、『浄土論』における通報化土説を検討し、迦才の西方浄土観の独自性を明らかにしてゆきたい。

第二項　諸師の通報化身説

通報化身説と通報化土説のいずれにせよ、報化の両方に通じていることの意義は、仏の側が衆生の機根のレベルに対応した仏身・仏土をそれぞれ所現できることにある。したがって、通報化身説の内容は、衆生の機根と各仏身の関係が何を根拠として結びつけられているのかを考察することが必要となってくるであろう。

隋唐代における仏身論の普及を論ずる場合、当時盛んに講究されていた『起信論』の学説を外して考えることはできない。その『起信論』では前述した三身同証説とあわせて、衆生と各仏身がいかなる対応関係にあるのかが示されている。

謂く、諸仏如来は唯だ是れ法身智相の身、第一義諦にして、世諦の境界有ること無く、施作を離れ、但だ衆生の見聞して益を得るに随うが故に説いて用と為す。此の用に二種有り。云何が二と為す。一には分別事識に依るもの。凡夫と二乗との心の見る所の者にして、名づけて応身と為す。転識の現ずるものなることを知らざるを以ての故に、外より来たると見て、色の分斉を取り、尽くは知ること能わざるが故なり。二には業識に依るもの。謂く、諸の菩薩の初発意より、乃至、菩薩究竟地までの心の見る所の者にして、名づけて報身と為す。(122)

ここでは法身・報身・応身の三身論を前提として、法身のはたらき（＝用）である報身・応身と衆生の所見との対応関係が示されている。すなわち、

・応身＝凡夫と二乗の心所見＝分別事識
・報身＝初発意から究竟地の心所見＝業識

となる。『起信論』では心識説にもとづき、衆生の所見をこのように区分していたことがわかる。また、真諦訳『摂大乗論釈』においても、

種種の受用身の依止は諸の菩薩の善根を成熟せんが為の故に。種種の化身の依止は多くは声聞、独覚の善根を成熟せんが為の故なり。(123)

との記述があり、こちらは法身・受用身（応身）・化身の三身論を前提として、

・化身の依止＝声聞・縁覚の善根の成熟のため
・受用身の依止＝諸の菩薩の善根の成熟のため

との区分がなされている。『摂大乗論釈』では、『起信論』よりもさらに精緻な心識説が展開され、修道階位説を背景とした対応関係が示されている。他にも仏身論と衆生の対応関係を説く論書は数多くあるが、概して上位の仏身が菩薩に対応し、下位の仏身が凡夫・二乗等に対応するのが原則である。

次にこのような理解が、隋唐代の諸師においてどのように受容されていたのか確認する。ここでは慧遠と吉蔵の著作を取りあげたい。

○慧遠『大乗義章』

・随化不同に三身を立つとは、彼の経に説くが如し。仏は衆生多種の意に随うが故に化身を示現す。此れ凡夫の為にす。仏は弟子一種の意に随うが故に応身を示現す。此れ声聞の為にす。（中略）菩薩は一異等相を取らざるが故に為に之れを顕す。此れは是れ第四の随化不同なり。故に三身を立つ。[124]

・一には観入の次第、『地論』に説くが如し。応仏は麁に現す。化に随って観易ければ先に応身を明かす。応を尋ぬるに本有れば、次に報身を明かす。報を尋ぬるに本有れば、後に法身を明かす。[125]

○吉蔵『法華経統略』

・問て曰く、何を以てか分身仏は是れ三身の中の応なると知るや。答う、此の経は十方の分身を叙す。皆な是れ浄土にして、純ら菩薩有りて二乗有ること無し。而るに『同性経』『金光明経』『摂論』等は皆な、応身は菩薩を化して浄土に居し、化身は二乗を化して穢国に住するを明かすなり。（中略）今、『摂論』に云う「初地は応身を見る」とは、此れは初地已上、真如を見るを明かすが故に。「応身と真如と相応する」とは、即ち是れ内応身、本有の義を取るを法身と名づけ、如と相応するは始有の義にして応身と名づく。初地已上は此の応身を見るなり。今言う「分身を応身と為す」とは、此れは是れ外応身なり。位は上下に通ず。今、大小の二人に約するが故に二身を開く。菩薩を化するを応身と為し、二乗を化するを化身と名づく。[126]

慧遠『大乗義章』では、『金光明経』にもとづいて三身の意義を論ずるなかに随化不同を挙げている。すなわち、多種の衆生の意に随うために三身が用意されており、「真身＝菩薩」「応身＝声聞」「化身＝凡夫」というように各仏身を示現するのだという。また、観入次第として、衆生が仏身の観察行を修行する際には、「応仏→報身→法身」という過程で進むことが説かれている。

吉蔵『法華統略』では、『大乗同性経』『金光明経』『摂大乗論』には応身（＝報身）は菩薩を教化するために浄土に居住し、化身は二乗を教化するために穢国に住することが説かれているのだという。また、『摂大乗論』に「初地以上の菩薩が応身を見る」とあるのは、真如に相応する「内応身」のことであり、一方、『法華経』に「分身仏」とあるのは「外応身」のことを指し、この場合は初地以外にも上下の階位に通じているのだという。

このように隋代の諸師も、基本的に『起信論』『摂大乗論釈』における衆生と仏身論の対応関係に準じた理解を行っており、さらに経典としては『大乗同性経』や『金光明経』の教説が引証されている。

次に浄土教関連で注目すべき教説として、慧遠『観経義疏』における仏身観がある。

仏を観ずるに二有り。一には真身観、二には応身観なり。仏の平等法門の身を観ずる、是れ真身観なり。仏、如来、世間に共する身を観ずるを応身観と名づく。（中略）今、此に論ずる所は是れ応身の中、麁浄信の観なり。応身観の中、通有り、別有り。彼の『観仏三昧経』に説くが如し。汎く仏相を取るを観察と為し、定に彼此無し、之れを名づけて通と為す。弥勒・阿閦仏等を観察するは、説きて以て別と為す。今此に論ずる所、是れ其の別観なり。別して西方無量寿仏を観ずるなり。(127)

ここでは仏身観のなかに、仏の平等法門の身を観ずる「真身観」と仏の有相を観ずる「応身観」があることを示しており、『観経』の十六観は応身観（麁浄信観）にあたるとしている。慧遠は阿弥陀仏と衆生の関係を仏身観によって説明しており、十六観の実践から往生までの一過程が応身観の「始↓終」の範疇に含まれる。前述した『大乗義章』に説かれる観入次第とあわせると、応身観では始めは有相である応身を観じているが、その対象が徐々に真身（法身・報身）へと展開してゆくことがわかる。いずれにせよ、慧遠は衆生の仏身観の修行段階に応じて、観仏対象である仏身もそれに随従してゆくという構造を想定していたことが読み取れる。

以上、隋代までに、衆生と仏身の関係が、仏身観および心識説を主題に論じられていたことが確認できた。基本的には上位の仏身である報身が菩薩に対応し、下位の仏身である化身が凡夫・二乗等に対応するという形式をとる。すなわち、衆生自身の禅観修業の段階に随順して、各仏身が示現されるのであり、これは一仏上における通報化身説を前提とした解釈といえる。

第三項　諸師の通報化土説

次に隋唐代の諸師が衆生と各仏土との結びつきをどのように論じていたのか確認してゆきたい。

(1) 迦才以前の通報化土説

慧遠は一般に西方浄土を応身応土（=化土）と解釈したとされるが、実は通報化土説に近い思想もみられるのではないかとの指摘がある。すなわち、望月信亨氏は、慧遠『観経義疏』において地上菩薩が低位な応土に往生してしまうという矛盾点を挙げ、この疑問点を氷解するためには、慧遠が報化二土に通ずる説を認めていたことを想定すべきであるとしている。(128) 深貝慈孝氏も同様の矛盾点に着目し、『観経義疏』『無量寿経義疏』『大乗義章』の三書を詳細に検討したうえで、真応二身二土説あるいは通報化の理解が認められるとしている。(129)

既述したとおり、慧遠は『観経』について、往生を説く経典とするよりもむしろ禅観経典とみなす傾向が強い。(130) 慧遠における往生は応身観の延長上に想定されているから、その観法の段階に応じて、真身あるいは真土へと展開してゆく通報化身ならびに通報化土的な解釈へと敷衍することは可能である。ただし、『観経義疏』には仏身論の詳釈はみられるが、仏土論に関説する部分は少なく、その点を考慮すれば通報化土としての理解はあまり意識されていなかったと考えられる。

次に吉蔵『観経義疏』の説示を確認したい。

・維摩に云く、「其の心浄なるを以ての故に仏土も浄なり」と。若し此の心を得れば、只だ此れは則ち是れ西方浄土なり。何とならば、浄穢皆な心に於て在り。若し心浄ならば此の土則ち浄なりと見る。(131)

・仏土は只だ心に由る。心が垢なるが故に仏土も垢なり。心が浄ければ仏土も浄し。百万品の心なるが故に百万品の浄土有り。(132)

・問う、双巻は則ち応と云うや、報土と云うや。答う、此れは是れ応の中に応と報の両土を開く。是れ応に異なる別の報土有るには非ず。何とならば、一往、土の体を弁じ、之れを報と為すと謂う。此の報土に於て種種の七宝を示すを応土と為す。是れ酬因の報なるが故に報土と為すには非ず。若し所化の修因の往生義に就かば、論を為して報土為るべし。然れば所化、因に由りて応土の中に往生す。(133)

まず、吉蔵は西方浄土を論ずる際に『維摩経』の心浄土浄説を取り入れ、唯心浄土的な理解を試みていることがわかる。ゆえに衆生の心の状態に百万品の段階の違いがあれば、それに応じて浄土も百万品の種別があるのだという。また、西方浄土が報土であるか応土であるかという問いに対して、衆生が修因によって往生するという立場からは西方浄土を報土とも言いうるが、実際には応土に往生するという。吉蔵は三論教学を背景として、西方浄土を本迹の二門から論じ、本門では応土、迹門からは報土とする独自の解釈を行っている。やや難解な立場であり、いわゆる通報化土説と同一視することには慎重な態度をとりたいが、理論上、西方浄土は報土と化土いずれの性格も同時に有しているということができる。(134)

次に慧遠と吉蔵の他に、隋代から唐代における地論・摂論系の文献のなかで、衆生と各仏土との結びつきを論じているものを確認しておこう。

『融即相無相論』[135]では、真如は「浄・不浄」「見・不見」「浄・穢」などの性質を超越しているが、ただ衆生が「見浄土」する場合に、報土・応土・円寂土の差異が生ずるのだとしている。[136]『摂大乗論疏』巻五では、衆生の「見」と各仏土（真浄土・相浄土・事浄土）との関係がさまざまに論じられている。[137]各仏土の名称は慧遠『大乗義章』に準じたものであるが、菩薩階位と各仏土の結びつきは慧遠の論述とは異なっており、摂論の講究にもとづいて議論されていた内容が反映されていると思われる。

さらに、西方浄土に関連した通報化土説の議論を提示する資料をみてゆこう。

○智首『小阿弥陀経鈔』（道忠『群疑論探要記』巻二の引文）

・智首の小経抄に云く、「有漏の識心所現の浄土は是れ有漏なりと雖も、如来の無漏の浄土に託するを以て本性相と為して之れに依りて変現する。亦た仏土の如し。体性は別なりと雖も同処同時にして相い障碍せざれば亦た浄土と名づく。是れ無漏の義に随順するを以ての故に」と。[138]

○『纉述』

・案じて言く、住とは初地に入る如し。所見の浄土の荘厳相は、二地に入りて已去の所見にして、転た勝りて前の劣土を捨つ。未だ捨てざるの時、之れを名づけて住と為し、捨て已るを壊と名づく。[139]

・第二に往生人を明かさば、若し究竟して唯仏所住の世界を論ぜば浄土と名づく。（中略）若し通説に就かば、始めは凡夫従り、終に十地に至るは、並びに浄土に生じ、分に随って終に更に改変することを見る。故に「暫く報に住す」と名づく。[140]

まず智首（五六七―六三五）[141]の『小阿弥陀経鈔』では、凡夫の識心は有漏の浄土を所現するはずであるが、如来の無漏の浄土に依って、無漏の浄土を変現することができるのだという。もし、「有漏の識心所現の浄土＝化土」「如来の無漏の浄土＝報土」とすれば、通報化土と言いうる。玄奘訳以前に通報化土説が明示された資料として注目されるが、現存するのは道忠『群疑論探要記』などに引用された逸文のみで詳細はわからない。

次に『纘述』[142]では、凡夫から十地の菩薩にいたるまでの修道過程について、西方浄土に往生した後は、自業の得分にしたがって所見の浄土の荘厳相も次々に改変してゆくという。すなわち、往生後の彼土修道において自らの修行段階に応じた浄土の荘厳相が向上的に転変してゆくとの解釈であり、それが凡夫から十地までをカバーするとしているから、これは通報化土説を前提としなければ成立しない解釈である。

（2）道綽の通報化土説

次に道綽における通報化土説について検討してゆきたい。『安楽集』には以下のような記述がみられる。

①仏身は常住なれども衆生は涅槃有りと見るが如く、浄土も亦た爾なり。体は成壊に非ざれども、衆生の所見に随って成有り、壊有り。（中略）若し法性の浄土に拠れば則ち清濁を論ぜず。若し報化の大悲に拠れば、則ち浄穢無きに非ず。又た汎く仏土を明かすに機感の不同に対して、其の三種の差別有り。[143]

②第八に、弥陀の浄国は位上下を該ね、凡聖通じて往くことを明かすとは、今此の無量寿国は是れ其の報の浄土なり。仏願に由るが故に、乃ち上下に該通せり。凡夫の善をして並びに往生を得しむることを致す。上を該ぬるに由るが故に、天親・龍樹及び上地の菩薩も亦た皆な生ずるなり。[144]

③凡夫智浅ければ、多く相に依りて求むるに決して往生することを得。然るに相善の力微なるを以て、但だ相土

に生じて唯だ報化仏を観るなり。[145]
④浄土は相土に該通せり。往生せんこと謬らず。若し無相離念を体と為すと知りて、而して縁の中に往くことを求むる者は多く応に上輩の生なるべし。[146]

まず①では、阿弥陀仏の仏身・仏土は「常住・不壊」であるにもかかわらず、衆生の側の問題として「顕・隠」や「成・壊」が生じているのだという。したがって、衆生の所見の次第によって、報土（＝浄）と化土（＝穢）の差異があることも否定できない。その例として、三説（ⅰ従真垂報、ⅱ無而忽有、ⅲ隠穢顕浄）を挙げ、西方浄土は従真垂報の報土（＝浄）としている。残りの二説が化土（＝穢）にあたる。

次に②では、西方浄土は阿弥陀仏の本願によるから、上下の位に広く開かれていて、凡夫も菩薩もそろって往生するという。さらに③④では、凡夫は無相を知らずに願生するから相土に生じて報化仏を見るが、上輩生の人は無相の理を知って、いわゆる無相土に願生する。[147] すなわち、

・上＝無相土＝知無相離念＝聖人の生（上輩生）
・下＝相　土＝相善力微　＝凡夫の生（下輩生）

となる。ここで問題となるのは、相土を化土とするか否か、すなわち道綽が通報化土の理解を行っていたかという点にある。

先行研究では、③の相土における「報化仏を観る」の記述をいかに解釈すべきかという着眼点からさまざまに論じられてきた。[148] しかしながら、これは仏土論ではなくて仏身論に関連する記述であり、三身同証説による通報化身を認める道綽としては、いずれの解釈であっても差し障りはないはずである。つまり、衆生の機根に応じて阿弥陀仏が化身を現すのは当然であり、問題はその化身が西方浄土の化土を示現するか否かという点である。

仏土論の面からみれば、極楽浄土初門説や境次相接説などは、確かに化土に通ずる理解を示唆しているようにもみえる。(149)ただし、前節にも述べたとおり道綽の原則は「化土＝穢土」であり、道綽が相土に三界内の化土（穢土）としての側面を想定していたとは認めがたい。ゆえに西方浄土の相土は三界外の報土の範疇に位置するのであって、道綽における通報化土説は成立していないと考える。とはいえ、『安楽集』において凡聖通往や相土・無相土というように、衆生の資質に浄土の性質が随応するという理解そのものは意識されていたことが看取できる。

（3）智儼と道世の通報化土説

次に迦才と同時代における通報化土説として、智儼『孔目章』と道世『法苑珠林』における教説を考察したい。

○智儼『孔目章』

・三乗に依らば西方浄土、是れ実報の処にして、通じて四土を成す。一には法性浄土、二には事浄土、三には実報土、四には化浄土なり。化は是れ報の化なり。化身の化にあらず。(150)

・西方に生ぜしめ、彼に至りて不退を得る。前後有りと雖も、仍ち不退を取るを以て大宗と為す。此れ従り已後、転展増勝して無辺仏土に生じ、普賢界に至り、還来して彼の蓮華蔵世界海に入りて、化の用を成じ起こす。此れ極終入宅の言に拠る。若し『観経』の上品上生に依らば、妙法を聞き已りて即ち無生法忍を悟り、須臾の間を経て、諸仏に歴事し、十方界に遍じて、諸仏の前に於て次第に記を受け、還りて本国に至り、無量百千陀羅尼門を得る。此れ初始近至の言に拠る。(151)

○道世『法苑珠林』

・化土の処とは、但だ所居の化土は別の方処無し。但だ報土に依りて而も麁相を起こす。或いは十方に通じ、或いは当界に在り。三乗人の天等の衆を引接す[152]。

・能見部第四。述して曰く、凡夫・二乗の如きは、穢土の中に於て阿弥陀仏を見る。諸菩薩等は、浄土の中に於て阿弥陀仏を見る。此の二説に拠らば、報土は則ち一向に純ら浄なり。応土は則ち染有り、浄有り。故に『浄土論』に云く「土に五種有り。一には純浄土、唯だ佛果に在り。二に浄穢土、謂く浄多くして穢少なし。即ち八地已上なり。三に浄穢亭等土、謂く初地従り乃至七地なり。四に穢浄土、謂く穢多くして浄少なし。即ち地前の性地なり。五に雑穢土、謂く未入性の地なり。第五の人、後の一を見て、前の四を見ず。第四の人、後の二を見て、前の三を見ず。第三の人、後の三を見て、前の二を見ず。第二の人、後の四を見て、前の一を見ず。第一の佛、上下の五土を悉く知り、悉く見るなり[153]。

・若し実報浄土に拠らば、要ず出世無漏の正因を修す。理と行と相い成じて方に往生を得る。若し是れ下品の人ならば、本と正業無くして一行に随起せり。或いは臨終の日に十念成ずると雖も、唯だ化土に生じて未だ報を見ること能わず[154]。

智儼の『孔目章』では、西方浄土の本体は実報土であるが、四土全体にも通じているという。また、化浄土の「化」は報身の化であって、化身の化ではないと断っている。このことから、智儼は実報身・実報土を主体とする西方浄土の通報化土説、ならびに通報化身説をとなえていたことがわかる。また、西方浄土に生じて後に普賢界に至って、さらに蓮華蔵世界に入ることを「極終入宅の言」に拠るといい、一方、『観経』の上品上生において無生法忍を得て、十方界に遍じて諸仏の前で授記を受けて、本国に還来して無量百千陀羅尼門を得ることを「初始近至の言」に拠ると述べている。ここでは「西方浄土」に往生して、不退転を得て、さらに「蓮華蔵世界」に至るという過程が示されている。これは二種の浄土間における連続的・向上的な構造を示した希少な記述であり、おそらく

『往生論』における「西方浄土＝蓮華蔵世界」という記述をもとに着想された智儼独自の学説と思われる。

道世『法苑珠林』では、報土と化土は本末関係となっており、化土は特別な方処を有しておらず、報土に依止して麁相を起こした処と理解されている。また、道世は「共相種子」「影像相」など玄奘訳『仏地経論』の用語によって、唯識説にもとづいた説明をほどこしている[155]。すなわち、化土の浄・穢の境界は、名言種子が熏習することによって現行し、衆生の所見はそれぞれ異なるのだという。

続いて説かれる『法苑珠林』能見部第四の章目では、まず凡夫・二乗は穢土の中で阿弥陀仏を見て、諸菩薩は浄土の中で阿弥陀仏を見る。そして、報土は純浄であるが、応土は染と浄の両面の性質があるという。道世はさらに典拠不明の『浄土論』を引用して、五種の浄土（純浄土・浄穢土・浄穢亭等土・穢浄土・雑穢土）と衆生の見との対応関係を論じている[156]。これによれば、原則として上位の仏土を所見可能な人は下位の仏土も見ることができるが、その逆は不可能となっている。

また、西方浄土の実報土に往生する場合には、出世無漏の正因を修して、理と行をともに成就することが必要となる。一方、臨終の十念では化土に往生して、報土を見ることはできないという。道世は基本的に西方浄土を化浄土に配しているが、高度な実践行による報土往生も認めている。このように道世にも通報化土説の理解があったことを認めることができる。

以上、隋唐代の諸師において通報化土説がひろく行われ、西方往生に関しても通報化土的な理解が行われていたことを確認できた。『融即相無相論』『摂大乗論疏』巻五の説示は、西方浄土に限った議論ではないが、通報化土説に関連する興味深い内容を含んでいる。智首の学説は資料的な問題から全体像が不明であるが、西方浄土における通報化土説を提示していたことがうかがえる。また、『纉述』や智儼のように、往生の後に浄土の荘厳相が上位に転変してゆくという興味深い解釈も提示されていた。衆生の所見のレベルと浄土のランクの対応関係を裏づけるのは、仏身論と同様に心識説であったと思われるが、管見の限り玄奘訳以前にその理論体系を詳説するものはみられなかった。

第四項　迦才の通報化土説

最後に、迦才における通報化土説の内容を検討することにしたい。『浄土論』第一章の第二問答から第四問答にかけて、通報化土説に関する記述が散在している。

①問て曰く、土、既に三つ有りといわば、未だ知らず、西方は是れ何れの土ぞや。答て曰く、亦た三種を具す。若し初地に入れる已去の菩薩の正体智の見は、即ち是れ法身の浄土なり。若し加行・後得智の見は、即ち是れ報身の浄土なり。若し是れ地前の菩薩・二乗・凡夫の見ならば、即ち是れ化身の浄土なり。龍樹等の菩薩の往生の如きは、具さに法・報・化の三種の浄土を見たもう。上は下を見ることを得るに由るが故に。此の義に由るが故に、諸経論の中には、或いは判じて報と為し、或いは判じて化と為す。皆な旨を失わず。(157)

②問て曰く、已に西方は具さに三土有りということを知る。未だ知らず。即ち今の凡夫、念仏をして生を願じて何れの土をか得るや。答て曰く、『摂論』の如きに依らば、唯だ化土に生じて、法・報の土を見ざるなり。(158)

③麁に論ずれば、此の三土有り。若し委曲に分別すれば、衆生の行を起こすに既に千殊有れば、往生して土を見ることも亦た万別有るなり。若し此の解を作さば、諸の経論の中に、或いは判じて報と為し、或いは判じて化と為すこと、皆な妨難無きなり。但し知りぬ。諸仏の修行は具さに報と化の二土を感ずるなり。『摂論』の如

きは、「加行は化を感じ、正体は報を感ず」と。(159)

④問て曰く、法身の浄土は、理として遍ずることを知るべし。報化の二土は、応に封疆有るべし。西方、既に具さに報化の土有り。何れの文証にか拠るや。(中略)而るに西方は是れ報土なりというは、『大乗同性経』に出でたり。(中略)釈して曰く、浄土の中にして成仏するを判じて報と為すは、是れ受用身にして、実報身には非ず。若し化身と作さば、即ち是れ細の化身なり。『経』に云く、「汝、現に我を見るとは、是れ報身なりというは、即ち穢土の中にして亦た報を見るなり」と。即ち此の『経』の中に「五濁の中にして成仏するに、正法、像法、末法有り。是れ応化身なり」と云う。『経』に「穢土の中にして成仏するは、皆な是れ化身なりと判ずるに、而も亦た汝現に我を見る」と言うは、是れ報身なり。既に穢土の中にして報身を見ることを得れば、何が故ぞ、浄土の中に化身を見ることを得ざるや。故に知りぬ。浄穢の二土、皆両身を具するなり。是れ化土と言うは、『観世音授記経』に出でたり。(160)

まず①では西方浄土が法・報・化のいずれに属するのかという問いに対して、西方浄土が三種をそなえていると答える。すなわち、

・初地以上の菩薩の正体智の見＝法身浄土
・菩薩の加行智・後得智の見　＝報身浄土
・地前菩薩・二乗・凡夫の見　＝化身浄土

となる。ここでは衆生の所見と各浄土との相関関係が明示されている。それを規定する正体智・後得智・加行智の三智は『摂大乗論釈』の教説であり、これは初地菩薩が見道位に入ったときに得る根本無分別智を三種に分けたものである。(161)一方、地前菩薩・二乗・凡夫の所見については、おそらく前項に指摘した『起信論』および『摂大乗論

釈』における化身と衆生の対応関係を想定したものである。この三智による所見を各浄土に配分する説は、同時代の文献において他に用例を見出すことはできないが、その内容からみて、おそらく摂論学派においてこのような解釈がみられたのではないかと思われる(162)。

また、龍樹等の菩薩が往生する場合には法・報・化の三種を自在に見ると述べていることから、三土は別処ではなく同一処に在ることが明らかである。すなわち、迦才は通三土の立場から、通報化土説を示しているのである。よって、上(=地上菩薩)は兼ねて下(=凡夫)の土を見ることはできるが、その逆は不可能となる。すなわち、土は同一処であっても、衆生の機根の差異にしたがって所見の仏土が異なるのである。このような衆生の所見と仏土の関係は、先にふれた道世『法苑珠林』に引用される『浄土論』の説示と一致している。

次に②では当今の凡夫が念仏によって西方往生するのはどの仏土になるのかとの問いに対して、『摂大乗論釈』によれば唯だ化土に生じて、法報の土を見ることはできないとしている。ただし、すでに述べたように『摂大乗論釈』は受用土のみを認める立場をとり、化土を説かない。すなわち、凡夫が化土に往生するとの説は『摂大乗論釈』が直接的に明示した内容ではなく、あくまで迦才自身による解釈なのである。

次に③では「衆生の行業のレベル(千別の段階)」と「浄土のランク(万別の種類)」が対応しており、このような解釈をすれば、諸経論によって報土や化土とさまざまに判ぜられている矛盾点を会通できるのだという。このような解釈は、前述した吉蔵『観経義疏』の百万品浄土説と近似しており、『維摩経』の唯心浄土的な理解の影響を受けていることが読み取れる。さらに迦才によれば、そもそも諸仏の修行は報土と化土に通じたものであり、衆生の修行を成就させるために報・化の違いが示現されているのだという。

次に④では西方浄土が報土と化土に通じていることの文証はなにかと問われ、それに対して報土の文証として

『大乗同性経』を引用し、化土の文証として『観音授記経』『鼓音声経』を挙げている。この『観音授記経』『鼓音声経』の解釈をめぐっては、すでに慧遠や吉蔵によって弥陀応身説の論拠として指摘されており、その後、道綽が「それは大なる失である」として弥陀報身説の立場から会通説を展開している。しかしながら、迦才は道綽の会通説を取り入れる様子はみられず、慧遠や吉蔵の弥陀応身説に準じて、『観音授記経』『鼓音声経』を西方化土説の文証として解釈しなおしている。また、『大乗同性経』の説示については西方報土の文証としているが、この議論における迦才の結論は「浄穢の二土、皆両身を具するなり」とするものである。すなわち迦才は通報化としての理解を徹底し、浄土と穢土の両方に報身・化身が具足されていることを強調している。

以上、迦才の通報化土説を確認した。道綽が『大乗同性経』を唯報土説の経証とし、『観音授記経』『鼓音声経』による弥陀応身説への会通につとめたにもかかわらず、迦才はそれを意に介さず、あくまで通報化土説の立場にもとづく解釈を行っていたことが明らかになった。迦才は、西方浄土が一処において法・報・化の仏土をそなえることを明言し、凡夫の化土往生説を説いた。②では「諸仏の修行は、具さに報と化の二土を感ずるなり」と述べているが、これは往生の対象となる衆生摂化の土（事用土・化身浄土）に限った場合であり、原理的には法・報・化の三土に通じている。また、報土と化土が連続性を持ちうるのは、前節に論じた長時化土説の理解が背景にあると考えられる。すなわち、化身化土が法身との不断の関係を有して、常住性と清浄性が保証されることによって同時に共存することができるのである。もし、迦才が「報土＝浄土」「化土＝穢土」と理解していたならば浄穢が混在することとなり、通報化土説は成立しがたいであろう。

第五項　往生と見土の関係

ここであらためて注目したいのは、前項に挙げた①②③の説示において、迦才が「生」と「見」に関する微妙な言いまわしを用いていることである。

①如龍樹等菩薩往生。具見法報化三種淨土。

②依如攝論。唯生化土。不見法報土也。

③衆生起行。既有千殊。往生見土。

右のような表現によって、意図的に「生」と「見」を使い分けていることが読み取れる。つまり、「往生」した後にその浄土を「見」るという構造になっている。これは②にあるように、『摂大乗論釈』を典拠とする別時意説を意識した表現ではないかと考えられる。すなわち、往き先である西方浄土は法・報・化の三種のいずれにも通じているから、まずは往生が成立することを最優先とし、その後に衆生の所見の段階に応じた浄土を見るという理解を行ったとみられる。換言すれば、浄土のランク（法・報・化）が決定するのは臨終に往生する瞬間ではなく、往生して彼土に生じ、衆生自身が浄土の荘厳相を受用するそのときなのである。

ゆえに③において「衆生の行を起こすに既に千殊有れば、往生して土を見ることも亦た万別有るなり」と、衆生の千別の資質にしたがって万別の浄土が存在するというのであろう。図示すれば次頁のとおりである（図3）。

迦才はこのような表現をもって凡夫の即時往生を不可能とする別時意説を牽制したのではないかと考えられる。それゆえに、迦才は②のなかで法・報土への往生について「不生」ではなく、「不見」との表現を意識的に用いて

いるのであろう。ちなみに、同様の表現は道世『法苑珠林』にも、

若し是れ下品の人ならば、本と正業無くして一行に随起せり。或いは臨終の日に十念成ずると雖も、唯だ化土に生じて未だ報を見ること能わず。(163)

とあり、ここでも「唯生化土未能見報」という迦才と相似した表現がみられる。前述したように、道世もまた凡夫が西方化土へ往生するという立場を支持している。

以上のように、迦才は衆生の所見に関する議論に対して殊更に注意をはらって、「見」と「生」の表現を使い分けており、その背景として別時意説の会通という一面も含まれていたであろうことを指摘した。

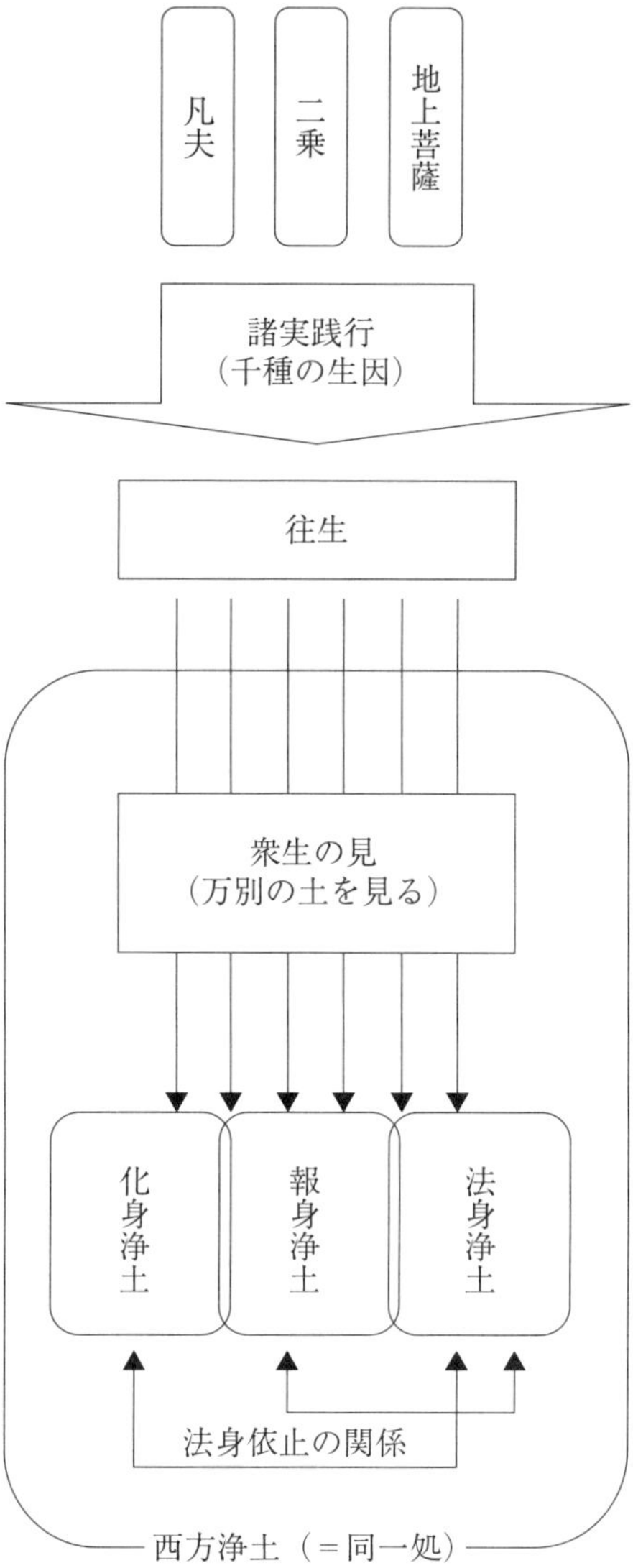

図3　往生と見土の関係

第六項　まとめ

ここまで考察してきたように、隋唐代の諸師において各々の説示に広狭の異なりはあるものの、通報化土説はある程度浸透していたことが明らかになった。その理論を形づくったのは『起信論』や『摂大乗論釈』を中心とする心識説であり、はじめは衆生の所見と仏身論との結びつきを説明する教説であったものが、徐々に仏土論の議論に転用されるようになったと考えられる。

既述したように旧訳の経論書では二土説・三土説・四土説を明瞭に説くものはなく、それゆえに心識説と仏土論との関係を具体的に示す論拠もなかった。したがって、諸師においても通報化土の構造については曖昧な説明しか行うことができず、理論上、報土と化土の二土に通じていることを暗にほのめかす程度に過ぎなかった。迦才の場合もはっきりとした経証・論証を提示していたわけではないが、全体としては吉蔵の教説（百万品浄土説など）に同調している。迦才だけに限らず、唐初においては『維摩経』の唯心浄土説と、『起信論』『摂大乗論釈』の心識説とが入り混じったような仏土理解が主流だったのではないか思われる。

その後、玄奘によって『仏地経論』や『成唯識論』が訳出されるにいたって、唯識説と仏身仏土論との関係を明確に裏づけるインド経論があらわれた。早くもその恩恵を受けていたのが道世『法苑珠林』の論述であり、さらに道闇『観経疏』や懐感『群疑論』の成立によって玄奘訳の唯識教理にもとづく仏身仏土論が一通りの完成をみせ、通報化土説は懐感『群疑論』にみる「通二土」の学説としてあらためて議論の俎上に載せられることになった。

それでは、迦才における通報化土説の特色とは何にあったのだろうか。それは西方浄土が同一処において法・

報・化の三種をそなえると明言したことであろう。すなわち、諸師が通二土であったのに対して、迦才は通三土の面も強調したといえる。

最後に迦才の通報化土説の思想的意義について、第一に別時意説への対応、第二に彼土修道の面から指摘したい。

第一に別時意説への対応としては、「往生」した後にその浄土を「見」るという構造を提示することによって、「不生」という事態を回避したことにある。西方浄土が一処に三土をそなえているからこそ、凡夫から聖人までのあらゆる衆生が往生可能となる。すなわち、浄土のランク（法・報・化）が決定するのは臨終に往生する瞬間ではなく、往生して彼土に生じ、自らが浄土の荘厳相を受用するそのときである。『浄土論』に「報と化とを図度すべからず」と述べるように、迦才の教説は報土往生か化土往生かという二者択一的な論争を脱していた。したがって、迦才における往生とは、報土往生でも化土往生でもなく、いわば「単に往生する」のである。つまり、まず西方浄土に「往生」し、その後に自らの所見のレベルに応じた浄土を「見」るのであって、報土と化土の分岐は得生以後の問題に過ぎない。三土に通じているからこそ、凡夫の報土往生が不可能となる問題や、逆に地上菩薩が化土に往生して分段生死を受けるといった矛盾は回避される。ともかく、このような思想の提示によって、少なくとも往生という入口が閉ざされることはなくなったといえよう。

第二に彼土修道の面としては、西方浄土が一処に三土をそなえているからこそ、たとえ化土に生じたとしてもそこは法身浄土や報土と地続きであり、本源的には同じ浄土に往生しているはずなのである。前節で論じたように、迦才は法身依止にもとづく長時化土説の立場をとるため、西方浄土が法身浄土にも通じていることを意識したとみられる。さらに迦才は法身浄土の規定として、具体的に『起信論』の如来蔵説および三大説（体大・相大・用大）をあてているから、その彼土修道は本覚へ向けて進趣してゆくとも言い換えることができる。『浄土論』には「三大僧祇に道を修して則ち成仏を得[164]」とあるから、化土往生の後に三大阿僧祇劫という永い修道期間を経て、衆生の所見の荘厳相も化土から報土へと転変してゆき、最終的に無上菩提を獲得するという道程が想定されていたと考えられる。以上のような、凡夫の化土往生における彼土修道の側面を保証する教説が処不退説であり、長時化土説であり、そして通報化土説なのである。

迦才の通報化土説は確かに折衷的な説という一面はあるものの、決して両論併記的な思想にとどまるものではない。「本質が定まらない」との指摘はもっともであるが、逆にそれこそが迦才の仏土説を特徴づけているともいえる。通報化土説、すなわち三土に通ずるとの主張は、迦才が別時意説などの批判に接し、往生の意味を問いなおす試みのなかで表出した教説であり、迦才独自の西方浄土観を示した内容といえるだろう。

註

（1）望月信亭氏は「迦才の淨土論は法常等の四土と同一であつて、即ちその説を承けたものと認めねばならぬ。但し道基等が法身の淨土を立てなかつたのに對し、今迦才は法身にも淨土ありとし、又法常等は化土を唯だ暫變としたのに對し、迦才が別に長時の化土を認めて來たのは即ち其の異點とすべきである」と述べている（望月信亭『中国浄土教理史』一六七～一六八頁）。名畑応順氏は「慧遠の三土や法常、智儼の四土と對比すれば、迦才の淨土の分別はその傳承の徑路が推測されると共に、當時としてはあまり特殊なものではなかつたことも覗はれる」と指摘している（名畑応順『迦才浄土論の研究』五七頁）。稲岡了順氏も同様に摂論学派系統の四土説との近似性を指摘している（稲岡了順「道綽・迦才・善導の往生思想」）。

（2）望月信亭氏は、凝然『維摩経菴羅記』巻七の記述をもとに、道基、法常、智儼、道宣らの四土説について論究している。四土説の考察を進めるなかで、隋唐諸師における化土説に異説が生じていた点を指摘し、四土説における化土の解釈が一種の別時意会通説として用いられていた可能性についても言及している（望月信亭『中国浄土教理史』一五〇～一六三頁）。迦才の化土説については、本書第四章第二節を参照。

（3）小澤勇貫氏も凝然の記事をたよりにして道基、智儼、道世、道宣の仏土説を取りあげ、弥陀身土論についても別時意説を交えながら論及している。小澤氏はあらたに敦煌本の『摂大乗論疏』巻五および巻七を検討材料に加え、慧遠『大乗義章』の三土説との比較も行っている（小澤勇貫「摂論学派の浄土観」『浄土学』八、一九三四年）。

（4）柴田泰山氏は、迦才、智儼、道世、道誾の四土説を取りあげ、四土説の形態や種子往生説などさまざまな観点から論究している（柴田泰山『善導教学の研究』五九九～六一五頁）。

（5）仏身仏土論全般ならびに弥陀身土論に関する主要な先行研究については、曽和義宏「阿弥陀仏の仏身規定をめぐって」（『浄土宗学研究』二六、二〇〇〇年）の註（1）に列挙されているので、そちらを参照されたい。二〇〇〇年以降の研究で隋唐初期の仏土論に関わるものとしては、西本明央「「是報非化」の争点」（『浄土宗学研究』二九、二〇〇三年）、金子寛哉『『釈浄土群疑論』の研究』、柴田泰山『善導教学の研究』、長谷川岳史「『安楽集』の三身説に関する一考察─隋代諸師の三身解釈との比較を通して─」（『真宗研究』四八、二〇〇四年）、同「隋代仏教における真・応二身説」（『仏教学研究』（龍谷仏教学会編）六五、二〇〇九年）などがある。

（6）神子上恵龍氏は阿弥陀仏の研究方法として、（一）弥陀思想の発生的研究、（二）諸経論に顕れたる阿弥陀仏の因位、本願、成道に関する比較研究、（三）仏身仏土論上より観たる阿弥陀仏の研究の三種類を挙げており、（三）の研究をさらに①教理的研究と②教理史的研究に分けている（神子上恵龍『弥陀身土思想展開史論』永田文昌堂、一九五一年、三～七頁）。本節における研究方法も主として、仏身仏土論上の研究における②教理史的研究ということになる。

（7）神子上恵龍『弥陀身土思想展開史論』一四～三三頁、曽和義宏「阿弥陀仏の仏身規定をめぐって」などを参照。

（8）慧遠の仏身説については、才川雅明「慧遠の三身説」（東北印度学宗教学会『論集』一〇、一九八三年）、西本明央「善導と諸師の像想解釈」（『仏教論叢』三九、一九九四年）、同「「是報非化」の争点」、曽和義宏「阿弥陀仏の仏身規定をめぐって」、柴田泰山『善導教学の研究』五一七～五三〇頁などを参照。吉蔵の仏身説については、平井俊栄「吉蔵の仏身論─三身説を中心に─」（『仏教学』六、一九七八年）、末光愛正「吉蔵の仏身論」（『駒沢大学仏教学部研究紀要』四四、一九八六年）、花野充道「智顗と慧遠の仏身論の対比」（『天台学報』四一、一九九九年）、同「智顗と吉蔵の法華仏身論の対比」（『天台学報』四二、二〇〇〇年）などを参照。

(9) 法・報・化でいえば、化身に関しては大差ないものの、法身と報身の性格については諸経論による異同が著しく、真如の理体としての「理(＝如如)」と、智慧のはたらきをあらわす「智(＝如如智)」とを、法身あるいは報身に対していかに分属するかによって仏身論の組織の仕方や開合の仕方が異なってくる。開真合応や開応合真などの用語は以上のような特徴をつかまえて各仏身論の性格を区別したものだが、諸経論における仏身論が必ずしもこのような論点に意識的であったとはいえず、この整理もあくまで一つの典型として考えるべきである。

(10) 智顗『維摩経文疏』「問、諸經論散明四土。可如向説那。不見經論有四土之名一處出也。答、經論度此、本自不多。尋讀之者又不備悉。四土共出、何必無文。正如此經云。答長者子以四義辨佛國。何必不即是其意也。經云、隨所化衆生而取佛國。隨所調伏、衆生而取佛國。隨諸衆生、應以何國入佛智慧。隨諸衆生、應以何國起菩薩根。此之四義、若對四土、宛然相似。但名目既異。(『卍続蔵』一八、四六七頁上)」。

(11) 望月信亨氏は「この中、淨土を以て受用身の所顯現とし、受用身佛はその中の敎主として地上の菩薩を敎授し、それをして法樂を受用せしむる等と説き、以て淨土と受用身との關係を明かにしたのは大に注目すべきことである。(中略)從來の諸經論に此等諸佛の身土に關し、何等論及する所がないから、無著は今此の淨土出現の諸佛を受用身と名け、以て彼の穢土の化身と區別すべきものであることを明かにしたものと見られるのである」と無著および世親の段階ではじめて仏身と仏土の相関性が明かされてことを指摘する(望月信亨『浄土教の起原及発達』共立社、一九三〇年、五一〇頁)。さらに望月氏は「無著の受用土十八圓淨の説は、報身所居の淨土に就て一定の範疇があることを述べたものであるから、隨つて之に該當するものは報土と謂はれ、該當しないものは變化土等と謂はれねばならぬ。無著及び世親には三身に各其の土があると云ふ説はない様であるが、然し報土の範疇の上から從來唱道された諸種の淨土を眺めて見ると、自ら報化の別が立つて來なければならぬ。親光が四土類別の説を唱道したのは、即ち此意を發揮したものと見られる」と述べている(『同』七五六〜七五七頁)。すなわち、無著や世親の著作には三身と三土が対応するという具体的な説はみられないが、理論的には必要に迫られるという板ばさみ的な思想状況であったことがうかがえる。

(12) 望月信亨氏は「親光等の四身四土の説は、即ち此等の論義を大成すると同時に、亦諸經論に盛に宣説された多種の淨土を悉く其中に類攝せんとするの意もあつたことを認めなければならぬ」と指摘する(望月信亨『浄土教の起原及発達』七六一頁)。

(13) 吉蔵の後期の著作とされる『浄名玄論』では「問、云何報土、云何應土。答、(中略)今有土者、皆是應物、名爲應土。故仁王云、三賢十聖住果報、唯佛一人居浄土。此明三賢十聖有三界内外報土、佛則無也。(『正蔵』三八、九〇六頁上)」といい、『仁王般若経』を引用して、仏の浄土と三賢十聖の三界内外の報土が説かれる所以を説明している。『仁王般若経』の教説は必ずしも仏身仏土論の構造を提示するものではないが、吉蔵はこれをもって仏の浄土(法身浄土)と衆生の浄土(報土、応土)が存在すべき経証として重要視している。このことは吉蔵が閲覧した限りにおいても、法身浄土・報身浄土・化身浄土の三土説を明確に説明する典拠が見当たらなかったことを示唆している。

(14) 慧遠は『大乗義章』に身土相依総別という項目を立て、「次明身土相依總別。總相論之、三身一身三土。以一佛身依一佛土。隨義別分、用彼三身別依三土、法性之身、依法性土、實報之身、依實報土、應化之身、還依應土。(『正蔵』四四、八三六頁下)」と述べている。後世からみれば、三身論と三土論が対応するのは至極当然のようであるが、慧遠の段階では自明の事実ではなく、承認を要する内容であったと思われる。望月信亨氏は「印度に於ては親光の佛地經論に至つて、始めて四身四土の説が提唱されるのであるが、今それとは關係なく、支那に於て斯かる身土相關論が唱道されたことは、即ち慧遠の功に歸すべきもので、大にその卓識を稱讃すべきである」と指摘している(望月信亨『中国浄土教理史』九七〜九八頁)。

(15) 小澤勇貫氏は「無著世親にありては是の如く浄土は報身の顕現する所とするを以て、從つて法身化身には浄土を説くことはない。然るに佛地經論になると受用身に自他を分ち、それと變化身とに各浄土あることを認め、更に成唯識論に至れば、自性、自他受用、變化の四身に皆各のその依るべき浄土あることを説く。支那の釋家も多くすべての佛身に所居の浄土を認むるけれど、併し早き時代の攝論師は法身の土を立てなかつたやうである」と指摘している(小澤勇貫「世親論師の仏身論」『浄土学』六、一九三三年)。

(16) 玄奘三蔵が訳出した『仏地経論』(六四九年訳出)によって自受用と他受用の用語がはじめて提示され、自受用土・他受用土・変化土の三土説が構成された(『正蔵』二六、二九三頁中)。そして、『仏地経論』の一〇年後に翻訳された『成唯識論』(六五九年訳出)において明瞭な四身四土説としての指標が提示されるにいたった(『正蔵』

三一、五九頁上)。自受用と他受用の相違点は、自利・利他あるいは仏と菩薩における受用の差異であり、両者の規定は明確に峻別されている。また、四土説全体としては四智説(大円鏡智・平等性智・妙観察智・成所作智)が配当されるなど、玄奘訳の唯識教理と親密な構造を有している。

(17) 望月信亨氏は「受用に自他を分別したのは頗る新説のやうであるが、然し攝大乗論釋第十三に菩薩の自他二受用法樂を説き、且つ從來の佛身説に於て此の分別を必要とする事情が充分にあつた」と述べている(望月信亨『浄土教の起原及発達』七六一頁)。

(18) 真諦訳『摂大乗論釈』「菩薩於諸佛淨土中、自聽受大乘法受法樂、爲他説大乘法亦受法樂。菩薩備受用此二法樂。若無應身則無此二受用法樂。故應身爲此二受用法樂因。又釋受用有二義。一受用塵、即受用淨土。二受用法樂、即受用大乘法樂。若無應身則無此二受用。故以應身爲此二受用因。(『正蔵』三一、二五〇頁上)」。

(19) 望月信亨『浄土教の起原及発達』七六一~七六二頁を参照。

(20) 『摂大乗論釈』巻一三の記述自体が中国の諸師における仏身仏土論の枠組みの再編、すなわち三土説から四土説への展開を迫るほどの内容であると即断することはできないように思われる。少なくとも管見の限りにおいて、隋唐代諸師の文献のなかに『摂大乗論釈』の当該箇所を問題視した形跡を見出すことはできない。

(21) ここでは取りあげなかったが、他に興味深い文献として道闇『観経疏』の四土説がある。これもまた新旧の訳語が複合された仏土説を構成しており、「事浄土」の用語もみえる。しかしながら、道闇の仏土説は全体としてかなり独自性の強い構造を有していることや新訳経論を受容した後の展開とみられる点が多いことを考慮して、本節では考察対象からは除外した。道闇の仏土説の詳細は、柴田泰山『善導教学の研究』六〇七~六一一頁を参照。

(22) 凝然『維摩経菴羅記』の記述は次のとおりである。

道基の仏土説については「福成寺道基法師、是攝論宗、弘通祖師。製造攝大乘義章十四卷陳諸法相。彼第十四立淨土義。淨土義門、惣立二種。一報淨土、二化淨土。報土相者、是自受用、實修實證報淨土故。此報淨土中、兼攝他受用淨土也。此化淨土、二乘凡夫所見淨土。福成法師、不立法身淨土、以法性寂然故。无相平等、眞理湛然故。所證如如、无處所故。(『日仏全』五、一九四頁上)」とある。

道宣と道世の四土については「南山大師、開合二門、建立淨土穢土相狀。開建立者陳四種淨土。一法性淨土、法

身所居。二實報土、自受用身所居。三事淨土、他受用身居。四化淨土、化身所居。合建立者、雖立四淨土、言其綱要惣有二土。一者報土、法身自他受用所居。二化土者即佛化身所居。化土建立、无別方處。於報土上、而起麁相。是名化土。於化土中、淨心所感、是化淨土。穢心所感、即是穢土。淨穢化土、即長時土。前四淨中化淨土者、且約暫變、陳述相状。即維摩經、足指按置淨土是也。法花分身所集。三變淨土、即是暫變化淨土也。玄惲法師、法苑珠林、第十五中、建立四淨土、復立綱要二土。全同南山所立開合。(『日仏全』五、一九四頁上～下)」とある。

法常と智儼の四土説については「攝論宗法常法師、建立四淨土。花嚴祖師、至相寺智儼大師、亦立四種淨土。智儼元稟于法常、習學攝論宗。四淨土相、師資芳郁。所立全同。南山玄惲四淨土相、全同法常所立義也。此四淨土及二土相、皆佛與衆生各有自土、其中所安、有自住處、有攝化處。自住處者、自利内體、所住之處、即法性土、自受用土是也。攝化處者。他受用變化土是也。自住處土、非他所見。唯佛與佛乃能究盡。攝化處土、攝受機根、為説法要。能化所化、共住之處。為他所設、名攝化所。自餘諸宗、諸德哲匠、隨宗順敎。建立佛土、相貌繁多、種類非一。(『日仏全』五、一九四頁下)」とある。

(23)『摂大乘論疏』巻五「若見眞慈悲、雖分別俗境、由依止眞如智、與爲般若所攝。雖緣俗境、無實境分別、由見清淨能現淨土。淨土唯識智爲土體。若作凡聖者、十地通諦並是眞淨土。若作三學、四地以上是眞淨土。若功用無功用、八地是眞淨土。凡眞淨土並是應身爲土。□從初地以上並是眞淨土也。地前爲相淨土、十信爲事淨土、如彌勒等土爲事淨也。如聲聞等人未能平等故、猶事差別論淨也。凡夫下品見穢土見、於化身亦不復具相也。從相淨来並屬化身攝也。菩薩由分斷無明見淨土、三無性眞如後見眞淨土。凡夫由心分別見穢土。(『正蔵』八五、九八八頁上～下)」。

(24)法身浄土については「法身淨土者、有其二義。一出能住人軀、二出所住土軀。能住人者、依起信論、釋如來藏、軀具三大義。一者軀大義、謂一切法、眞如平等不增減故。此即是一味眞如。此軀何但非包含内外。亦乃貫通凡聖也。二者相大義、謂如來藏具足無漏性功德故。此即是恒沙萬德差別義也。此即有情處有、無情處無也。故涅槃經云、非佛性者、謂牆壁瓦礫無情之物也。三者用大義、謂能生世間出世間善因果故。此即是前相處用也。今既相用二大義爲能住人軀。論差別、依一味而存故也。二出所住土軀者、即取前一味眞如軀大義、爲所住土軀。謂與恒沙萬德、爲依止故。此即人土同軀義分二也。(『浄全』六、六二八頁下～六二九頁上)」とある。

実報土については「報身淨土者、有其二種。一者實報土、二者事用土。實報土者、亦人土同軀。謂始起萬德、爲

其土軀。如攝大乘論十八圓淨中云、大空無相等爲門、三惠爲路也。及維摩經中、物持之園苑、無漏法林樹等也。若論能住人者、即物攬萬德、成一佛人也。此人及土、一切下位乃至金剛心菩薩、亦不得見。唯佛與佛自相見耳。(『浄全』六、六二九頁上)」とある。事用土については「言事用土者、此即人土別軀。謂頗梨柯蓮華藏世界等、爲所住土軀。故攝大乘論云、淨土以蓮華王、爲依止也。大定大悲妙色相好等、爲能住人軀。故攝大乘論云、應身以大定大悲、爲軀也。此人及土、初地已上菩薩、隨分得見。乃至十地、見皆不同。謂地即上下之別、見亦麁妙之異也。故攝論云、若離應身初地已上菩薩、菩提資糧即不具足。此或名報身、或名受用身、或名應身、酬還曰報。答理名應、爲他眈味、稱爲受用。或名食身、與受用相似。(『浄全』六、六二九頁上~下)」とある。

化身浄土については「化身淨土者、亦有二種。一者將三大僧祇利他行、盛即是常隨之化。此身及土、此界他方恒現不絶、或一劫或百年、三十二相八十隨形好等。謂新新生世、數數涅槃也。二者無而忽有化、謂依此化身、更起多化。如釋迦如來、即是常隨化、更起分身。即是無而忽有化也。或現邦猴鹿馬等形、不必唯現佛也。身既有二、土亦然也。如妙喜世界諸妙蓮華、即是常隨化淨土。如維摩經中、如來足指案地、三千皆淨、即是無而忽有化淨土也。此兩身二土、唯是地前菩薩、二乘凡夫得見。故攝大乘論云、若離化身、聲聞瘦澁。及願樂位初發心修行、皆不成就也。法身及土、即五眼中惠眼法眼佛眼得見。報化身土、即肉眼天眼見也。(『浄全』六、六二九頁下~六三〇上)」とある。

(25) 智儼『搜玄記』「凡依三乘淨土有四種。一性、二報、三事、四化可知。若依此部一乘、但有二種。謂世界海及國土海、或十種如下瞿夷説。今將此十名、對攝論十八相圓淨、對辨同異。彼文攝佛別住處、合有十九也。佛別住大寶重閣、上已明故、此中略無。即是彼論別住處也。今此起具因縁、是彼因圓淨亦通第一色相淨及三量圓淨。故偈云衆寶成及無邊際故知。(『正蔵』三五、一三頁中~下)」。

(26) 智儼『孔目章』「依三乘義、有別淨土。略準有四。一化淨土、謂化現諸方所有淨土。二事淨土、謂諸法淨土衆寶所成。三實報淨土、謂諸理行等所成。謂三空爲門、諸度等爲出入路。四法性淨土、所謂眞如。謂以依無住本、立一切法。(『正蔵』四五、五四一頁上)」。

(27) 道世『法苑珠林』「淨土不同有其四種。一法性土、以眞如爲體。故梁攝論云、以蓮華王爲淨土所依。譬法界眞如爲淨土所依體故。二實報土、依攝論云、以二空爲門、三慧爲出入路、奢摩他毘鉢舍那爲乘、以根本無分別智爲用。此皆約報功徳辯其出體。三事淨土、謂上妙七寶。是五塵色性聲香味觸爲其土相。故攝論云、佛周遍光明七寶處也。

又華嚴經云、諸佛境界相中種種間錯莊嚴。故淨土論云、備諸珍寶性具足妙莊嚴。又新翻大菩薩藏經云、假使如上世界、乃至大火洞然如來在中、若依經行、若住坐臥、其處自然八功德水出現於地。四化淨土、謂佛所變七寶五塵爲化土體。故涅槃經云、以佛神力地皆柔軟。無有丘墟土沙礫石、乃至猶如西方無量壽佛極樂世界等。又大莊嚴論云、由智自在隨彼所欲、能現水精瑠璃等清淨世界。又維摩經云、佛以足指案地現淨等事。又十地經云、隨諸衆生心所樂見、爲示現故。此諸經論所明。並約化爲淨土。由佛神力現故有、攝故即無。故名化土。辯處部第三。述曰。上來雖明土有四種、然綱要有二。一報土、二化土。此二即攝理事二土。初報土者、謂佛如來出世諸善體是無漏。非三界所攝故。淨土論云、觀彼世界相。勝過三界道。又智度論云、有妙淨土出過三界。然佛所居無處爲處、過在十方世界。或依法身而安淨土。故論云。釋迦牟尼佛、更有清淨世界如阿彌陀國。其彌陀佛亦有嚴淨不嚴淨世界如釋迦佛。又涅槃經云、我實不出閻浮提界。又法華經偈云、常在靈鷲山及餘諸住處、衆生見劫盡大火所燒時、我此土安隱天人常充滿、園林諸堂閣種種寶莊嚴。又華嚴經云、如來淨土、或在如來寶冠、或在耳璫、或在瓔珞、或在衣文、或在毛孔、如是毛孔既容世界。故知。十住論云、佛擧一歩則過恒河沙等三千世界、其事知是。化土處者、但所居化土無別方處。但依報土而起麁相。或通十方、或在當界。引接三乘人天等衆、如彌陀世尊。引此忍界凡小衆生、而安淨國。（『正蔵』五三、三九七頁下～三九八頁上）」。

(28) 道基の『摂大乗義章』は、凝然『華厳孔目章発悟記』など日本の文献資料にも断片的な記述が残されており、また敦煌本『摂大乗義章』巻四は道基にあたると推定されている（勝又俊教『仏教における心識説の研究』七八九頁）。道基の生涯と思想については、池田將則「道基の生涯と思想―敦煌出土『雜阿毘曇心章』巻第三（S二七七＋P二七九六）「四善根義」を中心として―」船山徹編『真諦三藏研究論集』、同「道基『雜阿毘曇心章』巻第三（S二七七＋P二七九六）―〔一〕「四善根義」校訂テキスト―」（龍谷仏教学会『仏教学研究』六六、二〇一〇年）、同「敦煌出土摂論宗文献『摂大乗論疏』（北六九〇四V）―解題と翻印―」（『龍谷大学大学院文学研究科紀要』三二、二〇一〇年）、吉村誠「玄奘西遊意―玄奘は何故インドへ行ったのか―」（『仏教史学研究』四六―一、二〇〇三年）などを参照。

(29) 小澤勇貫氏は『摂大乗論疏』巻五と法常等の四土説を比較して、「燉煌本の説直ちに以て攝論宗所立とは斷じ難きも、眞諦釋論の疏なれば恐らく其派に屬せる人の手に述作せられしものならむ。攝論師の間に亦異説を生ぜるものか」と指摘している（小澤勇貫「摂論学派の浄土観」）。

(30) 智儼の著作の成立年代については、木村清孝『初期中国華厳思想の研究』三八八～四〇六頁を参照。

(31) 『法苑珠林』の成立時期については、山内洋一郎「法苑珠林と諸経要集」、川口義照『中国仏教における経録研究』一五一～一九五頁、富田雅史「『法苑珠林』と道宣」などを参照。

(32) 『法苑珠林』「弥陀部」には、玄奘訳の『大菩薩蔵経』が引用されている（『正蔵』五三、三九七頁中）。

(33) 『仏地経論』にはたとえば「謂自心中、後得無漏浄土種子、願力資故變生淨土、於中受用大乘法樂。（『正蔵』二六、二九四頁中）」といった記述があり、これが典拠となって唐代の浄土教では種子往生説が行われたという（柴田泰山『善導教学の研究』六〇七～六一五頁）。智儼の『孔目章』には「明彼阿羅漢先有淨土種子故、得羅漢當生其中。（『正蔵』四五、五四一頁中）」と「浄土種子」に注目した記述がみられる。

(34) ただし、原文が残されているこの四典籍に検討対象を絞ってよいかというとそうもいかない。智儼『捜玄記』を除くいずれの典籍の成立も六四八年以前には遡ることができないため、中期以降の摂論学派の四土説においては六四九年に訳出された『仏地経論』からの影響を考慮すべき余地が残されているのである。とはいえ、各典籍に自受用・他受用の用語は表面的にはあらわれておらず、実際には『成唯識論』が流布するまで唯識学派の四土説は一般化しなかったと考えられる。

(35) 望月信亨『中国浄土教理史』一五〇～一六三頁など参照。

(36) 小澤勇貫氏は慧遠の三土説と、敦煌本の仏土説ならびに法常等の四土説とを比較して「燉煌本及法常等の説が淨影の影響を受けたるは疑を容れざるも、法常等所立と燉煌本のそれとの交渉は明かならず」と述べている（小澤勇貫「摂論学派の浄土観」）。

(37) 慧遠『大乗義章』「或分爲三。一法性土、二實報土、三圓應土。法性土者、土之本性、諸義同體。虚融無礙、猶如帝網。亦如虚空無礙不動無所有等、同體義分。地經所説眞實義相、即其義也。一切世界本性恒爾。而諸衆生妄想覆心、自累成隔。無礙法中、見爲定礙。有處定有、無處定無。染處定染、淨處定淨。地處定地、水處定水。如是一切、後息妄想。彼土實性、顯成我用、名法性土。實報土者、菩薩顯前法性土時、曠修法界無盡行業、以此淨業勲發之力、於彼無邊淨法界處、無量殊異莊嚴事起名實報土。（『正蔵』四四、八三五頁中）」。

(38) 智顗『維摩経文疏』「三明果報國者、即是因陀羅網、蓮華藏世界。純諸法身菩薩所居也。以其觀一實諦、能破無明、顯法性得。真實果報、而無明未盡、猶為無明。潤無漏業、受法性報身。報身所居依報淨域即是國也。以觀實相之理、發真無漏所得果報。故名為實。修因無定、報得色心果所居依報。無礙自在故、名果報。亦得言實報無障礙土也。（『卍続蔵』一八、四六六頁下）」。

(39) 迦才『浄土論』「此人及土、一切下位乃至金剛心菩薩、亦不得見。唯佛與佛自相見耳。（『浄全』六、六二九頁上）」。

(40) 迦才『浄土論』「此人及土、初地已上菩薩、隨分得見、乃至十地、見皆不同。謂地即上下之別、見亦麁妙之異也。（『浄全』六、六二九頁下）」。

(41) 智儼『華厳五十問答』「依三乘敎、十方淨土所有諸佛並是實報無有變化。若權起不定始終、令有情機知變化者即屬化攝。（『正蔵』四五、五二〇頁上）」。

(42) 智儼『華厳五十問答』「由權顯閻浮・菩提樹下是化。故蓮華藏世界所有佛者是實報也。通體・相・用。十方淨土所現佛者是報佛也。（『正蔵』四五、五二〇頁中）」。

(43) 菩提留支訳『十地経論』には「是菩薩知如來身者、示成正覺爲菩提故、願生兜率天故、所有佛應化故、自身舍利住持故、所有實報身故、所有光明攝伏衆生故、所有同不同世間出世間心得自在解脱故、所有不共能作廣大利益因故、所有如來無漏界故。所有無障礙智故、是故此智能作一切事、彼事差別皆悉能知。（『正蔵』二六、一八三頁中）」とある。ちなみに、慧遠『大乗義章』にも「三仏義」の箇所ではないが、明らかに『十地経論』を意識したと思われる記述（『正蔵』四四、六一七頁上、八二二頁中、八七三頁中）がみられる。ただし、仏身論にどの程度の影響を与えたのかは不明である。

(44) 迦才『浄土論』「淨土中成佛、作判爲報者、是受用身、非實報身也。（『浄全』六、六三二頁上～下）」。

(45) 迦才のみが事浄土について「事用土」の名称を用いているが、これはおそらく『摂大乗論釈』に「大事用」とあるのを採っているのではないかと思われる。すなわち、『摂大乗論釈』には「論曰。七如來於世間有大事用。釋曰。如來出世以化身成道。乃至般涅槃名大事。此身所作衆生利益事名用。（『正蔵』三一、二六二頁中）」とあり、如来による衆生教化について「大事用」という語句を用いて説明している。

(46) 道基や法常が十八円浄説をどのように扱ったのか、残念ながら凝然はその内容を伝えていないが、おそらく十八円浄説を二分して受用土に配分するという形式は、摂論学派のなかで何らかの継承があったのではないかと思われる。

(47) 玄奘訳『摂大乗論釈』十八円満説における記述はそれぞれ「住最勝光曜、七寶莊嚴放大光明。普照一切無邊世界。(第一顕色円満)」、「最極自在淨識爲相。(第五因円満)」、「大念慧行以爲遊路。(第十五路円満)」、「大止妙觀以爲所乘。(第十六乗円満)」、「大空無相無願解脱爲所入門。(第十七門円満)」、「無量功德衆所莊嚴。大寶花王之所建立大宮殿中。(第十八依止円満)」となっている(『正蔵』三一、三七六頁下)。また、十八円満説については『仏地経論』巻一にも説かれている(『正蔵』二六、二九三頁上〜二九六頁上)。道世が「梁攝論」と断っているのは、玄奘訳の存在を知りつつも、あえて真諦訳を用いたことを示唆するものではないだろうか。

(48) 智儼『孔目章』「三實報淨土。謂諸理行等所成、謂三空爲門、諸度等爲出入路。(『正蔵』四五、五四一頁上)」。

(49) 道世『法苑珠林』「若據實報淨土、要修出世無漏正因、與理行相成方得往生。(『正蔵』五三、三九九頁上)」。

(50) 道世『法苑珠林』「上來雖明土有四種。然綱要有二。一報土、二化土。此二即攝理事二土。(『正蔵』五三、三九七頁下)」。

(51) 迦才『浄土論』「西方淨土是何收。無相無生是何門攝。彼若答云、但是一門、此即是愚癡人、不可與語也。彼答云、無相無生是理、有相有生是事者、即應答我。汝自解竟、何須問我。欲令我答者、應云、諸佛有八萬四千法門、各各差別、不相雜亂。若惣攝之、即爲眞俗二諦。此之二諦、有佛無佛性相常住、非人造也。故中論云、諸佛説法、常依二諦。又云、若人不能知、分別於二諦、即於深佛法、不得眞實義。今西方淨土者、通有三種。一是法身淨土、此即無相無生。二是報身淨土、據實亦無相無生、就事即有相有生。三是化身淨土、亦是有相有生。(『浄全』六、六六九頁上)」。

(52) 凝然『維摩経菴羅記』には「福成法師、不立法身淨土。以法性寂然故。无相平等、眞理湛然故。所證如如、无處所故。(『日仏全』五、一九四頁上)」とある。

(53) 吉蔵『法華統略』「攝論師云、法身是眞如更無有土。(『卍続蔵』二七、五二三頁上)」。

(54) そのあたりの事情を勘案してか、吉蔵『法華義疏』は法身浄土について「今對三身亦有三土。一者法身栖實相之土。普賢觀云、釋迦牟尼名毘盧遮那遍一切處。其佛住處名常寂光。即法身土。故仁王經云、三賢十聖住果報。唯佛一人居淨土。瓔珞經云、亦以中道第一義名法身土。然諸法寂滅相不可以言宣。孰論身與不身。亦何土與非土。但無名相中爲衆生故假名相說。故明身與土。雖開身土二、實未曾二。但約義、不同故分爲兩。能栖之義、說之爲身。所栖之義、目之爲土也。如七巻金光明三身品、具有如如智及如如境。就義而望境即土也。（『正蔵』三四、六〇九頁下）」と述べる。これによると吉蔵は法身浄土の根拠として『仁王般若経』『菩薩瓔珞本業経』を挙げるが、一方で法身は諸法寂滅の相であって言説によってあらわすことができないので、仏身や仏土を論ずるのは不当ではないかと自問する。それに対して、衆生のために仮に相を名づけて身と土に分けて説いているのであり、本質的には区分することができないのだという。つまり、「法身浄土」という名相を表現しつつも、実質的には仮立であるとする解釈が提示されている。『法華義疏』は吉蔵が長安に移り住む以前の著作とされているから、摂論学派の論説に対して配慮した内容というわけでもないようである。

(55)　迦才『浄土論』「出所住土軀者、即取前一味眞如軀大義、爲所住土軀。謂與恒沙萬德、爲依止故。此即人土同軀。義分二也。（『浄全』六、六二九頁上）」。

(56)　智儼『孔目章』「四法性淨土。所謂眞如。謂以依無住本、立一切法。（『正蔵』四五、五四一頁上）」。

(57)　道世『法苑珠林』「法性土、以眞如爲體。故梁攝論云、以蓮華王爲淨土所依。譬法界眞如爲淨土所依體故。（『正蔵』五三、三九七頁下）」。

(58)　ちなみに慧遠『大乘義章』では法身の規定について「法身佛者、就體彰名。法者所謂無始法性。此法是其衆生體實、妄想覆纏、於己無用。後息妄想彼法顯了、便爲佛體。顯法成身、名爲法身。如勝鬘説、隱如來藏顯成法身。法身體有覺照之義、名法身佛。（『正蔵』四四、八三七頁下）」と、『起信論』の如来蔵説に色濃い影響を受けており、また吉蔵は『浄名玄論』などに「問、仁王云、唯佛一人居淨土。是何土耶。答。此中道第一義諦、名之爲土。（『正蔵』三八、九〇六頁下）」と述べるように、「中道」の用語を強調している。

(59)　望月信亨氏も「道基は佛身に法報化三身の別ありとするも、土は唯報化の二種に過ぎぬとし、法身の土を認めて居らぬ。是れは攝大乘論の元意に基いたものとすべきである」と述べている（望月信亨『浄土教の起原及発達』七六二頁）。

(60)　小澤勇貫氏も「道宣は（中略）初の三を報土後の一を化土とし之を合の建立と名づけたり。道基等の舊説のここに併用せられたるを見るべし」と指摘する（小澤勇貫「摂論学派の浄土観」）。

(61) 慧遠や吉蔵が伝える羅什および竺道生の議論、すなわち仏の浄土の有無という問題はこの点とも密接である。慧遠は『大乗義章』に三説を挙げている。すなわち、①衆生には浄土が無くて仏だけに有るという説（羅什の説）、②仏には浄土がなくて衆生にのみ有るという説（竺道生）、③仏と衆生の両方に浄土が有るという説である。慧遠は仏身仏土論の構成からみて明らかに③の説を支持したと思われる。吉蔵『法華玄論』には羅什と竺道生の議論を総括して「若二師各明一義者無所失。以今文具明三身。則具明三土。以昔未開三身今始開之、三土亦然也。（『正蔵』三四、四四二頁上）」という。すなわち、羅什の意見も竺道生の意見もいずれも一つの立場を明かしたものとすれば必ずしも矛盾というわけではない。そもそも、羅什の時代には二身論で論じられていたが、訳経が進んだ今は三身論に開かれるようになってきたのだから、三土説も新しい議論として一義あるととらえるべきであるという。このように隋代末期には仏と衆生の両方に浄土が有るという説がほぼ一般化していた様子がうかがえる。

(62) 本来であれば、前項に検討した三者の共通点である（1）〜（3）との比較を行いたいのだが、（1）各仏土の名称と（2）『摂大乗論釈』十八円浄説の配分に関しては、いずれも情報が乏しく判断が難しい。ひとまず四土説が師資相承されたという凝然の説を否定する材料も見当たらないことだけは確認できた。ただどうしても自受用・他受用の用語が目につく。凝然においても自受用・他受用という概念の先入観が思考の補助線となって、原文以上の思想内容が追加されている可能性は否定しきれない。ゆえに、凝然の伝える内容はどこまでが法常あるいは摂論学派の独自の学説であるのかは判然としない点が多い。

(63) この「自住処」「摂化処」の用語は、法蔵『探玄記』にも「三乘中有二。一約佛自住處有三。一法性土。二實德土、謂妙行等。三色相土、謂勝寶等。後二爲自受用土。此三非是攝化處故此中不辨也。二約佛攝化處亦有三。（『正蔵』三五、一五八頁上）」との記述がみられる。あるいは凝然はこの内容を承けている可能性も考えられ、その場合は自他二受用説と同様に、凝然の論述に影響するという事態も想定しうる。

(64) 真諦訳『摂大乗論釈』「種種化身依止、爲多成熟聲聞、獨覺善根故。（『正蔵』三一、二五四頁中）」。

(65) たとえば吉蔵『法華玄論』に「攝大乘論、化菩薩故示報身、化二乘故示化身。法身佛不化。（『正蔵』三四、四三八頁下）」とあるように、凡夫・二乗に化身が対応することが『摂大乗論』の基本的な立場として理解されていたことがわかる。

(66) 迦才は実報土に封疆がない理由として、「實報土者、即無封疆。(中略)不可以封疆限。此土唯佛自矚其美、菩薩未之寓目也」と述べ、実報土以上は唯仏の領域であるから封疆は無いのだという。一方、化身浄土には「若據身爲化衆生、新新生世、數數涅槃。則有封疆也」と述べていることから、衆生摂化のために封疆が設けられていることがわかる(『浄全』六、六三一頁上)。迦才の封疆説については、本書第五章第二節を参照。

(67) 迦才『浄土論』「此或名報身、或名受用身。或名應身、酬還曰報。答理名應。爲他湌味、稱爲受用。或名食身。與受用相似。(『浄全』六、六二九頁下)」。

(68) 『大乗荘厳経論』の序文には、当時の翻訳状況に関する情報が比較的詳しく記載されており、訳場には法常、智首、法琳、慧浄などがいたという。序文の解説については、袴谷憲昭「大乗荘厳経論　解題」(『大乗荘厳経論』新国訳大蔵経・瑜伽・唯識部一二、大蔵出版、一九九三年)を参照。

(69) 平井俊栄『中国般若思想史研究』三五三~三八二頁を参照。長安在住期の著作には「摂論師」とよばれる人師、すなわち摂論学派の発言を収録しているが、それ以前の著作には「摂論師」の語句はみられないため、長安移住以前には摂論学派との直接的な接点はなかったとみられる。

(70) 古来、『大乗玄論』の八不義の箇所が偽撰であることが指摘され、吉蔵の他の著作との対応箇所が多くみられる。浄土に関する記述は『維摩経義疏』(『正蔵』三八、九二七頁下)によって、その内容をほぼ補うことができるため、本節ではそちらを用いた。『大乗玄論』自体が偽撰である決定打はないものの、偽撰説を主張するのは伊藤隆寿「『大乗玄論』八不義の真偽問題(二)」(『駒沢大学仏教学部論集』三、一九七二年)であり、一方、平井俊栄『中国般若思想史研究』三五六頁、末光愛正「吉蔵の二蔵三輪説」(『仏教学』一五、一九八三年)、奥野光賢『仏性思想の展開―吉蔵を中心とした『法華論』受容史―』(大蔵出版、二〇〇二年)、同「『大乗玄論』に関する諸問題―「一乗義」を中心として―」(『駒沢大学仏教学部研究紀要』七〇、二〇一二年)などは『大乗玄論』すべてが偽撰であることについては慎重な姿勢をとっている。本研究書では、『大乗玄論』が先行する吉蔵著作(古逸書も含む)に依拠する可能性、とくに巻五の浄土教に関する記述に注目を置いて、適宜に用いたところがある。他に対応箇所がない部分はむしろ隋唐初期の時代的傾向を探るにあたって有意な資料的価値を持っている。

(71) 吉蔵『法華統略』「問曰、攝論云、二乘及地前菩薩、見化身佛。登地已上、方見應身。今云何二乘普見應身。答曰、金光明云、有四句。一者應身非化身。謂地前身。則知應身位。通從地前乃至登地、皆有應身。今攝論云、初地見應身者。此明初地已上見眞如故。應身與眞如相應者、即是内應身。取本有義、名法身、與如相應、始有之義、名應身。初地已上、見此應身也。今言分身為應身者、此是外應身。位通上下。今約大小二人、故開二身。化菩薩為應身、化二乘名化身。(『卍續藏』二七、五一〇頁中)」。

(72) 吉蔵『法華義疏』には「今對三身亦有三土。一者法身栖實相之土。普賢觀云、釋迦牟尼名毘盧遮那遍一切處、其佛住處名常寂光、即法身土。故仁王經云、三賢十聖住果報、唯佛一人居淨土。瓔珞經云、亦以中道第一義名法身土。然諸法寂滅相不可以言宣。孰論身與不身、亦何土與非土。但無名相中爲衆生、故假名相説。故明身與土。雖開身土二實未曾二。但約義不同故分爲兩。能栖之義説之爲身、所栖之義目之爲土也。如七卷金光明三身品、具有如智及如如境。就義而望境即土也。二者報身報土、但報身即是應身。應身有二種。一内二外。内與法身相應名曰應身。此猶屬法身與法身同土。法華論云、我淨土不毀而衆見燒盡者、報佛如來眞實淨土第一義攝。故此即是報身土也。若外應之義名爲報身、化大菩薩於淨土成佛。此以寶玉爲淨土。此土乃不爲劫火所燒而終有盡滅。所以然者、今開身有常無常三句。一者法身但常非無常、二化身但無常非常、三者應身亦常亦無常。内應身義名之爲常、外應之義名爲無常。身既三種土亦例然。法身之土但常非無常、化身之土但無常非常、應身之土亦常亦無常。内應身土此即是常、外應身土此即無常也。若分淨穢二土者、法報二土此是淨土。然化身之土此即不定、或淨或穢。(『正藏』三四、六〇九頁下)」とある。

(73) 吉蔵『勝鬘宝窟』「問、佛有三種。一化佛、二應佛、三法佛。今、稱佛住者三佛之中、是何佛住耶。答、義有多門。今就一途論之。普賢觀經云、釋迦牟尼。名毘盧遮那。遍一切處。其佛住處名常寂光。毘盧遮那。即是法身。法身佛住於常樂我淨四德之土。然佛與土義、論人法。謂、人爲能住、四德爲所住。若同性經云、應身住淨土。化身居穢國今是化佛也。攝論云、地前見化佛、登地見應身者、此應身是與眞如相應。名爲應身。應身有二。一内應。與眞如相應、住眞如土。二外應。住淨土。奇特相好教菩薩也。地前未見眞如。但見八相成道故言見化身。更有四句。如金光明三身品説也。(『正藏』三七、八頁中)」。

(74) 智儼『捜玄記』「凡依三乘淨土有四種。一性、二報、三事、四化可知。若依此部一乘但有二種。謂、世界海及國土海。或十種、如下瞿夷説。今將此十名、對攝論十八相圓淨對辨同異、彼文、攝佛別住處合有十九也。佛別住大寶重閣上已明故、此中略無。即是彼論別住處也。今此起具因緣。是彼因圓淨、亦通第一色相淨及三量圓淨。故偈云衆寶成及無邊際故知。(『正蔵』三五、二三頁中〜下)」。

(75) 真諦訳『摂大乗論釈』「淨土中、何法是如來住處。論曰、大寶重閣如來於此中住。釋曰、此別明如來住處。如世間受用器世界。有無量過失。(『正蔵』三一、二六四頁上)」。

(76) 智儼はこの仏の別住処について「此の中(十八円浄)に略して無し」(括弧内筆者注)といい、また第五因円浄、第一色相円浄、第三量円浄という十八円浄の各相に通ずるとしているから、大宝重閣たる仏の別住処は十八円浄説にもとづく受用土の範囲内で論ぜられる処なのであろう。

(77) 『摂大乗論釈』巻一四には、「淨土中有八不可得、二可得。故名最微妙清淨。八不可得者、一外道、二有苦衆生、三生姓家富等差別、四惡行人、五破戒人、六惡道、七下乘、八下意下行諸菩薩。二可得者、一最上品意行諸菩薩、二諸如來顯現於世。所住爲最微清淨。能住爲最妙清淨。(『正蔵』三一、二六二頁上)」とあり、十八円浄にもとづく受用浄土に所住可能な機根(=二の可得)と不可能な機根(=八の不可得)が挙げられている。十八円浄説を説く直前に、「前但説八人不可得、二人可得。未明不可得及可得所在之處。今欲顯示此處故。問、淨土相。(『正蔵』三一、二六三頁上)」と記述されていることからもわかるように、地上菩薩と諸仏如来はともに十八円浄の受用浄土に居住する。ちなみに、『摂大乗論釈』に「行願行地人、滿一阿僧祇劫、行清淨意行人。(『正蔵』三一、二二九頁中)」とあることから、「最上品意行菩薩」とは願行位、すなわち初地以上の菩薩を指すことがわかる。よって「下意下行菩薩」は地前の菩薩にあたる。

(78) 慧遠や吉蔵の段階では『仁王般若経』の「三賢十聖住果報、唯佛一人居淨土。一切衆生暫住報、登金剛原居淨土。(『正蔵』八、八二八頁上)」という教説を典拠として、仏と菩薩の居住地は峻別されるべきものであった。また、同じく隋代の諸師に多く引用された『法華経論』に「報佛如來真實淨土、第一義諦之所攝故。(『正蔵』二六、九頁下)」とある、報仏如来(=報身)が第一義諦の真実浄土に居住するという一節もこのような解釈に拍車をかけたと思われる。

(79) 道綽『安楽集』「略明眞應二身、幷辨眞應二土。(『正蔵』四七、四頁上)」。

（80）玄奘新訳の登場によって摂論学派の九識説が衰退してゆく経緯については、吉村誠「摂論学派の心識説について」を参照。

（81）懐感の仏身仏土説の理解については、金子寛哉「懐感の浄土観—仏身仏土論の教学的背景—」（『浄土宗学研究』四、一九七〇年、後に『『釈浄土群疑論』の研究』一七六～二〇五頁に所収）に精微を尽くした研究がなされている。金子寛哉氏は「懐感の生存年代から見て、新訳の影響を受けるのは必然的である。懐感が仏身仏土論を玄奘訳の『成唯識論』に始まる自性身土などの四身四土説によって説くのは、時代背景及び長安千福寺という場所的見地からしても当然のことといわなければならない。それにもかかわらず『般若経』『維摩経』『入仏境界経』等によっている」と指摘し、懐感の法身浄土に関する理解が旧訳の経論書によっていること、ならびに自受用土においても玄奘・基の論疏である『成唯識論』に依拠することを避けて、玄奘直訳の『仏地経論』の説を意識的に採用していることを明らかにしている（金子寛哉『同』一八三頁）。また、懐感がこのような態度をとった点について「懐感が唯識教義によって仏身仏土論を説いたのは、懐感が好むと好まざるとにかかわらず、浄土教信仰を持つ者として、時代の思想に対処するためにはやむを得なかったという一面があったことを見逃すことは出来ない。このことは新訳の唯識教義に深い理解を持ちながら、引用経典が多く旧訳に通ずるという点などからも考えられるようである」との見解を示している（『同』一九一頁）。

（82）金子寛哉氏は、懐感が善導の教えを承けながら三身三土説ではなく四身四土説に依った理由について、「玄奘の帰国に伴ってもたらされた護法・親光等の唯識説により、窺基などによって確立された唯識法相宗は、名実ともに当時における官学であったともいえる。それに伴って善導の時代にはそれほど問題にされずにすんだことも、新たな角度から考えられ種々の問題が提起されるのである。『群疑論』に説かれる問答の中にもそれがよく現われている」と述べている（金子寛哉『『釈浄土群疑論』の研究』一九一頁）。時代は違えども、迦才が道綽の所説を採用せずに、さまざまな改定を加えていったのは、懐感の場合とほとんど同様の状況下にあったからと思われる。

（83）今回の整理を通じて知り得たことのなかで一つ大きな疑問が生じた。それは摂論学派の四土説が『仏地経論』『成唯識論』の四土説と近似するという事実よりも、むしろ『仏地経論』『成唯識論』の仏土説こそが摂論学派の四土説とあまりにも思想的に近親すぎるのではないかという点である。すなわち、中国における仏身論ならびに仏土論の盛況ぶりについてはここまでも縷々述べてきたとおりであるが、それと比較してインドにおける議論では、少なくとも世親の論書の段階においても中国仏教でいう仏土論に相当する視点自体がみられず、三土説どころか二土説の構成すら明確にならない。それにもかかわらず、突如として『仏地経論』には自他二受用説が登場し、『成唯識論』ではほとんど完璧に論理構成された四身四土説が登場してしまう。望月信亭氏は『摂大乗論釈』から『仏地経論』への思想展開の可能性を指摘するが（望月信亨『浄土教の起原及発達』七六一頁）、筆者としては両者の間を埋める何らかの資料が必要になってくると思われる。

近年の研究成果からは玄奘の翻訳事業に関して、多くの加筆や造説のあったことが『成唯識論』を中心として夙に指摘されている（渡辺隆生「中国唯識の研究動向と『成唯識論』」渡辺隆生教授還暦記念論文集『仏教思想文化史論叢』永田文昌堂、一九九七年などを参照）。『仏地経論』についても西尾京雄氏、勝又俊教氏、長谷川岳史氏等によって講究が進められ、『成唯識論』との関係性をふまえて、玄奘によって付加されたと思しき箇所が指摘されつつある。西尾京雄氏は、漢訳の親光『仏地経論』とチベット訳の戒賢『仏地経疏』とを比較対照し、漢訳がチベット訳の二倍以上の分量を有しており、多くの増稿部分を含むものであることを想定している。自他二受用の内容については「瑜伽唯識教學に於いて、佛身・佛土の思想信仰は同一でなく、分流して三系統を生じ」たといい、①十八円浄の浄土を受用身受用土とするもの、②変化身・変化土とするもの、③受用・変化二土同処説法を信じるもの、という三つの立場があると指摘している（西尾京雄『仏地経論之研究』第二巻、国書刊行会、一九四〇年、一〇三〜一五〇頁）。勝又俊教氏は「この論ははたして親光の撰述そのままのものであるか、あるいは玄奘が訳出する際に、自由に加筆したところがあるかという問題が学界において未解決のままに残されているからである」と指摘し、その基礎作業として、護法『成唯識論』から親光『仏地経論』への影響という観点から八つの類似箇所を抽出している（勝又俊教『仏教における心識説の研究』一六五〜一八九頁）。長谷川岳史氏は『仏地経論』と『成唯識論』の関係をふまえて、玄奘が親光・護法の名のもとに編纂的に著作して自らの学説を表明したのではないかと疑問を呈し、勝又氏とは逆に『仏地経論』から『成唯識論』への思想的展開がうかがえる箇所として、転識得智に関する内容と五法と三身の関係について検討している（長谷川岳史「『仏地経論』と『成唯識論』―玄奘における両書の翻訳の意図―」『龍谷大学論集』四五五、二〇〇〇年、同「玄奘における『仏地経論』・『成唯識論』訳出の意図」『印仏研究』四八―二、二〇〇〇年、同「『大乗阿毘達磨集論』の十五界有漏説に関する『仏地経論』と『成唯識論』の見解」『仏教学研究』五六、二〇〇二年)。

親光『仏地経論』はチベット訳の戒賢『仏地経疏』と対応関係のあることが確認できるが、自他二受用説の議論についてはチベット訳には相当箇所が見当たらず、しかも中国に翻訳された経論書のなかでは『仏地経論』と『成唯識論』だけに特有の議論なのである。ちなみに『仏地経論』の著者については「親光菩薩等造」というように「等」の字が付されており、親光一人だけが著者というわけではない。さらに翻訳者である玄奘はインドに出発する以前は摂論を学び、師事した人物のなかには道基がいたとされる。玄奘のインド渡国以前の修学については、吉村誠「摂論学派における玄奘の修学について」、同「玄奘の摂論学派における思想形成」(『早稲田大学大学院文学研究科紀要』四二―一、一九九七年)、同「玄奘の大乗観と三転法輪説」(『東洋の思想と宗教』一六、一九九九年)などを参照。

玄奘の修学背景として、当然、摂論学派の四土説についても聞き及んでいたはずであろう。このような状況をふまえれば、『仏地経論』『成唯識論』における自他二受用説に関する所説は玄奘の加筆部分に相当する可能性も充分に予想されるだろうし、さらにはその仏土論という議論自体を、玄奘がインド仏教に持ち込んだのではないかという疑念すら浮かんでくる。それは別段、玄奘に限らず、訳経僧という存在を通じて中国とインドの交流がたもたれている限り、互いの思想内容が交錯しうる可能性は否定しきれないであろう。もしそのような推定が許されるならば、中国において精製された摂論学派の四土説がこれらの典籍に混入し、インドからの逆輸入を経て、またあらためてその思想的な命脈をたもたれていることとなり、現在も伝えられる自他二受用の四身四土説のなかに摂論学派の所説が息づいているという大変に興味深い事態となる。この点については今後さまざまな観点からの検討を要する問題であるが、いずれにせよ世親の著作にみられる仏土説から『仏地経論』『成唯識論』の四土説への展開過程において、少なからず思想的な飛躍を伴っているのは確かであろう。

(84) 望月信亨『中国浄土教理史』一六二～一六三頁を参照。

(85) 望月信亨『中国浄土教理史』一六二～一六三頁を参照。

(86) 慧遠『大乗義章』「其應土者、隨情現示有局別。染淨躯分、形殊。善惡諸相莊嚴事別各異。(『正蔵』四四、八三五頁中)」。

(87) 慧遠『大乘義章』「圓應土者、前二眞土。猶如淨珠。能隨衆生、種種異現、用無缺少名圓應土。(『正蔵』四四、八三五頁中~下)」。

(88) 吉蔵『法華義疏』「化身之土、但無常非常。應身之土、亦常、亦無常。內應身土此即是常。外應身土此即無常也。若分淨・穢二土者法・報二土此是淨土。然化身之土、此即不定。或淨、或穢。(『正蔵』三四、六〇九頁下~六一〇頁上)」。

(89) 吉蔵『浄名玄論』「應土則暫有、報土則長久。(『正蔵』三八、九〇六頁中)」。

(90) 吉蔵『維摩経義疏』「一凡聖同居土、如彌勒出時、凡聖共在淨土內住。亦西方九品往生爲凡、復有三乘賢聖也。(『正蔵』三八、九二七頁中)」。

(91) 道世『法苑珠林』「四化淨土、謂、佛所變七寶・五塵、爲化土體。故涅槃經云、以佛神力地皆柔軟。無有丘墟土沙礫石。乃至、猶如西方無量壽佛極樂世界等。又大莊嚴論云、由智自在隨彼所欲、能現水精瑠璃等清淨世界。又維摩經云、佛、以足指案地現淨等事。又十地經云、隨諸衆生心所樂見、爲示現故。此諸經論所明。並約化爲淨土。由佛神力現故有、攝故即無。故名化土。(『正蔵』五三、三九七頁下)」。

(92) 道世『法苑珠林』「化土處者、但所居化土無別方處。但依報土而起麁相。或通十方、或在當界。引接三乘人天等衆。如彌陀世尊、引此忍界凡小衆生而安淨國。或於穢現淨。如按地現淨。(『正蔵』五三、三九八頁上)」。

(93) 道世『法苑珠林』「如凡夫二乘、於穢土中見阿彌陀佛。諸菩薩等於淨土中見阿彌陀佛。據此二説、報土則一向純淨。應土則有染有淨。(『正蔵』五三、三九八頁上)」。

(94) 智儼『孔目章』「一化淨土。謂化現諸方所有淨土。(『正蔵』四五、五四一頁上)」。

(95) 智儼『孔目章』「若依三乘、西方淨土是實報處、通成四土。一法性土、二事淨土、三實報土、四化淨土。化者是報化也。非化身化、於中、所有佛及土田・菩薩・眷屬。(『正蔵』四五、五七六頁下)」。

(96) 道綽『安楽集』「現在彌陀是報佛、極樂寶莊嚴國是報土。然古舊相傳皆云、阿彌陀佛是化身、土亦是化土。此爲大失也。若爾者穢土亦化身所居。淨土亦化身所居者、未審、如來報身更依何土也。今依大乘同性經辨定報化淨穢者、經云、淨土中成佛者悉是報身。穢土中成佛者悉是化身。(『正蔵』四七、五頁下)」。

(97) 道綽『安楽集』「是故淨土論云、一質不成故淨穢有虧盈。異質不成故搜原則冥一。無質不成故縁起則萬形。故知、若據法性淨土、則不論清濁。若據報化大悲、則非無淨穢也。(『正蔵』四七、六頁中)」。

(98) 道綽『安楽集』「又汎明佛土、對機感不同、有其三種差別。一者從眞垂報名爲報土、猶如日光照四天下。法身如日、報化如光。二者無而忽有、名之爲化。即如四分律云、錠光如來、化提婆城與拔提城、相近共爲親婚往來。後時忽然化火燒却、令諸衆生覩此無常、莫不生厭歸向佛道也。是故經云、或現劫火燒、天地皆洞然、衆生有常想、照令知無常。或爲濟貧乏、現立無盡藏、隨縁廣開導、令發菩提心。三者隱穢顯淨。如維摩經、佛以足指按地、三千刹土莫不嚴淨。今此無量壽國即是從眞垂報國也。(『正蔵』四七、六頁中)」。

(99) 詳しくは、岩崎敲玄「道安の淨土論に就て」(『支那仏教史学』三―三・四、一九三九年)を参照。岩崎氏は懐感『群疑論』の解釈を援用しつつ、『安楽集』に引用される三句の解釈を試みている。すなわち、「初めの一質成ぜざるが故にと云ふのは淨穢二土ありと見るのは衆生が同一質のものを淨穢二土と見るのかと云ふ問ひである、其の答へに維摩經に其の心淨ければ土も亦淨しと云ふて居るから淨心の所現は淨土にして穢心の所現は穢土である。梵王は淨と見るも舎利弗は穢と見て居る、即ち淨と見れば淨は盈ちて盈は虧け、穢と見れば穢は盈ちて淨は虧けるのである。両人の心に淨穢の異りがあるから所現も亦異りがある、故に一質成ぜずと云ふ。次に異質成ぜずと云ふは淨穢の二土は各別の本質があつて或は淨を見、或は穢を見るのかと云ふ問ひに對して、淨穢の二心其の相は異るけれども眞如は一體である、淨穢の二土は法性から縁起したものであるから玄底を探れば一如であつて異質ではない、故に異質成ぜずと云ふのである。後に無質成ぜずと云ふのは淨穢は土の本質で無くして唯妄見に依つて淨穢を見るのかと云ふ問ひに對して、諸法は法性から縁起して居るのであるから本質があつて淨穢が現はれるのである、故に無質成ぜずと云ふのである」と解釈している。

(100) ちなみに、山本仏骨氏は道綽の化土について、①三身中の応身、②報中の別化身、③無而忽有化の三種類の別があると指摘し、第一釈の「従真垂報」に②をあてている。その理由は、僧鎔『里皷』の解釈に従って「若し眞實報土ならば、斯かる機感に依る相違差別が生ずる筈は無いから、是れ報中の化土と見なければならぬ」とする(山本仏骨『道綽教学の研究』三五〇頁)。筆者は道綽がこのような化土の明確な整理の仕方を意識的に行っているとは考えていない。

（101）道綽『安楽集』「彌陀淨國既是淨土初門。（中略）唯此乃是穢土終處。安樂世界既是淨土初門。即與此方境次相接。往生甚便、何不去也。（『正蔵』四七、九頁下～一〇頁上）」。

（102）香月乗光氏は「道綽が極楽を殊妙超絶の勝土としながら、一面に於いて初門の劣土と見たのは、華厳経の説に制肘された憾みがあり、善導に比して浄土門の立場を充分発揮し得なかった点のあることを認めなければならない」と述べている（香月乗光『法然浄土教の思想と歴史』山喜房仏書林、一九七四年、三六九～三九四頁）。

（103）迦才『浄土論』「化身淨土者。亦有二種。一者、將三大僧祇利他行盛即是常隨之化。此身及土、此界他方恒現不絶。或一劫、或百年、三十二相八十隨形好等。謂新新生世、數數涅槃也。（『浄全』六、六二九頁下）」。

（104）迦才『浄土論』「二者無而忽有化。謂依此化身更起多化。如釋迦如來、即是常隨化。更起分身。即是無而忽有化也。或現猿猴・鹿馬等形。不必唯現佛也。身既有二、土亦然也。如妙喜世界諸妙蓮華、即是常隨化淨土。如維摩經中、如来足指案地。三千皆淨。即是無而忽有化淨土也。（『浄全』六、六二九頁下）」。

（105）迦才『浄土論』「西方淨土有四因緣、唯進不退。一由長命故不退。如經言壽命無量阿僧祇劫故。直然三大僧祇修道、則得成佛。況復無量僧祇也。穢土由短命故退也。（『浄全』六、六三三頁下）」。

（106）真諦訳『摂大乗論釈』「論曰、由應身及化身恒依止法身故。釋曰、法身爲二身本。本既常住、末依於本相續恒在。故末亦常住。論曰、由應身無捨離故。釋曰、如來自圓德、及利益諸菩薩、此二事與如來恒不相離。此二事即是應身。故應常住。論曰、由化身數起現故。釋曰、化身爲度衆生、乃至窮生死際、無一刹那時不相續、示現得無上菩提及般涅槃。何以故。所度衆生恒有、如來大悲無休廢故。是故化身亦是常住。（『正蔵』三一、二六九頁中）」。ちなみにこの引文は、『摂大乗論釈』巻一五に説示される「諸仏菩薩の化身が不永住の六因」を前提としており、その第四因に挙げられた「四爲令衆生於佛身起渴仰心、數見無厭足故。釋曰、若恒住一化身、衆生始見生渴仰、後則歇薄。若色形改變種種希有、生數見新新渴仰、則無厭足故、化身不永住。（『正蔵』三一、二六九頁上）」の内容も、迦才が述べる「新新生世、數數涅槃也」（『浄全』六、六二九頁下）の表現に関説すると思われる。ここでは化身の定義を法身・受用身より劣る身位であることだけではなく、逆に不永住の意義を積極的に明かしていることが注目される。六因の内容全体としても、化身は法身を感見できない衆生のためにあらわされる果報であるけれども、いつまでも止まり続けるべき身位ではなく、恒に衆生に上位（法身、解脱）を求めさせ成熟させるために永住しない、という主張が一貫している。

(107) 波羅頗蜜多羅訳『大乗荘厳経論』「一切諸佛有三種身。一者自性身、由轉依相故。二者食身、由於大集衆中作法食故。三者化身、由作所化衆生利益故。此中應知、自性身爲食身・化身依止。由是本故。(『正蔵』三一、六〇六頁中)」。

(108) 波羅頗蜜多羅訳『大乗荘厳経論』「一切諸佛悉同常住。由自性常故、一切諸佛自性身常住。畢竟無漏故、由無間常故。一切諸佛食身常住。説法無斷絶故。由相續常故。一切諸佛化身常住。雖於此滅復彼現故。(『正蔵』三一、六〇六頁下)」。

(109) 迦才『浄土論』「此或名報身、或名受用身、或名應身。酬還曰報。答理名應。爲他湌味、稱爲受用。或名食身。與受用相似。(『浄全』六、六二九頁下)」。

(110) 『浄土論』第一章に「由淨土有三品優劣故耳。如東方妙喜世界、是下淨土。雜男女故。西方極樂世界是中淨土。雜二乘故。上方衆香世界是上淨土。無二乘故。此三品淨土並在欲界中。(『浄全』六、六三三頁下~六三三頁上)」とある。

(111) 道綽『安楽集』「言化身菩提者、謂從報起用能趣萬機。名爲化身。(『正蔵』四七、七頁下)」。

(112) 慧遠『無量寿経義疏』(『正蔵』三七、九二頁上)、同『観経義疏』(『正蔵』三七、一七三頁下)、吉蔵『観経義疏』(『正蔵』三七、二三四頁中)。

(113) 望月信亨『中国浄土教理史』一六八頁を参照。

(114) 良忠『浄土宗要集』「彼經淨土名報者説證者見。若約凡夫亦可見化淨土。故迦才淨土論云、經云智通菩薩問佛。(中略)故知、淨穢二土、皆見兩身也〈已上〉。準之彌陀可通報化二身。何爲唯報證耶。(『浄全』一一、一五頁上~下)」。

(115) 諸仏が一仏身上において三身を具足する「三身同証説」あるいは「具三身説」は当時の通説であり、『起信論』『摂大乗論』『大乗荘厳経論』などの真諦訳論書に説示されている。柴田泰山『善導教学の研究』五四八~五五〇頁などを参照。

(116) 吉蔵『大乗玄論』「就淨土中更開四位。一凡聖同居土、如彌勒出時凡聖共在淨土内住。亦如西方九品往生爲凡、復有三乘賢聖也。二大小同住土、謂羅漢辟支及大力菩薩、捨三界分段身、生界外淨土中也。三獨菩薩所住土、謂菩

薩道過二乘、居士亦異。如香積世界、無二乘名。亦如七寶世界、純諸菩薩也。四諸佛獨居土、如仁王云、三賢十聖住果報、唯佛一人居淨土。（『正蔵』四五、六七頁上）」。なお『維摩経義疏』にも同内容が説かれている（『正蔵』三八、九二七頁中）。

（117）柴田泰山氏は隋代仏教における浄土の議論について、「道綽以降の阿弥陀仏信仰はすでに成立していた一般論的な浄土観内における阿弥陀仏の仏身仏土に対して議論を展開し、個々がそれぞれの立場から通報化二身二土説あるいは報身報土説を主張している。それぞれが自説を展開する際には阿弥陀仏一仏の仏身仏土論を提示し、浄土成立の根拠・浄土の所在・穢土との区別・浄土の仏格の提示という従来の議論の方向性を踏襲しつつも、結果としては阿弥陀仏一仏のみに限定された独自の仏身仏土論を主張していくこととなる。しかも、この議論がすべて往生を論理的に説示する際に不可欠なものとして整理されていくこととなる」と述べている（柴田泰山『善導教学の研究』五九八頁）。

（118）迦才『浄土論』「問曰、土既有三者、未知西方是何土也。答曰、亦具三種。（『浄全』六、六三〇頁上）」。

（119）懐感『群疑論』「問曰、今此西方極樂世界、三種土中是何土攝。釋曰、此有三釋。一是他受用土。以佛身高六十萬億那由他恒河沙由旬、其中多有一生補處、無有衆苦但受諸樂等故、唯是於他受用土。二言唯是變化土。有何聖教、言佛高六十萬億那由他恒河沙由旬等、即證是於他受用身土。何妨淨土變化之身、高六十萬億那由他恒河沙由旬。以觀經等皆説、爲凡夫衆生往生淨土。故知。是變化土。三通二土。地前見變化土、地上見他受用土。同其一處、各隨自心所見各異、故通二土。（『正蔵』四七、三一頁上～中）」。

（120）金子寛哉『『釈浄土群疑論』の研究』一七六～二〇五頁を参照。

（121）望月信亨『中国浄土教理史』一七一頁を参照。

（122）真諦訳『起信論』「謂諸佛如來唯是法身智相之身、第一義諦無有世諦境界、離於施作、但隨衆生見聞得益故説爲用。此用有二種。云何爲二。一者依分別事識。凡夫二乘心所見者、名爲應身。以不知轉識現故、見從外來取色分齊、不能盡知故。二者依於業識。謂諸菩薩從初發意、乃至菩薩究竟地心所見者、名爲報身。（『正蔵』三二、五七九頁中）」。

（123）真諦訳『摂大乘論釈』「種種受用身依止、爲成熟諸菩薩善根故。種種化身依止、爲多成熟聲聞獨覺善根故。（『正藏』三一、二五四頁中)」。

(124) 慧遠『大乘義章』「隨化不同立三身者、如彼経説。佛隨衆生多種意故示現化身。此爲凡夫。佛隨弟子一種意故示現應身。此爲聲聞。聲聞弟子、同求見佛、名爲一意。佛隨此意、唯現佛身、説之爲應。隨諸菩薩破相心故、顯示眞身、以佛眞身遮一切相。非執相境、不同應身。其唯一相、不同化身、現種種相。菩薩不取一異等相、故爲顯之。此是第四隨化不同。故立三身。(『正藏』四四、八四一頁中)」。

(125) 慧遠『大乘義章』「一觀入次第、如地論説。應佛麁現。隨化易覩先明應身。尋應有本、次明報身。尋報有本、後明法身。(『正藏』四四、八四四頁下)」。

(126) 吉藏『法華統略』「問曰、何以知分身佛是三身中應耶。答、此經敘十方分身。皆是淨土、純有菩薩無有二乘。而同性經・金光明・攝論等、皆明應身化菩薩居淨土、化身化二乘住穢國也。問、此經乃明分身是化佛。云何是應身。答曰、斯有深旨。淨土妙身、望於眞佛猶尚是化。穢土丈六麤質、豈是眞耶。又應身從法身出。化身從應身出。應身尚是化而非眞。化身是化中之化、豈是眞實。問曰、攝論云、二乘及地前菩薩、見化身佛。登地已上方見應身。今云何二乘普見應身。答曰、金光明云、有四句。一者應身非化身。謂地前身。則知應身位、通從地前乃至登地皆有應身。今攝論云、初地見應身者、此明初地已上見眞如故。應身與眞如相應者、即是内應身、取本有義名法身、與如相應始有之義名應身。初地已上、見此應身也。今言、分身為應身者、此是外應身。位通上下。今約大小二人故開二身。化菩薩為應身、化二乘名化身。(『卍續藏』二七、五一〇頁中)」。

(127) 慧遠『観経義疏』「觀佛有二。一眞身觀、二應身觀。觀佛平等法門之身是眞身觀。觀佛如來共世間身名應身觀。(中略)今此所論是應身中麁淨信觀矣。應身觀中、有通有別、如彼觀佛三昧經説。汎取佛相而爲觀察、定無彼此、名之爲通。觀察彌勒・阿閦佛等、説以爲別。今此所論是其別觀。別觀西方無量壽佛。(『正藏』三七、一七三頁下)」。

(128) 望月信亭氏は「慧遠自身の教義としても亦自家撞著に陥つたものとすべきである。何となれば彼は既に初地已上の菩薩は眞淨土に入つて佛の眞身を見ると言つてゐるのであるから、上上品を四五六地、上中品を初二三地の菩薩とすれば、當然その生ずる所の土は眞淨土でなくてはならぬ。さすれば彼が觀經所説の淨土を判じて事淨麤國とするのは明白なる矛盾といはなければならぬからである。慧遠に於ては九品往生は所謂他生觀で、唯だ定善の人の所觀の對象たるに過ぎぬとするのかも知れぬが、しかし修觀往生の外に修業乃至歸向往生を擧げてゐるのであるから、實に散善九品の行を修して淨土に生ずるもののあることを認めたものとすべきである。若し然りとすれば迦才等の如く彌陀の淨土を報化二土に通ずとするのが妥當なのであらう」と述べている（望月信亨『中国浄土教理史』一〇三頁）。

（129）深貝慈孝『中国浄土教と浄土宗学の研究』三～一〇三頁を参照。

（130）本書第二章第三節を参照。

（131）吉蔵『観経義疏』「維摩云、以其心淨故佛土淨也。若得此心、只此則是西方淨土。何者淨穢皆在於心。若心淨見此土則淨。（『正蔵』三七、二四二頁上）」。

（132）吉蔵『観経義疏』「佛土者只由心。心垢故佛土垢心淨佛土淨。百萬品心故有百萬品淨土。（『正蔵』三七、二四四頁上）」。

（133）吉蔵『観経義疏』「問、雙卷則云應、云報土耶。答、此是應中開應報兩土。非是異應別有報土。何者一往辨土體、謂之爲報。於此報土示種種七寶爲應土也。非是酬因之報故爲報土也。若就所化修因往生義、爲論可爲報土。然所化、由因往生應土中也。（『正蔵』三七、二三五頁中）」。

（134）吉蔵は西方浄土を本迹二門から論じ、本門では応土、迹門からは報土であるとしている。道綽『安楽集』などでは吉蔵の説示を応身応土とみなしているが（本門の立場を重視）、実際にはそのような単純な理解ではない。すなわち、吉蔵は報土か応土かといった二項対立的な問題については、両説のいずれにも偏執しない本迹二門による無所得の立場をとるため、本門を真意とするのではなく、迹門の価値も同時に認められなければならない。詳しくは伊東昌彦『吉蔵の浄土教思想の研究』五三～一二五頁を参照。なお、迦才の立場との相違点については、拙稿「迦才と吉蔵の浄土教思想について」（『印仏研究』六一―一、二〇一二年）において論じた。すなわち、迦才は西方浄土を法・報・化の三土に通じていると前提したうえで、各段階の仏土が同一の浄土内において機根別（仏・菩薩・凡夫等）に併存すると主張した。これは真諦訳『摂大乗論釈』にもとづく摂論学系の四土説をベースに諸説を配当したものであり、吉蔵の時代まで主流であった二身論的な構造とは異なっている。両者の学説はともに会通的・折衷的な傾向を持つ点は類似しているが、吉蔵の立場を「諸説相即的」とするならば、迦才は「諸説併存的」な整理の仕方といえるだろう。迦才がこのような理解を行うことができた背景としては、本迹論を用いやすい二身論の形式（開合によって諸経論を統一的に解釈しようとする試み）にあわせた仏土論から、次第に摂論学派の四土説という固有の学説が定着していったという時代的な変遷を看過できない。

（135）『融即相無相論』は、青木隆氏によって翻刻・紹介された隋代の地論宗関係の敦煌文献である（青木隆「敦煌出土地論宗文献『融即相無相論』について—資料の紹介と翻刻—」『東洋の思想と研究』二〇、二〇〇三年）。その後、地論宗特有の語句とされる「五門」を有する文献の一つとして、金剛大学校仏教文化研究所編『蔵外地論宗文献集成』に収録された。また、柴田泰山氏が本文献中にあらわれる浄土教関係の議論を翻刻し、考察を行っている（柴田泰山『善導教学の研究』五八四～五八八頁）。

（136）『融即相無相論』「問曰、何者爲報土、何者爲應土、何者爲圓寂土。答曰、依六識所見、卅三天餘方、報住淨土、果報土田宮宅、皆百寶莊嚴者盡是報土。但使諸佛神力、為作變現裡々自在者、皆是如來權應土也。若就法界縁起即寂而興大用者、皆是無障閡圓用土也。若就常用自體恒寂邊无見无證始、是窮原至極之妙土也。若對衆生、可有報・應・圓寂差別。若就至理眞、如注□眞淨、常向不可得。寧用報・應・圓寂之差別可見也。所言見淨土者、皆對衆生而辯論。眞如自寶之體无淨・不淨耳。夫言淨、以對无淨。夫言无淨、以對於淨。自體无見・不見義。安淨・穢之可在乎。（北京本八四二〇）」。

（137）『摂大乗論疏』巻五「若見眞慈悲、雖分別俗境、由依止眞如智與爲般若所攝、雖縁俗境、無實境分別、由見清淨能現淨土。淨土唯識智爲土體。若作凡聖者十地通諦並是眞淨土。若作三學四地以上是眞淨土。若功用無功用八地是眞淨土。凡眞淨土並是應身爲土。□從初地以上並是眞淨土也。地前爲相淨土、十信爲事淨土。如彌勒等土爲事淨也。如聲聞等人未能平等故、猶事差別論淨也。凡夫下品見穢土、見於化身、亦不復具相也。從相淨来、並屬化身攝也。菩薩由分斷無明見淨土、三無性眞如後見眞淨土。凡夫由心分別見穢土。（『正蔵』八五、九八八頁上～下）」。

（138）道忠『群疑論探要記』巻二の引文。「智首小經抄云、有漏識心所現淨土雖是有漏、以託如來無漏淨土爲本性相、依之變現。亦如佛土。軀性雖別、同處同時不相障碍、亦名淨土。以是隨順無漏義故。（『浄全』六、一六三頁上）」。

（139）『纉述』「案言、住者如入初地。所見淨土莊嚴相、入二地已去所見、轉勝捨前劣土。未捨之時、名之爲住、捨巳名壞。（龍谷大学西域文化研究会編『西域文化研究』一、法藏館、一九五八年、乙本三二一～三四行）」。

（140）『纉述』「第二明往生人者、若究竟而論唯佛所住世界、名淨土。以煩惚習、究竟盡、所見世界純淨莊嚴無變異故。

十地已還、猶有或習。故不名爲淨。故仁王經云、三賢十聖聚住異報。唯佛一人居淨土。一切衆生蹔住報、登金剛原、居淨土。若就通説、始從凡夫終至十地、並生淨土、隨分而見終更改變。故名蹔住報。（『同』乙本一六五～一六九行）」。

(141) 智首は律宗の学僧。門人に道宣がいる。初唐に活躍した高僧はほとんどが智首の指導を受けているといわれるほど大きな影響力を持っていた。

(142) 『纘述』は、隋末から唐代にかけての敦煌文献であり、著者問題が盛んに論じられたが特定にはいたらなかった。近年では道綽『安楽集』とほぼ全同の部分があることから、両者の成立前後が論じられた（西本照真「『無量寿観経纘述』の新出写本について―北京新1202とP3014を中心として―」『印仏研究』五三―二、二〇〇五年、柴田泰山『善導教学の研究』一二〇～一四〇頁、杉山裕俊「『安楽集』と『無量寿観経纘述』について」『浄土学』四九、二〇一二年）。思想的な内容や引用典籍などをみると、道綽よりもむしろ迦才の浄土教思想により近い点も見受けられる。

(143) 道綽『安楽集』「如佛身常住衆生見有涅槃、淨土亦爾。體非成壞、隨衆生所見有成、有壞。如華嚴經云、由如見導師種種無量色、隨衆生心行、見佛刹亦然。是故淨土論云、一質不成故、淨穢有虧盈。異質不成故、搜原則冥一。無質不成故、縁起則萬形。故知。若據法性淨土、則不論清濁。若據報化大悲、則非無淨穢也。又汎明佛土、對機感不同、有其三種差別。（『正蔵』四七、六頁中）」。

(144) 道綽『安楽集』「第八明彌陀淨國位該上下凡聖通往者、今此無量壽國是其報淨土。由佛願故、乃該通上下。致令凡夫之善並得往生。由該上故、天親・龍樹及上地菩薩亦皆生也。（『正蔵』四七、六頁中）」。

(145) 道綽『安楽集』「凡夫智淺、多依相求決得往生。然以相善力微、但生相土唯覩報化佛也。（『正蔵』四七、六頁下）」。

(146) 道綽『安楽集』「淨土該通相土。往生不謬。若知無相離念爲體、而緣中求往者多應上輩生也（『正蔵』四七、七頁上）」。

(147) 道綽自身は「無相土」という語句を用いていないが、先行研究に準じて、凡夫が生ずる「相土」に対して便宜的にこの語句を用いた（山本仏骨『道綽教学の研究』三五一～三五八頁、神子上恵龍『弥陀身土思想展開史論』三五五～三五九頁、深貝慈孝『中国浄土教と浄土宗学の研究』一四四頁）。

(148) 山本仏骨氏は「彼の「相善力微」にして「唯観報化佛」と云われた文を振りかえつて見る時、それは萬行自力の行者であつて、終益を失う方便化身土の相を示唆されて居ると云う事が妥當になつて來る」と述べ、さらに「道綽の意趣は相善力微にして相土に生じ、報化佛を観るものは、自力化土の因果であり、他力念佛の行者こそ、他力無生の名號に依つて、無相善を體とし、無相土の果を證すると釋顯されたものと云わねばならない」とする（山本仏骨『道綽教学の研究』三五五～三五六頁）。山本氏の解釈は自力・他力や方便化土・真実報土などの宗派学的な用語を多用する傾向にあり、その妥当性には首肯しがたい部分も少なくない。神子上恵龍氏は「集生の意は、中下輩生の者も、相に乘じて往生すれ共、第十八願の行者のみは、名號の力用に依つて見生の火自然に滅し、無相土に生ずることを得ると解するのである。これに對して、自力諸行の機は相善の力微なるを以て但だ相土に生じ、報化佛を見るのである」（神子上恵龍『弥陀身土思想展開史論』三五八～三五九頁）といい、自力・他力という要素に着目して相土と無相土の違いを説明している。深貝慈孝氏は「このようにみてくると「報化の大悲」といい「報化は光の如し」という時の報化は「報即化」とか「報の化」という複雑難解な意味ではなく、やはり報と化というように解するのが道綽の意に添うのである」と述べている（深貝慈孝『中国浄土教と浄土宗学の研究』一四三～一四四頁）。

(149) 柴田泰山氏は「道綽は凡夫の有相往生に関して通報化二土的な発想を有していたのであろう。それゆえ凡夫の往生は可能であることを主張する一方で、阿弥陀仏の浄土そのものが聖者の場合は高位の浄土として、また凡夫の場合には低位の浄土として対応する、いわば浄土が機根に対応した二面性を有するものとして理解されたとも考えられる」と述べ、極楽浄土初門説や境次相接説も通報化二土的な理解に準じた教説であることを指摘し、「報土でありつつも、報土および化土におよぶ存在であり、かつ娑婆世界と密接した存在」と結論づけている（柴田泰山『善導教学の研究』五九九～六〇一頁）。

(150) 智儼『孔目章』「依三乘西方淨土、是實報處、通成四土。一法性土、二事淨土、三實報土、四化淨土。化者是報化也。非化身化。（『正蔵』四五、五七六頁下）」。

(151) 智儼『孔目章』「令生西方、至彼得不退、雖有前後、仍取不退、以爲大宗。從此已後、展轉増勝、生無邊佛土、至普賢界。還來入彼蓮華藏世界海、成起化之用。此據極終入宅之言。若依觀經上品上生、聞妙法已、即悟無生法忍、經須臾間、歴事諸佛、遍十方界、於諸佛前、次第受記。還至本國、得無量百千陀羅尼門。此據初始近至之言。（『正蔵』四五、五七七頁下）」。

(152)　道世『法苑珠林』「化土處者、但所居化土無別方處。但依報土而起麁相。或通十方、或在當界。引接三乘人天等衆。（『正蔵』五三、三九八頁上）」。

(153)　道世『法苑珠林』「能見部第四。述曰、如凡夫二乘。於穢土中見阿彌陀佛。諸菩薩等、於淨土中見阿彌陀佛。據此二説、報土則一向純淨。應土則有染、有淨。故淨土論云、土有五種。一純淨土、唯在佛果。二淨穢土、謂淨多穢少。即八地已上。三淨穢亭等土、謂從初地乃至七地。四穢淨土、謂穢多淨少。即地前性地。五雜穢土、謂未入性地。第五人、見後一不見前四。第四人、見後二不見前三。第三人、見後三不見前二。第二人、見後四不見前一。第一佛、上下五土悉知、悉見也。（『正蔵』五三、三九八頁上〜中）」。

(154)　道世『法苑珠林』「若據實報淨土、要修出世無漏正因。與理行相成方得往生。若是下品之人、本無正業隨起一行。或臨終日十念雖成、唯生化土未能見報。（『正蔵』五三、三九九頁上）」。

(155)　道世『法苑珠林』「或於衆生共相器世界間。種子所感、於中顯現淨・穢境界。隨其六道各見不同。此皆由外名言熏習。因識種成就感得器世界、影像相現。此影像是本識相分。由共相種子與影像相、彼現相識爲因縁。即此共相、由内報增上縁、即此共相由内報增上縁力。感得如此、苦樂不同。（『正蔵』五三、三九八頁上）」。

(156)　ここで引用される『浄土論』は、道誾『観経疏』にもまったく同文の引用がみられる（梯信暁『安養集―本文と研究―』百華苑、一九九三年、三〇四〜三〇六頁）。道綽が『安楽集』に引用する道安『浄土論』と同一の文献であるのかもしれない。

(157)　迦才『浄土論』「問曰、土既有三者、未知、西方是何土也。答曰、亦具三種。若入初地已去菩薩正軀智見者、即是法身淨土。若加行・後得智見者、即是報身淨土。若是地前菩薩二乘凡夫見者、即是化身淨土也。如龍樹等菩薩往生。具見法報化三種淨土。由上得見下故。由此義故、諸經論中、或判爲報、或判爲化。皆不失旨也。（『浄全』六、六三〇頁上）」。

(158)　迦才『浄土論』「問曰、已知西方具有三土。未知。即今凡夫、念佛願生得何土也。答曰、依如攝論、唯生化土。不見法報土也。（『浄全』六、六三〇頁上）」。

（159）迦才『浄土論』「麁論、有此三土。若委曲分別者、衆生起行既有千殊、往生見土亦有萬別也。若作此解者、諸経論中、或判爲報、或判爲化、皆無妨難也。但知。諸佛修行、具感報化二土也。如攝論、加行感化、正體感報。（『浄全』六、六三〇頁下～六三一頁上）」。

（160）迦才『浄土論』「問曰、法身淨土、理遍可知。報化二土、應有封疆。西方既具有報化土。據何文證。答曰、報化二土、或有封疆、或無封疆。如報土中實報土者、即無封疆。謂如来行圓八萬、時滿三僧祇。二教獨備、五分明顯。相窮海渧、好盡岳塵。三明既朗、二智雙照。其猶龍吟雲應、虎嘯風隨。寧得以殊寶飾。不可以封疆限。此土唯佛自矚其美。菩薩未之寓目也。事報土者、謂下擎金剛之柱、上瑩瑠璃之地、外圍七寶欄楯、内盈八德清池。珠寶筏於翠林、寶網絡於綺殿。既是身充萬德、亦乃土盈衆美。如此土者、即有封疆也。化土之中、據大悲願力、等衆生界、無所不遍、則無封疆。若據身爲化衆生、新新生世、數數涅槃。則有封疆也。而西方是報土者、出大乘同性經。經云、智通菩薩、問佛世尊、何等是如來報身。佛言、如汝現見我者、此是如來報身、復有清淨刹中、取正覺、及當成正覺者、彼等一切皆是報身。釋曰、淨土中成佛作判爲報者、是受用身非實報身也。若作化身、即是細化身也。經云、汝現見我者是報身者、即穢土中亦見報也。即此經云、五濁中成佛、有正法・像法・末法。是應化身也。經判穢土中成佛皆是化身而復言汝現見我者、是報身。既穢土中得見報身者、何故、淨土中不得見化身也。故知。淨穢二土皆具兩身也。言是化土者、出觀世音受記經。（『浄全』六、六三一頁上～下）」。

（161）『摂大乗論釈』巻一二には「此無分別智有三種。一加行無分別智、謂尋思等智即是道因。二無分別智、即是道正體。三無分別後智、即是出觀智。謂道果。（『正蔵』三一、二三八頁下）」と正体智・加行智・後得智の三智は、初地の菩薩が見道位に入ったときに得る無分別智を三種に分けたものとしている。「正体智」は「根本無分別智」ともよばれ、能取・所取の区別を離れて、ものの本質のありのままが平等で差別のないことを知る智である。「加行智」は、根本智によって平等の理を悟ったうえで、平等に即して現象界の差別の姿を知る智である。「後得智」は上地に進求する心である。さらに『摂大乗論釈』では、三智においてまず起こすべきは「正体智（根本智）」であり、これを成立させれば他の二智（後得智・加行智）も達成されることを説く（『正蔵』三一、二三九頁上）。吉蔵『浄名玄論』にもこの三智が取りあげられている（『正蔵』三八、八九〇頁上）。

（162）正体智の見が法身浄土、後得智・加行智の見が報身浄土に対応するという分別は、『摂大乗論釈』巻一二に「根本智依止非心非非心。後得智則依止心故。二智於境有異。根本智不取境、以境智無異故。後得智取境、以境智有異故。根本智不縁境、如閉目。後得智縁境、如開目。此偈顯不取境取境有異故有差別（『正蔵』三一、一四二頁下）」とあるように、正体智の見は境智冥合して対境を取らないから平等無差別の法身浄土を見て、後得智の見は境を縁じて平等に即した差別の姿である報身浄土を見る、というように解釈されていたと思われる。

（163）道世『法苑珠林』「若是下品之人、本無正業隨起一行。或臨終日十念雖成、唯生化土未能見報。（『正蔵』五三、三九九頁上）」。

（164）迦才『浄土論』「三大僧祇修道、則得成佛。（『浄全』六、六三三頁下）」。

第五章　西方浄土に関する諸問題

第一節　分段・変易の二種生死説

第一項　問題の所在

前章において迦才の仏土論の骨格的な内容として、四土説、長時化土説、通報化土説について論じてきた。本章では仏土論に深く関与する種々の学説を取りあげてゆきたい。それらは西方浄土に関する周辺的な問題ではなく、迦才の浄土教全体の構想において重要な意味を持つ学説であり、とくに凡夫化土往生説の理論を詰める最後の欠片に値するといってよいだろう。また同時に西方報土説の問題点を浮き彫りにする論点さえも含有しているのである。

さて、迦才の仏土説の特徴として通報化土説を取りあげて論及したが、これに関連して重要な教説が二種生死説、すなわち分段生死と変易生死である。二種生死とは『勝鬘経』に説かれる以下の内容を指す。

二種の死有り。何等をか二と為す。謂く分段死と不思議変易死となり。分段死とは謂く虚偽衆生、不思議変易死とは謂く阿羅漢、辟支仏、大力菩薩の意生身、乃至、無上菩提を究竟するなり(1)。

すなわち、分段生死とは肉体の大小や寿命の長短など一定の際限がある生死のことで、三界内における果報の身とされ、有為生死ともよばれる。変易生死とは悲願の力によって肉体や寿命を際限なく自在に変化改易できる生死のことで、三界外における果報の身とされる。『勝鬘経』によると二種生死を受ける機根は次のように整理できる。

・分段死＝虚偽衆生

・変易死＝阿羅漢・辟支仏・大力菩薩の意生身

迦才は『浄土論』のなかに一度も『勝鬘経』の引用をしていないが、分段・変易の二種生死説に関説する以下の問答がみられる。

問て曰く、報土は淳浄にして妙に三有を絶せり。所化の衆生も已に分段を超ゆ。此の土は三界を出でて、理亦た信じ易し。而して、化土は浄と雖も、其の浄は未だ妙ならず。所化の衆生も復た地前に在り。此の土は、当に三界の摂に在りとやせん、当に不摂とやせん。

答て曰く、若し仏に就いて論ぜば、則ち妙に三界を絶せり。若し衆生に従りては、具さに二義有り、或いは摂と不摂とあり。初めに摂を明かさば、若し凡夫及び三果の学人の往生に拠らば、此れ即ち三界の摂に在り。此れ等の衆生、未だ三界を出でざるを以ての故に。（中略）二に不摂を明さば、若し是れ初地已上の菩薩及び羅漢、辟支、無学人の生ずるは此れ即ち不摂なり。已に正使を断じて、三界を出づるに由るが故なり。『大智度論』に云うが如きは「妙浄土有り、三界を出過せり。諸の阿羅漢、当に其の中に生ずべし」と。(2)

ここでは、西方浄土が三界（欲界・色界・無色界）の中と外のいずれにあるか、というい わゆる三界摂不摂説が論じられている。(3)これを整理すると次のようになる。

化土＝三界摂　＝分段生死＝凡夫・三果の学人

報土＝三界不摂＝変易生死＝初地以上の菩薩・阿羅漢・辟支仏・無学人

以上の内容から『勝鬘経』の二種生死説が、迦才が主張する報土往生および化土往生の規定とほぼ対応していることが確認できる。ただし、『勝鬘経』自体には二種生死説と三界論・仏土論・階位論との関係が明示されているわけではない。本節では、二種生死説がどのようにして西方浄土の議論に関説するようになったのかを隋唐初期の文献から確認し、そのうえで迦才の浄土教思想における意義を検討したい。

第二項　諸師の二種生死説

迦才以前に提示された二種生死に関する内容について、浄影寺慧遠と吉蔵における議論を確認したい。

(1) 浄影寺慧遠の二種生死説

まず、慧遠の『大乗義章』には二種生死について以下のような詳細な議論が展開されている。内容が煩瑣であるため、ここでは要略のみを挙げる。

第一　釈名

・分段生死…六道の果報が三世に分異するから
・変易生死…三義あるが、『勝鬘経』に説くのはiiの内容
　i 無常念念に遷異し、前変後易するから／凡・聖に通ず（『菩薩地持経』）
　ii 法身は神化無礙にして、能く変じ能く易するから／大・小を該ぬ（『勝鬘経』）
　iii 法身は隠顕自在にして、能く変じ能く易するから

・別名…「分段生死＝有為生死」「変易生死＝無為生死」（『勝鬘経』）

第二　体相

・分段生死…ⅰ総、ⅱ善・悪、ⅲ三界、ⅳ四生、ⅴ五道、ⅵ六道

・変易生死…ⅰ総、ⅱ事識・妄識、ⅲ三乗、ⅳ阿羅漢・辟支仏・大力菩薩・意生身（『勝鬘経』）、ⅵ地前の阿羅漢・辟支仏・大力菩薩・三昧意生身・縁法自性性意生身・種類倶生無作行意生身（『勝鬘経』『楞伽経』）

第三　位

・分段生死…虚偽衆生（＝小乗の凡夫学人、大乗の外凡善趣）

・変易生死…阿羅漢、辟支仏、大力菩薩（＝大乗の種性位以上）、意生身

第四　三界

・相について

分段生死…三界摂　→三界の有漏業の果であるから

変易生死…三界不摂→出世の無漏業の果であるから

・性について

二種生死はともに三界摂／「無常壊＝分段三界」「無常病＝変易生死」（『勝鬘経』）

第五　因縁

・分段生死…有漏業を因とし、四住を縁とす（『勝鬘経』）

・変易生死…無漏業を因とし、無明を縁とす（『勝鬘経』）

第六　断処
・分段生死…五道の差別があって断処は不定
・変易生死…因と果があって尽処は不定

このなかで特筆すべきは、二種生死説と階位論ならびに三界論との関係が論じられていることである。階位論について、慧遠は変易生死を受ける「大力菩薩」を種姓位以上としており、迦才が初地以上とするのと若干異なる点がみられるものの、三界の摂・不摂と分段生死・変易生死の対応関係は一致している。また、体相・位・三界のそれぞれの箇所において、『大智度論』の文を三度にわたって繰り返し引用し、強調していることも注目される。すなわち、「妙浄土有り。三界を出過す。是れ阿羅漢にして、當に彼の中に生ずべし」という内容であり、冒頭の迦才の論述や次にみる吉蔵の著書にも同文が引用されている。(4) この一文は阿羅漢が三界外の妙土に生ずることの論証であり、これを典拠として変易生死と三界不摂の対応関係が示されている。

(2) 吉蔵の二種生死説

次に吉蔵の『勝鬘宝窟』を取りあげたい。吉蔵は『勝鬘経』の二種生死に関する注釈箇所において、「二死、別に『義章』有り。今略して四門を以て解釈せん(5)」といい、第一釈名門、第二出体門、第三因縁門、第四大意門の四門を立てて説明している。文中の『義章』とは前述した慧遠の『大乗義章』を指し、吉蔵の説示はこれを略説したものであろう。続いて種々の問答が付されているため、いくつか興味深いものを抜粋したい。

・「虚偽衆生」とは取相を以て因と為す。相の心は虚妄なり。又た未だ無漏の実解を得ず。惑に随って生を受け、五趣に廻転し、或いは堕し、或いは昇り、定実有ること無し。故に虚偽と為す。此れは凡夫に就いて釈を為す。

聖人を論ぜず。三界は本と是れ凡夫の惑なるを以ての故なり。若し通じて小乗の法を取らば、凡夫人及び三果四向、乃至二乗の未だ無余に入らざる前に受くる所の報身を、虚偽の衆生と名づくるなり。有人の言く、「大乗法の中、外凡善趣の菩薩は皆な三界地の中に於て、妄愛して受生するが故に虚偽と言う。若し旧に依りて明かさば、凡夫地従り、大乗の未だ初地を受けざる已来に逕るまで、悉く分段死を受く」と。此れは『法華論』の意を用いて釈す。『摂論』及び『仁王経』に云く、若し三蔵の云うが如くんば、十行の第六心断惑は二乗と斉しく、未だ二乗と斉しからざる已来は並びに分段身を受くるなりと。(6)

・問う、云何んが是れ大力菩薩の位なるや。答う、有人言く（中略）今謂く、位の義、知り難し。罪過を生ぜんことを憶えば定判すべからず。若し『法華論』に依らば、数処に分明なり。又た地前は是れ凡夫、分段身を受く。分段身を捨て、方に初地に入る。則ち知んぬ。初地已去は是れ変易生死、大力の菩薩なり。(7)

ここでは、吉蔵が聞き及んだ諸師の説が「有人言」として紹介されており、虚偽衆生と大力菩薩の階位について、『法華論』『摂大乗論』『仁王般若経』などの解釈をめぐって、さまざまな議論があったことを記録している。吉蔵の意見を整理すると、

・分段生死＝三界摂＝凡夫人・三果四向・無余涅槃以前の二乗

・変易生死＝三界不摂＝阿羅漢・辟支仏・初地以上の菩薩

となり、迦才の規定とほぼ一致していることがわかる。次節においても論ずるように、『勝鬘宝窟』と『浄土論』との間には複数の教学的接点を認めることができるため、迦才が『勝鬘宝窟』の二種生死説を参考にした可能性は高い。また『勝鬘宝窟』には他にも次のような興味深い内容がある。

・問う、無明を縁と為す。斯の事、疑わず。既に無漏と称す。云何んが是れ生を惑する因なるや。答う、此の無

漏は是れ有漏なるのみ。但だ三界内の有漏に対するが故に、三界外の者を無漏と名づくるのみ。（中略）分段は是れ有為生死、変易は無為生死なり。変易は界内に対して無為と名づく。実に是れ有為なり。今且らく爾り。有為生死を感ずるの業、名づけて有漏と為す。此の有漏に対するが故に、界外生死を感ずる者を無漏と為す。而も体は実に是れ有漏なり。(8)

・羅漢は三界の内の治道の智有り。之れを名づけて行と為す。三界の煩悩を断じ尽くして三界の内の分段生死有ること無し。三界の内に於て怖畏有ること無し。是の故に昔日、羅漢に怖畏無しと説く。未だ三界の外の治道の智有らず。名づけて無行と為す。故に変易生死の苦有り。(9)

これによると、変易生死を無為や無漏とも称するが、それはあくまで分段生死に対する相対的な意味であって実質的には有漏である。また、阿羅漢は三界内の煩悩は断じ尽くしているが、三界外の治道はなされておらず、実のところ「変易生死の苦」がまだ残されているのだという。

迦才と同時代に活躍した華厳宗二祖の智儼も『孔目章』に「変易生死は只だ是れ分段の細相なり」(10)と述べており、変易生死と分段生死の違いが断惑の段階の差異に過ぎないことを示している。また、摂論学派の数少ない資料とされる敦煌本の『摂大乗論釈』諸註疏にみえる二種生死の語句も、三障や四惑をめぐる煩悩論を展開するなかで界内・界外論とあわせて議論されている。(11)

以上、隋代から唐初の仏教界において、二種生死説は主として衆生の煩悩論のなかで扱われ、階位説や三界摂不摂説も取り込んでさまざまに議論されていた状況が看取できる。

第三項　二種生死説と往生

次に二種生死説と往生の関係について、慧遠と吉蔵における浄土教関係典籍の議論を確認する。

(1) 浄影寺慧遠の二種生死説と往生

慧遠の浄土教関係典籍のなかに、わずかであるが二種生死に関説した内容がみられる。

○慧遠『無量寿経義疏』

所成の殊勝心と常諦等は所成不動なり。又た世間に過ぎ、断徳を成ずることを明かす。謂く、分段・変易の世間一切法に過ぐ。(12)

○慧遠『観経義疏』

土に麁妙有り。麁処は小を雑え、妙処は唯だ大なり。又復た、麁国は通じて分段有りて凡夫往生す。妙土は唯だ変易聖人のみ有り。弥陀仏国は浄土の中の麁なり。更に妙刹有れども、此の経には説かず。『華厳』に具さに弁ず。(13)

まず、『無量寿経義疏』では諸仏の徳が分段・変易といった世間一切の法を超えているという。また『観経義疏』では、浄土には麁妙の両方があって、

・分段生死＝凡夫＝麁国（西方浄土）＝無量寿経
・変易生死＝聖人＝妙土（蓮華蔵世界）＝華厳経

という理解が示されている。一応、二種生死と聖人・凡夫の往生との関係が示されているものの詳しい議論はみられない。慧遠においては、往生と二種生死の関係がさほど重要な問題としては意識されていなかったことが確認できる。

（2）吉蔵の二種生死説と往生

次に吉蔵『観経義疏』と『大乗玄論』の説示を取りあげる(14)。

○吉蔵『観経義疏』

・問う、二死の中、何れの生に摂するや。答う、解不同なり。一には云く、凡夫の浅位に在り。行ずる所の因を得るが故に。報を勝と為すことを得ざるが故に、是れ分段なり。二には北地の云く、是れ変易の摂の故に。何となれば此の菩薩、既に八地上の深位に在りて行ずる所、造する所なるが故に、不思議変易の報と云う。今、此の応は是れ分段生死と云う。何を以てか之れを知るや。世自在王仏、国王と為す所、而も発心出家す。始めに四十八願を発して此の浄土を造る。又た彼の土、寿無量と雖も必ず終訖す。故に知りぬ。彼の土は分段生死なり(15)。

・然るに分段と変易とを定判すべからず。何となれば穢則浄・浄則穢なり。分段と変易とは、亦た爾るに分段即変易・変易即分段なり。浄穢の因縁と二生死の因縁と相い離れず。所以は、蓮華蔵世界は是れ分段変易、無量寿土は是れ変易分段なり。若し報応と浄穢に就かば各の五句を論じ、合して十句有り。何となれば、一には先穢後浄、二には先浄後穢、三には先後倶浄、四には先後倶穢、五には先後雑会にして、今は一事に就いて之れを示す(16)。

・問う、無量寿の浄土は三界摂なるや不なるや。答う、解同じからず。一には北地の云く、三界摂に非ず。何を以て然りと知るや。『論』に云く、「欲無きが故に欲界に非ず。地居なるが故に色界に非ず。有色なるが故に無色界に非ず」と。二に江南の云く、是れ三界の所摂なり。何となれば、未だ三界の煩悩を断ぜずして、而も往生を得るが故に。惑品と楽品の勝劣を以て三界を制せり。(17)

○吉蔵『大乗玄論』

・有人言く、仏には浄土無し。但だ衆生の報に応ず。化主を以て言と為すが故に仏土と言うのみ。此れは是れ成論師の意なり。経論の明かす所に非ず。経論に云く、仏に浄土無しとは、分段・変易の浄土無きなり。浄土有りとは、乃ち是れ万行所得の真常の浄土なり。故に『経』に法身の浄土は是れ真成浄土なりと言う。報仏の浄土は経論の処処に皆な明かす浄土なり。(18)

まず『観経義疏』の内容を確認する。西方浄土への往生は二種生死のうちどちらであるのかという問いに対して、答えは一様ではないという。すなわち、南地師は法蔵菩薩が凡夫位において四十八願を発したと理解するので、報土といっても勝れたものではなく分段生死に過ぎないとする。一方、北地師は法蔵菩薩が八地以上の法身位で発願したと理解するので変易生死とする。(19)吉蔵自身は、西方浄土は分段生死であり、阿弥陀仏の寿命が無量であるといっても必ず終訖があるとするのが基本的な主張である。

ただし、吉蔵は一方の意見に固執しないとの立場をとり、分段と変易の性質を固定的に定めてはならないとして、分段即変易かつ変易即分段であるのだという。その理由は、浄穢と二種生死の因縁が不可離の関係にあるからである。すなわち、吉蔵は「浄＝変易生死」「穢＝分段生死」とするが、その性質は一定したものではないと理解していることがわかる。

もう一つの問答では、西方浄土が三界の摂か不摂かを論じている。南地師は三界摂の立場であって、衆生は三界の煩悩を断じないままに往生することができるのだという。対して北地師は『大智度論』を典拠として三界不摂であることを主張しており、吉蔵自身も西方浄土を三界摂とする立場を基本とする。

次に『大乗玄論』には仏に浄土があるか否かという問答があり、仏に浄土がないというのは分段ならびに変易の浄土がないという意味で、仏の浄土は万行所得の真成の浄土を有しているのだという。すなわち、i分段の浄土（化身浄土）、ii変易の浄土（報身浄土）、iii真成の浄土（法身浄土）の三種があることになる。『観経義疏』の内容とあわせ考えると、往生は分段・変易の浄土を対象としたものであり、法身浄土はその対象ではないといえる。

以上のように、吉蔵『観経義疏』の問答を通じて、慧遠以後において二種生死説と往生あるいは仏土論との関係について、活発な議論が交わされていたことが読み取れる。そこでは往生を分段生死とする説と変易生死とする説の両方があり、吉蔵はいずれか一方に固定化した立場をとらないが、基本的には分段生死との解釈を示していたことがうかがえる。

第四項　迦才の二種生死説

ここであらためて迦才の説示について検討したい。冒頭の引用以外にも二種生死に関連する記述がいくつかみられるので列挙する。

①問て曰く、浄土は殊妙にして、物咸く欣仰す。既に人を勧めて往生せしめんと欲す。何が故ぞ須らく是れ三界の摂と判ずべきや。答て曰く、此れは是れ『経』の判にして、人、関するに非ず。又た若し是れ三界の摂なら

ば、未だ三界の惑を断ぜざる衆生は、即ち生ずることを得。若し三界を出ずとは、凡夫と学人は此れ則ち分を絶す。三界の中に在る衆生を将って、皆な煩悩を具足して三界の外の報土の中に生ぜしむべからず。三界に在るに由るが故に往生は則ち易し。仍ち上心の欲無きが故に畢竟じて不退なり。(20)

②遠法師の「上品上生は四地従り八地に至る」と判ずるが如きは、若し『摂大乗論』の如きは「四地の菩薩は変易の中の因縁生死なり」と。西方は是れ分段生死なり。云何が、変易を受くる菩薩をして却って分段を受けしめんや。(21)

③若し二乗の無学の人を論ぜば、愚法と不愚法とを問わず。悉く浄土の中に生ず。変易生死を受ければ、三界の中に生を受ける処無きを以ての故に。(22)

まず、①の論述から、迦才は凡夫の報土往生を真っ向から否定していたことがわかる。その理由は、三界の惑を断じ切っていない凡夫が、煩悩を具足したままに三界外の報土に往生することは不可能だからである。一方、阿羅漢、辟支仏、無学人はすでに正使（＝煩悩）を断じていて、三界外に生ずる資格を有しているから三界不摂なのだという。以上のような論述は、明らかに二種生死説を軸とした分類基準のもとに示されていることが確認できる。

次に、②と③も同様に二種生死説の道理から外れることを強く忌避した論述であり、②では地上菩薩が、③では無学人がそれぞれ変易生死を受ける資格を有しているのだから、決して分段生死を受けさせてはならないのだという。そのうえで西方浄土への往生が分段死であることを断言する。西方往生を分段死とすることは吉蔵『観経義疏』の意見とまったく同調するものである。

ここで注目されるのは、三界摂か不摂かを決定せしめる要因として、西方浄土自体の性質（報土／化土）よりも、むしろ往生人自身の機根や資質（分段／変易）によるところが大きい点である。このことは、①において「未だ三界の惑を断ぜざる衆生は、即ち生ずることを得」といい、凡夫が三界内の煩悩を抱えたまま化土往生（分段死）するとしていることからも明らかである。ちなみに、これは吉蔵が『観経義疏』に南地師の意見として「未だ三界の煩悩を断ぜずして、而も往生を得るが故に」と伝えるのと同意趣であり、迦才にもこのような唯心浄土的な発想があったと思われる。つまり、往生の時点における願生者の資質や修行状況、すなわち分段・変易の断惑の段階がそのまま往生した後の西方浄土の優劣にまで反映されていると考えられるのである。

第五項　西方報土説と三界論

ここまでみてきたように、迦才は二種生死説にもとづく煩悩論・階位論をふまえ、それを軸として三界論や仏土論を展開していた。二種生死説については迦才以前に、慧遠や吉蔵などの諸師によって詳細な議論が交わされており、迦才もこれらの議論をふまえたうえで西方浄土説との関係を論じていたものと思われる。とくに吉蔵による『勝鬘宝窟』と『観経義疏』の諸説と一致する箇所が多く、その影響が少なくなかったであろう。

ところで、二種生死説が三界論と密接な関係にあったことは興味深い。一般に浄土教では世親『往生論』における「彼の世界相を観るに三界道を勝過せり」(23)等の文を典拠として、西方浄土が三界を超過していることを強調する。すなわち、煩悩に繋縛された娑婆世界から脱出することを西方浄土への往生の意義とするのである。これは浄土の所在をめぐる議論、すなわち仏土論の範疇において三界論が援用されていたことに起因しており、実際に曇鸞や道綽はこの一文を西方浄土の最勝性を示す論拠の一つとしていた(24)（もちろん、『往生論』の二十九種荘厳功徳などに説かれるように、阿弥陀仏の本願にもとづく願心荘厳であることを大前提とする）。

ところが、三界論が二種生死説などの煩悩論とあわせ論じられる際には、あらたに「変易生死＝三界外＝報土」という図式でとらえなおされ、その場合、報土は完全無欠な性質ではなく、本質的に有漏を含有する「変易生死の苦」が残ってしまうことになる。吉蔵の所説の受容状況からみて、迦才もおそらくこのような議論を認識していたと考えられる。この議論をつきつめると、終局的には「西方浄土＝三界外＝報土＝無漏」という論理は解体されてしまうことになる。つまり、浄土の所在を三界不摂とすることは無漏性を裏づける一要素に過ぎず、その一事だけでは西方浄土が報土であることは主張できたとしても、絶対的に無煩悩であるとは証明し切れないのである。換言すれば、「三界外＝報土＝無漏」「三界内＝化土＝有漏」という、報・化を峻別する決定的な差異は成立しないといえる。したがって迦才の教学的立場からすれば、報土と化土の違いは、単に願生者における断惑の段階の差異に過ぎないことになる。迦才が凡夫の報土往生を本命視することなく化土往生を宗旨としたのは、通報化土説に加えて、二種生死説と三界論をふまえた報土理解が背景にあったからではないかと考えられる。

曇鸞以来の諸師がこぞって取りあげた西方浄土の三界摂不摂論は、吉蔵が『観経義疏』に伝える北地師や南地師の学説にみられるように、隋唐代の間ではそれぞれの思想的立場を背景として意見に揺れがあった(25)。ただし、懐感以後はおおよそ通報化土説による折衷的立場に収斂してゆくことになる(26)。迦才の学説もまた隋唐初期の浄土教思想の大きな対流のなかにおいて生じた一つの思想展開であったとみることができよう。

第二節　封疆説

第一項　問題の所在

『浄土論』の第一章に次のような問答がある。

問て曰く、法身浄土は、理として遍ずることを知るべし。報化の二土は、応に封疆有るべし。西方、既に具さに報化の土有り。何れの文証にか拠るや。

答て曰く、報化の二土、或いは封疆有り、或いは封疆無し。報土の中の実報土の如きは、即ち封疆無し。謂く如来の行は八万に円かにして、時は三僧祇を満てり。二教独り備え、五分明顕なり。相は海渧を窮め、好は岳塵を尽くせり。三明既に朗らかにして、二智双べて照らす。其れ猶し、竜吟じて雲応じ、虎嘯きて風随うがごとし。寧ぞ殊宝を以て飾ることを得べけんや。封疆を以て限るべからず。此の土は唯だ仏のみ自ら其の美を矚る。菩薩は未だ之の寓目にあわず。事報土とは、謂く下に金剛の柱を擎げ、上に瑠璃の地を瑩し、外は七宝の欄楯をもって囲み、内は八徳の清池盈つ。珠宝は翠林に箢り、宝網は綺殿に絡れたり。既に是れ身は万徳を充たし、亦た乃ち土も衆美を盈てり。此の如きの土は、即ち封疆有り。化土の中には大悲願力に拠らば、衆生界に等しくして、遍からざる所無く、則ち封疆無し。若し身に拠らば、衆生を化せんが為に、「新新に世に生じて、数数涅槃す」と。則ち封疆有り。[27]

ここでは「封疆」という用語を用いて、西方浄土の領域・分限が論じられている。[28] 迦才は仏土論として四土説を採用しているため、以下のように封疆の有無が配される。
・法身浄土…理として諸方に遍満しているため、議論の対象外
・実報土　…封疆なし
・事用土　…封疆あり
・化身浄土…封疆あり（衆生化益の面）、封疆なし（大悲願力の面）
この封疆に関する議論は、一般的な中国浄土教の諸師（曇鸞、道綽、善導、懐感など）にはみられない。一見すると仏国土の広大さ（＝分限）や有相性を論じたものにみえるが、実はそのような単純な内容ではない。ここでは吉蔵の著作にみられる封疆に関する説示を確認し、このような議論が行われた背景について検討したい。

第二項　吉蔵『勝鬘宝窟』の封疆説

吉蔵『勝鬘宝窟』には、仏国土の封疆に関して次のような記述がなされている。

「彼仏国土」より下は、第二に次に依果を明かす。今且く前に土の義を論ず。『古注』に云く、「国土は是れ衆生を養う封疆の域秤なり」と。理を以て推験するに、実に成仏する者は則ち必ずしも記論を待たず。既に権記を以て庸信を引く。故に成仏は必ず封疆是れ妙なりと云う。然るに封疆は実に是れ衆生の惑報なり。既に惑尽くるを以て成仏す。仏、焉んぞ惑報の封疆有ることを得んや。但し、道を極めれば則ち兼ねて物を化す。故に惑報の封疆に居すと示すのみ。苟くも擢級の旨解を得れば、亦た、仏実に土無きを傷くること無し。而るに衆生の惑報の封疆の優劣不同とは、寔に資善に濃淡有り、煩惑に厚薄有るに由る。若し惑の薄く善の濃き者は報

の則ち妙なるを致す。惑の甚だ善微の者は報必ず穢悪なり。経論に備さに明かすなり。浄土の記を授くる所以は、一には勝鬘の心浄きが故に浄土に生ずることを表し、二には同行眷属を引いて発願往生せしめんと欲すればなり。[29]

これは『勝鬘経』において、仏が勝鬘夫人に受記を授ける場面を注釈したものである。[30] 議論内容が複雑であるため、論述の要点をまとめると次のようになる。

・『古注』には「国土は衆生を養う封疆の域秤」とある。[31]
・道理によってその内容を推定すると、成仏者は必ずしも受記を待っているわけではないが、既に受記を有するものはそれによって成仏への信が誘引される。
・成仏のとき必ず封疆は絶妙である。実は「封疆」とは衆生の「惑報」のことなのである。よって衆生は惑報たる封疆を窮尽することによって成仏するのである。
・仏は惑報たる封疆を持たないはずである。ではどうして仏国土に封疆が有る（＝仏に惑報たる封疆が有る）と説くのか。
・それはもっともである。ただし、仏道を極めれば、同時に衆生の教化（＝利他）をも行うことになる。すなわち、仏は衆生教化のために惑報の封疆に居して仏国土を立てるのである。このように理解すれば、実には仏の土に封疆がないとする説との矛盾が会通される。
・惑報の封疆の優劣は不同であり、衆生自身の資善や煩悩のレベルに随応している。
・仏が勝鬘夫人に浄土の受記を授けた理由は、第一に勝鬘夫人の心が浄いから往生することをあらわしたのであり、第二に同行の眷属を誘引して発願往生させるためである。

以上の内容から、吉蔵は「封疆」に積極的・消極的の二面の解釈をしていることがわかる。すなわち、積極的な側面としては衆生教化のためにあえて仏国土の封疆を設けること、消極的な側面としては封疆が衆生の惑報と同義であるとの解釈である。後者のような解釈は、おそらく『維摩経』の心浄土浄説など、衆生心の勝劣と仏土の浄穢との対応を説く唯心浄土的な発想によるものだろう。たとえば吉蔵の撰述と伝えられる『大乗玄論』には、

此の五つは皆な是れ衆生の自業の所起なり。応を衆生土と名づく。但し仏に王化の功有るが故に仏土と名づく。然れば報土、既に五つなり。応土も亦た然り。報は衆生の業感に拠り、応は如来の所現に就く。故に合して十土なり。(32)

といい、五種の浄土（浄・不浄・浄不浄・不浄浄・雑土）を立てるが、これは衆生の業感に応じて仏が所現するという衆生と仏の相関関係によって浄土が成立しているのであり、実には衆生の報土と仏の応土にそれぞれ五土があり、あわせて十土になるのだという。つまり、仏国土の封疆とは、仏が衆生利益のために用意したものであると同時に、他ならぬ衆生自身の業感が作り出したものであることが知られよう。このように吉蔵は、仏国土の封疆について、仏の側からは積極的な面を説き、衆生の側からは消極的な面を明かしたのである。

第三項　迦才の封疆説の意味

ここで吉蔵の論述をふまえて、あらためて迦才の説示をみなおしてみたい。『浄土論』の問いに「報化の二土は応に封疆有るべし」とあり、報土と化土に封疆ありとすることは、質問者の側の一般的な理解であったと思われる。そもそも、報土と化土は衆生摂化のために仏が所現した処であるから、封疆なる分限は両土において不可欠な要素

である。とすれば、迦才がこの問答を設けた意図は実報土ならびに化身浄土（大悲願力の面）に封疆なしとの主張を明示する点にもあると考えるべきだろう。

結論からいえば、迦才は報土と化土がそれぞれに封疆の有無の両面を有していることを主張している。すなわち、吉蔵が消極的側面として指摘するように、封疆には惑報に類する側面があるから、単純に報土・化土に封疆ありとする解釈だけでこの問題は片づけられない。もう一つの積極的側面として説かれる衆生摂化のための封疆は、あくまで仏土としての性質の一面であり、本来的には報土と化土はともに「封疆＝惑報」を窮尽した性質を保持していなければならないのである。ゆえに、報土については仏自身が居住する唯仏与仏の境地である上位の報土（＝実報土）を説き、化土については『摂大乗論釈』の化身常住説を援用して、大悲願力の面から等しく衆生界に遍満している点を示し、いずれも封疆がないとの理解を示した。これによって報化両土における封疆の絶妙なる一面を明らかにしているのである。

最後に、迦才による西方浄土の建立に関する問答を確認しておこう。

問て曰く、浄土は殊妙にして是れ法王の居する所なり。蓮花台蔵は凡夫の行処に非ず。理として須らく凡は凡地を行き、聖は聖場を践むべし。寧ぞ底下の凡夫、斯の妙処に生ずることを得んや。

答て曰く、四十八の大願に拠らば、浄土は妙なりと雖も、本と凡夫を成就せんと擬れり。蓮花台蔵は元と是れ託生の処なり。若し是れ凡夫、即ち浄土に遊ぶことを得ざれば、既に是れ法王、何ぞ五濁を践むことを得んや。是れ法王なりと雖も、衆生を化せんが為の故に、五濁に来たり遊ぶ。亦た是れ凡夫なりと雖も、仏を供養せんが為の故に浄土に生ず。此の理明らかなり。(33)

ここでは法王たる阿弥陀仏が居す西方浄土は妙処のはずなのに、低劣な凡夫がどうして往生できるのかという問いに対して、法蔵菩薩が四十八願を発した本意は凡夫往生の成就にあるのだから、阿弥陀仏は五濁悪にまみれた娑婆世界に現れて凡夫の摂化につとめるはずであり、西方浄土の蓮台はそもそも凡夫のための「托生の処」であるという。一方、凡夫の側もまた仏を供養せんがために往生するのだという。

迦才はこのように仏の側と衆生の側の両面から往生の意義を説いている。すなわち、仏と衆生の双方向的な関係のなかにおいてこそ往生は成立するのであり、両者の所望の合致するところが化土往生という結果であったといえよう。ゆえに、西方浄土は本来的に妙処でありながらも、凡夫のためにあえて五濁中に化土を所現するのである。そして、西方浄土に「封疆」という分限があることによって、「托生の処」あるいは「処不退」としての固有の性格が保持され、衆生を摂化することが可能となるのであろう。西方浄土の封疆は化身浄土だけではなく事用土にもあるとするので、迦才が考える往生には、封疆という要素が必須であると理解されていたことがうかがわれるのである。

第三節　種子欲・上心欲の二欲について

第一項　問題の所在

ここまで再三にわたって論じてきたとおり、迦才は凡夫が三界内の化土に往生することを説く。『浄土論』ではこの点について、西方浄土が三界中の欲界内に在るのならば娑婆世界となんら変わらないのではないかとの問いを立てる。これは化土往生を本命視する迦才にとって回答を必須とする根本的な問題であろう。迦才はこれに答えて、

> 欲界の名同じと雖も、義は即ち別なり。此の処の欲界は具さに二義有り。一には上心欲有り、二には種子欲有り。二義を具するに由りて則ち男女有り。雑染として色声を貪逐し、三有火宅の中に住することを楽う。西方の欲界とは、唯だ種子欲のみ有りて、上心欲有ること無し。既に上心欲無ければ、即ち前等の過失も無く、亦た悪心及び無記心も無し。唯だ善心のみ有るなり[34]。

同じ欲界内であっても両者には歴然とした異なりがあることを示している。すなわち、娑婆世界の欲界には上心欲と種子欲があるが、西方浄土の欲界には種子欲のみあって上心欲がないから悪心・無記心がなく、ただ善心のみがあるのだという。さらに、

> 三界に在るに由るが故に往生は則ち易し。仍ち上心欲無きが故に、畢竟じて不退なり[35]。

と、三界中に西方浄土があるからこそ凡夫が往生を求め易いのであり、また上心欲がないから不退であるとする。西方化土を処不退とする説は迦才の特色であるが、ここでは上心欲がないことが不退の論拠となっている。しかしながら、なぜ種子欲なる煩悩が残っているにもかかわらず、西方浄土が不退であると言いうるのかという点については答えていない。

このように迦才は上心欲と種子欲の有無を論点としているのであるが、『浄土論』にはこれら二欲に関する説明がまったくみられない。先行研究を参照すると、知俊『浄土論余暉鈔』では種子欲の説明は省かれているが、上心欲については、明代の寂照が著した『大蔵法数』によって飲食欲・睡眠欲・淫欲等と解釈している[36]。名畑応順氏もこれに準じているが[37]、筆者はこれらの解釈には同意できない。なぜならば迦才当時の思想背景として、この二欲の語義概念は真諦訳論書をもとにした摂論学派系の資料に求めることができると考えられるからである。

そこで、本節ではまず真諦訳論書における上心欲と種子欲の二欲の語義概念を明らかにし、さらに摂論学派の資

料との具体的な接点を指摘したうえで、迦才における種子欲の意義について検討することにしたい。

第二項　真諦訳論書における随眠欲と上心欲

真諦訳の論書のなかには「種子欲」の用例はまったくみつけることができないが、「上心欲」もしくは「上心惑」の用例は比較的多くみられる。まず、『摂大乗論釈』では、

・諸の菩薩は永く上心欲を除く。但だ随眠欲を留むるが故に。(38)

・上心惑を染と為し、随眠惑を著と為す。(39)

とあり、「上心欲」の語義概念は明確にならないものの、「随眠欲」という語句が併記されていることがわかる。随眠とは煩悩の異名であり、これについては小乗各部派においてそれぞれ解釈の異なっていたことが『倶舎論』や『異部宗輪論』に伝えられている。(40) 注目すべきは経量部の説であり、一般に煩悩が目覚めて活動する位を纏といい、煩悩が眠っている状態の種子を随眠とする。また後代のいわゆる法相唯識では阿頼耶識に眠伏する煩悩の種子（習気）とされる。

ここに随眠と種子を結びつける解釈がみられるわけであるが、右の解説は玄奘訳の論書に準じたものである。『浄土論』は旧訳の経論にもとづいて成立しているため、その範囲内での検討が必要である。そこで、あらためて真諦訳論書における記述を確認してみると、真諦訳『倶舎釈論』には、

若しは惑眠を随眠と名づくと説き、若しは惑覚を上心と名づくと説く。此の惑眠は何の相なるや。現前在せずして種子随逐す。惑覚は何の相なるや。正しく現前の起なり。何者をか惑種子なるや。是れは身相続の功能な

り。生を惑するに従いて能く惑を生ずるを種子と名づくと説く。譬えば芽の如き等は舎利子に従りて生じ、能く舎利子を生ず。(41)

とあり、煩悩が眠っている状態を「随眠」といい、目覚めて活動している状態を「上心」とする。また煩悩が眠っている状態（惑眠）とは、現行（現前）する種子が不在の状態である。そして、この煩悩の種子が身体を相続させる功能を持ち、煩悩から生じて、また後の煩悩を生じさせるという。以上の内容から、「随眠」と「種子」の緊密性をうかがい知ることができ、尚かつ「上心」の語句との相関も明らかになる。

次に『三無性論』をみてみると、

我執に三種有り。一には随眠、二には上心、三には習気なり。数と言うは、即ち随眠を明かす。我執は数数本識に執止すればなり。串と言うは即ち上心なり。我執は数数串起すればなり。習と言うは即ち習気を明かす。我執は数数随眠を起こせばなり。上心は是れ内煩悩にして、見諦道を得れば此の惑は便ち滅す。習気は久習所成為れば正煩悩に非ざるが故に、羅漢を得る時にも此れは猶お未だ滅せず。法如如を得て方に能く稍遣る。此の三の我執は皆な本識に依るなり。(42)

とあり、我執に三種あるとして、随眠・上心・習気の三つを挙げている。随眠は本識（阿頼耶識）に依止しており、上心・習気はその随眠煩悩を喚起させるという。上心は内煩悩であり、見諦道によって滅することができる。この三我執は随眠から生ずるのだから、結局のところみな阿頼耶識に依止するのだという。また同論には「現相続中の随眠貪欲の種子なり」(43)とあり、随眠と種子との結びつきがみられる。いずれも真諦自身によって付せられた釈文中の論述であるため、『倶舎釈論』等の論述内容も踏襲したうえでの内容と思われるが、さらに阿頼耶識との関係について説示していることが注目される。

続いて『転識論』においては、

二執の随眠の所生の果或は滅離することを得ずとは、即ち是れ見思の二執は随眠煩悩能く種子を作す。無量の上心惑を生ず。皆な本識を以て其の根本と為す。(44)

と説かれている。すなわち、見思の二執の随眠煩悩が種子となって無量の上心惑を生ずるのであり、これらはみな本識（阿頼耶識）を根本とするという。これも真諦による釈文中のなかにおける論述である。

最後に『仏性論』をみてみよう。『仏性論』巻四に、九種の客塵煩悩を挙げるなか、

一には随眠貪欲煩悩、二には随眠瞋、三には随眠痴、四には貪瞋痴等の極重上心惑、（中略）是れを随眠の欲・瞋・痴等の三毒と名づくるなり。(45)

と随眠および上心惑が挙げられている。ここでは随眠と上心について、ともに貪・瞋・痴の三毒が配当されている。ここまでの内容を整理すると、真諦訳の各論書においては随眠と種子、および上心欲（惑）の相関が随所に説かれていることがわかる。とくにこの議論の基盤となるのは『倶舎釈論』が伝える内容であり、また『三無性論』『転識論』では阿頼耶識との関係も明示されている。

迦才自身がこれらの議論をどの程度踏襲していたのかという点については、『浄土論』中において『摂大乗論釈』『起信論』以外の真諦訳論書が引用されていないことと、二欲の内容がまったく説明されないため判然としない。しかしながら、隋代の成立とされる敦煌本の『摂大乗論釈』諸註疏から、当時における随眠欲の解釈について、その受容状況をうかがい知ることができる。

○『摂大乗論章』巻一

・四惑の上心及び随眠の種子は並びに彼の十無明の所摂及び二十二の無明の摂に非ず。(46)

・初めに上心と言うは、四惑が現行して七識に在り。此を四惑に望むれば一向も是れ其の人我障の摂なり。（中略）二には随眠とは本識の中、四惑正使種子は一向に是れ其の人我障の摂なり。（中略）三に習気とは、是れ其の四惑の種子の残気にして亦た人我障と名づく。(47)

○道基『摂大乗義章』巻四

・菩薩法中には前三の客塵は既に随眠と曰う。理として是れ種子なり。十解已上は二乗に異なると為し、摂留して受生し、十廻の後身に断じ已って登地す。(48)

○『摂大乗論疏』（俄Φ三三四）

・此の上心とは上心の現行を取る。随眠は是れ煩悩の種子なり。（中略）十信位、一劫乃至十劫を逕て、永く上心を除く。(49)

これらの資料には、「随眠種子」等の用例が数多くみられ、先の議論内容が隋代当時すでに浸透していたことが看取できる。『摂大乗論章』巻一では、上心・随眠・習気の順に微細な煩悩となっていることを、『摂大乗論』の二障説（人我障・法我障）を依用して論述している。

以上、確認してきた内容から、上心欲は現行した煩悩（貪瞋痴など）であり、随眠欲（種子欲）は潜在した状態の煩悩ということができる。『摂大乗論釈』には随眠と種子の関係が明示されていないから、「随眠」を「種子」と置換して呼称するためには、他の真諦訳の論書を参照することが直接あるいは間接に必要となる。摂論学派では真諦訳『倶舎釈論』などの解釈にもとづき、このような語句の置き換えがなされていたのではないかと思われる。

迦才もこのような摂論学派の議論をふまえたうえで種子欲と上心欲の語句を用いたのであろう。(50) 迦才がこの二欲について詳説しないことは、逆にいえばあえてその説明を要しないほどに、このような語義概念が当時一般化していた状況が予想されるのであり、また『浄土論』が摂論系の学僧を読者に想定して執筆されていたとの推定を補強する傍証ともなろう。

第三項　種子欲の呼称について

それでは迦才はなぜ「随眠欲」ではなく、「種子欲」と表記したのであろうか。これについては以下の二点から考えてみたい。

一つは、「随眠」の語が摂論学系統以外においてあまり一般的ではなかった状況が挙げられる。智顗『法華玄義』には摂論学派の教説に関説する場面で、随眠の語がわずかにみられるものの[51]、浄影寺慧遠や吉蔵の著書中にはまったく見当たらない。本格的に随眠の語句が定着していくのは玄奘訳以後のことと思われる。

今一つは、『摂大乗論釈』における種子説と随眠説を暗に援用する意図があったのではないかという点である。まず種子説であるが、『摂大乗論釈』には浄品と不浄品の種子説が説かれている。不浄品の種子は業煩悩の熏習であり、「染汚種子」「同業種子」などとよばれ、阿頼耶識とほぼ同意である[52]。一方、浄品の種子とは聞熏習であり、「法身種子」「五分法身種子」「四徳道種子」ともよばれる[53]。この両種子の関係については『摂大乗論釈』に、

聞熏習は漸増し、本識は漸減す。聞熏習の下品生ずれば、本識の上品減じ（中略）福慧の漸増に由りて、種子は漸減するが故に転依することを得。[54]

とあり、浄品の種子である聞熏習[55]が不浄品の種子から生ずる識（本識、阿頼耶識）を対治して、両種子が各々増減していくことによって転依（法身）を得るとしている。また、敦煌本の『摂大乗論章』巻一に、

・一には種子識と名づく。此れ達磨蔵の説に依る。能く染浄二法の種子を持するを以ての故なり(56)。

・本識の中に浄・不浄品を摂す。能く染浄両種の種子を持するを以ての故なり。故に縁生章に云く、善悪種子の二姓、明了と染浄とを二と為す。業惑の種子、之れを名づけて染と為す。聞熏の種子、之れを名づけて浄と為す(57)。

とあり、種子には染・浄の両方の性質があると述べているのも、当時の理解として参考になるだろう。

このような『摂大乗論釈』の種子説を背景に考慮した場合、種子には染・浄の両方の内容が認められる。今、迦才が呼称する「種子欲」には「欲」の語が付されていることから考えて、不浄品の種子あるいは随眠の意味あいの方が妥当であろう。ただし、その不浄品の種子を対治するためには、聞熏習が必要となるのだから、西方浄土における浄品の種子の存在を予想することも可能である。あえて「随眠」ではなく、「種子」の語を用いたのであるから、迦才は染・浄の両面を含めたより広範な語義概念を含意させようと意図したのではないかと思われる。

以上、真諦訳論書の語義を通じて、上心欲は目覚めて活動している煩悩であり、種子欲は潜在して眠っている微細な煩悩であることが明らかになった。さらに種子欲（随眠欲）は、染浄両面の性質があり、聞熏習と関連して菩薩の修道において積極的な役割も果たしうる。ただし、積極的な側面がみられるといっても、種子欲が煩悩であること自体は変わらない。迦才は事用土について次のように述べている。

此の人及び土は、初地以上の菩薩が分に随いて見ることを得、乃至、十地の見は皆な同じからず。謂く、地に即ち上下の別あらば、見に亦た麁妙の異なりあり(58)。

ここで「見に亦た麁妙の異なりあり」というのは、地上菩薩においてもまだ断惑の余地があるとみているからであろう。したがって、種子欲という微細な潜在的煩悩の存在は、化土に限られるものではなく、往生後の西方浄土の修道において仏となる直前まで残存し続ける根源的な煩悩ではないかと考えられる。

第四節　処不退説と化土往生の意義

第一項　問題の所在

ここまで迦才の諸教説を論及するにあたって、何度となくキーワードとなってきたのが「処不退説」である。この教説は迦才の浄土教思想の根幹、すなわち凡夫化土往生説の主張において不可欠な思想である。

さて、『浄土論』の以下①〜③の論述のなかに、迦才の浄土教における基本的な姿勢を端的にみることができる。
①今衆生をして生を勧むるとは、謂わく化身の土の中に生ずるなり（中略）此れは是れ衆生の受生の処なるが故に、是れ事法なるが故に、是れ俗諦なるが故に、是れ行法なるが故に、是れ受処なるが故に、是れ分段の身なるが故に、是れ此に死して彼に生ずるが故に、是れ有漏の法なるが故に、是れ有為法なるが故に、是れ三界の摂なるが故に、往来有るが故に、四生の中に於て是れ化生の摂なるが故に。(59)
②『観世音受記経』に云く、「阿弥陀仏の寿命無量にして要ず般涅槃す」と。当に知るべし。衆生の寿も無量なりと雖も、而も必ず死有り。(60)
③浄土に三品有りと雖も、但だ生を得る者は悉く皆な不退なり。穢土に亦た三品有り。但だ之に生ずる者は普く皆な退なり。(61)
まず①では、今時の末法世の衆生に勧めるのは西方化土への往生であり、その衆生が往生する化身浄土とは「分

段生死」であり、「有漏」であり、「三界摂」であるという。さらに②では、阿弥陀仏は「有量寿」であって西方浄土に往生する衆生にも必ず死があると述べる。それではなぜ「有漏」「有量寿」「三界摂」といった消極的要素ばかりがそろった化身浄土への往生を衆生に勧めるのだろうか。それについては③の文において、穢土は退転するが西方浄土は不退転であるからと述べている。すなわち、処不退説である。

西方浄土へ往生して不退（＝正定聚、阿毘跋致）を得るという説は『無量寿経』や『阿弥陀経』に散説されるものであり、曇鸞『往生論註』や道綽『安楽集』、さらには智儼『孔目章』にも重要な教説として論述されている。

○曇鸞『往生論註』

・易行道とは、謂く但だ信仏の因縁を以て浄土に生ぜんと願じ、仏願力に乗じて便ち彼の清浄土に往生すること得。仏力住持して、即ち大乗正定の聚に入る。正定とは即ち是れ阿毘跋致なり。(62)

○道綽『安楽集』

・問て曰く、若し西方の境界は勝れたるをもって禅定の感を為さば、此の界の色天は劣なるをもって応に禅定の為に招くべからざるや。答て曰く、若し修定の因を論ぜば、彼此に該通せり。然るに彼の界は位は是れ不退にして、幷びに他力の持つ有り。是の故に説きて勝と為す。此の処は復た定を修して剋すと雖も、但だ自分の因のみ有りて、闕けて他力の摂する無し。業尽きぬれば退くことを免れず。此れに就きて如かずと説く。(63)

・三に兜率天上には水鳥樹林和鳴哀雅なること有りて、但だ諸天の生楽の与に縁と為ると雖も、五欲に順じて聖道を資けず。若し弥陀浄国に向いて、一たび生ずることを得れば悉く是れ阿毘跋致なり。更に退人、其れと雑居すること無し。又復た位は是れ無漏なれば、三界を出過して復た輪廻せず。(64)

○智儼『孔目章』

・初めに往生の意を明かさば、退を防がんと欲する為なり。娑婆世界は雑悪の処、中下の濡根、縁に於て退多し。仏引いて往生せんに、浄土の縁強くして唯だ進んで退無し。故に往生を制す。往生に二処有り。一には是れ西方、二には弥勒の処に生ず。若し煩悩を断ぜんと欲すれば、引いて西方に生ぜよ。煩悩を断ぜざれば、引いて弥勒仏の前に生ず。何を以ての故に。西方は是れ異界なるが故に須らく惑を伏断すべし。弥勒の処は是れ同界なるが故に断惑を仮せず。業成して即ち往生す。(65)

ここで注意すべきは『安楽集』の教説である。道綽は西方浄土が「無漏」「三界不摂」であることを根拠として不退を主張し、弥勒浄土は「三界摂」であるために退失するという。つまり、道綽の不退説は西方浄土の報土説を根拠とするものである。智儼も同様に弥勒浄土との差異として、西方浄土が異界（＝三界外）であることを根拠として、不退の菩薩が目指す処と設定している。曇鸞の時代には三身三土説はなかったものの、三界出過とする説や二十九種荘厳の説示をふまえれば、西方報土説に極めて近い教学的立場であっただろう。

このように報土往生を前提とするということは、基本的に西方浄土が無量寿・無漏・三界不摂であることを意味する。それゆえに浄土が不退なのである。しかしながら、迦才は凡夫の化土往生を志向している。つまり、迦才の処不退説は、化土のなかに有量寿・有漏・三界摂という問題点を抱えたまま不退を主張するという教説なのである。はたして、低位な化土における処不退説は矛盾しないのだろうか。

従来このような論点から迦才の処不退説を考察したものはみられない。冒頭に述べたとおり処不退説は迦才の思想の根幹をなす教説であり、これが承認されなければその教学自体が瓦解してしまうといっても過言ではない。そこで、本節ではここまで考察してきたさまざまな西方浄土の議論をふまえて処不退説の内実を解明し、迦才における凡夫化土往生説との関係を明らかにしたい。

第二項　処不退説の概要

西方浄土の処不退説に関説するものとして、『浄土論』では次の三点が説かれている。以下にその概要を挙げる。

（a）四因縁不退説

［一—一〇］(66)…西方浄土が三界摂であるならば退転してしまうはずである。どうして不退と名づけるのか。

・西方浄土は四つの因縁有りて、唯だ進んで退せざるなり。

i長命　…「長命に由るが故に不退なり。『経』に「寿命無量阿僧祇劫の故に」と言うが如し。直ちに然なり。三大阿僧祇に道を修して則ち成仏を得。況や復た無量僧祇をや。穢土は短命に由るが故に退なり」。

ii善知識…「諸仏菩薩のみ有りて、善知識と為るが故に不退なり。『経』に「是の如きの諸の上善人と倶に、一処に会することを得るが故に」と云うが如し。穢土は悪知識多きに由るが故に退なり」。

iii無女人…「女人有ること無し。六根の境界、並びに是れ道に進む縁なるが故に不退なり。『無量寿経』に「眼に色を見て即ち菩提心を発す。乃至心に法を縁じて亦た菩提心を発す」と云うが如し。穢土は女人有るに由りて、六根の境界、普く是れ道を退するの縁なるが故に退なり」。

iv唯善心…「唯だ善心のみ有るが故に不退なり。『経』に「毛髪ばかりも悪を造るの地無し」と云うが如し。穢土は悪心・無記心のみ有るに由るが故に退なり」。

（b）処不退説

[二―三][67]：『無量寿経』と『阿弥陀経』には十解以上がはじめて往生を得るとあるのに、どうして十悪五逆の人が往生できるのか。

・正定聚と阿毘跋致は不退と同義である。不退は広く通じていて、十解の階位に限られるものではない。経論によって解釈すると四つの不退がある。

・四不退説＝①念不退…八地以上、②行不退…初地以上、③位不退…十解以上、④処不退…西方浄土

[二―四][68]：不退は行位に拠って論ずるべきである。どうして処に拠って不退を得るというのか。

・行処の不退は内に煩悩無きに由る。

・処所の不退は外の境界無きに由る。

[二―五][69]：前の三不退（念不退・行不退・位不退）は経論に明証がある。[70]処所の不退は、文証が無いではないか。

イ、『十住毘婆沙論』の退種性の人の例

・退種性の人はたとえ阿羅漢位を得たとしても、結局、退転してしまう。

ロ、五退縁無きによる

・もし西方に生ずれば、五退縁（『阿毘曇毘婆沙論』）が無いから不退である。

・五退縁＝①短命多病、②女人有り、及び生まれて六塵に染す、③悪行の人、謂く悪知識、④不善及び無記心、⑤常に仏に値わず

ハ、往生した人が不退を得るのであって、不退の人が往生するわけではない。

・「彼の土に生ずる者は、皆悉く正定聚に住す」（『無量寿経』）

・「衆生生ずる者は、皆是れ阿毘跋致なり」(『阿弥陀経』)

(c)上心欲・種子欲の有無

[一―八][71]…西方浄土が娑婆世界と同じ欲界にあるならば、どうして仏菩薩は往生を勧めるのか。

・娑婆世界の欲界→上心欲有り、種子欲有り。

・西方浄土の欲界→上心欲無し、種子欲有り。悪心・無記心無し、善心のみ有り。

[一―九][72]…浄土は殊妙であり、だからこそ人は往生を願う。それなのになぜ西方浄土を三界摂と判ずるのか。

・西方浄土は三界に在るからこそ往生が容易である。

・西方浄土は上心欲が無いから畢竟じて不退である。

以上が西方浄土の処不退説に関説する内容である。基本的には『浄土論』の第一章と第二章に詳論されており、これらの(a)四因縁不退説、(b)処不退説、(c)上心欲・種子欲の有無、が迦才の教説を構成する主要な内容となっている。

第三項　専念阿弥陀仏説との関係

先行研究では処不退説の文証および論証として、『浄土論』第二章の第四問答と第五問答の内容だけでは説明不足ではないかとの指摘があり、他の典拠として『起信論』の次の教説が挙げられている[73]。

復た次に、衆生初めて是の法を学びて正信を欲求するに、其の心怯弱にして、此の娑婆世界に住するを以て、自ら常に諸仏に値いて親承し供養すること能わざることを畏れ、懼れて信心成就すべきこと難しと謂いて、意の退せんと欲する者は当に知るべし。如来に勝方便有りて信心を摂護したもうことを。謂く、意を専らにして仏を念ずる因縁を以て、願に随いて他方の仏土に生ずることを得て、常に仏に見えて、永く悪道を離るるなり。修多羅に説くが如し。「若し人、専ら西方極楽世界の阿弥陀仏を念じ、修する所の善根をば廻向して、彼の世界に生ぜんと願求せば、即ち往生することを得ん。常に仏に見ゆるが故に終に退有ること無し。若し彼の仏の真如法身を観じて、常に勤めて修習せば、畢竟じて生ずることを得て、正定に住するが故に。(74)

これは専念阿弥陀仏説とよばれる、古来、浄土教家に親しみのある教説であり、(75) 道綽『安楽集』や懐感『群疑論』にも引用がみられる。当時の長安での起信論研究の隆盛を考慮すれば、処不退説を論証するには格好の内容だったはずである。(76)

ところが迦才は『浄土論』の本文中にこの文を二度にわたって引用しているにもかかわらず、なぜか処不退説の文証には援引していない。(77) 迦才が論拠として用いないのは、なんらかの意図があってのことではないだろうか。ここでは迦才が『起信論』の教説を処不退説の論証として採用しなかった理由について、第一に実践行の面（衆生の側）から、第二に仏身仏土論の面（仏の側）から考えてみたい。

まず実践行の面として、迦才は『浄土論』第五章の十二経七論において、先の『起信論』の文を引用したうえで、釈して曰く、此の論に依るに、此の間に信心を修することを成就せざる者は、西方に就きて修習することを教えたもう。此れは豈に是れ十解已去の菩薩ならんや。(78)

と解説し、専念阿弥陀仏の行業は菩薩修道の入り口である修行信心分まで到達していない者のために説かれたという。ゆえに十解以下の行者に課した実践行となる。

それではこの行業をただちに末法世の凡夫に勧めてよいかというと大きな問題がある。[79]すなわち、迦才が示す念仏行には上根行の念仏（心念・口念）と中下根行の専念阿弥陀仏名号とがあり、上根行の心念の内容はさらに「念仏色身」と「念仏智身」に分けられる。『起信論』には「觀彼佛眞如法身」とあるから、これは上根行の心念の「念仏智身」に相当すると思われる。[80]すなわち、中下根行の専念阿弥陀仏名号とはそぐわない内容であり、上根者にのみ勧めた実践行であったことがわかる。

次に仏身仏土論との関係をみていこう。迦才は四土説をとなえ、そのうえで能住人・所住土の「同体／別体」について論じている。それを示せば次のようになる。

法 ─ 法身浄土 ┐
報 ─ 実報土 ┘ ＝無相無生＝人土同体
　 ─ 事用土 ┐
化 ─ 化身浄土 ┘ ＝有相有生＝人土別体

これによれば凡夫が往生する化身浄土は人土別体である。[81]『起信論』の教説は「常に仏を見たまうが故に、終に退有ること無し」とあるように、衆生が阿弥陀仏の真如法身を常に見仏することによって不退が成立している。したがって、人土同体の法身浄土と実報土であれば「常見仏」が可能であろうが、人土別体の化身浄土の場合は問題が生ずる。すなわち、迦才は阿弥陀仏の化身を「新新に世に生じ、数数に涅槃するなり」[82]というように、出世と涅槃を一刹那の間断も許さずに繰り返す仏身と理解しており、[83]これはいわば条件つきの常住説であるから「常見仏」を根拠とした不退説は成立しがたい。また、迦才の通報化土説などの教学構造を鑑みれば、化土往生の後に見るのは化身であって法身ではない。よって、真如法身を常見仏するという『起信論』の教説をそのまま受け入れることはできない。

以上、実践行（衆生の側）と仏身仏土論（仏の側）の両面から検討し、迦才の処不退説の典拠として『起信論』の専念阿弥陀仏説がそぐわない点を指摘した。もちろん、直接的な典拠にはされなかったものの、迦才が処不退説を着想する背景として重要な教説であったことは間違いないだろう。

第四項　処不退説の内実

前述したように『起信論』の専念阿弥陀仏説は処不退説の論拠として用いることができない。では、はたして迦才における処不退説はいかなる内実を有しているのだろうか。

まず（b）の第四問答では、「内に煩悩無き」に由る行所の不退と「外の境界無き」に由る処所の不退とは、それぞれ主旨が異なることを述べている。処所の不退とは逆にいえば「内に煩悩を残したまま」の不退であり、両者の不退説が本質的に相異することは間違いないであろう。

それでは処所の不退において「外の境界無きに由る」とする根拠は何であろうか。その内容として重要なのが（a）の四因縁不退説である。たとえば、「iii無女人」について次のように述べている。

三には女人有ること無し。六根の境界、並びに是れ道に進む縁なるが故に不退なり。『無量寿経』に「眼に色を見て即ち菩提心を発す。乃至心に法を縁じて亦た菩提心を発す」と云うが如し。穢土は女人有るに由りて、六根の境界、普く是れ道を退するの縁なるが故に退なり。(84)

これによると西方浄土には六根の境界（＝六塵、外塵、外境）に退縁がなく、すべて仏道修道を前進させるための縁となるから不退であるという。すなわち、迦才は女人の存在を娑婆世界における退縁の象徴と考えており、それが存在しない西方浄土には退縁となる境界がないと解釈しているのである。

また、迦才は『浄土論』第七章に弥陀・弥勒の浄土に関する優劣論を説いている。大きな論点は「化主」「処居」「所化衆生」の三点であるが、このうち処居に十種の相違点が挙げられている。(85)

①女人　…極楽は女人がいない
　兜率は男女雑居するから女人がいる
②欲　…極楽には上心欲がないので常に菩提心を発す
　兜率には上心欲があるので境界に染著する
③不退　…極楽は不退の処である
　兜率は退の処である
④寿命　…極楽は寿命が無量阿僧祇劫であり、中夭の寿命の者無し
　兜率は寿命が四千歳であり、中夭の寿命の者有り
⑤三性心　…極楽は善心のみ生ずるので、永く悪道を離れる
　兜率は三性心（善・悪・無記）が間起し、もし悪心あれば地獄に堕す
⑥三受心　…極楽は楽受のみある
　兜率は三受心（楽受・苦受・捨受）が互いに起きる
⑦六塵境界…兜率の六塵は人を放逸にする

⑧生受　…極楽の生受は、七宝の池の内の蓮華の中より生ずる。
　　　　兜率の生受は、男は父の膝の上に在り、女は母の膝の上に在る

⑨説法　…極楽は水鳥、樹林も皆法を説く
　　　　兜率は仏と菩薩のみが法を説く

⑩得果　…極楽に生ずれば必ず無上菩提を得る
　　　　兜率に生ずれば聖果を得る場合も得ない場合もある

先行研究ではこの十種について道綽『安楽集』からの影響が指摘されているが、冒頭にも指摘したとおり、迦才は化土往生の立場をとっているから、報土往生を背景とする道綽の主張とはその意味あいが異なってくる。また、これらの十種は四因縁不退説とも深い関わりを示している。まず、③は明らかに四因縁説全体と関連し、「ⅰ長命」は④⑩、「ⅱ善知識」は⑨、「ⅲ無女人」は①⑦、「ⅳ唯善心」は⑤⑥と対応する。また、前節に詳細を論じた②の上心欲の有無も娑婆世界との差異として（c）に挙げられている。

結局、この十種の優位点はほぼ四因縁不退説に端を発していることがわかる。とすれば、四因縁不退説の根拠は何であろうか。「ⅰ長命」と「ⅱ善知識」は『阿弥陀経』が典拠であり、「ⅲ無女人」と「ⅳ唯善心」は『無量寿経』である。(86) すなわち、その根拠はどこまでも経典によるものであったということがわかる。迦才の基本的姿勢に立ち戻れば、「論」ではなく「経」によることを優先すべきである。これもまた迦才が論書である『起信論』を根拠として用いなかった理由の一つであろう。

ところで、『浄土論』第九章の第五問答における次の一文は、迦才が処不退説によって企図したところが端的に

あらわれている。

彼の浄土は只だ是れ諸仏、慈悲の方便をもって別して一方の処所を料理し、女人及び五欲の境界を除却し、衆生をして中に於て道を修せしむ。四生の中に於ては是れ化生の処なり。極妙には非ざるなり。猶し城邑の中に於て別して一所を断理し、用いて伽藍を作りて俗事を除却し、僧をして道を修せしむるも、但だ衆生有りて伽藍に入れば悉く善心を発すが如し。彼も亦た是の如し。(87)

西方浄土は阿弥陀仏の慈悲方便によって建立されたものであり、女人と五欲の境界を滅除して衆生をそのなかにおいて修道させる。それはあくまで四生（胎生・卵生・湿生・化生）のなかの化生であって極妙というわけではない（これは前述の⑧「生受」と関連する）。たとえていえば、城のなかに別立して伽藍を造って、俗事を除去して、そこで僧が修道したならばことごとく善心を発すようなものであるという。すなわち、化土である西方浄土は「極妙な処（＝報土）」ではないけれども、「退縁が除去された仏道修行するのに最適な環境の処（＝化土）」と考えられていたことがわかる。

ここまでの検討から、処不退説の内実は四因縁不退説によって規定されていること、尚かつ、その論拠は『無量寿経』と『阿弥陀経』の経典にもとづくことが明らかになった。また、処不退説の理論を支えるのは、阿弥陀仏の仏身のはたらき（＝常見仏による不退）ではなく、むしろ西方浄土の仏土のはたらき（＝退縁の無い環境）にある。(88)『浄土論』全般においても、来迎などの仏身論を強調した教説はあまりみられず、仏土論の側に比重を置いた浄土教思想が形成されている。

第五項　処不退説の問題点とその対応

それでは化身浄土である限り必然的にそなわる消極的要素（有量寿・有漏・三界摂）は、はたして処不退説と矛盾しないのだろうか。以下にその問題点を検討してゆきたい。

(1) 有量寿であること

西方浄土が三界内の化身浄土であるために「有量寿」であり、「必ず死が有る」という点については冒頭に示した。しかしながら、一方で迦才は四因縁不退説において「i長命」を不退の根拠とする。これはすでに隋代の浄影寺慧遠や吉蔵の解釈にもあるように、凡夫が限量を推し量ることができないほど長いから「無量寿」と称するが、実際には「有量寿」であるといった考え方にもとづくのであろう。吉蔵『観経義疏』には、

今、弥陀の無量は小分の無量なり。又た無量と称して此の土の短促に対す。故に無量と云う。又た無量寿と称するは、声聞・縁覚の二乗、此の仏の寿命を思量すること能わざるが故に無量寿と云う。彼の仏の寿は実に無量には非ざるなり。(89)

と穢土との比較によって、「弥陀の無量（実には有量寿）」を「小分の無量」とする表現がみられる。迦才もこのような意味を熟知したうえで「長命」との表現を行ったと考えられる。

さて、迦才が長命を不退説の根拠とするのは、

一には長命に由るが故に不退なり。『経』に言うが如きは「寿命無量阿僧祇劫の故に」と。直ちに然なり。三

大阿僧祇に道を修して則ち成仏を得。況や復た無量僧祇をや。(90)

とあるように、西方浄土における最大限の有量寿のなかで、菩薩が仏果を得るまでに必要とされる三大阿僧祇劫の時間を充分に捻出・消化できると考えたからであろう。(91)『摂大乗論釈』においても、この三大阿僧祇劫説が採用されていることから、迦才が想定する往生後の彼土修道にはそれらの修道体系が反映されていると思われる。(92)そのことは迦才が西方化土の常随之化の規定について、

三大僧祇の利他行を将って盛んなるは即ち是れ常随の化なり。此の身及び土は、此の界と他方とに恒に現じて絶へず。(93)

と述べ、西方化土を三大阿僧祇劫の利他行を成就する仏土としていることからも裏づけられる。また、弥勒浄土との差異である「処居」の④と⑩においても、西方浄土に往生すれば寿命が無量阿僧祇劫であるから修行の途中で死ぬ者はなく、必ず無上菩提が獲得できるのだという。

このように三大阿僧祇劫の彼土修道が重要視されるということは、西方浄土がその修道過程に耐えうる環境を提供せねばならない。その根拠となるのが長時化土説と通報化土説であろう。とくに西方浄土が長時持続と清浄の性質をたもち続けられるのは、迦才が『摂大乗論釈』の化身常住説を典拠とする長時化土説を創案したことにもとづくのである。

(2) 有漏であること（上心欲・種子欲の有無）

次に（c）では、西方浄土の有漏的要素として潜在的な煩悩である種子欲が残存していることを述べている。しかしながら、それに続く問答のなかでは「上心欲無きが故に畢竟じて不退なり」といい、上心欲の有無によって西

方浄土の欲界が不退であることを論じている。

さて、この上心欲と種子欲の二欲については前節に論じたとおり、『摂大乗論釈』に説示された上心欲と随眠欲に対応する。それでは、もし随眠欲が種子欲であったならば、西方浄土における種子欲はどのような意義を持ちうるのであろうか。これについては『摂大乗論釈』の随眠説が注目される。すなわち、『摂大乗論釈』巻一四には、

諸の菩薩は永く上心欲を除き、但だ随眠欲を留むるに由るが故に、諸の菩薩は出離を得て成仏す。何を以ての故に。若し此の随眠欲を留めざれば則ち二乗の涅槃に同じ、若し上心欲を除かざれば則ち凡夫と異ならず。（中略）此の惑は能く生死相続し、善根と相応し、衆生を成熟せしむ。是の故に我れ今、応に摂して此の惑を留むべし。(94)

とあり、菩薩は二乗がすぐに般涅槃するのとは異なり、随眠欲を留め生死を相続させて衆生救済を行うことを仏道修行の助けとするという。すなわち、随眠惑は生死を相続し、善根と相応して衆生を成熟させるのであり、それゆえこの欲を留める必要があるのだという。また他の箇所でも、

諸の菩薩は随眠惑を留めて助道の分と為す。二乗の速やかに般涅槃するには同じからず。此の事に由るが故に、修道究竟して習気を滅尽すること及び円智を証することを得。(95)

諸々の菩薩は随眠惑を留めて仏道修行の助け（＝助道分）とすると述べている。ここでも二乗のように、すみやかに般涅槃してしまうことを批判的にとらえていることがわかる。ちなみにこの留惑菩薩説は、道基『摂大乗義章』巻四にも、

十解已上の三賢の菩薩は修道の上心を断じ、彼の三界の随眠種子を留め、三界に生を受けて自行利物す。(96)

とあり、菩薩は随眠種子を留めることによって三界に生を受けて自行化他を行うのだという。迦才もこの説に着目

して、十解以上の菩薩は惑を留めて悪道のなかに生を受け、衆生救済のためにあえて浄土往生を求めない留惑菩薩説として援用している(97)。

以上の内容から検討すると、西方浄土の種子欲は、凡夫の煩悩である上心欲とは異なり、単なる有漏的要素ではなくて、菩薩修行の助道になるという一面がみられることがわかる。また前節で明らかにしたように、随眠欲には聞熏習と関連する積極的な側面も説かれている。ゆえにこの種子欲の残存が西方浄土の処不退説と必ずしも抵触することなく共存可能になるのであろう。

さらに『摂大乗論釈』の教説をふまえて種子欲の意味を考慮すれば、次のような積極的な解釈も可能となると思われる。迦才によると種子欲（随眠欲）は欲界中の西方浄土と娑婆世界に共通して存在する。つまり、西方浄土は三界内に在るために、潜在心としての随眠煩悩の種子は残存し続ける。ただしそれが目覚めて三毒の上心欲として活動することがないから、仏道修行の退転する機縁がないというのである。ここで『摂大乗論釈』の留惑菩薩説を援用したならば、種子欲は無上菩提へ進趣するための菩薩修道の動力となることも考えられよう。冒頭にも示したとおり、迦才は阿弥陀仏が有量寿であるから往生した衆生にも必ず死があるという。死があるということは生死が相続するということである。つまり、その生死相続を保持し、かつ彼土修道において善根を蓄える当体としても、西方浄土に残存する種子欲の意義を見出しうるのではないかと考えられる。

（3）三界摂の浄土であること

西方浄土が三界摂、すなわち三界内に在るということは、衆生が往生してもなお六道輪廻のなかに存在し続けるということである。曇鸞や道綽は生死輪廻の娑婆世界から脱出することを目的として三界出過の浄土へと往生する

ことを勧めた。しかしながら迦才は、

若し是れ三界の摂ならば、未だ三界の惑を断ぜざる衆生は即ち生ずることを得。若し三界を出ずとは、凡夫と学人は此れ則ち分を絶す。三界の中に在る衆生を将って、皆な煩悩を具足して三界の外の報土の中に生ぜしむべからず。三界に在るに由るが故に往生は則ち易し。仍ち上心の欲無きが故に畢竟じて不退なり。(98)

西方浄土が三界内に在るからこそ、三界の惑を断じないままの衆生がそのままに往生することが可能なのであり、三界の惑を抱えたままの衆生が三界外の報土に往生することはできないとする。

すでに論じたように、このような理解は『勝鬘経』および吉蔵『勝鬘宝窟』の二種生死説の原則論にもとづくのであり、基本的に衆生は自らの修行段階に応じた浄土でなければ受用できない。(99)それゆえに迦才は西方浄土が三界内に在るからこそ往生が望みやすいのだと主張し、さらに上心欲がないから処不退なのだという。

ところで、迦才が西方化土往生の易往性を強調していたことは、弥勒浄土との差異における「所化の衆生」として、①処の別、②因の別、③行の別、④自力他力の別、⑤善知識の別、⑥経論の多少の別、⑦古来大徳の多少の別という七種を挙げ、「此の義に由るが故に西方に往生することは則ち易く、兜率に上生することは稍難し」(100)と結んでいることからも看取できる。そして、『浄土論』第一章の第三問答では、

若しは報、若しは化、皆な衆生を成就せんと欲す。此れ則ち土は虚しく設けず、行は空しく修せざれば、但だ仏語を信じて『経』に依りて専ら念ずれば、即ち往生することを得。亦た須らく報と化とを図度すべからず。(101)

報土も化土もみな衆生の成就のために設けられたものであるから、ただ仏語を信じて経によってもっぱら念仏すれば報土であれ化土であれ、いずれかの浄土へ往生を得るはずである。だから、報土とか化土とかいう分別にいつまでも議論を費やすべきではないという。これがさまざまな論義を重ねたうえでの迦才の結論であった。

すなわち、迦才にとっては報土と化土のいずれか、あるいは三界摂と不摂のいずれかといった議論以上に、末法世の衆生が容易に求めうることができ、実際に往生が成立することこそがもっとも優先されるべき内容なのである。凡夫が凡夫なりのレベルの浄土に往くという通報化土説は、まさにこのような意図から捻出された独自な思想であり、往生が成就した後の経過を支えるのが長時化土説と処不退説であった。そして、それは了義経たる浄土経典への疑いのない帰依とそれにもとづく実践によってのみ達成されるのである。

第六項　まとめ

本節では迦才による処不退説の内実と化土往生の意義について検討してきた。最後にここまで論じてきた内容を整理したい。

第一に従来の研究における、処不退説の典拠を『起信論』の専念阿弥陀仏説に求める点には同意できない。その理由として、まず『起信論』の念仏は中下根行にはそぐわないこと、次に化身浄土は身土別体であって法身の阿弥陀仏を「常見仏」することによる不退説が成立しないこと、さらに迦才の処不退説の論拠は「論」（『起信論』）ではなく「経」（『無量寿経』『阿弥陀経』）に求められていたことが挙げられる。

第二に迦才の処不退説の内実は四因縁不退説であり、仏身のはたらき以上に仏土としての側面に比重が置かれた解釈が行われていた。すなわち、西方浄土は極妙な処ではないけれども、六根の境界がすべて仏道を促進する縁となり、退転しやすき凡夫が仏道修行するのに最適な環境の処と理解されていた。

第三に欲界中の化土である西方浄土は有量寿（＝死が有る）、有漏（＝種子欲が有る）、三界摂（＝生死輪廻のなかに在る）といった消極的な条件が克服されていない。ただし、迦才はそれぞれの要素に対して次のような考えを持っていたと考えられる。

・有量寿…西方浄土の長時化土説を根拠として、往生後に菩薩が仏果を得るのに必要とされる三大阿僧祇劫の時間を十分に捻出できる。

・有漏　…種子欲が随眠欲であれば、菩薩修行の助道となりうるため、種子欲は単なる有漏的要素ではない。

・三界摂…三界内にあるからこそ凡夫が煩悩未断のままの状態で往生可能であり、往生が望みやすい。

このような点からみると、西方浄土が有量寿や有漏という性質を有していることは、西方浄土における修行の必要性と時間的猶予の限定性をも示唆しており、往生後における彼土修道の原動力ともなりうる一面が認められる。

第四に迦才の凡夫化土往生説における往生はあくまで仏道修行の第一段階であり、最終的には菩薩の十地修道を完遂して、無上菩提を獲得するところまでがその範疇にあったと考えられる。そのためには、煩悩未断の凡夫が退転することなく彼土修行を継続できることが大前提であり、それに際して長時化土説、通報化土説、および処不退説の創案が不可欠であった。

第五に迦才の浄土教思想においてもっとも優先されるべきは、末法世の凡夫の往生が成就することであり、それゆえ三界内に在る化土への往生を積極的に勧めた。すなわち、報土・化土ならびに三界摂・不摂といった区分を議論することは二の次であった。

隋代以後、西方浄土についてさまざまな議論が重ねられてきた。隋代の代表的な学僧である浄影寺慧遠や吉蔵がともに西方浄土を応身応土（＝化土）という低位な仏土と規定したことに対して、道綽は「此れ大なる失と為す」

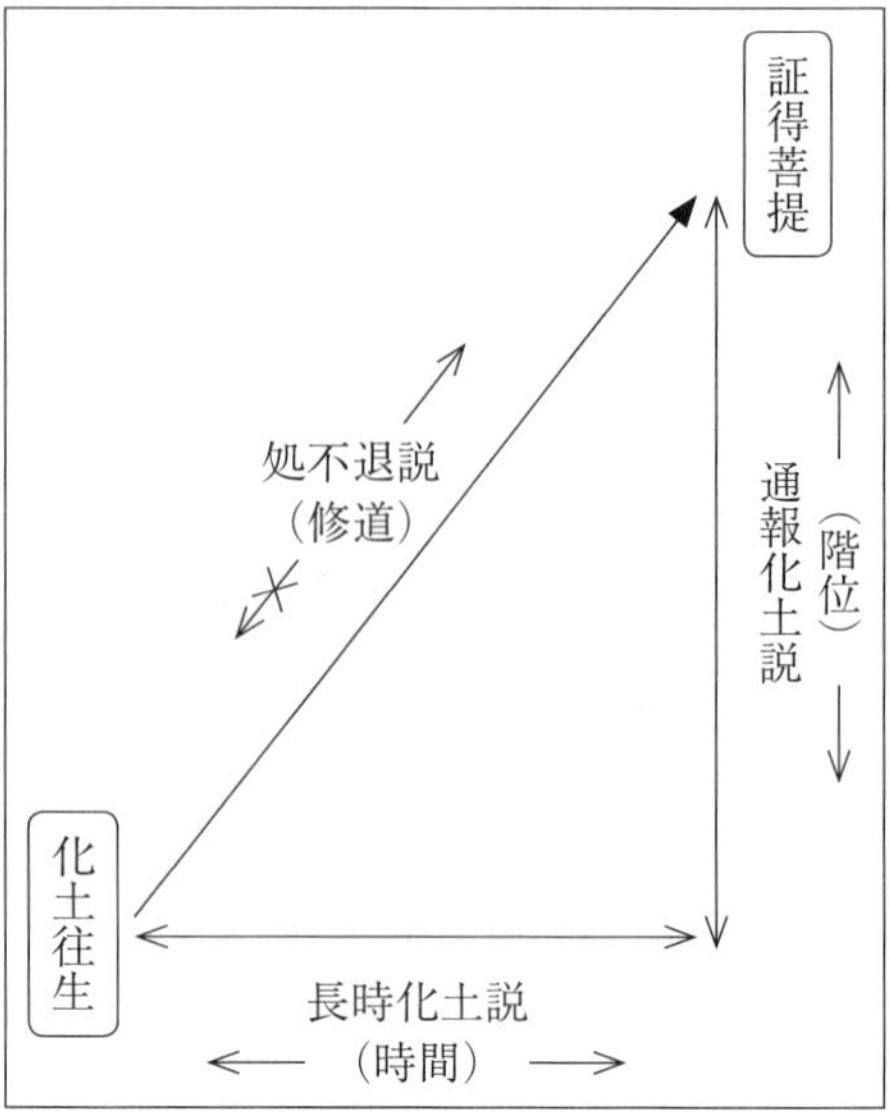

図4　凡夫化土往生説について

といって報身報土説を主張した。一見すると、迦才の西方化土説は慧遠や吉蔵の学説へと退行してしまったかのようである。

しかしながら、既述したとおり迦才が『安楽集』を読解して感銘を受けたのは末法説のくだりであって、報土往生説ではなかった。迦才が『浄土論』を著した理由は末法世の凡夫の往生が成立すること、すなわち凡夫の化土往生が成就されることを示すためであっただろう。その信念にもとづいて、迦才は報土往生説ではなく、化土往生説を選択したのである。

そもそも往生の成就とは、往生の瞬間的な成立だけでなく、往生後の彼土修道を通じて無上菩提を得るまでの行程そのものが保証されていなければならない。したがって、長時化土説（時間）と通報化土説（階位）と処不退説（修道）が補完的に成立することが凡夫化土往生説の必要条件であり、かつ迦才の浄土教思想の基盤そのものだったのである。それを図示すれば図4のとおりである。

このように処不退説は化土往生説の根幹の一部をなしており、この教説の創出によってようやく凡夫の化土往生が理論的に補完されたことがわかるだろう。処不退説は迦才の独自性がもっとも顕著にあらわれた教説であり、決定的な文証がないにもかかわらず[102]、以後の諸師の教説に処不退説の影響が少なからずみられることは、その思想的意義に一定以上の評価がなされたということができよう[103]。

最後に付言したいのは、「不退」とは単に「退転しない」ということではなくて、仏果に向かって「進趣する」という意義を持たなければならないということである。迦才自身が「西方浄土に四の因縁有り。唯だ進んで退せず」(104)と述べているとおり、迦才の浄土教思想は、化土往生による彼土修道での進趣の意義を伴ってはじめて活力をうるのである。

註

(1) 求那跋陀羅訳『勝鬘経』「有二種死。何等爲二。謂分段死、不思議變易死。分段死者、謂虚僞衆生。不思議變易死者、謂阿羅漢、辟支佛、大力菩薩意生身、乃至究竟無上菩提。(『正蔵』一二、二一九頁下)」。

(2) 迦才『浄土論』「問曰、報土淳淨妙絶三有。所化衆生已超分段。此土出乎三界、理亦易信。而化土雖淨、其淨未妙。所化衆生復在地前、此土爲當在三界攝、爲當不攝耶。答曰、若就佛論、則妙絶三界。若從衆生、具有二義、或攝不攝。初明攝者、若據凡夫及三果學人往生者、此即在三界攝。以此等衆生未出三界故。(中略)二明不攝者、若是初地已上菩薩、及羅漢、辟支、無學人生者、此即不攝。由已斷正使、出三界故也。如大智度論云、有妙淨土、出過三界。諸阿羅漢、當生其中也。(『浄全』六、六三一頁下～六三三頁下)」。

(3) 浄土教における三界摂不摂論については、金子寛哉『『釈浄土群疑論』の研究』一〇六～一三〇頁を参照。

(4) 現行の『大智度論』における引用文の相当箇所は「問曰、阿羅漢先世因緣、所受身必應當滅。住在何處而具足佛道。答曰、得阿羅漢時、三界諸漏因緣盡。更不復生三界。有淨佛土出於三界、乃至無煩惱之名。於是國土佛所、聞法華經具足佛道。(『正蔵』二五、七一四頁上)」と思われるが、迦才、慧遠、吉蔵がともに引用する「有妙淨土、出過三界。是阿羅漢當生彼中」という文とは一致しない。引用文が三者に共通している点を考慮すると、当時の流布本がそのようになっていた可能性も考えられる。

(5) 吉蔵『勝鬘宝窟』「二死別有義章。今略以四門解釋。(『正蔵』三七、四八頁下)」。

(6) 吉蔵『勝鬘宝窟』「虚僞衆生者、以取相爲因、相心虚妄也。又未得無漏實解、隨惑受生、迴轉五趣、或墮、或昇、無有定實、故爲虚僞。此就凡夫爲釋、不論聖人、以三界本是凡夫惑故也。若通取小乘法、凡夫人及三果四向、乃至二乘未入無餘之前、所受報身、名虚僞衆生也。有人言、大乘法中、外凡善趣菩薩、皆於三界地中、妄愛受生、故言虚僞。若依舊明。從凡夫地逕大乘、未受初地已來、悉受分段死。此用法華論意釋攝論及仁王經云、若如三藏云、十行第六心斷惑、與二乘齊、未與二乘齊已來、並受分段身也。(『正藏』三七、四九頁上)」。

(7) 吉蔵『勝鬘宝窟』「問、云何故大力菩薩位耶。答、有人言(中略)今謂位義難知。憶生罪過、不可定判也。若依法華論數處分明。又明地前是凡夫受分段身。捨分段身方入初地。則知。初地已去是變易生死、大力菩薩也。(『正藏』三七、四九頁上~中)」。

(8) 吉蔵『勝鬘宝窟』「問、無明爲緣。斯事不疑。既稱無漏。云何是感生因也。答、此無漏是有漏耳。但對三界内之有漏、故三界外者名無漏耳。問、云何對界内名爲無漏。答、諸勝鬘師多不尋經首尾、好疑此事。下文云、生死有二種、一有爲生死、二無爲生死。分段是有爲生死、變易無爲生死。變易對界内名無爲。實是有爲。今且爾。感有爲生死業、名爲有漏。對此有漏故、感界外生死者、爲無漏而體實是有漏。(『正藏』三七、五三頁下~五四頁上)」。

(9) 吉蔵『勝鬘宝窟』「羅漢有三界内治道之智。名之爲行。斷三界煩惱盡、無有三界内分段生死。於三界内無有怖畏。是故昔日説羅漢無怖畏。未有三界外治道之智、名爲無行。故有變易生死苦。(『正藏』三七、四五頁中)」。

(10) 智儼『孔目章』「變易生死、只是分段細相。(『正藏』四五、五七四頁上)」。智儼の二種生死説については、大竹晋『唯識説を中心とした初期華厳教学の研究』九五~一二四頁を参照。

(11) 道基『摂大乘義章』巻四には「或説三障。謂惑業報、一明體性、二辨位地。就體性中、一界内三障、其惑障者見修二惑以爲其體。業障者今大乘中罪福不動等種以爲體性。報者界内報生五陰法也。二界外三障。(中略)論説無生法忍、謂初地無分別智名無生法忍也。若二乘無學来入大乘十信位中、捨分段報而受變易。智度所説乃據直来凡夫菩薩須斯二果、此以肉身而入初地。界外三障者、惑業與報、從初地斷至法雲盡。(『正藏』八五、一〇四二頁中)」とあり、また『摂大乘論章』巻一には「四三界分別者。四惑不別繋分段三界。但與凡夫三界之中見修惑倶染縛六識中見修二惑。(『正藏』八五、一〇一七頁下)」とある。

(12) 慧遠『無量寿経義疏』「所成殊勝心常諦等所成不動。又過世間明成斷德。謂過分段・變易世間一切法也。(『正蔵』三七、九九頁上)」。

(13) 慧遠『観経義疏』「土有麁妙。麁處雜小、妙處唯大。又復麁國通有分段凡夫往生。妙土唯有變易聖人。彌陀佛國淨土中麁。更有妙刹、此經不説。華嚴具辨。(『正蔵』三七、一八二頁下)」。

(14) 吉蔵の弥陀身土論については、伊東昌彦「吉蔵の弥陀身土論」(『南都仏教』八八、二〇〇六年、後に『吉蔵の浄土教思想の研究』五三～一二五頁に所収)を参照。

(15) 吉蔵『観経義疏』「問、二死中攝何生耶。答、解不同。一云在凡夫淺位。所行因得故。報不得爲勝故是分段。二北地云是變易攝故。何者此菩薩、既在八地上深位之所行所造故、云不思議變易報也。今云此應是分段生死。何以知之。世自在王佛所爲國王、而發心出家。始發四十八願造此淨土。又彼土壽雖無量必終訖。故知。彼土分段生死。(『正蔵』三七、二三五頁中)」。

(16) 吉蔵『観経義疏』「然分段與變易不可定判。何者穢則淨淨則穢。分段與變易亦爾。分段即變易變易即分段。淨穢因緣二生死因緣不相離所以蓮華藏世界是分段變易。無量壽土是變易分段。若就報應淨穢各論五句合有十句。何者一先穢後淨。二先淨後穢。三先後俱淨。四先後俱穢。五先後雜會。今就一事示之。(『正蔵』三七、二三五頁中)」。

(17) 吉蔵『観経義疏』「問、無量壽淨土三界攝不。答、解不同。一北地云、非三界攝。何以知然。論云、無欲故非欲界、地居故非色界、有色故非無色界。二江南云、是三界所攝。何者未斷三界煩惱、而得往生故。以惑品與樂品勝劣制三界。(『正蔵』三七、二三五頁中～下)」。

(18) 吉蔵『大乗玄論』「有人言、佛無淨土。但應衆生報。以化主爲言、故言佛土耳。此是成論師意。非經論所明。經論云、佛無淨土者、無分段・變易淨土。有淨土者、乃是萬行所得眞常淨土。故經言法身淨土是眞成淨土。報佛淨土、經論處處皆明淨土。(『正蔵』四五、六七頁中)」。

(19) 直前の問答に「問、安養世界爲報土爲應土耶。答、解不同。一江南師云、是報土、何者以破折性空位中、以四十八願所造故也。二北地人云、八地以上法身位、以願所造故云報土。(『正蔵』三七、二三五頁上)」とあり、南地師は法蔵菩薩の発願を凡夫位(＝破折性空位)ととらえ、北地師は八地以上の法身位としていたことが看取できる。

(20) 迦才『浄土論』「問曰、淨土殊妙、物咸欣仰。既欲勸人往生。何故須判是三界攝耶。答曰、此是經判、非關人也。又若是三界攝者、未斷三界惑衆生即得生。若出三界者、凡夫學人、此則絶分也。不可將在三界中衆生、皆具足煩惱、令生三界外報土中也。由在三界故、往生則易。仍無上心欲、故畢竟不退。(『浄全』六、六三二頁下)」。

(21) 迦才『浄土論』「如遠法師判上品上生、從四地至八地、若如攝大乘論、四地菩薩、變易中因緣生死。西方是分段生死。云何令受變易菩薩却受分段也。(『浄全』六、六三五頁上~下)」。

(22) 迦才『浄土論』「若論二乘無學人、不問愚法不愚法。悉生淨土中。以受變易生死、三界中無受生處故也。(『浄全』六、六四四頁下)」。

(23) 世親『往生論』「觀彼世界相、勝過三界道。(『正蔵』二六、二三〇頁下)」。

(24) 曇鸞『往生論註』(『正蔵』四〇、八二八頁上)、道綽『安楽集』(『正蔵』四七、七頁中)。

(25) 金子寛哉氏は「各祖師の中、三界摂とする説を取ったのは慧遠・吉蔵・迦才であり、不摂説を主張したのが曇鸞・道綽・懐感であった」と述べ、その立場の違いについて「極楽浄土を阿弥陀仏の本願力によって荘厳された世界とする見方は、浄影寺慧遠・嘉祥寺吉蔵・迦才等の三界摂論の中には一度も見られない。そこで展開されるのは、凡夫が凡夫自身の自らの業によって感得する世界、という論理の範疇から出ることはない」と阿弥陀仏の本願力という要素の有無を指摘している(金子寛哉『『釈浄土群疑論』の研究』二二九~二三〇頁)。

(26) 望月信亨氏は「玄奘を始め、惠景、神泰、遁倫等は共に唯報の説をなし、迦才、道世幷に窺基、圓測、元曉、懐感、憬興、智周等は皆通報化の説を唱へた」と述べている(望月信亨『中国浄土教理史』二〇五頁)。

(27) 迦才『浄土論』「問曰、法身淨土、理遍可知。報化二土、應有封疆。西方既具有報化土。據何文證。答曰、報化二土、或有封疆、或無封疆。如報土中實報土者、即無封疆。謂如来行圓八萬、時滿三僧祇。二教獨備、五分明顯。相窮海滞、好盡岳塵。三明既朗、二智雙照。其猶龍吟雲應、虎嘯風隨。寧得以殊寶飾。不可以封疆限。此土唯佛自矚其美。菩薩未之寓目也。事報土者、謂下擎金剛之柱、上瑩瑠璃之地、外圍七寶欄楯、内盈八德清池。珠寶筏於翠林、寶網絡於綺殿。既是身充萬德、亦乃土盈衆美。如此土者、即有封疆也。化土之中、據大悲願力、等衆生界、無所不遍、則無封疆。若據身爲化衆生、新新生世、數數涅槃。則有封疆也。(『浄全』六、六三一頁上)」。

(28) ちなみに、封疆とは「境界、国境」の意であり、名畑応順氏は「疆界」「疆域」とし(名畑応順『迦才浄土論の研究』五九頁)、望月信亨氏は「方位疆域の分限」と解釈している(望月信亨『中国浄土教理史』一六七頁)。

(29) 吉蔵『勝鬘宝窟』「彼佛國土下、第二次明依果。今且前論土義。古注云、國土是養衆生封疆之域秤也。以理推驗而實成佛者、則不必待乎記謚。既以權記、引於庸信。故成佛必云封疆是妙。然封疆實是衆生惑報。既以惑盡成佛。

佛焉得有惑報之封疆哉。但道極則兼化物。故示居惑報之封疆耳。苟得摧級之旨解、亦無傷於佛實無土也。而衆生惑報封疆優劣不同者、寔由資善有濃淡、煩惑有厚薄也。若惑薄善濃者、致報則妙。惑甚善微者、報必穢惡。經論備明也。所以授淨土記者、一表勝鬘心淨故生淨土、二欲引同行眷屬發願往生。（『正蔵』三七、一九頁中～下）」。

(30) 『勝鬘経』（『正蔵』一二、二一七頁中）。

(31) 「古注」とは、僧肇『注維摩詰経』を指す。

(32) 吉蔵『大乗玄論』「此五皆是衆生自業所起。應名衆生土。但佛有王化之功、故名佛土。然報土既五。應土亦然。報據衆生業感、應就如來所現。故合有十土。（『正蔵』四五、六七頁上）」。

(33) 迦才『浄土論』「問曰、淨土殊妙、是法王所居。蓮花臺藏、非凡夫行處。理須凡行凡地、聖踐聖場。寧得底下凡夫、生斯妙處。答曰、據四十八大願、淨土雖妙、本擬成就凡夫。蓮花臺藏、元是託生之處。若是凡夫、即不得遊於淨土、既是法王、何得踐於五濁。雖是法王、爲化衆生、故来遊於五濁。亦雖是凡夫、爲供養佛故、生於淨土。此理明矣。（『浄全』六、六六八頁下）」。

(34) 迦才『浄土論』「雖欲界名同、義即別也。此處欲界、具有二義。一有上心欲、二有種子欲。由具二義、則有男女雜染、貪逐色聲、樂住三有火宅中也。西方欲界者、唯有種子欲、無有上心欲。既無上心欲、即無前等過失、亦無惡心及無記心。唯有善心也。（『浄全』六、六三二頁上）」。

(35) 迦才『浄土論』「由在三界、故往生則易。仍無上心欲、故畢竟不退。（『浄全』六、六三二頁下）」。

(36) 知俊『浄土論余暉鈔』（『続浄』七、一一六頁下）。

(37) 名畑応順『迦才浄土論の研究』六六頁。

(38) 真諦訳『摂大乗論釈』「諸菩薩永除上心欲。但留隨眠欲故。（『正蔵』三一、二五九頁下）」。

(39) 真諦訳『摂大乗論釈』「上心惑爲染、隨眠惑爲著。（『正蔵』三一、二六二頁中）」。

(40) 玄奘訳『倶舎論』（『正蔵』二九、九八頁下）、玄奘訳『異部宗輪論』（『正蔵』四九、一五頁下）。また、小乗部派の「随眠」解釈の異説については、結城令聞『心意識論より見たる唯識思想史』（東方文化学院東京研究所、一九三五年、三二一～七二頁）、佐々木現順編著『煩悩の研究』（清水弘文堂、一九七五年、七二～一二八頁）、兵藤一夫「『倶舎論』に見える説一切有部と経量部の異熟説」（『仏教思想史』三、一九八〇年）、加藤純章「随眠—anuśaya

―」(『仏教学』二八、一九九〇年)などを参照。

(41) 真諦訳『倶舎釈論』「若惑眠説名随眠、若惑覺説名上心。此惑眠何相。不在現前種子隨逐。惑覺何相。正現前起。何者惑種子。是身相續功能。從惑生能生惑、説名種子。譬如芽等、從舍利子生、能生舍利子。(『正蔵』二九、二二五三頁上)」。玄奘訳『倶舎論』にもほぼ同内容の論述があり(『正蔵』二九、九九頁上)、真諦訳『部執異論』にもこのような経緯を伝えている(『正蔵』四九、二二頁上)。なお、石井公成氏の調査によれば真諦文献のなかでも「上心惑」の語句があらわれるのは『倶舎釈論』『本有今無偈論』『律二十二明了論』『四諦論』『摂大乗論釈』『三無生論』『仏性論』などの「有流・無流」の語句を用いるグループにのみという(石井公成「真諦関与文献の用語と語法―NGSMによる比較分析―」船山徹編『真諦三蔵研究論集』)。

(42) 真諦訳『三無性論』「我執有三種。一随眠、二上心、三習氣。言數者、即明随眠。我執數數執止本識。言串者、即上心。我執數數串起。言習者、即明習氣。我執數數而起随眠。上心是内煩惱、得見諦道此惑便滅。習氣爲久習所成、非正煩惱故、得羅漢時此猶未滅。得法如如方能稍遣。此三我執皆依本識也。(『正蔵』三一、八六九頁下)」。

(43) 真諦訳『三無性論』「現相續中随眠貪欲種子也。(『正蔵』三一、八六九頁下)」。

(44) 真諦訳『転識論』「二執随眠所生果、或不得滅離者、即是見思二執随眠煩惱能作種子。生無量上心惑。皆以本識爲其根本。(『正蔵』三一、六三頁下)」。

(45) 真諦訳『仏性論』「一者随眠貪欲煩惱、二随眠瞋、三随眠癡、四貪瞋癡等極重上心惑、五無明住地、六見諦所滅、七修習所滅、八不淨地、九淨地惑。若煩惱在世間離欲衆生相續中、爲不動業増長家因、能生色無色界、爲出世無分別智所滅。是名随眠欲・瞋・癡等三毒。(『正蔵』三一、八〇六頁下)」。

(46) 『摂大乗論章』巻一「四惑上心及随眠種子、並非彼十無明所攝、及二十二無明攝。(『正蔵』八五、一〇一九頁下)」。

(47) 『摂大乗論章』巻一「初言上心者、四惑現行在於七識。此望四惑一向是其人我障攝。亦名煩惱障攝、亦可四惑與彼六識之中法執並起。染縛法執亦名法我障。二言随眠者、本識之中四惑正使種子、一向是其人我障攝。故無相論云、随眠上心小乘見道聖解所斷。三習氣者、是其四惑種子殘氣、亦名人我障。(『正蔵』八五、一〇一八頁中~下)」。

(48) 道基『摂大乗義章』巻四「菩薩法中前三客塵既曰随眠。理是種子。十解已上爲異二乘、攝留受生、十迴後身斷已登地。(『正蔵』八五、一〇四三頁下)」。

(49)『摂大乗論疏』「此上心者、取上心現行、隨眠是煩惱種子。此就初發心弁、若不先發如是意、即便修道、一身通證四果。由發如是意、於々十信位、逕一劫乃至十劫、永除上心。(俄Φ三三四、『俄蔵敦煌文献』五、上海古籍出版社、二二六頁上)」。

(50)常楽寺蔵本の『浄土論』では、「上心欲」がすべて「現行欲」となっている。常楽寺蔵本の上巻は教義に関する部分において意図的な抜粋が随処にみられるため、ここでもおそらく写筆者が意味をとって書き換えたのではないかと考えられる。この点については、平成一八年度の日本印度学仏教学会第五七回学術大会(於大正大学)にて発表した後、曽和義宏先生よりご教示いただいた。記して感謝の辞としたい。

(51)智顗『法華玄義』(『正蔵』三三、七四四頁中)。池田魯参「天台教学と地論摂論宗」(『仏教学』一三、一九八二年)などを参照。

(52)真諦訳『摂大乗論釈』(『正蔵』三一、一六三頁上)。ここでは染汚種子(不浄品種子)と阿頼耶識の同異について説いており、両者は不一不異の関係とされている。

(53)聞熏習、法身種子については、岩田諦靜『真諦の唯識説の研究』(山喜房仏書林、二〇〇四年、二一五～五五頁)、勝又俊教『仏教における心識説の研究』七四一～七四五頁、結城令聞『心意識論より見たる唯識思想史』六五〇～六六〇頁などを参照。

(54)真諦訳『摂大乗論釈』「聞熏習漸增、本識漸減。聞熏習下品生、本識上品滅(中略)由福慧漸增、種子漸減故得轉依。(『正蔵』三一、一七四頁下)」。

(55)清浄な法界より流れ出た仏の教え(正法)を聞くことによって種子を熏起すること。また、「聞熏習亦爾雖是世間法。(『正蔵』三一、一七四頁上)」と断っているように、この聞熏習は必ずしも無漏に限らず、有漏なるもの、すなわち凡夫に対しても作用する。

(56)『摂大乗論章』巻一「一名種子識。此依達磨藏説。以能持染淨二法種子故。(『正蔵』八五、一〇一三頁中)」。

(57)『摂大乗論章』巻一「本識之中攝淨・不淨品。以能持染淨兩種種子故。故縁生章云、善惡種子二姓、明了染淨爲二。業惑種子、名之爲染。聞熏種子、名之爲淨。(『正蔵』三一、一〇一三頁下)」。

(58)迦才『浄土論』「此人及土、初地已上菩薩、隨分得見、乃至十地、見皆不同。謂地即上下之別、見亦麁妙之異也。

（『浄全』六、六二九頁下）」。

(59) 迦才『浄土論』「今勸衆生生者、謂生化身土中（中略）此是衆生受生處故、是事法故、是俗諦故、是行法故、是受處故、是分段身故、是此死彼生故、是有漏法故、是有爲法故、是三界攝故、有往來故、於四生中是化生攝故。（『浄全』六、六六九頁下）」。

(60) 迦才『浄土論』「觀世音受記經云、阿彌陀佛壽命無量、要般涅槃。當知。衆生壽雖無量、而必有死。（『浄全』六、六三五頁下）」。

(61) 迦才『浄土論』「淨土雖有三品、但得生者悉皆不退。穢土亦有三品。但生之者普皆退也（『浄全』六、六三三頁上～下）」。

(62) 曇鸞『往生論註』「易行道者、謂但以信佛因縁願生淨土、乘佛願力便得往生彼清淨土。佛力住持、即入大乘正定之聚。正定即是阿毘跋致。（『正蔵』四〇、八二六頁中）」。

(63) 道綽『安楽集』「問曰、若西方境界勝可爲禪定感、此界色天劣、不應爲禪定招。答曰、若論修定因、該通於彼此。然彼界位是不退、幷有他力持。是故説爲勝。此處雖復修定剋、但有自分因、闕無他力攝。業盡不免退。就此説不如。（『正蔵』四七、一七頁中）」。

(64) 道綽『安楽集』「三兜率天上雖有水鳥樹林和鳴哀雅、但與諸天生樂爲縁、順於五欲不資聖道。若向彌陀淨國一得生者、悉是阿毘跋致。更無退人與其雜居。又復位是無漏、出過三界。不復輪迴。（『正蔵』四七、九頁下）」。

(65) 智儼『孔目章』「初明往生意者、爲欲防退。娑婆世界雜惡之處、中下濡根、於縁多退。佛引往生、淨土縁強、唯進無退。故制往生。往生有二處。一是西方、二生彌勒處。若欲斷煩惱者、引生西方。不斷煩惱者、引生彌勒佛前。何以故。西方是異界故、須伏斷惑。彌勒處是同界故、不假斷惑。業成即往生。（『正蔵』四五、五七六頁下）」。

(66) 迦才『浄土論』「又西方淨土、有四因縁、唯進不退。一由長命故不退。如經言、壽命無量阿僧祇劫故。直然。三大僧祇修道、則得成佛。況復無量僧祇也。穢土由短命故退也。二者有諸佛菩薩、爲善知識故不退。如經云、得與如是諸上善人俱會一處故。穢土由多惡知識故退也。三者無有女人。六根境界、並是進道縁、故不退。如無量壽經云、眼見色即發菩提心。乃至意縁法亦發菩提心也。穢土由有女人、六根境界、普是退道縁故退也。四者唯有善心故不退。如經云、無毛髮許造惡之地。穢土由有惡心・無記心故退也。（『浄全』六、六三三頁下）」。

(67) 迦才『浄土論』「正定阿毘跋致並云不退。不退言通、非局十解。今依經論、釋有四種。一是念不退、謂在八地已上。二是行不退、謂在初地已上。三是位不退、謂在十解已上。四是處不退、謂西方淨土也。（『浄全』六、六三四頁上）」。

(68) 迦才『浄土論』「行位不退、由内無煩惱。處所不退、由外無境界。各據一義。奚足恠乎。（『浄全』六、六三四頁上）」。

(69) 迦才『浄土論』「此人若在娑婆穢土中、由逢五退縁故即退。若生西方、由無五退縁故不退也。五退縁者、一短命多病。二有女人、及生染六塵。三是惡行人、謂惡知識。四是不善及無記心。五常不値佛也。淨土中無此五退縁、故畢竟不退也。（『浄全』六、六三四頁上）」。

(70) 吉蔵『法華論疏』には「一不退爲二乘、則上不同二乘功德、謂勉位退也。下功用不能動、謂行不退也。上無相行不能動、謂念不退也」（『正蔵』四〇、七九一頁下）とあり、当時、不退の階位についての論議が多く交されていたことが推察される。詳細は本書第二章第三節を参照。

(71) 迦才『浄土論』「問曰、此身彼土、同是欲界者、何故大聖勸人往生也。答曰、雖欲界名同、義即別也。此處欲界、具有二義。一有上心欲、二有種子欲。由具二義、則有男女雜染、貪逐色聲、樂住三有火宅中也。西方欲界者、唯有種子欲、無有上心欲。既無上心欲、即無前等過失、亦無惡心及無記心。唯有善心也。故攝論十八圓淨中云、淨土唯有樂受、無苦及捨受也。如大法皷經云、苦受是不善、樂受是善。捨受是無記。既唯有善心。則無起惡之地也。故無量壽經云、彌陀國中、無毛髮許造惡之地。雖云欲界、豈得同乎。如欲界、色界亦爾也。（『浄全』六、六三二頁上）」。

(72) 迦才『浄土論』「此是經判、非關人也。又若是三界攝者、未斷三界惑衆生即得生。若出三界者、凡夫學人、此則絶分也。不可將在三界中衆生、皆具足煩惱、令生三界外報土中也。由在三界、故往生則易。仍無上心欲、故畢竟不退。（『浄全』六、六三二頁上）」。

(73) 名畑応順氏は「處不退の説は聖道諸家に對して、淨土教義を確立するために、本論が特に力めて發揮した所であるが、常にその立論に當つては經論に依據を求める迦才として、單に退法の羅漢を以て例證としただけでは、些か不十分の感がないでもない」、あるいは「的確な文證の挙ぐべきものがなく、恐らく経論の意を汲んだ迦才の推究によつて、特に開設されたものであらう」と述べたうえで『起信論』の専念阿弥陀仏説の影響を指摘している（名畑応順『迦才浄土論の研究』六九～七二頁）。稲岡了順「道綽・迦才・善導の往生思想」にも同様の指摘がある。

（74）真諦訳『起信論』「復次衆生初學是法、欲求正信其心怯弱、以住於此娑婆世界、自畏不能常値諸佛親承供養、懼謂信心難可成就意欲退者當知。如來有勝方便攝護信心、謂以專意念佛因縁、隨願得生他方佛土、常見於佛永離惡道。如修多羅説。若人專念西方極樂世界阿彌陀佛、所修善根迴向、願求生彼世界、即得往生。常見佛故終無有退。若觀彼佛眞如法身、常勤修習、畢竟得生、住正定故。（『正蔵』三二、五八三頁上）」。

（75）望月信亨「起信論の専念阿彌陀佛説に就て」（『浄土学』一三、一九三三年）を参照。

（76）智儼『孔目章』の浄土不退思想も、『起信論』の「専念阿弥陀仏説」の文が典拠となっているとの指摘がある。（高峯了州『華厳孔目章解説』南都仏教研究会、一九六四年、一七六頁、中村薫『中国華厳浄土思想の研究』六一～六六頁）。

（77）迦才『浄土論』（『浄全』六、六三九頁下、六五二頁上）。

（78）迦才『浄土論』「釋曰、依此論、此間修信心不成就者、教就西方修習。此豈是十解已去菩薩也。（『浄全』六、六五二頁上）」。

（79）「觀彼佛眞如法身」は基本的には此土における修行とされてきたが、これを彼土における修行ととらえるべきであるとの指摘もされている。竹村牧男氏は「浄土に往生して、そこで仏の真如法身を観じて、常に勤めて修習するならば、必ず悟りを生ずるであろう。それも念仏して往生して、正定聚に入っていたからである」と解釈し、「觀彼佛眞如法身」は往生後の彼土修行として受けとっている（竹村牧男『大乗起信論読釈』山喜房仏書林、一九九六年、五〇二頁）。姚長寿氏は真諦訳（旧訳）は「此土における観仏修行」を説き、実叉難陀訳（新訳）の方は「彼土における観仏修行」を説示していることを挙げ、文献学的にみれば新旧両訳の相違があることを指摘している（姚長寿「曇鸞の浄土思想について」高橋弘次先生古稀記念論集『浄土学仏教学論叢』所収、山喜房仏書林、二〇〇四年）。

（80）迦才は「今勸衆生生者、謂生化身土中。若衆生欲往生者、唯須作相生觀（中略）若作無相無生觀者、即不得往生。以理法身無生也（『浄全』六、六六九頁下）」といい、今時の衆生に「有相有生」の相生観を勧め、「無相無生」の理法身を観じても往生を得ることができないと戒めている。しかしながら、一方で迦才は上根行の心念に「念仏智身」を挙げている。これは法身の「理（＝如如）」と「智（＝如如智）」のうち、「智」の面のみを対象にしていると考えればよいのであろうか。理法身に関してはあまり用例がみられないが、浄影寺慧遠『起信論義疏』には「顯理法身智淨故也。（『正蔵』四四、一八四頁下〜一八五頁上）」との表現がみられる。また、少し時代は下るが、法蔵『起信論別記』に「皆入法身攝。釋有三義。一相則如故、歸理法身。二智所現故、屬智法身。三當相並是功德法故、名爲法身。（『正蔵』四四、二九三頁下）」とある。

(81)　法身浄土は「此即人土同體義分二也」とあり、実報土は「實報土者、亦人土同體」とあり、事用土は「事用土者、此即人土別體」とある、化身浄土にはとくに表記がないが、理屈からいえば当然人土別体と考えられる（『浄全』六、六二九頁上）。

(82)　迦才『浄土論』「新新生世、数数涅槃也。（『浄全』六、六二九頁下）」。

(83)　本書第四章第二節に論じたとおり、『浄土論』の「謂新新生世、數數涅槃也。（『浄全』六、六二九頁下）」という論述は、おそらく『摂大乗論釈』の出世と涅槃を一刹那の間断も許さずに繰り返すことによる化身常住説（『正蔵』三一、二六八頁下）を参照したと思われる。これによって化身浄土の恒久性を主張し、四因縁不退説の「ｉ長命」との整合性をとったものと考えられる。しかしながら、仏身である阿弥陀仏が般涅槃する事実自体は変わらない。それゆえに、常に阿弥陀仏の仏身が化身浄土に居し続けることはできず、「常見佛故、終無有退」が成立しないと考えられる。さらに化身浄土を「人土別体」とするのは、仏身（阿弥陀仏）が槃涅槃する際に仏土（西方浄土）も同時に消滅してしまうと考えたためではないかと思われる。つまり、「人土別体」として仏身と仏土を切り離すことによって、西方浄土自体の恒久性を保証する意図があったと考えられる。

(84)　迦才『浄土論』「三者無有女人。六根境界、並是進道緣、故不退。如無量壽經云、眼見色即發菩提心。乃至意緣法亦發菩提心也。穢土由有女人、六根境界、普是退道緣故退也。（『浄全』六、六三三頁下）」。

(85)　迦才『浄土論』（『浄全』六、六六三頁上〜下）。

(86)　『無量寿経』の四十八願のなかで、迦才が凡夫の願として選んだ第十一、十五、十六、三十四、三十九願は、それぞれ処不退説に深く関与する内容である。本書第二章第二節を参照。

(87)　迦才『浄土論』「彼浄土只是諸佛、慈悲方便別料理一方處所、除却女人及五欲境界、令衆生於中修道。於四生中是化生之處。非極妙也。猶如於城邑之中、別斷理一所、用作伽藍、除去俗事、令僧修道、但有衆生入伽藍者、悉發善心。彼亦如是。(『浄全』六、六六八頁下~六六九頁上)」。

(88) 当然のことながら、西方浄土の特質を維持するのは本願によって建立した阿弥陀仏のはたらきによるものである。それゆえ、仏身ならびに本願が「処不退説」に対してまったく関与しないという意味ではなく、あくまでその比重の問題ととらえたい。

(89) 吉蔵『観経義疏』「今彌陀無量者小分無量也。又稱無量對此土短促。故云無量也。又稱無量壽者、聲聞・縁覺二乘、不能思量此佛壽命、故云無量壽。非彼佛壽實無量也。(『正蔵』三七、二三八頁上)」。

(90) 迦才『浄土論』「一由長命故不退。如經言、壽命無量阿僧祇劫故。直然。三大僧祇修道、則得成佛。況復無量僧祇也。(『浄全』六、六三三頁下)」。

(91) 「三大阿僧祇劫」とは、菩薩が仏果を得るまでに修行する無数の長時を三つに分けたもの。菩薩が五十の修行階位のうち、十信・十住・十行・十廻向の四十位を「第一阿僧祇劫」、十地のうち初地から七地までを「第二阿僧祇劫」、八地から十地までを「第三阿僧祇劫」とする。第十地を終えれば仏果を得ることができる。

(92) 迦才は「無生法忍、亦有四種。一縁教故、得無生法忍。謂一切凡夫、及十信位人、讀大乘經論、作無生解。即是聞慧。二縁觀得無生法忍。謂十解已上乃至十迴向。謂作三無性觀、解萬法無生。即是思慧。三證理得無生法忍。謂初地已上、由證遍滿法界二空眞如。即是修慧。四約位得無生法忍。謂八地已上、由得眞俗雙行。即是無功用智。是修惠也。(『浄全』六、六三五頁上)」と述べ、四種無生法忍を説いている。このうち「三無性観」「二空真如」「無功用智」などの内容は『摂大乗論釈』に説示される菩薩の修道過程と合致しており、この一節は迦才が想定した修道体系があらわれたものと思われる。また、『摂大乗論疏』巻七(『正蔵』八五、九九八頁上)を参照。

(93) 迦才『浄土論』「將三大僧祇利他行、盛即是常隨之化。此身及土、此界他方恒現不絶。(『浄全』六、六二九頁下)」。

(94) 真諦訳『摂大乗論釈』「由諸菩薩永除上心欲、但留隨眠欲故、諸菩薩得出離成佛。何以故。若不留此隨眠欲則同二乘涅槃。若不除上心欲、則與凡夫不異(中略)此惑能令生死相續、與善根相應、成熟衆生。是故我今應攝留此惑。(『正蔵』三一、二五九頁下~二六〇頁上)」。

(95) 真諦訳『摂大乗論釈』「諸菩薩留隨眠惑爲助道分。不同二乘速般涅槃。由此事故、修道究竟。得習氣滅盡及證圓智。（『正蔵』三一、二六一頁上）」。

(96) 道基『摂大乗義章』「十解已上三賢菩薩斷修道上心、留彼三界随眠種子、受三界生自行利物。（『正蔵』八五、一〇四一頁中）」。

(97) 迦才『浄土論』（『浄全』六、六三七頁下など）。本書第二章第三節を参照。

(98) 迦才『浄土論』「若是三界攝者、未斷三界惑衆生即得生。若出三界者、凡夫學人、此則絶分也。不可將在三界中衆生、皆具足煩惱、令生三界外報土中也。由在三界、故往生則易。仍無上心欲、故畢竟不退。（『浄全』六、六三二頁下）」。

(99) 本書第五章第一節を参照。

(100) 迦才『浄土論』「由此義故、往生西方則易。上生兜率稍難也。（『浄全』六、六六三頁下）」。

(101) 迦才『浄土論』「若報若化、皆欲成就衆生。此則土不虚設、行今空修、但信佛語、依經專念、即得往生。亦不須圖度報之與化也。（『浄全』六、六三〇頁下）」。本文中の「行今空修」は大正蔵経本と名畑応順氏校訂本を参照して「行不空修」とした。

(102) 『西方要決』にも「処不退」を説示しているが、「四處不退者、雖無文證、約理以成。（『正蔵』四七、一〇七頁中）」と、的確な文証がなく、道理によって成されたものであると断っている。

(103) 迦才がとなえた処不退説は、中国においては懐感『群疑論』、『西方要決』、『浄土十疑論』等、朝鮮においては『遊心安楽道』（日本撰述の可能性もある）、憬興『無量寿経連義述文賛』等、日本においては江戸時代の代表的学僧である義山の『三部経随文講録』等の教説に多大なる影響を与えている（名畑応順『迦才浄土論の研究』一六五〜二一〇頁、藤原了然「浄土宗義に於ける不退論考」）。

(104) 迦才『浄土論』「西方浄土、有四因縁。唯進不退。（『浄全』六、六三三頁下）」。

総　結――迦才の凡夫化土往生説――

ここまで五章にわたって、迦才の浄土教思想とその成立背景について論述してきた。以下、それによって知りえたことを挙げ、そのうえで第一に迦才の浄土教の思想的位置について、第二に迦才の浄土教思想の形成過程について、第三に凡入報土説の課題について、第四に今後の研究課題について述べてゆくことにしたい。

第一章第一節では、弘法寺に住した学僧を整理し、多数の地論・摂論学系の学僧が弘法寺に往来していたことを明らかにした。第二節では、これまで定説とされてきた道綽と迦才の師事関係について疑問を呈し、并州地方に蓄積されていた資料をもとに道綽伝を記すことができた可能性を提示した。第三節では、迦才には道綽の取意引用の影響を受けている点はほとんど見当たらず、道綽は『大智度論』『往生論』（『往生論註』）、迦才は『起信論』『摂大乗論釈』に教理的な根拠を置いていることを明らかにした。

第二章第一節では、迦才の末法凡夫観は、道綽に比べると凡夫自身の輪廻無窮性を強調した宿因的な思想は薄く、娑婆世界（穢土）という外部の悪環境による退縁の存在を強調する傾向にあることを明らかにした。第二節では、迦才が四十八願の各願を一々に査定したうえで凡夫の願（計一一願）と菩薩の願とに大別し、本為凡夫兼為聖人説という特徴的な凡夫論を示していたことを明らかにした。第三節では、迦才が慧遠の九品説を批判する意図は『観経』に説かれた凡夫の化土往生の意義を顕彰することにあり、迦才が凡夫往生の意義を処不退説に求めていたのに対して、慧遠は往生や不退の内容にほとんど関説していないことを指摘した。

第三章第一節では、はじめは易行性への批判を論点としていた別時意説が、迦才の頃には仏土論や経典論も巻き込む複合的な問題へと膨れ上がり、迦才はそれらの論点を強く意識したうえで教学体系を組み立てていたことを明らかにした。第二節では、迦才の実践行体系は『往生論』の五念門をモデルとしながら、その内容を換骨奪胎し、了義経である十二経七論、すなわち浄土教の経典にもとづく在家者のための中下根行と、論書にもとづく出家者のための上根行という二層的な行体系を構築していたことを明らかにした。

第四章第一節では、迦才の四土説が摂論学派の四土説に由来し、尚かつ、『浄土論』は四土説に関してもっとも多くの情報を含有する典籍であることを明らかにした。第二節では、長時化土説について、迦才は法常や道綽などの化土を暫時変現として理解する立場を批判して、西方浄土を長時かつ清浄とする長時化土説を主張していたことを明らかにした。第三節では、迦才の通報化土説の特色は、別時意説を意識しつつ「往生↓見土」という構造を示したことであり、報土往生か化土往生かという二者択一的な議論を解消していたことを明らかにした。

第五章第一節では、慧遠や吉蔵が二死生死説を衆生の煩悩論の範疇で論じたうえで、西方浄土への往生を三界内の分段生死ととらえていたことを確認し、迦才もそれに準ずる理解を示していたことを明らかにした。第二節では、吉蔵『勝鬘宝窟』を手がかりとして西方浄土の封疆という分限には積極・消極の両側面の意味があることを確認し、その分限は仏と衆生の両者が双方向的に作り出したものであることを明らかにした。第三節では、真諦訳論書の語義を通じて、上心欲は目覚めて活動している煩悩であり、種子欲は潜在して眠っている微細な煩悩であることを明らかにした。第四節では、処不退説は有量寿・有漏・三界摂という要素を抱える化土でありながらも、「退縁が除去された仏道修行に最適な環境の処」という独自の学説を主張していたことを明らかにした。

以上が本書において明らかになったことの概要である。各章において明らかにしたことをもとに、迦才の教学体系をまとめると図5（四四六―四四七頁）のようになる。

一、迦才の浄土教の思想的位置

第一に本書が主題とした迦才における凡夫化土往生説の思想的意義である。これは内外の両側面からその意義を見出すことができる。まず外的な思想史的側面として、隋代は慧遠や吉蔵のように弥陀身土を低位に位置づけるのが通説であったが、摂論研究の進展に同調して十八円浄説にもとづく報土説が有力になり、一方で智儼や道世の教説にみられるように、別時意説が絡むことによって低劣な凡夫が即時に通入することは不可能となり、菩薩を主体者とする浄土教も展開された。このような状況を鑑みて、迦才は隋代の西方浄土観（応身応土説）に回帰しつつ、さらに独自の視点から凡夫往生の意味を模索するなかで、凡夫化土往生説に辿り着いたと思われる。従来の宗派学的な視点による研究は、道綽・善導の報土往生を〝是〟とし、慧遠・吉蔵・迦才の化土往生を〝否〟とする二項対立的な見方が固定的であったが、迦才の凡夫化土往生説は道綽の凡夫報土往生説との比較だけでなく、ここまで論じてきたように、地論・摂論系の学僧が主張したと思われる「菩薩」の報土往生（≠通入）を中心とする学説を媒介とした、隋唐代の思想史的な文脈を俯瞰するなかでとらえてはじめてその意義が明らかになる。すなわち、報土往生説から化土往生説への流れは単なる後退ではなく、摂論研究等の高まりに同調してあらわれた必然的な思想展開であったとみることができる。そして、玄奘訳の影響を被った善導・懐感などの学説はその次の思想史的な段階にあるといえよう。

次に内的な迦才自身における教理的側面として、凡夫化土往生説の内実は、長時化土説・通報化土説・処不退説が補完的に成立していることであり、本為凡夫兼為聖人説、実践行の体系化、別時意会通説などの主要な教説はいずれも凡夫の化土往生を前提として、さらに摂論研究をふまえたうえで案出されたものであった。すなわち、迦才における凡夫化土往生説とは、往生成立の瞬間だけを問うものではなく、娑婆世界における凡夫の往生因から、往生後に彼土修道が完結するまでの全過程を射程におさめた教理体系のことを指すのである。よって、別時意説の回避と彼土修道の面を保証する長時化土説（時間）、通報化土説（階位）、処不退説（修道）という諸仏土説の同時成立が迦才の浄土教の必要条件であり、それによる教理的・信仰的な確信こそが『浄土論』を著す動機をうながしたのである。このように、迦才は摂論研究の素養にもとづく独自の立場として凡夫化土往生説の思想体系を提示した。これをもって、道綽や善導とは異なる「もう一つの凡夫往生説」が成立したということができよう。

第二に唐初期の仏教界における迦才の対外的な位置づけである。従来定説とされた道綽との師事関係は大いに疑問があり、筆者は両者に面授の関係はなく、『安楽集』という典籍こそが迦才と道綽教学との初接触ではなかったかと結論づけた。実際に、両者の引用経論や共有問題については時代・環境による差異が顕著な面もあり、迦才はむしろ唐初の長安仏教の側に近い。そのような点をふまえて、本書では慧遠、吉蔵、敦煌本の『摂大乗論』諸註疏の教説から迦才への具体的な影響面を抽出し、他方、智儼と道世から唐初の同時代的な思想傾向を探るという手法を取り、迦才の浄土教思想を歴史・教理の両面から多角的に検討した。

結果として、長安仏教との関係性がより深い「摂論系浄土教者」ともいうべき迦才像をあらたに提示できた。す

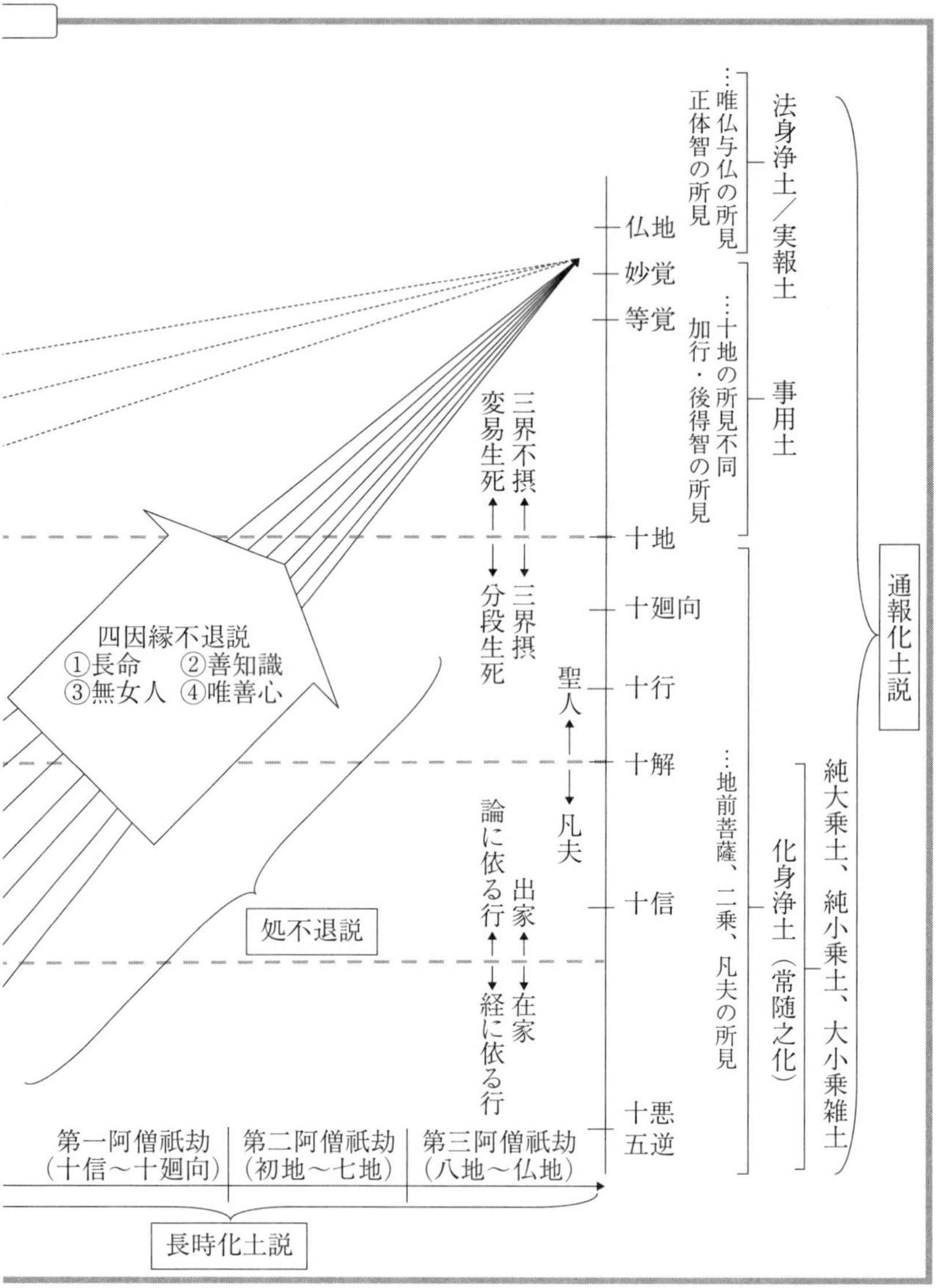

図５　迦才の凡夫化土往生説

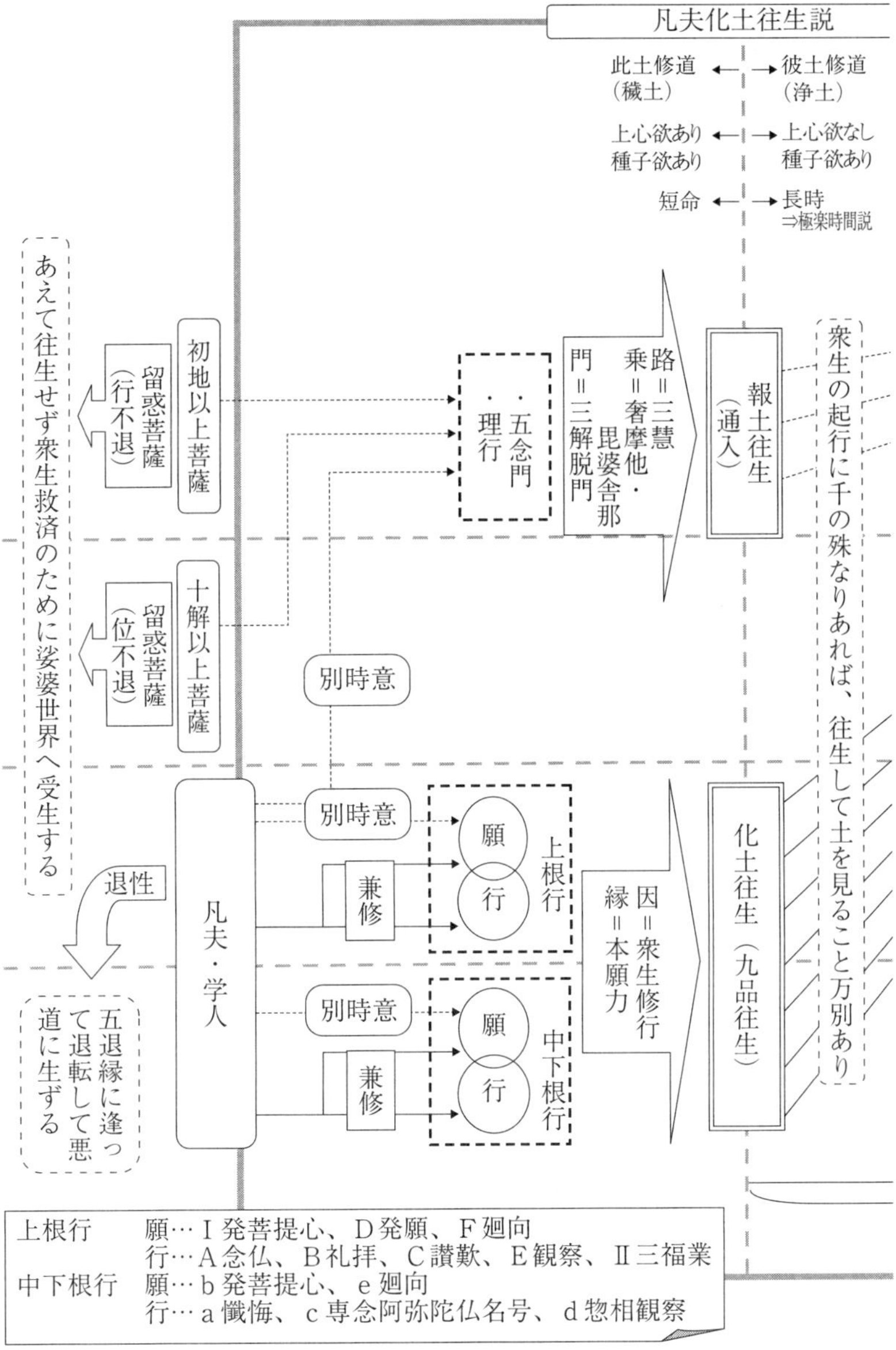

上根行　願…Ⅰ発菩提心、D発願、F廻向
　　　　行…A念仏、B礼拝、C讃歎、E観察、Ⅱ三福業
中下根行　願…b発菩提心、e廻向
　　　　行…a懺悔、c専念阿弥陀仏名号、d惣相観察

なわち、迦才は摂論研究に敵対して距離を置くのではなく、むしろ積極的にその学説を応用して取り入れるなかで独自の思想を構築していたのである。また、当初考えていた以上に吉蔵の浄土教思想との接点が得られ、とくに西方浄土に関する議論の基本的な立場は、道綽以上に吉蔵の意見と一致する点が多く、吉蔵の『観経義疏』や『勝鬘宝窟』に示された唯心浄土説、二種生死説、三界摂不摂説、弥陀弥勒説、九品説などの諸教説との深い結びつきがみられる。一方で『安楽集』の末法説や本願論が迦才に重要な示唆を与えたことも確かであり、その受容をもって迦才が智儼や道世などの当時の一般的な浄土教理解と袂を分かつ重要な基点となった。

また、従来、独創的な思想とみられがちだった迦才の諸教説は、実はそのほとんどが隋唐代の議論の延長上に成立しており、迦才は独自の要素をわずかに追加したに過ぎないということもみえてきた。換言すれば、迦才の教説は『浄土論』に想定された対論者を説得するための懐柔的な性格を持ち、その対話自体が不能となるような独創性は必要としていないのである。階位説なども含め、細部までいき届いた合理的な教学体系の構築はそのような姿勢のあらわれであろう。これまで隋唐代の代表的な浄土教者とされてきた道綽・善導の学説は、通説への批判を基調とする性格上、隋唐代でも極めてラディカルな思想であり、視点を変えれば、折衷的・懐柔的とされてきた迦才の思想こそが当時の標準的な学説に肉薄するものといえよう。

二、迦才の浄土教思想の形成過程

本書で知り得たことをもととして素描してゆく。迦才の事蹟を示す資料はないが、唐初長安の弘法寺に住したことは間違いない。道宣が伝えるところによれば、唐代初期の長安では『摂大乗論』と『涅槃経』の研究がもっとも盛んであったとされ、その主要な担い手である涅槃・地論・摂論学系の学僧たちが自由闊達に教理研究を進めていた。静琳がいた弘法寺にはそれらの学僧が数多く往来し、法常、玄琬、智儼などの著名な人物とも交遊があった。迦才はこのような環境を背景として摂論系の学問を修める弘法寺の学僧であったとみられる。

本書で論じたように、迦才が道綽と面授していないとすれば、およそ次のような略歴となるだろう。

①長安での修学期　…摂論研究を中心とした学解仏教の修学
②浄土教との出会い　…并州の実践者に関する情報収集、『安楽集』の入手
③『浄土論』の執筆　…貞観二二年（六四八）以降、長安弘法寺にて執筆完了

これとは逆に、先に浄土教から学び、後に摂論研究を修めたとはなかなか考えにくい。その理由は、序文における『安楽集』への批判内容が迦才自身における学問的水準の高さを前提にしていること、さらに浄土教を学んだ後にわざわざ摂論を修学する動機が説明できないからである。したがって、迦才は長安において学解仏教を修学しているときに何らかの契機があって浄土教への興味を有することになったのであろう。実のところ、摂論研究と浄土教との接点が皆無であったわけではなく、別時意説の流行は阿弥陀仏信仰との機縁を潜在したものでもあった。長安にほど近い終南山悟真寺の方啓法師を訪ねたのは、別時意説が何らかの形で関わっているはずであり、迦才自身がここに赴いたことはほぼ間違いないだろう（第一章第一節）。

迦才は方啓法師も含めて計二〇人の往生人の伝記を書いているが、その約半数の寂年が大業年間（六〇五―）より以前であり、おそらくその大半は伝記資料によって記したとみられる。并州地方の伝記も例外ではなく、道綽も含めて何らかの資料が存在した可能性が高い。その資料の入手が長安であったか、現地の并州であったかは定かではないが、もし并州に直接赴いたのだとすれば、それは往生人伝に挙げられる姚婆が没した貞観二一年（六四八）

以降のことであろう。そのように仮定すれば道綽との面授がなく、玄中寺に残った弟子たちからさまざまな情報を入手した経緯が割りあいスムーズに説明できる（第一章第二節）。

『安楽集』の入手がどの時点であったかは不明であるが、迦才はそれを読み、とくに末法説のくだりに鮮烈な感銘を受け、浄土教へ帰入する重要なきっかけになった。長安の学僧として平穏に学解的研究を進める傍らで、実のところ迦才自身がその内面に胚胎していた娑婆世界の穢土性、すなわち外部の悪環境による退縁という問題について、末法説を絡めて開眼せしめる内容であったことだろう（第二章第一節）。

しかしながら、迦才が感銘を受けた浄土教を長安に弘法するにあたって、『安楽集』は問題の多い典籍であった。一つは取意引用が甚だしく正確性に乏しいこと、もう一つは長安仏教の主流であった『起信論』や『摂大乗論釈』を前提とした浄土教理解が消化されていないことである。さらに迦才が熟知していた別時意説への対策が不十分であることを痛感し、長安の学僧へ向けて新たな教学体系を提示することを決断した（第一章第三節）。

迦才はひとまず『安楽集』を措き、阿弥陀仏信仰に関わる諸経論を読破するという手順を選んだ。弘法寺という学問寺院の性格や、隣寺である延興寺に一切経をおさめた経蔵があったことはその活動を助長するものであった。膨大な諸経論を読解するなかで、迦才は了義・不了義を軸とする経論観を育み、『摂大乗論釈』の教説にもとづき「教（＝経）は必ず理（＝論）有り、理は必ず教に順ず」という立場をとった。これによって、まずもって経典を主として、論書がそれに準ずるという基本的な構想ができあがった。迦才の浄土教思想はいずれもこの経典観の形式にもとづいて案出されたものである（第三章第一節）。そのことを表23に示そう。

表にまとめたとおり、迦才の浄土教思想の主要な教説はすべて経説に端を発し、理論的な肉付けを論書によって補論するという形式が徹底された。したがって、迦才の教学の理論的根拠はまずもって大乗経典に求めることがで

表23　迦才の主要な教説と経証・論証

迦才の教説	【経証】	【論証】
本為凡夫兼為聖人説	『無量寿経』四十八願の分類 『観経』九品説	『摂大乗論釈』十解説、留惑菩薩説 『起信論』信成就発心
別時意説	『観経』教興趣意 『阿弥陀経』三発願	『摂大乗論釈』別時・不別時
実践行体系	十二経（『無量寿経』四十八願、三輩段など）	七論（『往生論』五念門説など）
西方報化説	『大乗同性経』弥陀報身説 『観音授記経』弥陀入滅説 『鼓音声経』弥陀有父母説	『摂大乗論釈』十八円浄説 『往生論』三界出過説 『大智度論』妙浄土説
長時化土説	『阿弥陀経』無量阿僧祇劫説	『摂大乗論釈』化身常住説
通報化土説	『無量寿経』四十八願（仏・菩薩・凡夫の共存）	『摂大乗論釈』三智の所見 『起信論』分別識・業識の所見
処不退説	『無量寿経』四十八願、正定聚説 『阿弥陀経』阿毘跋致説	『起信論』専念阿弥陀仏説

き、このような経論観を構想の中心にすえて浄土教の体系化を図ったということができる。その中心は浄土教における了義経として位置づけられた十二経七論であり、その先頭から並べられた『無量寿経』『観経』『阿弥陀経』の三経典、いわゆる浄土三部経によって迦才の浄土教思想の基本的な指針が示された。

まず衆生論について、『無量寿経』の四十八願の各願文から凡夫と聖人を発見し、本為凡夫兼為聖人説を主張した（第二章第二節）。その教説にもとづき『観経』の趣意を再解釈することよって慧遠の九品説を批判し、化土往生説にそう独自の九品説理解を提示した。『起信論』と『摂大乗論釈』は階位説に関する理論面を裏づけた（第二章第三節）。

次に別時意説について、『観経』の経説と『摂大乗論釈』の論説の序列を明確にして、了義経が矛盾することはありえないとする理解から、別時・不別時の両方があり、別時とは『阿弥陀経』の三願があたり、不別時とは十二経七論に示された願・行の兼修であるとの見解を示した（第三章第一節）。

次に実践行について、『無量寿経』の四十八願（一八、一九、二十願）と三輩段の諸行にもとづき、『往生論』の五念門の行体系を換骨奪胎して、経典による中下根行と論書による上根行の二層化を行い、別時意説の批判にもゆるがない、凡夫が化土往生するための実践行体系を整備した（第三章第二節）。

次に仏土論について、長時化土説の経証は『阿弥陀経』の無量阿僧祇劫の説示であり、その理論的側面を担ったのが『摂大乗論釈』の化身常住説であった（第四章第二節）。西方浄土の報土化土説の経証は『大乗同性経』『観音授記経』『鼓音声経』の三経典、その論証は『摂大乗論釈』『往生論』『大智度論』の三論書であった。通報化土説の経証は『無量寿経』の四十八願に仏・菩薩・凡夫が共存していることであり（第二章第二節）、論証は『摂大乗論釈』『起信論』の心識説であった（第四章第三節）。処不退説の経証は『無量寿経』の四十八願と正定聚の説示ならびに『阿弥陀経』の阿毘跋致の説示であり、論証は直接的には依拠しないが『起信論』の専念阿弥陀仏説であった（第五章第四節）。

したがって、迦才が定義する凡夫化土往生説とは了義経にもとづく教学体系なのである。その教理・信仰の両面における確信をもって、迦才は『浄土論』を世に送り出したといえよう。実のところ『浄土論』の序文には、ここまで縷々述べてきた迦才の姿勢を総括する内容が述べられていた。

聖教の弘規は位階八万なり。要をして之れを論ぜば、理と事とに過ぎたるは無し。此の二門は、其れ猶し車に両輪有りて、鳥に二翼有るがごとし。若し其の一をも闕くれば、則ち沖虚にして遠く逝くこと能わず。『起信論』の如きは止観の二門有り。止は則ち理を縁じ、観は則ち事を縁ず。如し未だ此の二に達せざれば、則ち虚を搆え、滞を生ずるのみ。而るに、語断心滅は理、期西念仏は事なり。然るに三界は唯心にして、域内は穢に非ず。若し未だ十地に階らざれば、且く境を将って心を浄めよ。十方咸く浄なりと雖も、而して境界は普く散ず。想を専にして往生せしめんと欲す。偏えに一隅を缺う所以なり。(1)

浄土教は仏教の八万四千の法門に理事があるうちの事にあたり、その理事が車の両輪や鳥の両翼のように機能することが理想である。理とは言葉で言い表すことも心で思いはかることもできない仏教の真理であり、事とは西方往生を願って仏を念ずることである。もし菩薩の十地の階位に登っていない身の上であれば、もっぱら西方を対境に取って往生を願えという。

すなわち、迦才は浄土の教えを大乗仏教の理事という大きな枠組みのなかで、その一翼を担う法門として位置づけていた。逆にいえば、西方往生とは事の面が成就されたに過ぎず、両輪・両翼のもう一方である理の面が円満されたわけではない。それゆえに凡夫化土往生説は、最終的に理としての無上菩提の獲得まで見すえた教義体系が組み上げられているのである。このように迦才の浄土教思想は了義経の経論観にもとづき、諸大乗経論の思想との共存を図りながら、統合的解釈を志向して構築されたものであった。

三、凡入報土説の課題

さて、ここで従来の「曇鸞—道綽—善導—懐感」の祖師研究を行うだけでは知りえなかった迦才当時における浄土教の背景として、本研究を通じてみえてきた課題について述べておきたい。すなわち、迦才の教学背景において凡入報土説が容認しがたいという問題であり、またそれは道綽の教説に反駁する結果となった所以でもある。もちろん、直接的な要因は、摂論学派による別時意説ならびに十八円浄説（二一の可得・八の不可得）にあるが、それ以外の各点からも西方報土説の難点を指摘しておこう。

まず、本書で明らかにしたように摂論学派系の四土説は報土を二種類に分け、上位の実報土を唯仏の領域、下位の事用土を菩薩所住の領域とするものである。事用土の対象者を菩薩に固定する以上、必然的に凡夫が適応するのは化土となり、この原則が凡入報土説の容認しがたさを決定づけることになった。また、このような学説の確定によって、下位の事用土は初地以上の菩薩のみが所住可能であると同時に、上位の実報土と比べた場合にはその位置づけが凋落してしまった。すなわち、迦才が「地は即ち上下の別あらば、見にも亦た麁妙の異なりあり(2)」と述べるように、下位の事用土は修行段階に応じてその荘厳相が転変する余地が残されており、浄土としての無漏性・無為性が円満しているとはいえなくなった。すなわち、四土説の成立によって仏所住土と菩薩所住土の位置づけは明確にされたが、報土としての事用土の価値は限りなく相対化される結果になったのである。この点は四土説の功罪ともいうことができよう（第四章第一節）。

ほかにも凡入報土説が成立しがたい背景として、迦才の教説からいくつかの問題点を引き出すことができる。

第一に『勝鬘経』の二種生死説によれば、凡夫は分段生死（＝三界摂）に確定され、凡夫が煩悩を抱えたままに変易生死の境界（＝三界不摂）である報土に達することはその原則論に反することになる。また、三界摂不摂論は曇鸞や道綽にとっては浄土の所在をめぐる仏側の議論であったが、隋唐代の諸師には煩悩論や断惑論の一種として衆生側の問題として認識されていた。迦才も同様に煩悩論・断惑論としての側面に注目している。ゆえに凡夫が凡夫のままに臨終を迎えて往生する限りは、三界内の分段生死を得るのであって、変易生死（＝三界不摂）を成就するのはありえないことになる（第五章第一節）。

第二に迦才を含む隋唐代の諸師における浄土理解の背景には、『維摩経』『起信論』『摂大乗論釈』などの心識説にもとづく唯心浄土的な思想があり、たとえば浄土の封疆の有無は仏の側だけの問題ではなく衆生の側にもゆだねられていた。すなわち、衆生の惑報はそのまま浄土の勝劣に反映されるため、衆生の資質に不相応な報土を所見したり、受用したりすることはできない。つまり、たとえ凡夫が報土に「生」まれたとしても肝心の「見」ることがかなわないのである（第四章第三節・第五章第二節）。

第三に西方浄土であっても、種子欲という煩悩が残存し続けることである。この問題点は化身浄土に限らず、劣位の報土である事用土も同様であり、仏地直前の金剛心の菩薩であったとしても、わずかな習気煩悩が衆生の側にくすぶり続けている(3)。いずれにせよ実報土の無漏は成立するが、所見不同である事用土の無漏は成立しない。以上のように、迦才の教学背景において凡夫の能力と不適応な報土往生は許されず、尚かつ、報土自体の絶対的な価値も瓦解していた（第五章第三節）。

このように衆生の心の状態と浄土の性質が正比例的に対応する唯心浄土的な浄土観は、凡入報土説と不相性な一面がある。この課題は、善導の後、唯識の教理を背景とする懐感『群疑論』においても、たとえば似無漏浄土説と

いった形で表出することになる。(4)

ひるがえって、迦才は西方浄土の一処を通報化土とする理解を徹底し、衆生の所見にしたがって万別の浄土があることを主張する。したがって報土と化土は別処ではなく、その境界線は隔絶していない。つまり、迦才において報土か化土かという二者択一的な峻別は意味をなさず、化土往生と報土往生の違いは彼土修道のスタート位置の違いでしかないのである。換言すれば、迦才の浄土教思想は報土往生を特別に必要とする教学体系ではなく、凡夫の化土往生説こそが彼の阿弥陀仏信仰を充分に満足させる学説であったということができる(第四章第三節)。

迦才はこのような事情をふまえて、三界外の報土ではなく、三界内の化土を選択した。その選択ゆえに諸経論に潜在していた西方浄土の特殊性に関するさまざまな可能性、すなわち長時化土説・通報化土説・処不退説という彼土修道の側面をあらたに引き出すことができたともいえる。『浄土論』の書名が示すとおり、この一書は浄土の議論が主眼であり、迦才が追求した理想的な浄土のすがたとあり様を表明したものといえよう。

四、今後の研究課題

最後に今後の迦才研究の課題を提示して、本書を締めくくることにしたい。本書では迦才の思想の独自性を浮き彫りにするために、隋唐代の諸師の文献との教学的な接点を可能な限り見出して、思想史的な位置づけを行うことを心がけた。結果として、従来のように道綽と強固に結びつけられていた迦才像を解放し、その事蹟や思想が長安仏教と不可離の関係において成立していたことを示すことができた。迦才『浄土論』は道綽以後、善導以前の浄土教思想として、彼らの思想とは一線を画す固有性と独自性を保持しているといっても過言ではなかろう。

迦才の浄土教思想を解明する過程において、従来の中国浄土教の祖師研究だけでは知りえなかった実に多様な議論が存在していたことがわかってきた。本書において示すことができたのは凡夫化土往生説を主軸として取り扱ったほんの一部に過ぎず、実際にはさらに多くの問題が取りざたされていたはずである。それらをよりひろい視野からとらえなおすことなしに、今後の迦才研究および中国浄土教思想史の研究が進展することはないであろう。

本書があらたな視座を提示できたのは、ひとえに半世紀前には知られていなかった地論宗や摂論学派の研究ならびに諸資料の充実がその背景にある。これからも諸分野の研究成果を総覧しながら、より多くの資料を用いて迦才の位置づけを正確にしてゆく必要があろう。とくに地論・摂論系の文献との接点を見出してゆくことは、迦才研究の進展だけでなく、唐代初期における浄土教思想の位置づけや課題を知りうる重要な糸口になると考えられる。

なお、本書では、迦才の浄土教思想が後世に与えた影響面についてはほとんどふれることができなかった。迦才が初期の日本浄土教に与えた影響力は看過しえないものがあり、それはおそらく本書で提示しえた迦才の意図とは異なる形で受容されたものも少なくないだろう。中国と日本における浄土教がそれぞれ異なる性格を有していることは周知の事実であり、迦才の浄土教の日本的受容という側面を考察することによって、日本浄土教における思想展開のあらたな一面を見出すことが可能になろう。そのためには中国浄土教における迦才の位置づけをより綿密に解明してゆく必要があり、今後も基礎的な研究を積み重ねることによってその一助としてゆきたい。

註

（1）迦才『浄土論』「聖教弘規、位階八萬。要而論之、無過理事。此之二門、其猶車有兩輪鳥有二翼。若闕其一則不能沖虛遠逝。如起信論、有止觀二門。止則緣理、觀則緣事。如未達此二、則搆虛生滯耳。而語斷心滅者理也。期西念佛者事也。然三界唯心、域内非穢。若未階十地、且將境淨心。雖十方咸淨、而境界普散。欲令專想往生。偏所以觖一隅矣。(『浄全』六、六二八頁下)」。

(2) 迦才『浄土論』「地即上下之別、見亦麁妙之異也。(『浄全』六、六二九頁下)」。

(3) 迦才は実報土について「此人及土、一切下位乃至金剛心菩薩、亦不得見。唯佛與佛自相見耳。(『浄全』六、六二九頁上)」と述べている。

(4) 金子寛哉氏は「善導が弥陀の浄土について「純一無漏土」としたのに対して、懐感はその善導の「純一無漏土」の中に「凡夫の有漏土」を認めた」と指摘し、さらに「善導の説く「無漏土」とは阿弥陀仏の仏格の上からいうのであって、そこに存在する華胎などの往生人まで含めていうのではないということである。善導の真意はともかく、懐感の眼にはそのように見受けられたものと思われる」と述べている(金子寛哉『『釈浄土群疑論』の研究』二〇五～二〇六頁)。

参考文献

【著　作】

阿部泰郎・山崎誠編『伝記験記集』（真福寺善本叢刊・第二期第六巻）臨川書店、二〇〇四年。

石井公成『華厳思想の研究』春秋社、一九九六年。

石川琢道『曇鸞浄土教形成論―その思想的背景―』法藏館、二〇〇九年。

伊東昌彦『吉蔵の浄土教思想の研究―無得正観と浄土教―』春秋社、二〇一一年。

岩田諦静『真諦の唯識説の研究』山喜房仏書林、二〇〇四年。

宇井伯寿『宇井伯寿著作選集』全七巻、大東出版社、一九六六―一九七一年。

――『西域仏典の研究―敦煌逸書簡訳―』岩波書店、一九六九年。

上田義文『摂大乗論講読』春秋社、一九八一年。

恵谷隆戒『浄土教の新研究』山喜房仏書林、一九七六年。

――『浄土教理史』浄土宗、一九六一年。

大竹　晋『唯識説を中心とした初期華厳教学の研究―智儼・義湘から法蔵へ―』大蔵出版、二〇〇七年。

大野法道『大乗戒経の研究』理想社、一九五四年。

小笠原宣秀『中国浄土教家の研究』平楽寺書店、一九五一年。

岡部和雄・田中良昭編『中国仏教研究入門』大蔵出版、二〇〇六年。

沖本克己・菅野博史編『中国Ⅱ隋唐 興隆・発展する仏教』（『新アジア仏教史』七）佼成出版、二〇一〇年。

奥野光賢『仏性思想の展開―吉蔵を中心とした『法華論』受容史―』大蔵出版、二〇〇二年。

落合俊典編『七寺古逸経典研究叢書』（全六巻）大東出版社、一九九四―二〇〇〇年。

小野勝年『中国隋唐長安・寺院史料集成』（史料篇・解説篇）法藏館、一九八九年。

梯　信暁『安養集―本文と研究―』百華苑、一九九三年。

香月乗光『法然浄土教の思想と歴史』山喜房仏書林、一九七四年。

勝又俊教『仏教における心識説の研究』山喜房仏書林、一九六一年。

金子寛哉『『釈浄土群疑論』の研究』大正大学出版会、二〇〇六年。

鎌田茂雄『中国仏教史』全六巻、東京大学出版会、一九八二―一九九九年。

川口義照『中国仏教における経録研究』法藏館、二〇〇〇年。

韓普光『新羅浄土思想の研究』東方出版、一九九一年。

菅野博史『中国法華思想の研究』春秋社、一九九四年。

岸　覚勇『続善導教学の研究』記主禅師鑽仰会、一九六六年。

木村英一編『慧遠研究』（研究篇・遺文篇）創文社、一九六〇―一九六二年。

木村清孝『初期中国華厳思想の研究』春秋社、一九七七年。

――『中国仏教思想史』世界聖典刊行協会、一九七九年。

――――『中国華厳思想史』平楽寺書店、一九九二年。

木村宣彰『中国仏教思想研究』法藏館、二〇〇九年。

桑山正進・袴谷憲昭『玄奘』（人物 中国の仏教）大蔵出版、一九八一年。

小林保治・李銘敬『日本仏教説話集の源流』（研究篇・資料篇）勉誠出版、二〇〇七年。

後藤昭雄監・大阪大学三宝感応要略録研究会編『金剛寺本『三宝感応要略録』の研究』勉誠出版、二〇〇七年。

金剛大学校仏教文化研究所編『地論思想の形成と変容』国書刊行会、二〇一〇年。

――――『蔵外地論宗文献集成』도서출판 씨·아이·알、二〇一二年。

佐々木月樵『印度支那日本浄土教史』（佐々木月樵全集第二巻）萠文社、一九二八年。

佐々木現順編著『煩悩の研究』清水弘文堂、一九七五年。

佐藤成順『中国仏教思想史の研究』山喜房仏書林、一九八五年。

佐藤達玄『中国仏教における戒律の研究』木耳社、一九八六年。

色井秀譲『浄土念仏源流考』百華苑、一九七八年。

滋野井恬『唐代仏教史論』平楽寺書店、一九七三年。

柴田泰山『善導教学の研究』山喜房仏書林、二〇〇六年。

章輝玉・石田瑞麿『新羅の浄土教 空也・良源・源信・良忍』（浄土仏教の思想六）講談社、一九九二年。

鈴木宗忠『唯識哲学研究』明治書院、一九五七年。

高峯了州『華厳孔目章解説』南都仏教研究会、一九六四年。

竹村牧男『改訂版 大乗起信論読釈』山喜房仏書林、一九九三年。

田中順照『空観と唯識観―その原理と発展―』永田文昌堂、一九六三年／一九六八年。

陳揚炯『中国浄土教通史』江蘇古籍出版社、二〇〇〇年／のちに邦訳、東方書店、二〇〇六年。

塚本善隆『塚本善隆著作集』（全七巻）大東出版社、一九七四―一九七六年。

坪井俊映『新訂版・浄土三部経概説』法藏館、一九九六年。

藤堂恭俊『無量寿経論註の研究』知恩院浄土宗学研究所、一九五八年。

藤堂恭俊・牧田諦亮他『曇鸞・道綽』（浄土仏教の思想四）講談社、一九九五年。

内藤智康『安楽集講読』永田文昌堂、一九九九年。

中村　薫『中国華厳浄土思想の研究』法藏館、二〇〇一年。

長尾雅人『中観と唯識』岩波書店、一九八七年。

――『摂大乗論―和訳と注解―』（上・下）講談社、一九八二年／一九八七年。

名畑応順『迦才浄土論の研究』（本文篇・論攷篇）法藏館、一九五五年。

西尾京雄『仏地経論之研究』（全二巻）国書刊行会、一九四〇年。

西本照真『三階教の研究』春秋社、一九九八年。

野上俊静『中国浄土三祖伝』文栄堂書店、一九七〇年。

平井俊栄『中国般若思想史研究―吉蔵と三論学派―』春秋社、一九七六年。

――編『三論教学の研究』春秋社、一九九〇年。

深貝慈孝『中国浄土教と浄土宗学の研究』思文閣出版、二〇〇二年。

藤田宏達『人類の知的遺産　善導』講談社、一九八五年。

藤善真澄『道宣伝の研究』京都大学学術出版会、二〇〇二年。

藤原了然『浄土教思想論攷』藤原了然先生遺稿刊行会、一九八〇年。

布施浩岳『涅槃宗の研究』叢文閣、一九四二年。

船山徹編『真諦三蔵研究論集』〈京都大学人文科学研究所研究報告〉、京都大学人文科学研究所、二〇一二年。

牧田諦亮『疑経研究』京都大学人文科学研究所、一九七六年。

前田育徳会尊経閣文庫編『三宝感応要略録』（尊経閣善本影印集成四三）八木書店、二〇〇八年。

神子上恵龍『弥陀身土思想展開史論』永田文昌堂、一九五一年／一九六八年『弥陀身土思想の展開』に改題。

道端良秀『中国の浄土教と玄中寺』永田文昌堂、一九五〇年。

――『中国浄土教史の研究』法藏館、一九八〇年。

望月信亨『浄土教之研究』仏書研究会、一九一四年、金尾文淵堂、一九二二年。

――『略述浄土教理史』浄土教報社、一九二一年。

――『浄土教の起原及発達』共立社、一九三〇年。

――『中国浄土教理史』［原題『支那浄土教理史』］法藏館、一九四二年／一九七五年。

――『仏教経典成立史論』法藏館、一九四六年。

八木昊恵『恵心教学の基礎的研究』永田文昌堂、一九六二年。

山本仏骨『道綽教学の研究』永田文昌堂、一九五九年。

結城令聞『心意識論より見たる唯識思想史』東方文化学院東京研究所、一九三五年。

――『結城令聞著作選集』（全三巻）春秋社、一九九九―二〇〇〇年。

吉津宜英『華厳禅の思想史的研究』大東出版社、一九八五年。

――『華厳一乗思想の研究』大東出版社、一九九一年。

吉村誠・山口弘江『続高僧伝Ⅰ』（新国訳大蔵経・中国撰述部一―三）大蔵出版、二〇一二年。

渡辺隆生『安楽集要述』永田文昌堂、二〇〇二年。


【研究論文】


青木　隆「『維摩経文疏』における智顗の四土説について」（『早稲田大学大学院文学研究科紀要』別冊「哲学・史学編」一一、一九八五年）。

――「天台行位説形成の問題」（『早稲田大学大学院文学研究科紀要』別冊「哲学・史学編」一二、一九八六年）。

――「中国地論宗における縁集説の展開」（『PHILOSOPHIA』七五、一九八七年）。

――「地論宗南道派の真修・縁修説と真如依持説」（『東方学』九三、一九九七年）。

――「天台大師と地論宗教学」（天台大師千四百年御遠忌記念『天台大師研究』一九九七年）。

――「地論宗の融即論と縁起説」（荒牧典俊編著『北朝隋唐中国仏教思想史』法藏館、二〇〇〇年）。

――「地論宗」（大久保良峻編著『新・八宗綱要―日本仏教諸宗の思想と歴史―』法藏館、二〇〇一年）。

――「敦煌出土地論宗文献『融即相無相論』について―資料の紹介と翻刻―」（『東洋の思想と研究』二〇、二〇〇三年）。

――「天台智顗における誓願思想」（『日本仏教学会年報』六〇、一九九五年）。

阿川貫達「四十八願の分類に就いて」（『浄土学』一一、一九三七年）。

池田和貴「『観経』注釈者の思想的相違について―浄土観と凡夫観を中心として―」(『駒沢短期大学仏教論集』三、一九九七年)。

池田將則「敦煌出土摂論宗文献『摂大乗論疏』(俄Φ334)校訂テキスト(上)(下)」(『東洋史苑』七三・七四、二〇〇九・二〇一〇年)。

――「道基『雑阿毘曇心章』巻第三(S二七七+P二七九六)―「四善根義」校訂テキスト―」(龍谷仏教学会『仏教学研究』六六、二〇一〇年)。

――「敦煌出土摂論宗文献『摂大乗論疏』(北六九〇四V)―解題と翻印―」(『龍谷大学大学院文学研究科紀要』三二、二〇一〇年)。

池田魯參「天台教学と地論摂論宗」(『仏教学』一三、一九八二年)。

石井公成「敦煌文献中の地論宗諸文献の研究」(『駒沢短期大学仏教論集』一、一九九五年)。

石田充之「中国浄土教思想の研究」(『龍谷大学論集』三四九、一九五五年)。

伊藤瑛梨「浄影寺慧遠『観無量寿経義疏』「第九、仏身観」について―「観仏」と「見仏」―」(『印仏研究』五六―一、二〇〇七年)。

――「浄影寺慧遠『観無量寿経義疏』「第九仏身観」における「光明摂取文」釈の特殊性」(『佛教大学大学院紀要』(文学研究科篇)三八、二〇一〇年)。

――「浄影寺慧遠『観経義疏』における「麁浄信見」について」(佛教大学総合研究所編・法然上人八〇〇年大遠忌記念『法然仏教とその可能性』法藏館、二〇一二年)。

伊藤隆寿「『大乗玄論』八不義の真偽問題(二)」(『駒沢大学仏教学部論集』三、一九七二年)。

伊藤隆寿「吉蔵の正像末三時観」（『駒沢大学仏教学部研究紀要』四三、一九八五年）。

伊藤瑞叡「華厳宗の心識説—ことに智儼の心識説について—」（仏教思想研究会編『仏教思想九 心』平楽寺書店、一九八四年）。

稲岡誓純「中国浄土往生伝類の研究（一）—『往生西方浄土瑞応刪伝』を中心として—」（佛教大学『文学部論集』七九、一九九五年）。

稲岡了順「別時意説の会通について」（『大正大学大学院研究論集』創刊号、一九七七年）。

——「迦才の本為凡夫兼為聖人説について」（『印仏研究』二六-一、一九七七年）。

——「道綽・善導の宿善について」（『大正大学綜合佛教研究所』創刊号、一九七九年）。

——「道綽・迦才・善導の往生思想—特に仏身仏土説を中心に—」（『仏教文化研究』二六、一九八〇年）。

——「『弥勒発問経』所説の十念について」（『法然学会論叢』三、一九八〇年）。

稲本泰生「小南海中窟と滅罪の思想—僧稠周辺における実践行と『涅槃経』『観無量寿経』の解釈を中心に—」（奈良国立博物館研究紀要『鹿園雑集』四、二〇〇二年）。

伊吹　敦「『続高僧伝』の増広に関する研究」（『東洋の思想と宗教』七、一九九〇年）。

——「地論宗南道派の心識説について」（『印仏研究』四七-一、一九九八年）。

——「地論宗北道派の心識説について」（『仏教学』四〇、一九九九年）。

岩崎敲玄「道安の浄土論に就て」（『支那仏教史学』三-三・四、一九三九年）。

上杉思朗「浄土教に於ける無生法忍説について」（『真宗研究』四、一九五九年）。

宇野禎敏「迦才の三乗観」（『東海仏教』二七、一九八二年）。

―――「迦才『浄土論』における懺悔」(『印仏研究』三三―二、一九八四年)。

―――「迦才『浄土論』における誹謗大乗について」(『宗教研究』二五九、一九八四年)。

江隈　薫「中国往生伝の倫理」(『印仏研究』二〇―一、一九七一年)。

―――「迦才における別時意説の会通」(『印仏研究』二五―一、一九七六年)。

―――「迦才浄土教における観法」(『印仏研究』三一―二、一九八三年)。

横超慧日「中国浄土教と涅槃経―曇鸞・道綽・善導を中心として―」(恵谷隆戒先生古稀記念『浄土教の思想と文化』佛教大学、一九七二年)。

大田利生「浄土教における不退の思想」(『真宗学』六八、一九八三年)。

大野栄人「『方等三昧行法』の研究―智顗の禅観形成の源流究明―」(『印仏研究』二七―一、一九七八年)。

―――「天台智顗における国土観―四土説の形成過程―」(『日本仏教学会年報』五八、一九九三年)。

岡　亮二「中国三祖の十念思想(二)―道綽の十念思想―」(『龍谷大学論集』四五〇、一九九七年)。

奥野光賢「『大乗玄論』に関する諸問題―「一乗義」を中心として―」(『駒沢大学仏教学部研究紀要』七〇、二〇一二年)。

小澤勇貫「世親論師の仏身論」(『浄土学』六、一九三三年)。

―――「摂論学派の浄土観」(『浄土学』八、一九三四年)。

小沢勇慈・久米原恒久・斉藤晃道「中国浄土教の基礎的研究―曇鸞・道綽・善導の本願観―」(『仏教文化研究』二五、一九七九年)。

小田義久「唐初の十大徳について」(『鷹陵史学』五、一九七九年)。

小田切賢祐「吉蔵『観経義疏』にみられる韋提希―善導の「夫人是凡非聖」をめぐって―」(『佛教大学仏教学会紀要』八、二〇〇〇年)。

香川孝雄「浄土経典群に現われたる危機意識について」(『印仏研究』八―一、一九六〇年)。

香川祐山「九品唯凡説について」(『宗学院論輯』三二、一九七六年)。

梶山雄一「別時意論争と是報非化論」(中西智海先生還暦記念論集『親鸞の仏教』永田文昌堂、一九九四年)。

加藤純章「随眠―anuśaya―」(『仏教学』二八、一九九〇年)。

金子寛哉「迦才の『浄土論』と『群疑論』について」(『印仏研究』四七―二、一九九九年)。

――――「『群疑論』に於ける前徳の『浄土之論』について」(『印仏研究』五二―二、二〇〇四年)。

木村迎世「『安楽集』における機根観―『観経』九品の解釈を中心に―」(『大正大学大学院研究論集』二一、一九九七年)。

――――「『安楽集』における念仏三昧―仏の三種利益を中心に―」(『仏教論叢』四二、一九九八年)。

木村清孝「智儼の浄土思想」(藤田宏達博士還暦記念論集『インド哲学と仏教』平楽寺書店、一九八九年)。

楠山春樹「漢語としての止観」(関口真大編『止観の研究』岩波書店、一九七五年)。

工藤成性「『無量寿経優婆提舎願生偈』の本義とそれに対する曇鸞の註解との比較研究」(『日本仏教学会年報』二三、一九五八年)。

久米原恒久「浄土三祖の本願理解への一考察―用語例を中心として―」(『法然学会論叢』四、一九八三年)。

倉本尚徳「北朝時代の多仏名石刻―懺悔・称名信仰と関連して―」(『東洋文化研究所紀要』一五四、二〇〇八年)。

――――「北朝造像銘にみる禅師と阿弥陀信仰―「無量寿」から「阿弥陀」への尊名の変化に関連して―」

（『印仏研究』五七-一、二〇〇八年）。

――「『大通方広経』の懺悔思想―特に『涅槃経』との関係について―」（『東方学』一一七、二〇〇九年）。

――「北朝・隋代の無量寿・阿弥陀像銘―特に『観無量寿経』との関係について―」（『仏教史学研究』五二-二、二〇一〇年）。

小林実玄「唐初の浄土教と智儼『雑孔目』の論意」（『真宗研究』二四、一九八〇年）。

小林尚英「迦才『浄土論』における念仏について」（『印仏研究』三五-二、一九八七年）。

――「迦才の懺悔について」（『印仏研究』三七-二、一九八九年）。

――「中国浄土教祖師の菩提心について―特に道綽・迦才を中心として―」（藤吉慈海喜寿記念『仏教学・浄土学論集』文化書院、一九九二年）。

才川雅明「慧遠の三身説」（東北印度学宗教学会『論集』一〇、一九八三年）。

齋藤隆信「発願文小考―成立と展開―」（『浄土宗学研究』二五、一九九九年）。

――「礼讃偈の韻律―詩の評価とテクスト校訂―」（『浄土宗学研究』二六、二〇〇〇年）。

坂上雅翁「七寺所蔵、迦才『浄土論』について」（『印仏研究』四一-二、一九九三年）。

――「七寺所蔵　迦才『浄土論』について」（『淑徳短期大学研究紀要』臨時号、一九九四年）。

――「七寺所蔵・迦才『浄土論』について」（落合俊典編『七寺古逸経典研究叢書』五、大東出版社、二〇〇〇年）。

――他「迦才『浄土論』の書誌学的研究」（『仏教文化研究』五〇、二〇〇六年）。

佐々木功成「迦才の浄土論に就いて」（『龍谷大学論叢』二七四、一九二七年）。

佐藤　健「『安楽集』における『大智度論』の引用について」（香川孝雄博士古稀記念論集『仏教学浄土学研究』永田文昌堂、二〇〇一年）。

――「『安楽集』と迦才の『浄土論』の比較研究―特に両書に見られる仏身、仏土観を中心として―」（佛教大学『文学部論集』八六、二〇〇二年）。

佐藤成順「中国仏教における臨終にまつわる行儀」（藤堂恭俊博士古稀記念『浄土宗典籍研究』研究篇、同朋舎出版、一九八八年）。

里道徳雄「地論宗北道派の成立と消長―道寵伝を中心とする一小見―」（『大倉山論集』一四、一九七九年）。

塩入良道「中国仏教儀礼における懺悔の受容過程」（『印仏研究』一一―二、一九六三年）。

――「中国仏教に於ける礼懺と仏名経典」（結城教授頌寿記念論文集『仏教思想史論集』大蔵出版、一九六四年）。

柴田泰山「善導『往生礼讃』所説の「広懺悔」について」（『大正大学綜合佛教研究所年報』二二、二〇〇〇年）。

――「『選択集』第一章段説示の「所依の経論」について」（阿川文正教授古稀記念論集『法然浄土教の思想と伝歴』山喜房仏書林、二〇〇一年）。

――「善導『観経疏』の思想的背景」（宮林昭彦教授古稀記念論文集『仏教思想の受容と展開』山喜房仏書林、二〇〇四年）。

柴田　泰「中国浄土教における社会意識」（『日本仏教学会年報』三五、一九七〇年）。

――「浄土教関係疑経典の研究（一）（二）」（『札幌大谷短期大学紀要』八・九、一九七四・一九七六年）。

――「中国浄土教における行業とその根拠」（『日本仏教学会年報』四五、一九八〇年）。

――「中国浄土教と心の問題」（『仏教思想』九、一九八四年）

――「中国における浄土教の発展」（平川彰他編『講座・大乗仏教』五（浄土思想）春秋社、一九八五年）。

――「中国浄土経の系譜」（『印度哲学仏教学』一、一九八六年）。

――「指方立相論と唯心浄土論の典拠」（藤田宏達博士還暦記念論集『インド哲学と仏教』平楽寺書店、一九八九年）。

――「中国浄土教における唯心浄土思想の研究（一）（二）」（『札幌大谷短期大学紀要』二二・二六、一九九〇・一九九四年）

――「弥陀法身説とその展開」（『印度哲学仏教学』五、一九九〇年）

――「中国浄土教所依の経論序説」（『札幌大谷短期大学紀要』二四、一九九一年）。

――「中国仏教における「浄土」の用語再説」（『印度哲学仏教学』九、一九九四年）。

――「中国仏教における『浄土論』『浄土論註』の流伝と題名（一）（二）」（『印度哲学仏教学』一一・一二、一九九六・一九九七年）。

――「中国における華厳系浄土思想」（鎌田茂雄博士古稀記念『華厳学論集』大蔵出版、一九九七年）。

末光愛正「吉蔵の二蔵三輪説」（『仏教学』一五、一九八三年）。

――「吉蔵の仏身論」（『駒沢大学仏教学部研究紀要』四四、一九八六年）。

杉山裕俊「道綽『安楽集』所説の難易二道について」（『浄土学』四六、二〇〇九年）。

――「『安楽集』における自力・他力について」（『印仏研究』六〇-一、二〇一一年）。

――「道綽『安楽集』所説の実践論について―五念門を中心に―」（『大正大学大学院研究論集』三六、二〇一二年）。

杉山裕俊「『安楽集』と『無量寿観経纉述』について」（『浄土学』四九、二〇一二年）。

曽和義宏「迦才『浄土論』における念仏」（『印仏研究』四七―二、一九九九年）。

――「迦才『浄土論』における教判」（『佛教大学大学院研究紀要』二七、一九九九年）。

――「阿弥陀仏の仏身規定をめぐって」（『浄土宗学研究』二六、二〇〇〇年）。

――「常楽寺所蔵迦才『浄土論』について―上巻の翻刻と解説―」（『浄土宗学研究』二八、二〇〇二年）。

――「常楽寺所蔵、迦才『浄土論』について―上巻における削除の意図について―」（『印仏研究』五一―二、二〇〇三年）。

――「翻刻・常楽寺所蔵迦才『浄土論』巻中」（『浄土宗学研究』二九、二〇〇三年）。

――「道綽の仏身仏土論の特異性」（高橋弘次先生古稀記念論集『浄土学仏教学論叢』山喜房仏書林、二〇〇四年）。

――「翻刻・常楽寺所蔵迦才『浄土論』巻下」（『浄土宗学研究』三一、二〇〇五年）。

――「大念佛寺蔵、迦才『浄土論』について」（『浄土宗学研究』三三、二〇〇七年）。

高雄義堅「末法思想と諸家の態度（上）（下）」（『支那仏教史学』一―一・三、一九三七年）。

――「道綽禅師とその時代」（『宗学院論輯』三一、一九四〇年）。

武内紹晃「仏陀観の変遷」（平川彰他編『講座・大乗仏教』一（大乗仏教とは何か）春秋社、一九八一年）。

竹村牧男「三身論の中の理智不二法身説について―本覚思想の一源流を尋ねて―」（田村芳朗博士還暦記念論集『仏教教理の研究』春秋社、一九八二年）。

――「地論宗・摂論宗・法相宗―中国唯識思想史概観―」（平川彰他編『講座・大乗仏教』八（唯識思想）春秋社、一九八二年）。

――「地論宗と『大乗起信論』」（平川彰編『如来蔵と大乗起信論』春秋社、一九九〇年）。

――「法蔵の「蓮華蔵世界」観をめぐって」（『仏教学』四六、二〇〇四年）。

橘　行信「智儼の往生観」（『宗学院論集』八四、二〇一二年）。

田中ケネス「中国浄土教における浄影寺慧遠の貢献―『観無量寿経義疏』を中心として―」（『印仏研究』三七―二、一九八九年）。

田村完爾「天台教学における国土論の一考察」（『印仏研究』五一―二、二〇〇三年）。

田村芳朗「法と仏の問題―仏身論を中心として―」（平川彰博士還暦記念論集『仏教における法の研究』春秋社、一九七七年）。

塚本善隆「曇鸞・道綽両師の著作とその末註」（浄土宗全書一「解題」／浅地康平編『浄土宗典籍研究』山喜房仏書林、一九七五年）。

藤堂恭俊「浄土教における観・称の問題（1）―特にシナ浄土教にみられる観より称への移行―」（『佛教文化研究』一二、一九六三年）。

――「曇鸞の奢摩他・毘婆舎那観」（福井博士頌寿記念論集『東洋文化論集』早稲田大学出版部、一九六九年）。

――「震旦諸師の浄土教に関する著作　解題」（浄土宗全書六「解題」／浅地康平編『浄土宗典籍研究』山喜房仏書林、一九七五年）。

――「曇鸞大師の五念門釈攷（上）」（『浄土宗学研究』一八、一九九二年）。

藤堂恭俊「法然浄土教における新羅浄土教の摂取―法然浄土教に見出される宗教体験の一特徴―」（『法然上人研究』二（思想篇）山喜房仏書林、一九九六年）。

徳沢竜泉「安楽集の体裁についての一考察」（『宗学院論輯』三一、一九四〇年）。

富田雅史「『法苑珠林』と道宣」（『東洋大学大学院紀要』三七、二〇〇〇年）。

中平了悟「中国における五念門行説の引用について」（『真宗研究会紀要』三六、二〇〇四年）。

――「迦才『浄土論』における念仏往生思想について」（『印仏研究』五八―二、二〇一〇年）。

――「迦才『浄土論』の「十念」について」（『宗学院論集』八二、二〇一〇年）。

成瀬隆純「道綽禅師と般舟・方等経」（『仏教論叢』二六、一九八二年）。

――「弘法寺　釈迦才考」（平川彰博士古稀記念論集『仏教思想の諸問題』春秋社、一九八五年）。

――「蒲州栖巌寺の浄土教」（三崎良周編『日本・中国 仏教思想とその展開』山喜房仏書林、一九九二年）。

――「迦才『浄土論』成立考」（『印仏研究』四二―二、一九九四年）。

――「善導『観念法門』の位置づけ」（『印仏研究』四八―一、一九九九年）。

――「善導と諸師の像想解釈」（『仏教論叢』三九、一九九四年）。

西本明央「「是報非化」の争点」（『浄土宗学研究』二九、二〇〇三年）。

西本照真「『無量寿観経纉述』の新出写本について―北京新1202とP3014を中心として―」（『印仏研究』五三―二、二〇〇五年）。

袴谷憲昭「別時意説考」（『駒沢短期大学仏教科研究論集』五、一九九九年）。

――「大乗荘厳経論　解題」（『大乗荘厳経論』新国訳大蔵経・瑜伽・唯識部一二、大蔵出版、一九九三年）。

長谷川岳史「『仏地経論』と『成唯識論』—玄奘における両書の翻訳の意図—」（『龍谷大学論集』四五五、二〇〇〇年）。

——「玄奘における『仏地経論』・『成唯識論』訳出の意図」（『印仏研究』四八-二、二〇〇〇年）。

——「『大乗阿毘達磨集論』の十五界有漏説に関する『仏地経論』と『成唯識論』の見解」（『仏教学研究』五六、二〇〇二年）。

——「『安楽集』の三身説に関する一考察—隋代諸師の三身解釈との比較を通して—」（『真宗研究』四八、二〇〇四年）。

——「隋代仏教における『観無量寿経』理解—慧遠の「五要」を心として—」（龍谷仏教学会編『仏教学研究』六四、二〇〇八年）。

——「隋代仏教における真・応二身説」（龍谷仏教学会編『仏教学研究』六五、二〇〇九年）。

幡谷　明「報身についての一考察—特に因願酬報の意義を中心として—」（『親鸞教学』二三、一九七三年）。

八力広超「『観経』諸註釈における凡夫観」（『印度哲学仏教学』一五、二〇〇〇年）。

——「道綽教学の再検討」（『印度哲学仏教学』二三、二〇〇八年）。

——「道綽伝の諸問題」（『印度哲学仏教学』二四、二〇〇九年）。

服部仙順「六大徳相承説に就いて」（『浄土学』三、一九八〇年）。

花野充道「智顗と慧遠の仏身論の対比」（『天台学報』四一、一九九九年）。

——「智顗と吉蔵の法華仏身論の対比」（『天台学報』四二、二〇〇〇年）。

日置孝彦「浄土教の研究（一）浄影寺慧遠の浄土思想について—思想史的役割とその位置—」（『金沢文庫研究

紀要』一〇、一九七三年)。

兵藤一夫「『倶舎論』に見える説一切有部と経量部の異熟説」(『仏教思想史』三、一九八〇年)。

平井俊栄「吉蔵の仏身論―三身説を中心に―」(『仏教学』六、一九七八年)。

――――「東アジア仏教の仏陀観」(高崎直道・木村清孝編『東アジア仏教とは何か』春秋社、一九九五年)。

藤井教公「慧遠と吉蔵―両者の『観無量寿経義疏』を中心として―」(平井俊栄監修『三論教学の研究』春秋社、一九九〇年)。

藤永清徹「正定聚論」(『宗学院論輯』一七、一九三五年)。

藤丸智雄「『安楽集』における「三昧」の受容」(『武蔵野女子大学仏教文化研究所紀要』一七、二〇〇〇年)。

――――「『安楽集』と『観仏三昧海経』」(木村清孝博士還暦記念『東アジア仏教―その成立と展開―』春秋社、二〇〇二年)。

――――「『安楽集』の有相について」(『印仏研究』五三―二、二〇〇五年)。

藤善真澄「北斉系官僚の一動向―隋文帝の誕生説話をてがかりに―」(佛教大学歴史研究所・森鹿三博士頌寿記念会編『森鹿三博士頌寿記念論文集』同朋舎出版、一九七七年)。

――――「曇鸞大師生卒年新考」(『教学研究所紀要』創刊号、一九九一年)。

藤原了然「浄土宗義に於ける不退論考」(『佛教大学研究紀要』三五、一九五八年)。

船山　徹「地論宗と南朝教学」(荒牧典俊編著『北朝隋唐中国仏教思想史』法藏館、二〇〇〇年)。

――――「「漢訳」と「中国撰述」の間―漢文仏典に特有な形態をめぐって―」(『仏教史学研究』四五―一、二〇〇二年)

――――「龍樹、無著、世親の到達した階位に関する諸伝承」(『東方学』一〇五、二〇〇三年)

――――「聖者観の二系統―六朝隋唐仏教史鳥瞰の一試論―」(麥谷邦夫編『三教交渉論叢』〈京都大学人文科学研究所研究報告〉、京都大学人文科学研究所、二〇〇五年)

――――「真諦三蔵の著作の特徴―中印文化交渉の例として―」(『関西大学東西学術研究紀要』三八、二〇〇五年)

正木晴彦「『観経疏』に於ける九品の問題」(田村芳朗博士還暦記念論集『仏教教理の研究』春秋社、一九八二年)。

松尾得晃「迦才『浄土論』における「本為凡夫兼為聖人」について」(『印仏研究』五四―一、二〇〇六年)。

――――「迦才『浄土論』の仏身仏土論の背景」(『印仏研究』五五―一、二〇〇七年)。

――――「迦才『浄土論』における西方兜率優劣論について」(『印仏研究』五六―一、二〇〇八年)。

――――「迦才『浄土論』における弥陀化土説の意義」(『真宗学』一一九・一二〇、二〇〇九年)。

丸山孝雄「吉蔵の仏身観―法華遊意を中心として―」(『大崎学報』一三〇、一九七七年)。

水野弘元「五十二位等の菩薩階位説」(『仏教学』一八、一九八四年)。

源　弘之「新羅浄土教の特色」(金知見編『新羅仏教研究』山喜房仏書林、一九七三年)。

宮井里佳「曇鸞から道綽へ―五念門と十念―」(『日本仏教学会年報』五七、一九九二年)。

――――「善導における道綽の影響―「懺悔」をめぐって―」(『待兼山論叢』二八〈哲学篇〉、一九九四年)。

三輪晴雄「浄影寺慧遠―その教学と義疏について―」(『仏教文化研究』二九、一九八四年)。

望月信亭「起信論の専念阿弥陀仏説に就て」(『浄土学』一三　一九三三年)。

森川昭憲「我が国に於ける迦才『浄土論』の流伝」(『仏教史学』三―三、一九五三年)。

矢田了章「道綽教学における人間の考察」(『仏教文化研究所紀要』八、一九六九年)。

――――「迦才『浄土論』における人間の問題」(『真宗学』四九、一九七三年)。

――――「中国浄土教における懺悔について」(『仏教文化研究所紀要』一三、一九七四年)。

山内洋一郎「法苑珠林と諸経要集」〔含「諸経要録」「法苑珠林」篇目録対照表〕(『金沢文庫研究』二〇-九、一九七四年)。

山口　益「仏身観の思想史的展開」(『仏教学セミナー』一七、一九七三年)。

山田行雄「『迦才浄土論』と曇鸞教学―特に行論を中心として―」(『龍谷大学仏教文化研究所紀要』三、一九六四年)。

――――「迦才教学における行論の一考察」(『印仏研究』一三-二、一九六五年)。

山本智教「宝寿院の蔵書」(『密教学会報』一四、一九七五年)。

結城令聞「地論宗北道派の行方」(『東方学論集』東方学会、一九八七年)。

姚長寿「曇鸞の浄土思想について」(高橋弘次先生古稀記念論集『浄土学仏教学論叢』山喜房仏書林、二〇〇四年)。

吉田道興「中国南北朝・隋・唐初の地論・摂論の研究者達―「続高僧伝」による伝記一覧表―」(『駒沢大学仏教学部論集』五、一九七四年)。

吉津宜英「中国仏教におけるアビダルマ研究の系譜」(『印仏研究』一九-一、一九七〇年)。

――――「中国仏教における大乗と小乗」(『駒沢大学仏教学部論集』一、一九七一年)。

――――「経律論引用より見た『大乗義章』の性格」(『駒沢大学仏教学部論集』二、一九七一年)。

――――「地論師という呼称について」(『駒沢大学仏教学部研究紀要』三一、一九七三年)。

――「慧遠の仏性縁起説」(『駒沢大学仏教学部研究紀要』三三、一九七五年)。

――「浄影寺慧遠の教判論」(『駒沢大学仏教学部研究紀要』三五、一九七七年)。

――「法身有色説について」(『仏教学』三、一九七七年)。

――「華厳経伝記について」(『駒沢大学仏教学部論集』九、一九七八年)。

――「吉蔵における『大智度論』依用と大智度論師批判」(平井俊栄監修『三論教学の研究』春秋社、一九九〇年)。

――「華厳教学における国土観」(『日本仏教学会年報』五八、一九九三年)。

――「全一のイデア」(鎌田茂雄博士古稀記念『華厳学論集』大蔵出版、一九九七年)。

――「浄影寺慧遠の起信論引用について」(『印仏研究』四九-一、二〇〇〇年)。

――「吉蔵の大乗起信論引用について」(『印仏研究』五〇-一、二〇〇一年)。

――「真諦三蔵訳出経律論研究誌」(『駒沢大学仏教学部研究紀要』六一、二〇〇三年)。

――「起信論と起信論思想―浄影寺慧遠の事例を中心にして―」(『駒沢大学仏教学部研究紀要』六三、二〇〇五年)。

――「大乗起信論の再検討」(聖厳博士古稀記念論集『東アジア仏教の諸問題』山喜房仏書林、二〇〇一年)。

――「慧遠と吉蔵の不二義の比較論考」(金剛大学校仏教文化研究所編『地論思想の形成と変容』国書刊行会、二〇一〇年)。

吉村　誠「摂論学派における玄奘の修学について」(『印仏研究』四五-一、一九九六年)。

――「玄奘の摂論学派における思想形成」(『早稲田大学大学院文学研究科紀要』四二-一、一九九七年)。

吉村　誠「玄奘の大乗観と三転法輪説」（『東洋の思想と宗教』一六、一九九九年）。

――「唐初期における五姓各別説について―円測と基の議論を中心に―」（『日本仏教学会年報』六五、二〇〇〇年）。

――「玄奘の事跡にみる唐初期の仏教と国家の交渉」（『日本中国学会報』五三、二〇〇一年）。

――「唯識学派における「一乗」の解釈について」（『論叢アジアの文化と思想』一〇、二〇〇一年）。

――「真諦訳『摂大乗論釈』の受容について―三性三無性説を中心に―」（『印仏研究』四九―二、二〇〇一年）。

――「唯識学派の理行二仏性説について―その由来を中心に―」（『東洋の思想と宗教』一九、二〇〇二年）。

――「摂論学派の心識説について」（『駒沢大学仏教学部論集』三四、二〇〇三年）。

――「中国唯識諸学派の展開」（福井文雅編『東方学の新視点』五曜書房、二〇〇三年）。

――「玄奘西遊意―玄奘は何故インドへ行ったのか―」（『仏教史学研究』四六―一、二〇〇三年）。

――「中国唯識諸学派の称呼について」（『東アジア仏教研究』二、二〇〇四年）。

――「唯識学派の五姓各別説について」（『駒沢大学仏教学部研究紀要』六二、二〇〇四年）。

――「玄奘の弥勒信仰について」（『日本仏教学会年報』七〇、二〇〇五年）。

――「玄奘の菩薩戒―『菩薩戒羯磨文』を中心に―」（『印仏研究』五四―二、二〇〇六年）。

――「唯識学派における種子説の解釈について―真如所縁縁種子から無漏種子へ―」（『印仏研究』五五―一、二〇〇六年）。

――「真諦の阿摩羅識説と摂論学派の九識説」（『印仏研究』五六―一、二〇〇七年）。

――「天台文献に見られる地論・摂論学派の心識説―智顗と湛然の著作を中心に―」（『印仏研究』五七―二、

二〇〇九年）。

――――「中国唯識における聞熏習説について」（『印仏研究』五八－一、二〇〇九年）。

和田典善「『往生要集』における迦才『浄土論』」（『仏教論叢』四五、二〇〇六年）。

渡辺了生「『浄土論註』広略相入の論理と道綽の相土・無相土論」（『真宗研究会紀要』二四、一九九二年）。

――――「『安楽集』の相善往生にみられる「報・化」の弁定」（『印仏研究』四一－一、一九九三年）。

――――「『安楽集』における「三身三土義」の研究」（『龍谷大学大学院研究紀要』一五、一九九四年）。

――――「『安楽集』にみる二つの弥陀身土論考」（『印仏研究』四三－二、一九九五年）。

――――「『安楽集』における「三身三土義」解釈の再考」（渡辺隆生教授還暦記念論文集『仏教思想文化史論叢』永田文昌堂、一九九七年）。

渡辺隆生「中国唯識の研究動向と『成唯識論』」（渡辺隆生教授還暦記念論文集『仏教思想文化史論叢』永田文昌堂、一九九七年）。

あとがき

本書は二〇一〇年一〇月に大正大学大学院仏教学研究科へ提出した学位請求論文「迦才『浄土論』の研究」をもとに大幅な加筆・修正を行ったものである。各章を構成する論文の初出は次のとおりである。

【第一章】
「迦才と弘法寺」(『大正大学大学院研究論集』三六、二〇一二年)
「迦才『浄土論』における吉蔵の影響」(『仏教論叢』五四、二〇一〇年)

【第二章】
「迦才『浄土論』における往生人の階位―浄影寺慧遠の九品説批判を中心に―」(『浄土学』四四、二〇〇七年)
「迦才『浄土論』における衆生論」(『宗教研究』八二-四、二〇〇九年)
「迦才『浄土論』における本願論―四十八願の分類を中心として―」(『仏教文化研究』五三、二〇〇九年)

【第三章】
「迦才『浄土論』における別時意会通説」(『大正大学大学院研究論集』三二、二〇〇八年)
「迦才『浄土論』における念仏行」(『仏教論叢』五二、二〇〇八年)

「迦才『浄土論』における実践行体系―五念門の受容を中心として―」(『三康文化研究所年報』三九、二〇〇八年)

【第四章】

「迦才『浄土論』における化土解釈」(『仏教論叢』五〇、二〇〇六年)

「迦才『浄土論』における化土説とその背景―道綽の化土説との比較を通じて―」(『印仏研究』五八-二、二〇一〇年)

「摂論学派の四土説について」(『印仏研究』五九-一、二〇一〇年)

「迦才『浄土論』における仏身仏土論―摂論学派の四土説の形成をめぐって―」(金子寛哉先生頌寿記念論文集『中国浄土教とその展開』文化書院、二〇一一年)

「迦才『浄土論』における通報化土説―往生と見土の関係―」(『印仏研究』六〇-二、二〇一二年)

【第五章】

「迦才『浄土論』における浄土不退説」(『浄土学』四三、二〇〇六年)

「迦才『浄土論』における種子欲と上心欲―真諦訳論書に説示される随眠説を手がかりにして―」(『印仏研究』五五-一、二〇〇六年)

「迦才『浄土論』における分段生死と変易生死」(『仏教文化学会紀要』一九、二〇一一年)

また、論旨展開の都合上、本書には採録しなかった論文として以下のものがある。

「迦才『浄土論』における念仏行」(『仏教論叢』五二、二〇〇八年)

「迦才と廬山慧遠」(『浄土学』四八、二〇一一年)

「迦才と吉蔵の浄土教思想について」（『印仏研究』六一−一、二〇一二年）

最後に、本書を刊行するまでの筆者自身の経過と、ご指導を賜った諸先生方ならびにお世話になった方々への御礼の言葉を述べさせていただきたい。

筆者は青森県津軽地方の浄土宗寺院に生まれ、仏縁にめぐまれた環境のなかで何不自由なく育てていただいた。しかしながら、高校卒業後は仏教系の大学ではなく、金沢大学教育学部へと進学した。いずれは自坊の跡を継ぐことを心に決めていたが、仏教以外の世界にも心惹かれていたのだと思う。その後、大学生活を送るなかで浄土宗少僧都養成講座へ入行し、浄土教の思想にふれる機会を得て、卒業後はあらためて仏教を体系的に学びたいと考えるようになっていた。大正大学大学院の入学試験を受けるために上京したときは、日頃は疎遠になっていた仏教の世界へ飛び込むことに、大変に緊張したことを鮮明に覚えている。

大正大学大学院の博士前期課程へ籍を移した後は、郷里を同じくするご縁もあってのことと思うが、金子寛哉先生を指導教授として師事を仰いだ。金子先生に受けた学問的な薫陶は計り知れないほど大きく、博士論文の執筆にいたるまで長年にわたってご指導を賜った。また、ご自坊に伺った際には、映子夫人にもあたたかい御慈愛を頂戴した。

浄土学のみならず、仏教学の基礎さえもまったくできていなかった筆者にとって、大学院での授業や各演習は学ぶことばかりで、日々追い立てられるように勉学に励んでいた。当時、金子先生はご専門の中国浄土教に関する授業を学部生向けに開講しておられ、筆者もそれを末席で拝聴させていただく機会を得た。そのなかでいわゆる中国浄土五祖の基礎的な思想を学ぶとともに、はじめて「迦才」の存在を知り、修士論文のテーマに選ぶこととなった。

『浄土論』のテキストを読み始める際には、研究室の先輩であった石川琢道先生が、善導研究を専門とされる柴田泰山先生をご紹介くださり、三康文化研究所にて数回読み合わせを行っていただいた。まだまだ浄土教研究の初心者であった筆者に、少しも惜しむことなくご教示くださった迦才の教理的な課題の数々は、後の研究方針を大きく左右するものであったように思う。

その後、金子先生の指導のもと、『浄土論』を中心に修士論文をまとめたが、消化不良の部分も多く残り、もう少し研究を続けたいと念願して博士後期課程に進学することを決めた。進学した後は、横浜市鶴見区にある安養寺の古屋道正上人と和子夫人にも大変お世話になった。

博士課程の前期・後期を通じて、金子先生の授業およびゼミでは曇鸞『往生論註』、善導『観経疏』『往生礼讃』、懐感『群疑論』、浄影寺慧遠『観経義疏』『無量寿経義疏』、吉蔵『観経義疏』を講読する機会があり、また丸山博正先生の授業においても『往生論註』が演習の課題に取りあげられ、期せずして迦才以外の中国浄土教の祖師研究に多くふれられたのは幸いであった。ちょうどその頃から、研究室の先輩方が続々と課程博士の学位論文を提出され、その編集執筆のお手伝いをさせていただくご縁にもめぐまれた。さらに金子先生の著書『釈浄土群疑論』の研究』の出版校正という得がたい貴重な経験もさせていただいた。長年にわたる研究成果を一つの形にまとめてゆく経過を間近でみて、筆者自身も博士論文の執筆に挑戦してみたいとの思いを強くした。

金子先生の退職後、博士後期課程の三年次からは廣川堯敏先生のご指導を賜った。廣川先生はご多忙の身であるにもかかわらず、論文の作成中も常にその経過を気にかけていただき、研究に向かう気持ちを励まし続けてくださった。さらには博士論文の提出にあたって、指導教授としてさまざまなお力添えを頂戴して完成することができた。廣川先生には、本当に感謝の念に堪えない。

大正大学浄土学研究室では小澤憲珠先生と林田康順先生、曽根宣雄先生をはじめとする諸先生方から常にあたたかい応援とご指導を賜った。ともに机を並べて学んだ研究室の同級生や学年を前後する先輩・後輩たちと、学友・学兄と呼び合えるような関係を築けたことは、東京に自分の居場所ができたようで研究を続けてゆくための大きな支えとなった。とりわけ、大正大学の吉田淳雄先生、和田典善先生、吉水岳彦氏、沼倉雄人氏、ならびに大正大学綜合佛教研究所の小林順彦先生、霜村叡真先生、神達知純先生、鈴木行賢氏、藤田祐俊氏、宮部亮侑氏、郡嶋昭示氏、石川達也氏、石田一裕氏、大屋正順氏、高橋寿光氏、石上壽應氏にはさまざまな場面でご助言をいただいた。すでに仏教学の博士号を取得し、それぞれ研究書も出版されていた柴田泰山先生と石川琢道先生のお二人には、論文作成の実務的な部分のアドバイスだけでなく、内容面でも丁寧かつ厳しいご指導を頂戴した。

また、浄土宗教学院の助成による共同研究「迦才『浄土論』の訳注研究」に加えていただき、関西国際大学教授の坂上雅翁先生と佛教大学准教授の曽和義宏先生には、『浄土論』の書誌研究に関して有意なご教示をいただいた。大正大学に出講されていた吉津宜英先生には授業のほかに、駒澤大学でのゼミにも参加させていただき、『大乗起信論』の精読を拝聴する貴重な機会を賜った。

博士後期課程を終了した後に在籍した浄土宗総合研究所ではまたとない研究環境を賜り、石上善應先生、藤本淨彦先生、今岡達雄先生をはじめとする多くの先生方との交流によって、文献学的なアプローチだけでなく、現代的な課題や他分野における調査・整理の方法など、研究に対するより広い視野を得ることができた。とくに常勤研究員の島恭裕氏、ならびに浄土宗宗務庁の大南明子氏と伊藤竜信氏には研究に専念できるように常にあたたかいご配慮をいただいた。

巻末の英文目次は浄土宗総合研究所研究員の島恭裕氏、同研究員のマック・カレン女史に作成をお願いした。また、論文の校正や引用経論・参考文献の整理については吉水岳彦氏、沼倉雄人氏、さらには杉山裕俊氏、長尾隆寛氏にお手伝いをいただいた。とくに吉水岳彦氏には校正の作業場所としてご自坊をご提供いただき、ご家族にも格別のご配慮を賜った。衷心より感謝申し上げたい。

幸いにも、提出した博士論文が受理され、二〇一一年三月に博士（仏教学）の学位を授与された（主査・廣川堯敏教授、副査・小澤憲珠教授、春本秀雄教授）。出版についてはその拙い内容や山積する課題から、躊躇う気持ちの方が大きかったが、すでに研究書を刊行されていた金子先生をはじめとする諸先輩方からの後押しもあり、赤面しつつも踏ん切りをつける決意をした。まずは迦才に関する研究が希少であるという現状を鑑み、これまで個々に発表してきた論文の全体像を示すことで、今後の中国浄土教研究における何らかの道標になればと願ったからである。論文提出後に、同じく迦才の研究者でもある成瀬隆純先生とお会いする機会があり、研究に関する意見交換とともに出版の励ましをいただいたことも時宜を得たように感じられた。

また、ここに記すことのできなかった本当にたくさんの方々のご支援によって本書をまとめることができたように思う。実のところ、幾度となく進路に迷い、研究も挫折しそうになる時があった。そんなときに心を励ましてくれたのは、自分の弱さも含めてそのままに受け入れてくれた友人・知人の何気ない言葉であったり、気の置けない学友たちと同行した念仏実践やひとさじの会（社会慈業委員会）の活動であったり、思いがけず出遇ったアーティストや作家の手による心を揺さぶる表現であったりもした。これは自分自身が日頃練り考えていた浄土教思想の欠片と現実生活の一端とが微かに交錯した瞬間であり、そのことへの気づきは研究を続けてゆくなかでの密かな喜びでもあった。本当にご縁というほかないものであり、この場をお借りして、あらためてその御礼として心よりお念仏申し上げたい。

出版にあたっては、株式会社法藏館の関係者各位、とりわけ編集部の岩田直子氏および内校担当の方にお力添えをいただき大変お世話になった。軽率な誤りや煩瑣な図表の多い論文を丹念にチェックしていただいたことは誠にありがたい限りである。

なお、本書の刊行は、平成二四年度科学研究費補助金（研究成果公開促進費　課題番号二四五〇二〇）の交付を受けて刊行される。ここに記して関係者各位に感謝申し上げたい。

末筆ながら、郷里から遠くはなれた東京の地で、一区切りがつくまで勉学を続けるというわがままを許してくれた両親に感謝の念を表して結びとしたい。

合掌

平成二五年（二〇一三）一月

工藤量導

中国仏教思想研究	木村宣彰著	九五〇〇円
曇鸞浄土教形成論　その思想的背景	石川琢道著	六〇〇〇円
中国隋唐長安・寺院史料集成	小野勝年著	三〇〇〇〇円
中国近世以降における仏教思想史	安藤智信著	七〇〇〇円
日中浄土教論争	中村　薫著	八六〇〇円
證空浄土教の研究	中西随功著	九五〇〇円
奈良・平安期浄土教展開論	梯　信暁著	六六〇〇円
浄土教理史　真宗学シリーズ3	信楽峻麿著	二〇〇〇円

価格は税別　　法藏館

工藤量導（くどう　りょうどう）

1980年　青森県東津軽郡今別町生まれ（旧名 裕幸）
2003年　金沢大学教育学部学校教育教員養成課程卒業
2005年　大正大学大学院仏教学研究科仏教学専攻博士前期課程修了
2008年　大正大学大学院仏教学研究科仏教学専攻博士後期課程単位取得満期退学
2011年　博士（仏教学、大正大学）
現　在　大正大学綜合仏教研究所研究員、浄土宗総合研究所嘱託研究員、浄土宗本覚寺副住職

迦才『浄土論』と中国浄土教
――凡夫化土往生説の思想形成――

二〇一三年　二月二八日　初版第一刷発行

著　者　工藤量導
発行者　西村明高
発行所　株式会社 法藏館
京都市下京区正面通烏丸東入
郵便番号　六〇〇-八一五三
電話　〇七五-三四三-〇〇三〇（編集）
〇七五-三四三-五六五六（営業）

装幀者　高麗隆彦
印刷・製本　亜細亜印刷株式会社
©Ryodo Kudo 2013 *Printed in Japan*
ISBN 978-4-8318-7365-1 C3015
乱丁・落丁本の場合はお取り替え致します

索　引

I．人名

あ　行

か　行

さ　行

た　行

な　行

は　行

ま　行

や　行

ら　行

Ⅱ. 事項

あ　行

か　行

さ　行

た　行

な　行

は　行

ま　行

や　行

ら　行

Ⅲ．書名

あ　行

か　行

さ　行

た　　行

な　　行

は　　行

ま　　行

や　行

ら　行

Jiacai's *Jing Tu Lun* and Chinese Pure Land Buddhism:

Jiacai's Doctrine of the "Ordinary People's Birth in the Transformation Pure Land"

BY
Ryodo KUDO

Contents